Italien
Küsten Liguriens und der Toscana
Buchten · Ankerplätze · Häfen · Landgänge

Italien
Küsten Liguriens und der Toscana
Buchten · Ankerplätze
Häfen · Landgänge

Bordighera

Ein Wort zuvor

Mit dem vorliegenden Werk, das die Beschreibung der ligurischen und toskanischen Küste sowie des toskanischen Archipels zum Inhalt hat, wird die Reihe der schon im mediterranen Bereich erschienenen Bücher fortgesetzt. Die Beschreibung folgt dem Küstenverlauf von West nach Ost und die Ortsnamen entsprechen der italienischen Schreibweise.

Ein abwechslungsreiches, vielbesuchtes und doch nicht überlaufenes Revier – nahe genug für leichte Erreichbarkeit und zugleich südlich genug für ein mediterranes Klima.

Skipper großer und kleiner Sportboote finden die für sie geeigneten Häfen, Buchten und Ankerplätze und erhalten Anregungen und Tipps für reizvolle Land-gänge zu Sehenswürdigkeiten und für besondere regionale Veranstaltungen. Auf die Italienische Küche mit den Spezialitäten der jeweiligen Regionen wird hingewiesen.

Im allgemeinen Teil sind alle wichtigen Informationen zum Revier, wie Wetter, Strom, Nautische Literatur u. Ä. zusammengestellt. Ein Register im Anhang erleichtert die gezielte Suche nach Örtlichkeiten.

Dieses Buch bürgt für eine aktuelle, detaillierte und vollständige Beschreibung der Häfen und Ankerplätze im beschriebenen Seegebiet. Trotz größter Sorgfalt bei der Zusammenstellung kann eine Haftung für die Angaben aber nicht übernommen werden.

Ulrich Schultz

Costa dei Poeti, Lerici

Inhalt

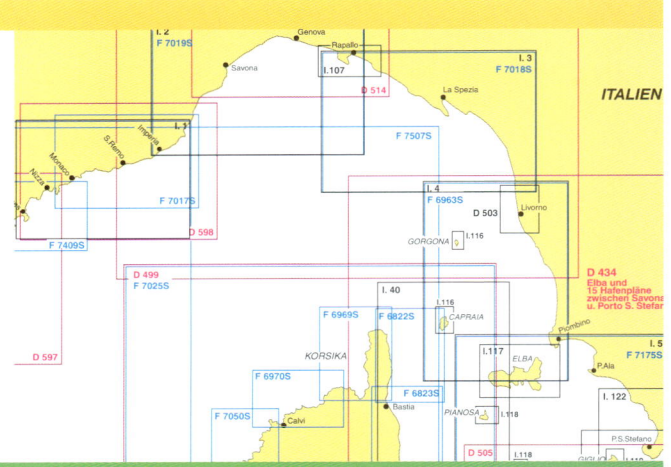

Portofino

Anhang

Gebietsübersicht

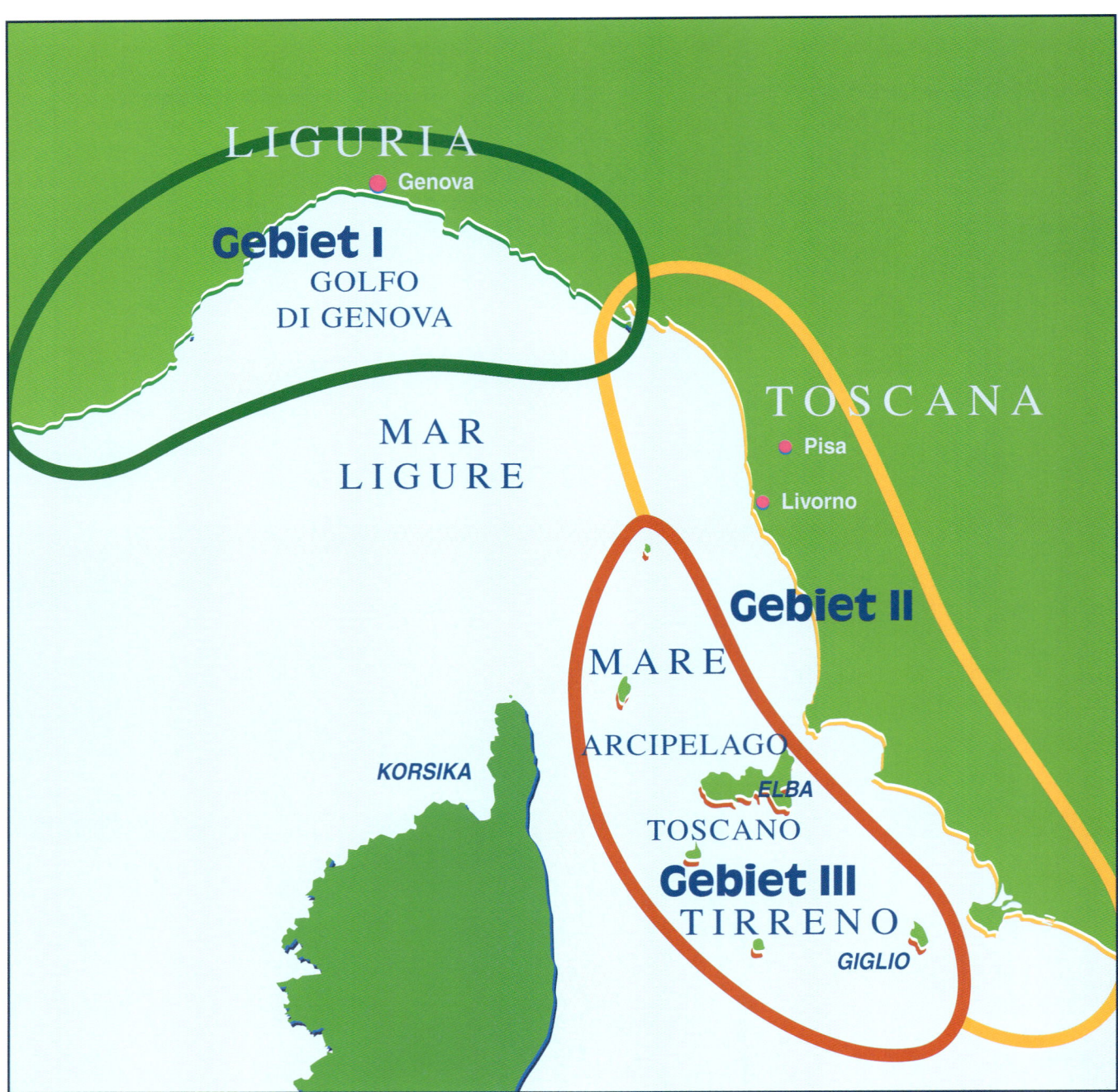

Allgemeines

Nautische Literatur, Navigation

In den Hafenplänen verwendete Piktogramme

Kaufmann/Markt	Trailerbahn	Strom
Toilette	Slip	Dusche
Müllbehälter	Gastliegeplätze	Waschmaschine
Werkstatt	Tanken, Benzin	Trockner
Werft	Tanken, Diesel	Altölentsorgung
Segelmacher	Post	Zoll
Hafenmeister	Telefon	Andere in den Plänen
Ankerplatz	Restaurant	verwendete Zeichen entsprechen denen
Mastenkran	Wasser	in der KARTE 1 veröffentlichten.
Schiffskran		

Da Cannes a Imperia	I 1	1:100 000
Da Imperia a Portofino	I 2	1:100 000
Da Portofino al Gombo	I 3	1:100 000
Da San Rossore al Piombino	I 4	1:100 000
Da Piombino al Argentario	I 5	1:100 000
Isole di Capreia e Gorgona	I 116	1: 40 000
Isola d'Elba	I 117	1: 40 000
Isole di Giannutri e Montechristo e Pianosa	I 118	1: 25 000
Isola di Giglio	I 119	1: 20 000
Litorale di Imperia	I 101	1: 25 000
Litorale di Savona	I 104	1: 25 000
Litorale di Genova	I 106	1: 25 000
Litorale da Nervi a Sestri Levante	I 107	1: 25 000
Golfo di La Spezia	I 115	1: 25 000

Seekarten, Seehandbücher

Auch ein Feizeitskipper kommt ohne Fachliteratur nicht aus. Ihm stehen vom Übersegler bis zu Detailkarten deutsche, britische, französische und italienische Seekarten sowie Seehandbücher und diverse nautische Literatur im Fachhandel zur Verfügung. Im Zuge der Neuordnung in der EU werden allerdings die deutschen Seekarten und deutschsprachigen Handbücher fremder Seegebiete zu Gunsten der britischen und jeweils lokalen Ausgaben nicht mehr lange aufgelegt. Im Text werden daher nur die italienischen Karten angeführt.

Die wichtigsten Seekarten des Gebietes:

Cap Ferrat bis Capo Mele	D 598	1:100 000
Ansteuerung von Genova	D 514	1:100 000
Golfo di Genova	D 502	1:250 000
Reede von Livorno	D 503	1: 35 000
Toscanischer Archipel	D 504	1:250 000
Nice to Livorno incl. Gulf of Genova	BA 1998	1:300 000
Livorno to Civitavecchia incl. North Corse	BA 1999	1:300 000
Du Cap Ferrat á Capo Mele	F 7017	1:100 000
De Gombo au Canal de Piombino	F 6963	1:100 000

Nautische Literatur

Pagine Azzurre, Roma
Admiralty List of Lights and Fog Signals
Admiralty Charts and Publications
Mittelmeer-Handbuch, II. Teil, Nr. 2028, BSH
Jachtfunkdienst Mittelmeer, BSH

Wer die italienischen Karten z. B. wegen des Maßstabs bevorzugt, sollte außerdem die italienische Karte 1111 (Segni Convenzionali ed Abbreviazioni) bestellen, das italienische Pendant zur KARTE 1 des BSH. Weitere empfehlenswerte nautische Literatur ist ebenfalls im Fachhandel erhältlich. Schließlich ist beim Kauf aller Karten auf Berichtigungen nach dem neuesten Stand zu achten.

Weder die empfohlene nautische Literatur noch die Seekarten – dieses Buch nicht ausgenommen – sollten als völlig fehlerfrei betrachtet werden, sie müssen mit Umsicht kritisch benutzt werden.

Navigation

Bis auf wenige Ausnahmen ist die Wassertiefe für die in diesem Buch beschriebenen Bereiche für die Sportschifffahrt bis nahe an die Küste ausreichend tief. Die meisten Untiefen sind markiert. Allerdings wird die

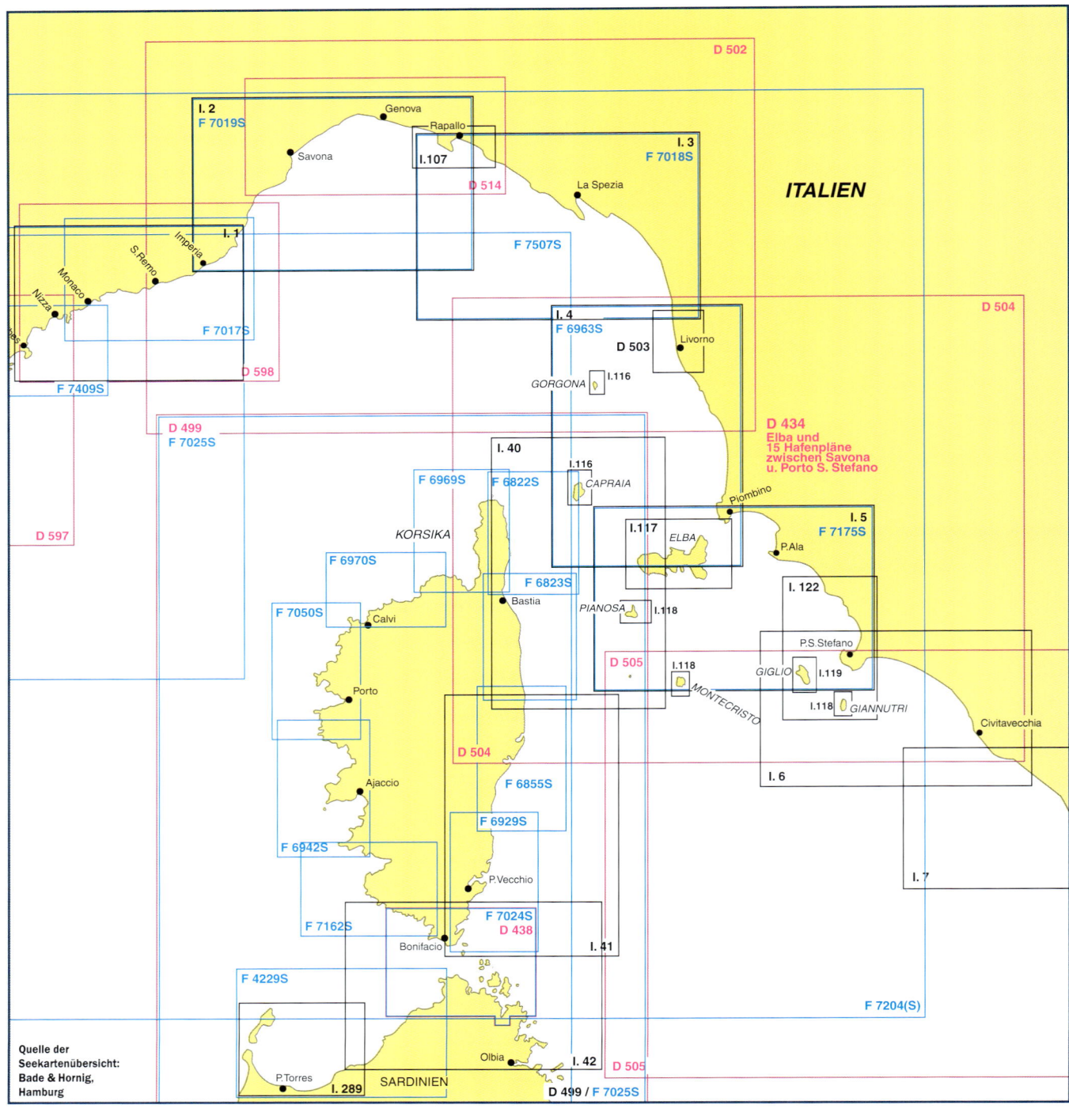

D 502

I. 2
F 7019S

Genova
Rapallo
I.107

Savona

I. 3
F 7018S

D 514

La Spezia

ITALIEN

I. 1

Monaco
S.Remo
Imperia

F 7507S

Nizza

F 7017S

I. 4
F 6963S

D 503

Livorno

D 504

F 7409S

D 598

GORGONA
I.116

D 499
F 7025S

D 434
Elba und
15 Hafenpläne
zwischen Savona
u. Porto S. Stefano

D 597

F 6969S

I. 40

F 6822S

I.116

CAPRAIA

Piombino

KORSIKA

I.117

ELBA

P.Ala

I. 5
F 7175S

F 6970S

F 6823S

I. 122

F 7050S

Calvi

Bastia

PIANOSA

I.118

P.S.Stefano

D 505

I.118

GIGLIO

I.119

Porto

MONTECRISTO

I.118

GIANNUTRI

Civitavecchia

D 504

Ajaccio

F 6855S

I. 6

F 6929S

F 6942S

I. 7

P.Vecchio

F 7162S

F 7024S
D 438

I. 41

Bonifacio

F 4229S

F 7204(S)

P.Torres

I. 289

SARDINIEN

Olbia

I. 42

D 505

D 499 / F 7025S

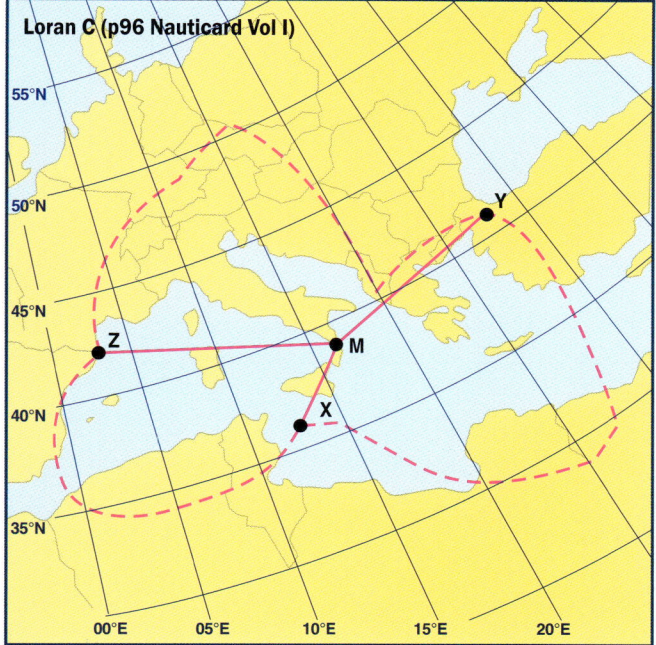

Loran C (p96 Nauticard Vol I)

Navigation dadurch erschwert, dass tagsüber selbst bei guter Sicht nur wenige Landmarken eindeutig zugeordnet werden können, weil die Küste nur schwach zerklüftet ist und nur wenige weit vorspringende, charakteristische Landzungen existieren. Nachts wird die Navigation durch eine Reihe weit reichender Leuchtfeuer unterstützt, was entsprechende Sicht voraussetzt. Daher kommen hier die elektronischen Navigationshilfen GPS, Loran C und Radar voll zur Geltung, die, mit entsprechender Umsicht eingesetzt, den Sportschiffer sicher zu seinen Zielen geleiten können. Die oben aufgeführten Seekarten berücksichtigen das System WGS 84, auf das sich alle gebräuchlichen GPS-Geräte einstellen lassen. Ortungsgenauigkeit und Verlässlichkeit von GPS unterliegen allerdings den hinreichend bekannten Einschränkungen (<50 m in 95 % aller Messungen). Die Kette der Loran C Sender mit der zentralen Station *Sellia Marina* (Süditalien) und den abgesetzten Stationen *Kargabarun* (Nordspanien) und *Estartit* (Türkei) ermöglichen in dem beschriebenen Gebiet ebenfalls eine ausreichend genaue Ortsbestimmung (<100-200 m in 95 % aller Messungen). Wer darüber hinaus über Radar verfügt, kann in bergigen Küs-

tenzonen zusätzliche Informationen für die Ortung erwarten und ist für unsichtiges Wetter und Nachtfahrten bestens gerüstet. Dabei darf aber nicht vergessen werden, dass Sportradargeräte nur hinreichend genau die Entfernung angeben, dagegen deren Seitenpeilungen mit erheblichen Fehlern belastet sind. Besondere Beachtung sollten Fischereifahrzeuge finden, die man wegen ihrer Netze nur in großem Abstand passieren sollte.

Einreise- und Zollbestimmungen

Persönliche Einreisedokumente

Einreisedokumente nach Italien für Bürger aus den EU-ländern sind ein gültiger Personalausweis oder ein gültiger Reisepass. Kinder unter 16 Jahren benötigen einen Kinderausweis, falls sie nicht in den Dokumenten der Eltern eingetragen sind bzw. mit diesen reisen.

Krankenversicherung

Deutsche Krankenversicherungen kommen für Behandlungskosten in Italien auf. Anzuraten ist, sich vor Reiseantritt ein Anspruchsformular (Vordruck E 111) für ärztliche Behandlungen in EU-Ländern zu besorgen. Das ausgefüllte und unterschriebene Formular wird bei der Unità di Saniraria Locale gegen ein entsprechendes italienisches Krankenscheinheft umgetauscht. Ähnlich wie in Deutschland muss ein Teil der Kosten für die Behandlung und für Arzneimittel vom Patienten selbst getragen werden. Entsprechende Quittungen sind für die eigene Krankenkasse aufzubewahren. Behandlungen eines Notfalls in einem Krankenhaus (pronto soccorso) sind kostenlos. Beim Abschluss einer preiswerten Auslands- bzw. Reisekrankenversicherung, die umfassenden Versicherungsschutz garantiert und einen evtl. notwendigen Rücktransport übernimmt, bleiben die Behördengänge erspart, man muss lediglich die Behandlungskosten vorstrecken.

Zollvorschriften

Seit Einführung des Europäischen Binnenmarktes bestehen grundsätzlich für generell zur Einfuhr zugelassene Waren keine Mengen- und Wertbegrenzungen mehr, wenn sie aus anderen Mitgliedsstaaten mitgebracht werden. Ein Bootseigner, der Staatsangehöriger

eines Mitgliedsstaates der EU ist und dessen Boot im Heimatland registriert ist, kann sein Wassersportfahrzeug in ein anderes Mitgliedsland der EU einführen, dort benutzen und auch dort unbefristet stationieren, ohne Zoll- oder Steuerabgaben zu entrichten. Voraussetzung dafür ist, dass für das Wassersportfahrzeug beim Kauf bzw. Erwerb die im Erwerbsland geltende Mehrwertsteuer entrichtet wurde. Alle nach dem 1. 1. 1985 ohne Nachweis der entrichteten Mehrwertsteuer erworbenen Wassersportfahrzeuge müssen im Erwerbsland oder spätestens bei der Einfuhr in ein anderes EU-Land nachversteuert werden.

Einreise mit Sportbooten über See

Alle Sportboote, die in italienische Hoheitsgewässer unter der Flagge eines Nicht-EU-Staates einlaufen, müssen in einem *Port of Entry* bei der *Capitaneria di Porto* und beim *Dogana* (Zoll) für eine vorübergehende zollfreie Einfuhr einklarieren und sich ein *Costituto d'Arrivo* ausstellen lassen. Dazu sind die Schiffspapiere, eine Crewliste und die Pässe der Crew vorzulegen. Der Aufenthalt zur ausschließlich privaten Nutzung darf innerhalb eines Zeitraums von 12 Monaten nur insgesamt 6 Monate betragen. Danach müssen diese Sportboote offiziell ausklarieren – das *Costituto d'Arrivo* wird dann gelöscht – und die italienischen Gewässer wieder verlassen oder für mindestens 3 Monate unter Zollverschluss gegeben werden.

Privat genutzte Sportboote, die unter der Flagge eines EU-Staates einreisen, dürfen sich an der italienischen Küste frei bewegen und ohne Formalitäten italienische Häfen anlaufen und wieder verlassen.

Nur für privat genutzte Sportboote, die einen längeren Aufenthalt planen, wird z. B. von der betreffenden Marina ein *Rulino* ausgestellt, das die Zollbehörde über den Aufenthalt informiert. Die endgültige Ausreise aus den italienischen Gewässern ist für diese Sportboote dort zu melden, wo der Rulino ausgestellt wurde. Die Aufenthaltsdauer ist nicht beschränkt.

Verleih und kommerzielle Nutzung (Verchartern) von privaten Sportbooten sind untersagt.

Einreise mit Sportbooten über Land

Bei der Einreise mit einem Boot über Land gelten keine besonderen Bestimmungen.

Sportboote müssen jedoch beim Hafenamt und beim Zoll unter Vorlage der Bootspapiere und der Reisepässe der Crew formlos angemeldet werden. Die oben beschriebenen Formalitäten ergeben sich nur, wenn das Sportboot aus einem Nicht-EU-Land stammt.

Schiffspapiere

In Italien sind Wassersportfahrzeuge zulassungspflichtig. Der Internationale Bootsschein (IBS) wird in Italien anerkannt, das Internationale Sportboot-Zertifikat ist jedoch vorzuziehen. Falls ein Sprechfunkgerät an Bord ist, gehört die zugehörige Genehmigungsurkunde von der Regulierungsbehörde für Post und Telekommunikation (Reg TP) zu den Schiffspapieren.

Haftpflichtversicherung

Für alle Motorboote, die italienische Binnen- oder Küstengewässer befahren wollen, muss eine Haftpflichtversicherung mit einer Mindestdeckungssumme von 750 000 € bestehen, die mit einer an Bord mitzuführenden Versicherungskarte nachgewiesen werden muss. Für den Fall, dass die Haftpflicht bei einer nicht italienischen Versicherung abgeschlossen ist, muss eine beglaubigte Erklärung, dass eine Haftpflichtversicherung besteht, mitgeführt werden, die in italienischer Sprache abgefasst ist.

Befähigungsnachweise

Ausländische Sportbootführer müssen das für entsprechende Gewässer vorgeschriebene Befähigungszeugnis – d. h. den entsprechenden Sportbootführerschein (SBFB bzw. SBFS) – besitzen.

Ist ein Sprechfunkgerät an Bord, wird das zugehörige Zertifikat verlangt. Das können sein

- das Allgemeine Sprechfunkzeugnis,
- das UKW-Sprechfunkzeugnis oder
- das Betriebszeugnis I/II, das für den Betrieb einer GMDSS-Anlage notwendig ist.

Nationale Vorschriften

Territorialgewässer, Anschlusszone, ausschließliche Wirtschaftszone

Italien beansprucht eine 12 sm breite Zone als Territorialgewässer, an die sich eine Anschlusszone von weite-

ren 12 sm und eine Wirtschaftszone bis zu 200 sm anschließen.

Italienische Schifffahrtsvorschriften

Für das beschriebene Gebiet wurden im italienischen Gesetzblatt Nr. 394 vom 6. 12. 1991 folgende Bereiche festgelegt, für die besondere Regeln gelten:

- Parks (Parco Nationale di Arcipelago Toscano)
- Reservate (Cinque Terre, Portofino)
- Biologische Schutzgebiete (Portoferraio, Isola Montechristo, Isola Pianosa, Isola Capreia)
- Geschützte Seebereiche (Isola Pianosa)
- Sperrgebiete, Gefängnisinseln (Isola Gorgona, Isola Pianosa), Annäherung und Betreten verboten (militärische Bereiche).

In diesen Bereichen darf in unmittelbarer Küstennähe (1 km – 1 sm) weder beliebig navigiert, noch geankert oder getaucht werden. Wenn diese Bereiche trotzdem durchfahren werden sollen, wird angeraten, die örtlichen Hafenkommandanturen zu kontaktieren (UKW-Kanal 16 oder die „Numero Blu 1530"). Ein Verstoß gegen diese Regeln kann empfindlich bestraft werden und kann darüber hinaus zum Entzug der Fahrerlaubnis führen. Folgende Inseln des Arcipelago Toscano dürfen überhaupt nicht angelaufen werden: Isola Gorgona, Isola Pianosa und Isola di Montecristo. Isola Gorgona ist heute noch eine Gefängnisinsel.

Wie alle Küstenstaaten schreibt auch Italien für die Sicherheit und Leichtigkeit des Verkehrs auf dem Wasser und aus Umweltschutzgründen die internationalen Bestimmungen von 1972 für die italienischen Küstengewässer vor. Zusätzlich sind von den örtlichen Schifffahrts- und Hafenbehörden weitere, ergänzende Vorschriften und Regeln erlassen worden, die sorgfältig beachtet werden sollten.

Zuwiderhandlungen werden von den Aufsichtsbehörden mit empfindlichen Geldstrafen oder Bußgeldern bis zu 500 € bestraft. Auf wichtige Vorschriften, die Wassersportler betreffen, wird an entsprechenden Stellen im Text hingewiesen.

Betonnung

In Italien gilt das System „A" der IALA, daneben sind gelbe Tonnen zur Markierung von Bade-, Surf- und Schutzbereichen in Benutzung.

Sicherheitsvorschriften, Sicherheitsausrüstung, Signalmittel

Die gesetzlichen italienischen Sicherheitsvorschriften gelten nur für einheimische Sportboote. Für Sportboote unter ausländischer Flagge gelten die gesetzlichen Sicherheitsbestimmungen für das entsprechende Fahrgebiet des Heimatlandes. Bisher wurden in Deutschland keine gesetzlichen Vorschriften für Sportboote erlassen. Es wird empfohlen, sich nach der vom Bundesamt für Seeschifffahrt und Hydrographie kostenlos herausgegebenen blauen Broschüre „Sicherheit im See- und Küstenbereich" (siehe Abbildung) zu richten. Der auf seine und die Sicherheit seiner Crew bedachte Bootsführer wird nicht nur auf die vom ADAC in seiner Broschüre „Sportschifffahrt Italien" für kleine Sportboote propagierte und mit italienischen Behörden abgestimmte Mindestausrüstung achten:

Für jede an Bord befindliche Person sollte

- eine Rettungsweste,
- ein Erste-Hilfe-Koffer,
- mindestens ein Feuerlöscher der Brandklasse ABC je nach Motorenstärke (2–6 kg),
- ein Satz pyrotechnischer Signalmittel und
- eine Taschenlampe mit Ersatzbatterien

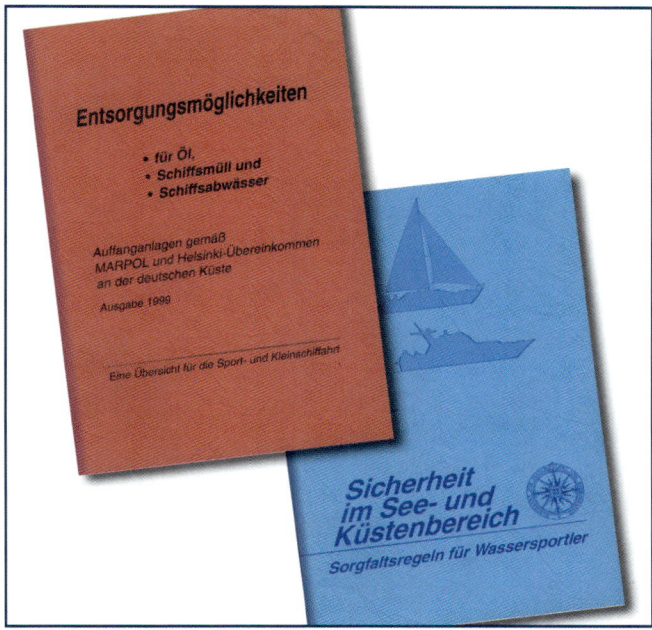

an Bord mitgeführt werden. Um die geforderte Mindestausrüstung bei eventuellen Kontrollen leicht nachweisen zu können, wird empfohlen, sich eine in italienischer Sprache abgefasste und durch ein deutsches Konsulat beglaubigte Erklärung zu beschaffen und mitzuführen. Wer seine Signalpistole mit an Bord nimmt, muss auch eine Waffenbesitzkarte vorweisen können.

Chartern

Wer für den Sommerurlaub eine Yacht chartern möchte, kann das alles weitgehend selbst bestimmen, aber er sollte spätestens im Januar auf der Bootsmesse in Düsseldorf bei einem der vielen Anbieter sein Traumboot buchen. Die meisten deutschen Charterfirmen vermitteln Verträge zu ihren ortsansässigen Kollegen, aber auch italienische Firmen sind auf den verschiedenen Messen vertreten. Meist gewähren Vercharterer bei einem frühen Abschluss erhebliche Rabatte. Man sollte jedoch nicht nur auf den Preis schauen, sondern auch auf die Ausstattung und das Alter der angebotenen Yacht, ganz intensiv ist auch das Kleingedruckte zu studieren. Kurz nach dem Vertragsabschluss wird in den meisten Fällen etwa ein Drittel der Chartergebühr fällig, vier Wochen vor Reisebeginn der Rest, bei Übergabe eine Kaution für schuldhaft verursachte Schäden. Die Höhe der Kaution und die Selbstbeteiligung im Schadensfall sollte im Chartervertrag festgelegt sein. Die meisten Verträge verlangen übrigens, dass nach dem ersten Drittel der Charterzeit die Rückreise zum Ausgangshafen angetreten werden muss.

Es wird eine Reiserücktrittsversicherung empfohlen, die im Falle eines begründeten Rücktritts eines Crewmitglieds dessen Kosten und sogar das Platzen eines Törns vergütet, wenn der Bootsführer ausfällt. Die Versicherungsgesellschaft Pantaenius (0 40-37 09 10) bietet ein sog. Charter-Versicherungspaket an, das eine Skipper-Haftpflicht, eine Reise-Unfallversicherung und eine Reise-Rücktritts-Versicherung für max. 8 Personen zum Preis von 100 € enthält.

Nagelneue und alte Charteryachten können unterschiedliche Probleme bereiten: Bei neuen Schiffen treten in der ersten Zeit schon mal Fabrikationsmängel auf, bei den mehr als vier Jahre im Charterdienst stehenden die ersten gravierenden Verschleißerscheinungen. Allerdings treten selten solche Mängel auf, die einen Abbruch der Seereise erzwingen. Doch fast alle auftretenden Mängel kosten Urlaubszeit.

Das lässt sich weit gehend vermeiden, wenn bei der Übergabe jeder Bootsführer zusammen mit einem Crewmitglied die übliche Checkliste auf Vollständigkeit und Zustand der Gegenstände prüft. Ist die Übergabeliste unterschrieben, sind übernommene Mängel schwer nachzuweisen. Daher ist anzuraten, sich beim Prüfen anhand der Checkliste Zeit zu nehmen. Jeder sollte fragen, wie unterwegs ein Mangel zu beheben ist und wer unverschuldete Schäden bezahlt, die beim Checkin nicht zu Tage traten.

- Bei neuen Schiffen ist mehr Augenmerk auf die Funktion der Einrichtungen und auf feste Verbindungen zu legen: Sind die Verschraubungen, Rigg, Schläuche usw. fest? Funktionieren GPS, Loran C, Radar, Log, Radio, Windmesser, Autopilot und Sprechfunk?
- Bei älteren Booten ist zu prüfen, wie vollständig sind Werkzeugkiste und Ersatzteilvorrat, funktionieren Beleuchtung, Lichter, elektronische Geräte? Wie alt sind die Signalraketen und -körper? Ist das Schlauchboot dicht? Arbeitet die Ankerwinsch einwandfrei? Sind Bug, Heckkorb, Seezaun und Außenhaut unbeschädigt? Sind die Polster trocken und auf der Unterseite schimmelfrei? Hatte die Vorgängercrew eine Grundberührung? Wie gut sind Fallen und Segel in Schuss? Gibt es ein Sonnensegel, das im Mittelmeer zur Ausrüstung gehört? Wie viel Wasser steht in der Bilge? Riecht es nach Diesel? Ist die Toilette funktionstüchtig? Sind Ersatzteile an Bord?

Küstenwache

Seenotrettungsdienst –
„Numero Blu Servicio"

Die Küstenwache und der Seenotrettungsdienst werden von der Guardia Costeria wahrgenommen, der über 300 Hafenbehörden – Corpo delle Capitaneria di Porto – angeschlossen sind. Sie verfügt über etwa 400 Wasserfahrzeuge, 14 Flugzeuge, 8 Hubschrauber und ein Personal von 10 000 Personen. Sie soll das Überleben (Ricersa e Soccorso – Suche und Seenotrettung)

und die Sicherheit der Navigation auf See für alle See-leute einschließlich der Sportbootschiffer garantieren, ein Schiffsregister für die Berufs- und Sportschifffahrt führen, Seefahrer-Patente und Sportschiffer-Lizenzen organisieren, schließlich den Umweltschutz auf See und unerwünschte Einwanderung über See überwachen. Vor einigen Jahren wurden Küstenwache und Seenotrettungsdienst neu organisiert. Eine Notfallzentrale, erreichbar unter dem Namen „S.O.S. sul Mare e sulle spiaggie" (UKW-Kanal 16 und der Telefonnummer 1530, call „Numero Blu" Service), wurde eingerichtet. Dort laufen alle Notrufe zusammen und werden an die entsprechenden örtlichen Hafenbehörden zur unmittelbaren Hilfeleistung weitergeleitet.

Eine Tabelle der Uffici della Guardia Costeria (Seerettungsbüros) ist im Anhang zu finden.

Allgemeine Informationen, Notruf

Seenot	Tel.: 1530 (numero blue)
Carabinieri	Tel.: 112
Allgemeiner Notruf	Tel.: 113
Feuerwehr	Tel.: 115
Ärztlicher Notdienst	Tel.: 118

Funk

Funkgeräte

Seefunkstellen mit einer Genehmigungsurkunde von der Regulierungsbehörde für Post und Telekommunikation (Reg TP) dürfen in italienischen Küstengewässern am öffentlichen Funkverkehr teilnehmen, sofern der Betreiber im Besitz des entsprechenden Sprechfunkzeugnisses ist. Fest eingebaute nautische Funkgeräte unterliegen bei der Einfuhr über See oder Land keinen Beschränkungen, wenn sie in den Schiffspapieren eingetragen sind. Mobilfunkgeräte unterliegen keinerlei Beschränkungen. Übrigens, im Notfall darf jeder Hilfe herbeirufen, auch derjenige, der nicht im Besitz einer entsprechenden Funklizenz ist.

Sendearten

A1A   Amplitudenmoduliertes Zweiseitenband
F1B   Frequenzmoduliertes Telexverfahren und/oder digitaler Selektivruf
J3E   Einseitenband mit unterdrücktem Träger

Revierfunk

Ort	Kanal	Dienstzeit
Alassio	16,25	01.00–19.00
Bordighera	16,25	07.00–19.00
Chiavari	09,16	07.00–19.00
Diano Marina	16	01.00–19.00
Finale Ligure	15,16	06.00–19.00
Gaeta	11,16	07.00–19.00
Genova	11,16	07.00–19.00
Giglio	14,16	07.00–13.00
Imperia	11,12,16	24 h
La Spezia		
16.6.–15.9.	09,11,12, 14,16	07.00–23.00
La Spezia sonst	14,16	07.00–19.00
Livorno	16	24 h
Marina di Andora	16	01.00–19.00
Marina di Carara		
16.9.–15.6.	16,15	24 h
		07.00–19.00
Piombino	13,14	07.00–19.00
Portoferraio		
16.6.–15.9.	11,16	07.00–19.00
		07.00–23.00
Portofino	16,25	01.00–19.00
Rapallo	09,25	01.00–19.00
San Remo		
1.10.–31.5.	14,16	24 h
		07.00–19.00
Santo Stefano		
16.6.–15.9.	16,14	07.00–19.00
		07.00–23.00
Santa Margherita 1.10.–30.9.	11,16,	24 h
		07.00–19.00
Savona	13,16	24 h
Sestri Levante	09,16	07.00–19.00
Vada, s. Livorno		
Vado Ligure, s. Savona		
Varazze	16,25	01.00–19.00
Viareggio	11,16	24 h

Warnfunk

Auch in Italien werden Warnnachrichten für die Küstengewässer der hier beschriebenen Gebiete über das

NAVTEX-Verfahren durch entsprechende Sender in Genova und Livorno auf Italienisch und Englisch sowie über Küstenfunkstellen im Sprechweg (s. Küstenfunk-stationen) verbreitet.

Funkärztliche Beratung

Ärztliche Ratschläge werden in italienischen Küstenge-wässern kostenfrei übermittelt.

Die Anfrage in Form eines Telegramms (Anschrift: MEDRAD CIRM, Roma) in Italienisch, Französisch oder Englisch muss kurz, klar und vollständig alle Merkmale der Krankheit oder der Verletzung und alle näheren Umstände, die zur Erkrankung oder Verletzung geführt haben, außerdem Name, Nationalität, Alter, Ge-schlecht, Zeitpunkt der Erkrankung bzw. des Unfalls, Temperatur, Puls, Art der Schmerzen, Allgemeinzu-stand sowie das gegenwärtige Befinden des Kranken bzw. Verletzten enthalten.

Weitere wichtige Umstände je nach Art der Erkrankung oder der Verletzung sind ebenfalls mitzuteilen (Blut-druck, Puls, Körpertemperatur, Färbung der Zunge, Art der Atmung, des Auswurfs, des Stuhlgangs und des Urins etc.). Ferner sind vorhandene, evtl. bereits ver-abreichte Arzneimittel zu nennen. Schließlich ist die An-frage durch Schiffsdaten wie Schiffsname, Schiffsart, Rufzeichen, Start- und Zielhafen, Position, Kurs und Geschwindigkeit zu vervollständigen.

Seewetterberichte

Wetterfunk

Seit 1999 kann im gesamten italienischen Küstenbe-reich auf VHF Kanal 68 ein automatisch gesendeter Wetterbericht empfangen werden, der in italienischer und englischer Sprache ununterbrochen gesendet und der alle 6 Stunden auf den aktuellen Stand angepasst wird. Im Anhang befindet sich ein entsprechendes Formblatt für das beschriebene Gebiet sowie eine Wör-tersammlung für die Übersetzung italienischer Wetter-begriffe ins Deutsche. Eine derartige Ansage ist im An-hang abgedruckt.

Wetterinformationen in deutscher und englischer Spra-che für das Ligurische und Tyrrhenische Meer sind im Telex-Dienst von Offenbach, Pinneberg und Genova

Gebietseinteilung internationaler Vereinbarungen

M1	Golfe du Lion
M2	Balearen
M3	Ligurisches Meer
M4	Westlich Korsika-Sardinien
M5	Tyrrenisches Meer
M6	Adria
M7	Ionisches Meer
M8	Biskaya
M9	Agäis

Deutsche Welle (DW)	M1-M9
Frequenzen:	6075/9545 KHz
Sendezeit:	(UTC, während der SZ 1h früher)
etwa:	1655(1555)

sowie über Rundfunk in den Wetterberichten für das Mittelmeer der Deutschen Welle (Bordwetterkarte Nr. 11) und des Österreichischen Rundfunks (Formblattbe-zug sh. u.) enthalten. Der private Informationsdienst der deutschen Telekom (PID) verbreitet (zz. nur in Deutschland unter 01 90-11 60 53 und 01 90-11 60 56 erreichbar) einen Seewetterbericht über Italien mit der nördlichen Adria, der italienischen und französischen Riviera. Italienische Küstenfunkstationen senden in Ita-lienisch und Englisch, Radio Uno nur in Italienisch.

Offenbach/Pinneberg

Auf den Frequenzen 147,3, 11039 und 14467 kHz wird in der Sendeart F1B
um 06.15, 09.00, 14.39, 15.18 und 17.30 UTC,
auf den Frequenzen 4583, 7646 und 10100,8 kHz wird in der Sendeart F1B
um 05.37, 09.40, 14.59, 16.00 und 17.18 UTC gesen-det.
Um 05.37 wird ein Seewetterbericht für das Mittelmeer mit Vorhersagen für 5 Tage in Englisch,
um 06.15, 15.18 ein Seewetterbericht für das Mittel-meer mit Vorhersagen für 5 Tage in Deutsch gesendet,

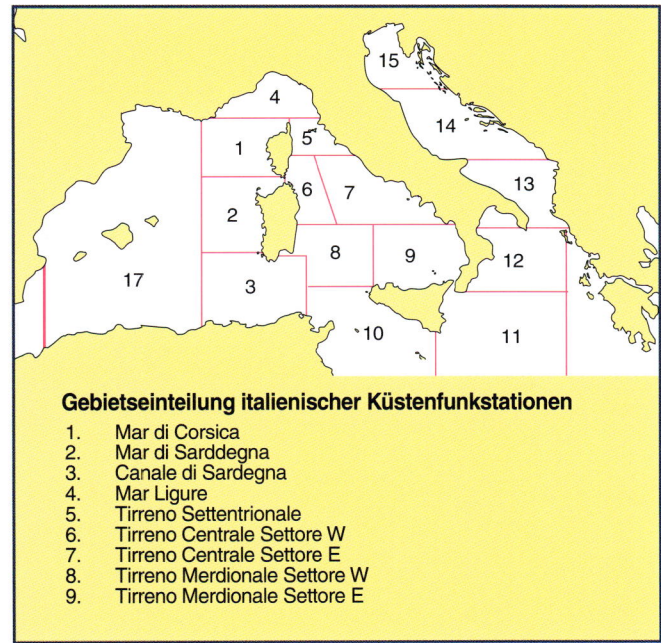

Gebietseinteilung italienischer Küstenfunkstationen

1. Mar di Corsica
2. Mar di Sarddegna
3. Canale di Sardegna
4. Mar Ligure
5. Tirreno Settentrionale
6. Tirreno Centrale Settore W
7. Tirreno Centrale Settore E
8. Tirreno Merdionale Settore W
9. Tirreno Merdionale Settore E

um 09.00, 09.40 wird ein Seewetterbericht für das Mittelmeer mit Stationsmeldungen und Vorhersagen für 2 Tage,
um 16.00 wird ein Seewetterbericht für das Mittelmeer mit Vorhersagen für 5 Tage in Englisch gesendet und um 17.18, 17.30 folgt ein Seewetterbericht für das Mittelmeer mit Wetterlage, Vorhersage und Stationsmeldungen, alle Zeitangaben in UTC.

Rundfunkstation Deutsche Welle (DW)
Auf den Frequenzen 6075 und 9545 kHz wird in deutscher Sprache täglich gegen 16:55 UTC, in der SZ um 15.55 UTC, ein Seewetterbericht vom Mittelmeer für die international vereinbarten Vorhersagegebiete M1 – M9 mit Wetterlage, Vorhersage für 24 Stunden und ausgewählte Stationsmeldungen (sh. Bordwetterkarte Nr. 11 vom Seewetteramt (SWA)) im Rahmen des Reisejournals gesendet. Die Gebiete M3 und M5 entsprechen dem Ligurischen und dem Tyrrhenischen Meer.

Rundfunkstation Radio Österreich (ORF)
Vom 29.3–31.10 wird auf den Frequenzen 6155, 13730, 15410, 17870 kHz gegen 05.45 UTC im Rahmen des Ferienjournals ein Seewetterbericht in Deutsch mit Großwetterlage, Seewettervorhersage und Stationsmeldungen gesendet.
Auf den Frequenzen 6155, 9880 und 13730 kHz wird gegen 15.45 UTC im Rahmen des Ferienjournals ein Seewetterbericht in Deutsch mit Großwetterlage und Seewettervorhersage gesendet.

Rundfunkstation Radio Uno
sendet für alle Gebiete der abgebildeten Karte auf den Frequenzen 567, 657, 819, 900, 990, 1062, 1332, 1575, 6060 kHz und auf UKW mit 89,1 MHz Wetterberichte mit Sturmwarnungen, Übersicht, Vorhersage für 12 oder 18 h und Aussichten für weitere 12 h montags bis donnerstags um 14.08 und um 22.49 GZ, sowie freitags um 14.08 und um 23.40 GZ, samstags um 06.48 und um 22.49 GZ und sonntags um 14.15 und um 22.50 GZ.

Schließlich sendet auch die British Broadcast Corporation (BBC) auf den Frequenzen 15070, 12095, 9410, 7325 und 6195 kHz Wetterinformationen für das Mittelmeer in englischer Sprache. Wegen der Abhängigkeit des Kurzwellenempfangs vom Ort, von der Zeit und von der Sonnenfleckentätigkeit muss man ausprobieren, auf welcher Frequenz und zu welcher Zeit BBC am besten zu hören ist. Die heutigen Weltempfänger mit ihrer digitalen Anzeige und der Möglichkeit, Sendefrequenzen zu speichern, unterstützen Versuche, zu den vollen Stunden diese Frequenzen schnell hintereinander abzufragen, die Berichte werden meist im Anschluss an Nachrichten ausgestrahlt.

Italienische Küstenfunkstationen
senden Wetterinformationen in italienischer und englischer Sprache in den angegebenen Sendearten für Gebiete, die der abgebildeten Karte zu entnehmen sind.

Genova
sendet auf der Frequenz 447 kHz in der Sendeart A1A für die Gebiete 1, 4, 5 der abgebildeten Karte funktelegrafisch Sturm- und Starkwindwarnungen nach Eingang und um 08.48, 13.48, 17.48 und um 21.48 UTC.
Auf der Frequenz 2722 kHz in der Sendeart J3E werden für die Gebiete 1, 4, 5 der abgebildeten Karte Sturm-

und Starkwindwarnungen nach Eingang, im Anschluss an die beiden folgenden Funkstillen und um 03.33, 08.33, 12.33, 16.33, 20.33 UTC über Sprechfunk verbreitet.

Außerdem werden auf gleicher Frequenz mit gleicher Sendeart Wetterinformationen mit Starkwindwarnungen, Übersicht, Vorhersage für 12 oder 18 h und Aussichten für weitere 12 h sowie Stationsmeldungen gesendet, und zwar um 01.35, 07.35, 13.35 und um 19.35 UTC.

Livorno

sendet auf der Frequenz 2591 kHz in der Sendeart J3E für die Gebiete 4, 5, 6 und 7 der abgebildeten Karte zu gleichen Zeiten Wetterinformationen wie die Küstenfunkstation Genova.

Törnberatung

Der Deutsche Seewetterdienst Hamburg
Tel.: 00 49-(0)40-31 90 88 11,
Fax.: 00 49-(0)40-31 90 88 03
E-Mail: routing@dwd.d400.de
erstellt auf rechtzeitige Anforderung gegen Gebühren individuelle, aktuelle Törnberatungen von 3–5 Tagen für Sportschiffer auch für das Mittelmeer.

Eine Beratung sollte mindestens 1–2 Tage vor Törnbeginn angemeldet werden und kann auf Wunsch telefonisch, per E-Mail, per Fax auch ins Ausland oder per Telex oder Fax über Inmarsat A, B, C oder M an eine anzugebende Adresse übermittelt werden.

Die Vorhersage erstreckt sich auf den gewünschten Zeitraum, die Trefferquote nimmt natürlich von den ersten 24 Stunden bis zum letzten Tag ab, dürfte aber den übrigen Quellen nicht nachstehen.

Online-Dienst SEEWIS

Das Seewetterinformationssystem ist ein gebührenpflichtiges, speziell für meteorologisch interessierte Nutzer entwickeltes Programmsystem zur flächendeckenden Darstellung von synoptischen Bodenbeobachtungen und Vorhersagen. Es umfasst auch das Mittelmeer. Es ermöglicht mit den Lizenzprogrammen TERMINATE und SEEWIS den Abruf ausgewählter, aktueller Daten für die Darstellung von Wetterkarten und Vorhersagen auf einem PC bzw. einem Notebook. SEE-

WIS kann stationär, d. h. am Telefonnetz als auch mobil, d. h. über eine Handy-Notebook-Kombination benutzt werden. Nähere Einzelheiten können beim Deutschen Seewetterdienst Hamburg erfragt werden.

Teletext, Internet, Telefon

Zu Hause kann man sich über Bildschirmtext bereits vor Törnantritt über das Wetter im Zielgebiet informieren.

Wer einen PC mit Internetanschluss besitzt, findet Wetterinformationen unter http://www.dwd.de/forecast/texte/seewett-mm.html vom Deutschen Seewetterdienst Hamburg – Vorhersagen über das Mittelmeerwetter für die nächsten 12 Stunden und Aussichten für weitere 12 Stunden.

Seewetterberichte lassen sich auch über T-Online aus speziellen Abschnitten der Seiten Seewetter- und Wassersportberichte entnehmen. AOL (America Online) bietet ebenfalls Wetterinformationen unter dem Stichwort „Wassersportwetter" an, die das Wetter im Mittelmeer behandeln.

Italien besitzt ein gut ausgebautes Telefonnetz. Über die Direktwahl 00 49 ist Deutschland von jedem öffentlichen Fernsprecher mit dem orangeroten Telefonhörersymbol zu erreichen. Allerdings erfordern die meisten öffentlichen Telefonzellen die Carta Telefonica (Telefonkarte), die man in Bars, an Zeitungskiosken, in Tabakgeschäften oder bei der Società Italiana l'Esercizio Telecommunicazioni (Staatliche Telefongesellschaft) für 5000 oder 10000 Lire bekommt.

Manche Fernsprecher akzeptieren auch besondere Telefonmünzen, doch verlassen kann man sich darauf nicht. In den Bars mit einer runden, gelben Scheibe über dem Eingang gibt es Telefonautomaten. Ganztägig an Wochenenden und an Feiertagen und täglich ab 22.00–08.00 Uhr gilt ein Billigtarif.

Die Frankfurter Vermittlungszentrale des Deutschen Direktdienstes unter der Telefonnummer 1 72 00 49 vermittelt kostenfrei den gewünschten Gesprächpartner. Die entstehenden Fernsprechgebühren werden – sofern der Angerufene einverstanden ist – dem Gesprächspartner in Deutschland in Rechnung gestellt.

Über Faxgeräte, die man in Schreibwarengeschäften, Druckereiläden oder bei der Post findet, lassen sich unter 03 31 39 28 00 28 Wetterinformationen abrufen.

Spezielle Wetterempfänger

Wer über ein Wetterfax- oder ein NAVTEX-Gerät verfügt, hat kaum Probleme, Wetterberichte zu bekommen, es sei denn, die Gebrauchsanweisung ist verlegt. Es ist möglich, NAVTEX-Nachrichten mit einem empfindlichen Weltempfänger auf 518 kHz zu empfangen und über den Soundkarten-Anschluss, der mittlerweile in jedem Notebook eingebaut ist, mit einem Programm zu entschlüsseln.

Wetterkarten und Wetterberichte in Tageszeitungen und im Hafenbüro

Wer sich morgens im Hafen eine Tageszeitung besorgen kann, findet mit Sicherheit eine aktuelle Wetterkarte im Innenteil. Preiswerter ist der Gang zum nächsten Hafenbüro, an dessen Aushang meist der aktuelle Wetterbericht hängt. Falls er verbal abgefasst ist, helfen die Wettervokabeln im Anhang bei der Übersetzung.

Klima, Wind, Strom

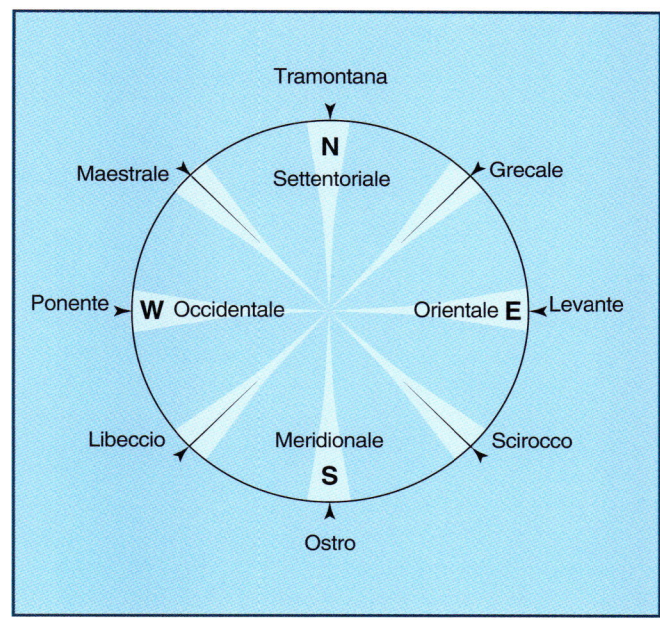

Das Mittelmeer besitzt ein besonderes Klima, weil es von den Landmassen Europas im Westen und Norden, Afrikas im Süden und Asiens im Osten eingeschlossen ist und häufig an hohe Gebirge grenzt.

Von West nach Ost nimmt der kontinentale Einfluss auf das Klima zu – was sich in steigenden tages- und jahreszeitlichen Temperaturschwankungen und zunehmender Trockenheit zeigt –, während sich von Osten nach Westen der Einfluss der See verstärkt – was zu geringeren Temperaturschwankungen im Tages- und Jahresverlauf und zu häufigeren Niederschlägen führt. Durch die hohen Gebirgszüge der Pyrenäen und der Alpen werden die regelmäßig hinter den ostwärts ziehenden Tiefdruckgebieten auftretenden, südwärts strömenden Kaltluftmassen weitgehend vom westlichen Mittelmeerraum abgeschirmt. Das verringert insgesamt die Häufigkeit von Sturmentwicklungen gegenüber denen in den nördlicheren Breiten, die, abgesehen von Mistral und Bora, meist nur von kurzer Dauer und geringer Ausdehnung sind.

Eine Ausnahme bildet der Golfe du Lion, in den die von Norden kommenden Kaltluftmassen infolge der Düsenwirkung des Rhonetals zwischen Pyrenäen und Alpen mit erhöhter Geschwindigkeit als Mistral einfallen und

fast immer zur Bildung von Tiefdruckgebieten führen, die die Luftmassen weiter beschleunigen. Vor allem im Winter und im Frühjahr wird der Golfe du Lion dadurch zu einem der sturmreichsten Seegebiete. Mistral, der die Küstengebiete im gesamten westlichen Mittelmeer mit mehr oder weniger abgeschwächter Windgeschwindigkeit und -richtung beeinflusst, wird häufig von den mit der Tageszeit veränderlichen See- und Landwinden überlagert, die zu erwartenden Windgeschwindigkeiten sind daher in der Mittagszeit am stärksten.

Eine besondere Bedeutung im Wettergeschehen des westlichen Mittelmeers kommt dem Golfo di Genova zu. Dort können sich in kurzer Zeit Zyklone bilden, die weite Bereiche des Mittelmeers beeinflussen.

Schlechtes Wetter kündigt sich meist durch fallenden Luftdruck verbunden mit dichter Bewölkung an, niemals – wie in nördlicheren Breiten – durch die typischen Wolkenformationen beim Durchzug einer Front. Nebel tritt selten auf, dagegen werden die Sichtverhältnisse häufiger durch Dunst beeinträchtigt, besonders im Sommer.

Die Gewitterneigung nimmt im Sommer über dem Mittelmeer zu und ist im Herbst am größten.

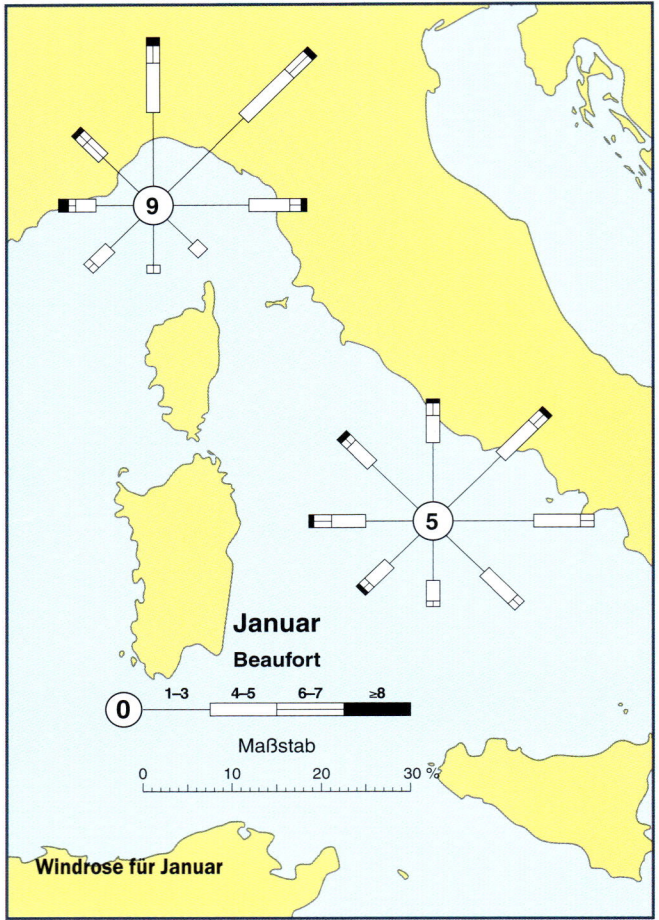

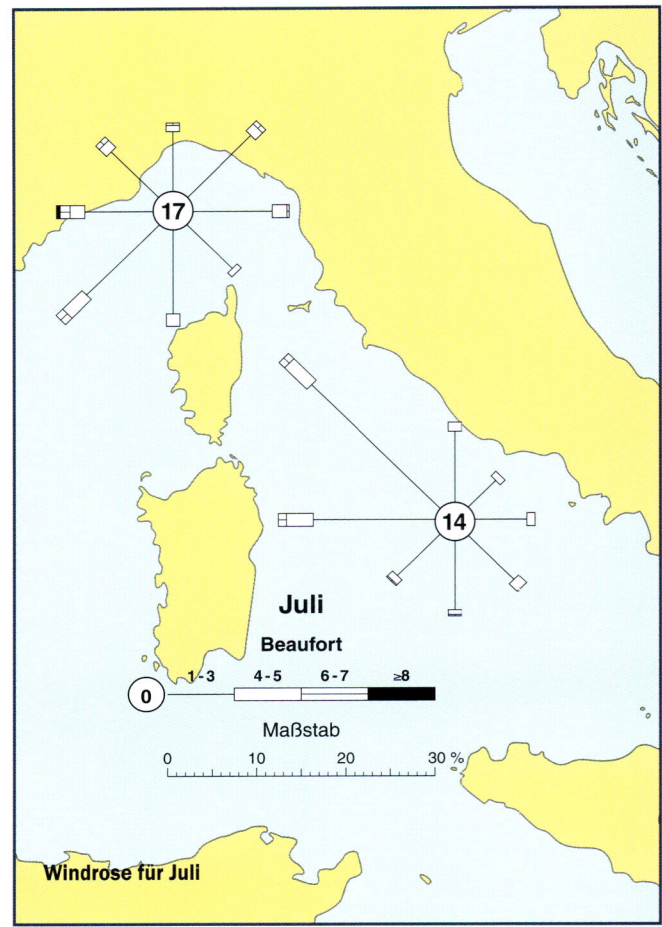

Für den Wassersportler folgt daraus für den westlichen Mittelmeerraum, dass er im Spätherbst, Winter und Frühjahr dieses Seegebiet meidet und seine Aktivitäten auf den Sommer beschränkt. Aber auch im Sommer muss immer mit einer raschen Wetteränderung gerechnet werden.

Ein verantwortungsbewusster Skipper nimmt daher schon vor Antritt eines Törns einen oder mehrere Fluchthäfen in seine Routenplanung auf.

Das Wetter an der italienischen Riviera

Der Golfo di Genova mit seinen besonderen geografischen Eigenschaften ist als Wetterküche bekannt. Tiefs, die sich dort bilden, können über längere Zeit das

Wettergeschehen an der italienischen Riviera bestimmen und erheblichen Einfluss auf Mistral-Wetterlagen ausüben. Als regionaler Wind ist dort auch der bei bestimmten Wetterlagen aus den Bergen fallende, kalte, böige Wind als Tramontana bekannt. Mistral, Librecco und Scirocco treten in dieser Gegend in den Sommermonaten dagegen sehr selten auf, können im Frühjahr dagegen im Golfo di Genova gefährliche, auflandige Stürme mit hohen Wellen und großen Wasserstandsänderungen verursachen. An der ligurischen und toskanischen Küste spielen Gezeitenhub (< 0,5 m) und daraus resultierende Strömungen dagegen eine unbedeutende Rolle. Längere Zeit aus einer Richtung wehende Winde können schwache Meeresströmungen verur-

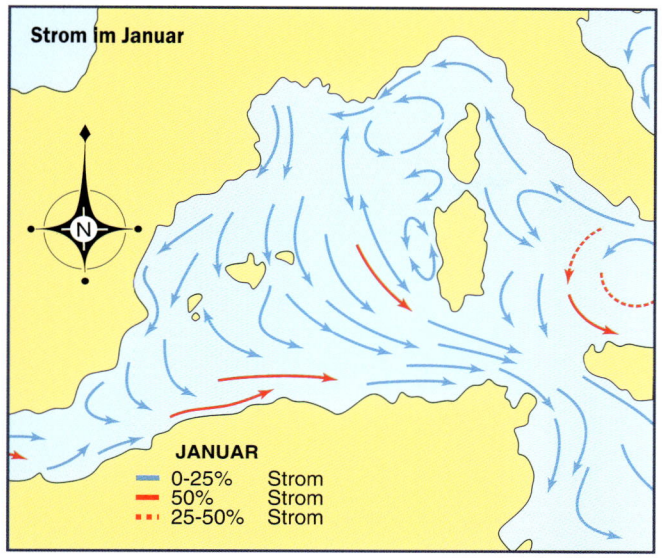

Strom im Januar

JANUAR
- 0-25%   Strom
- 50%   Strom
- 25-50% Strom

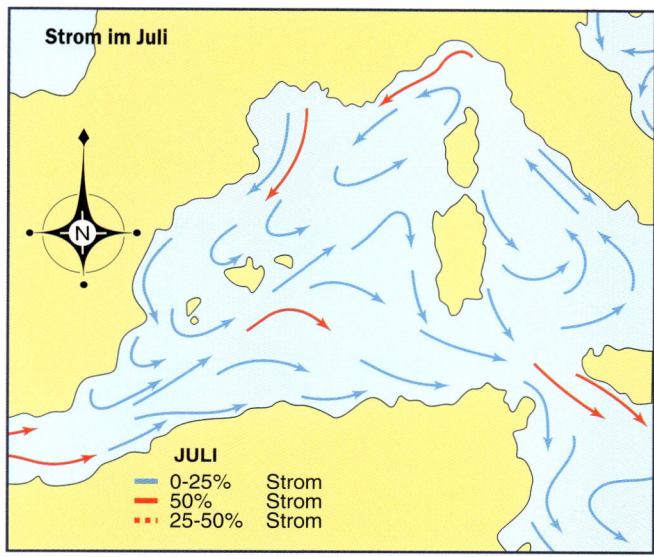

Strom im Juli

JULI
- 0-25%   Strom
- 50%   Strom
- 25-50% Strom

sachen. Während der meist störungsfreien Wetterlagen im Sommer sorgen die von der Tageszeit abhängigen See- und Landwinde im Bereich der italienischen Riviera für eine frische Brise. Störungen des Land-See-wind-Rhythmus signalisieren oft eine Wetteränderung am folgenden Tag. Ganz selten wird die Sicht im Sommer durch Nebel eingeschränkt, dagegen begrenzt Dunst oft die Sichtweite auf 2 sm. Im Sommer und Herbst können sich in Küstennähe Wärmegewitter bilden, die von böigen Winden begleitet werden, aber meist nicht lange anhalten.

Naturschutz

Die 10 goldenen Regeln für den Gewässerschutz gelten auch in Italien. Jeder Sportbootführer sollte die vom Bundesamt für Seeschifffahrt und Hydrographie kostenlos herausgegebene rote Broschüre „Entsorgungsmöglichkeiten für Öl, Schiffsmüll und Schiffsabwässer" (Abbildung Seite 13) kennen und beherzigen.

Die Algenpest Taxifolia
wütet auch in Italien, ist aber für den Menschen völlig ungefährlich. Diese Alge, in europäischen Gewässern ohne natürliche Feinde, überwuchert alle übrigen Pflanzen und bringt die normale Unterwasserfauna

zum Absterben. Für Sportboote gilt die Verhaltensmaßregel, das Ankergeschirr nach dem Aufholen sorgfältig abzuspülen, um einer weiteren Verbreitung entgegenzuwirken.

Angeln und Unterwasserjagd
Der Fischbestand im Mittelmeer ist durch Überfischung und durch die Fischerei mit kleinmaschigen Netzen stark zurückgegangen. Daher sind Angeln und Unterwasserjagd in italienischen Gewässern strengen Bestimmungen unterworfen. Verstöße werden mit empfindlichen Strafen geahndet. Sofern für das betreffende Gebiet keine besonderen Vorschriften gelten, ist das Angeln von Fischen für die eigene Versorgung bis zu 15 kg/Tag (im Bereich Siziliens bis 10 kg/Tag) nicht verboten. Ebenso ist die Unterwasserjagd im Meer außerhalb des Ansteuerungsbereiches von Häfen tagsüber nicht untersagt. Harpunen dürfen nur Personen über 16 Jahre benutzen. Dabei ist ein Abstand zu Badesträn-den von 500 m, zu Fischernetzen und ankernden Schiffen bis 200 m und zu Hafenanlagen und Signalstellen bis 50 m einzuhalten. Es ist vorgeschrieben, dass Tauchsportler zum eigenen Schutz ihren Tauchbereich mit einem mindestens 300 m sichtbaren, schwimmenden, blauweißen Wimpel „Alpha" – dem internationalen Zeichen für den Tauchsport – anzeigen. Sie dürfen in

einem Bereich von 50 m von der Markierung ihrer Unterwassertätigkeit nachgehen. In Sardinien und einigen anderen Bereichen ist die Benutzung von Sauerstoffgeräten für den Fischfang nicht erlaubt. Das Tauchen darf nicht nach Sonnenuntergang fortgesetzt werden.

Hafenservice

Liegeplätze
Viele Yachthäfen sind in der Saison oft überfüllt, daher ist anzuraten, sich bereits in der Mittagszeit über UKW oder Telefon einen Liegeplatz reservieren zu lassen.

Festmachen
In den meisten italienischen Häfen und Marinas wird römisch-katholisch mit Hilfe von Mooringleinen an den Kais oder Stegen festgemacht. Seltener sind Mooringbojen ausgelegt, an denen eine eigene Leine über Bug oder Heck festgemacht wird, während die anderen Leinen am Kai vertäut werden.
In einigen Häfen liegt man vor Buganker am Kai, aber in vielen Häfen ist die Benutzung des Ankers untersagt. Erlaubt es das Wetter, wird mit dem Bug zum Kai festgemacht, andersherum kann jeder Vorbeigehende ins Allerheiligste schauen. Im „Päckchen liegen" ist in Italien verpönt.

Stromanschluss
Wer seinen Kühlschrank auch im Hafen betreiben oder unbedingt die Batterien aufladen muss, sollte Vorsorge treffen. Passt der vorhandene Adapter zur Stromversorgung am Kai? Kaum ein Hafenbüro hält Adapter für ihre Anschlüsse parat. Auf der eigenen Yacht hat sich sicher eine ausreichende Auswahl der verschiedenen Adapter angesammelt, doch eine Charteryacht zeigt bereits in den ersten angelaufenen Häfen bei dieser Gelegenheit ihren Ausrüstungstand. Es ist daher ratsam, bereits beim Einchecken darauf zu achten, dass verschiedene Adapter zur Verfügung stehen. Einerseits sind Adapter sehr teuer und belasten die Bordkasse, andererseits sind sie nicht überall erhältlich.

Wasseranschlüsse
Auch für die Wasseranschlüsse benötigt man evtl. unterschiedliche Kupplungen. Gibt es da ein Problem, lässt sich das meist über Nachbarschaftshilfe lösen. Ein Lichtblick: Wasseradapter sind erschwinglich, deren falsche Montage sorgt lediglich für Heiterkeit bei der hoffentlich erfrischenden Dusche. Auch hier zahlt sich eine entsprechende Vorsorge aus.

Duschen und Toiletten
Bis auf wenige Ausnahmen sind alle Sanitäreinrichtungen sauber und gepflegt. Nicht in allen Häfen sind Duschen und Toiletten tagsüber und nachts frei zugänglich. In großen, häufig auch teuren Häfen erhalten die Mitglieder einer Crew Schlüssel oder Chipkarten für die Sanitäreinrichtungen, wenn die Liegegebühr für ihre Yacht bezahlt wird. Selten wird eine Einrichtung bewacht und für die jeweilige Benutzung Gebühr gefordert. In vielen Yachthäfen werden im Hafenbüro Metallchips für die Duschen verkauft, leider sind die Chips der verschiedenen Häfen nicht einheitlich.

Automatenwäscherei
Nur in großen Häfen sind Waschsalons direkt am Hafen anzutreffen, doch ist häufig in näherer Umgebung eine Münzwäscherei zu finden. Es ist angebracht, Waschpulver mitzubringen, da selten Personal bei den Waschmaschinen zu finden ist oder ein Automat Waschpulver spendet. Für die Automaten ist immer ein Vorrat an Münzen notwendig. Manchmal steht auch ein Wäschetrockner zur Verfügung.

Versorgung

Banken
Banken sind überwiegend nur vormittags geöffnet, die meisten von 08.30–13.30 Uhr. Geldautomaten sind in der Regel 24 h bereit, akzeptieren aber nicht alle deutschen Karten. In Geschäften wird überwegend Bargeld gefordert, in gehobenen Restaurants kann manchmal mit Visa- oder Euro-Card bezahlt werden. Die Tauschgebühren können (noch) – wie auch bei deutschen Banken – unverschämt hoch ausfallen.

Essen und Trinken
In den meisten Yachthäfen und Marinas gibt es wenig Möglichkeiten für den Großeinkauf von Lebensmitteln und Getränken. Nur in einigen der großen Marinas ist

ein Supermarkt mit preiswerten Angeboten vorhanden. Gute Einkaufsbedingungen mit Supermärkten und vielen kleinen Geschäften bieten die in Hafennähe liegenden Orte oder Städte.

Geschäfte sind in der Regel montags bis samstags von 9.00–12.30 und von 16.30–19.00 Uhr geöffnet. Lebensmittelgeschäfte öffnen morgens häufig bereits um 8.30 Uhr, in manchen Ortschaften bleiben sie am Montag Vormittag geschlossen. In Ortschaften mit lebhaftem Tourismus sind sogar am Sonntag und an Feiertagen Geschäfte geöffnet.

Fast alle italienischen Lebensmittelläden locken mit appetitlichen Auslagen. Wer hungrig einkaufen geht, hat schnell zuviel im Einkaufskorb.

Die Qualität der Lebensmittel, vor allem von frischem Obst (frutta) und Gemüse (legumi/verdure), ist ausgezeichnet, das Preis-Leistungs-Verhältnis gut. Fleisch (carne) wird meist ohne Knochen (osso) und Fett (grasso) abgewogen, ist von hervorragender Qualität, aber auch teuer. Angeboten werden Lamm (agnello), Hammel (montone), Rind (manzo), Kalb (vitello), Schwein (porco) und Geflügel (pollame). Käse (formaggio) ist in großer Auswahl relativ preiswert. Frischen Fisch (pesce) und Meeresfrüchte (frutti di mare) kauft man am besten auf dem Fischmarkt direkt am Hafen. In fast allen Orten wird regelmäßig oder mindestens einmal wöchentlich vormittags Markt abgehalten, der nicht nur gute Auswahlmöglichkeiten bietet, sondern mit seiner mediterranen Vielfalt auch besonderes Vergnügen bereitet. Obst- und Gemüsekonserven gibt es preiswert und in guter Qualität, Fleischkonserven ebenfalls, aber nur wenige in gewohnter Geschmacksrichtung. Das gilt auch für Kaffee, der in Italien meist anders geröstet wird. Italienisches Bier kann mit deutschem kaum verglichen werden, es ähnelt im Geschmack mehr dem englischen Lager-Bier. Spirituosen sind ebenso teuer wie in Deutschland, in der Auswahl der Sorten ähnlich. Wenn an Bord in der Pantry auch nach deutschen Rezepten gekocht werden soll, empfiehlt es sich, entsprechende Fleischkonserven mitzubringen. Bei der Anreise mit dem Auto sollte überlegt werden, ob auch die Bier- und Getränkevorräte für den Törn mitgeführt werden können. Nur vereinzelt wird in den Häfen ein Service angeboten, der die Lebensmittel und Getränke direkt an Bord bringt. Stilles oder kohlensäurehaltiges (frizante) Mineralwasser (aqua minerale) gibt es überall in guter Qualität.

Restaurants

Das Besondere an den italienischen Restaurants ist, dass sie sich mit ihrer Speisekarte nicht an ausländische Urlauber angepasst haben. Abgesehen von wenigen griechischen oder gar chinesischen Gaststätten dominiert in Italien die regionale Küche. Die meisten Restaurants decken ihre Tische zum Abend. Eine Besonderheit sind die gesondert berechneten Preise für das Brot, die Serviette und das Besteck (coperto) und für den Service (servicio). Schließlich sollte der Gast nicht sofort einen freien Tisch im Restaurant ansteuern, sondern – wie es in Italien üblich ist – warten, bis ihm ein Platz angeboten wird.

Übrigens sind auch ausländische Touristen verpflichtet, sich nach dem Essen eine Rechnung (ricevuta fiscale) ausstellen zu lassen und mitzunehmen. Das gilt übrigens für alle Einkäufe und Serviceleistungen.

Bei möglichen Kontrollen durch die italienische Finanzpolizei (Guardia finanza) muss derjenige mit einer empfindlichen Geldstrafe rechnen, der keine Quittung vorweisen kann!

Häufig werden Menüs zu festen Preisen (menu a prezzo fissa) mit Alternativen bei den einzelnen Gängen angeboten, preiswerter als bei Einzelbestellungen der gleichen Auswahl. Besonders günstig sind das Familien- (pranzo familiare) oder Touristenmenü (pranzo turistico), sie bestehen meist aus drei Gängen, enthalten Brot, Gedeck, Service, Wasser und ein Viertel Liter Wein.

Die Speisekarten erlauben aber auch beliebige Zusammenstellungen, die man gemütlich bei einem Aperitif (aperitivo) aussucht. Zu einem Menü gehören in der Regel eine Vorspeise (antipasto), das Hauptgericht (pasto prinzipale) und eine süße Nachspeise (dolce).

Schon bei den Vorspeisen gibt es eine große Vielfalt: Salate (insalade) in unterschiedlichster Zubereitung, Pasteten (pasticcio) oder Suppen (minestra), zu allem wird frisches Weißbrot (pane) gereicht. Bei den Hauptgerichten wird gekochtes (bollito), gegrilltes (alla griglia) oder gebratenes (arrostito) Fleisch (carne) – nach Wunsch durchgebraten (ben cotta), halb durchgebraten (a mezza cotta) oder fast roh (al sangue) – serviert;

Rind (manzo), Kalb (vitello), Schwein (porco) oder Lamm (agnello) kommen dazu infrage. Braten (arrosto) oder Geflügel (pollame) werden in vielen Varianten zubereitet, häufig in Weinsaucen mit Kräutern (erba) und Knoblauch (aglio) gewürzt, dabei trägt Olivenöl (olio d'oliva) häufig zum besonderen Geschmack bei. Kartoffeln (patate) werden kaum als Salzkartoffeln, häufiger als Röstkartoffeln (patate arrostite), als Pommes au Gratin (patate gratinate) oder als Pommes Frites (patate fritte) angeboten. Die Gemüsebeilagen (legumi/erbaggi) sind ebenfalls variantenreich.

Auch bei den Nachspeisen (dessert) ist die Qual der Wahl groß, denn selbst bei den festen Menüangeboten stehen fast immer mehrere Möglichkeiten zur Auswahl.

Ligurische Spezialitäten

Zu den ligurischen Spezialitäten gehört pesto, eine im Mörser gestampfte Kräutermischung aus frischem Basilikum, Knoblauch, geriebenem Parmesan, Pinienkernen und Olivenöl. Pesto wird zu Nudelgerichten (pasta), zu gekochtem, warmem oder kaltem Fleisch (carne bollito) und zu gedünstetem Gemüse (legumi in umido) gereicht. Nudeln mit Fleischsauce (pasta bolognese), gefüllte Teigtaschen (ripieni, ravioli) und eine Vielfalt von Klößen (gnocchi) zeichnen die ligurische Küche aus, die besonders in den einfachen Gaststätten gepflegt wird, wo „Muttern" noch hinter dem Herd steht. Reis fehlt auch hier auf der Speisekarte. Wichtiger Bestandteil einer ligurischen Mahlzeit sind auch die Meeresfrüchte (frutti di mare) als Vorspeise oder Hauptgang. Muscheln in Form und Farbe von Datteln (datteri di mare), die mit einem Spritzer Zitrone (limone) verspeist werden, sind fast nur noch in der Gegend um La Spezia im Angebot. In Olivenöl, Zitrone und Kapern (capperi) eingelegte Sardellenfilets (filetti d'acciughe con capperi) oder junge, fast durchsichtige Glasaale, Anchovis oder Sardellen (bianchetti), ebenfalls in Olivenöl und Zitrone eingelegt, gehören zu den besonderen Vorspeisen Liguriens ebenso wie die berühmte Gemüsesuppe (minestrone) aus der Umgebung von Genova. Dort wird auch das typische Volksgericht, ein mit Hackfleisch gefüllter Kochsalat in Fleischbrühe (lattuga ripiena) und eine gefüllte Kalbsbrust (cima alla genovese) angeboten. Als Fischhauptgang gibt es seltener ganze, gegrillte oder gebratene Fische (pesce alla graticola od arrotito), häufiger steht der getrocknete Kabeljau – Stockfisch (oggi stoccafisso) – auf der Speisekarte, der in vielen Variationen zubereitet wird. Zu den bekanntesten Gerichten mit Meeresfrüchten gehört der magere Kapaun (cappon magro), der kein Fleisch enthält und als Fastenspeise gilt.

Zum Essen darf ein Glas Wein nicht fehlen. Meist gibt es offene, regionale Rotweinsorten. Von den Weinen Liguriens – abgesehen vom prämierten, rubinroten Rossesse di Dolceaqua, den bekannten Lageweinen von Cinqueterre und den Weinen aus den Bergen nördlich von Genova – sind nur wenige Lagen über die Landesgrenzen hinaus bekannt, weil für einen groß angelegten Weinanbau in dem schmalen Küstenstreifen nicht genug Platz bleibt.

Toscanische Küche und ihre Spezialitäten

Die toscanische Küche ist bäuerlich schlicht, doch die Zutaten sind hervorragend. Wie auch in Ligurien werden in der Toscana bevorzugt frische, aus der eigenen Landwirtschaft oder aus dem Meer stammende Produkte auf den Tisch gebracht: Fleisch, Fisch, Meeresfrüchte, viel Gemüse, Obst und Wein. Olivenöl findet sich nahezu ausnahmslos in jedem Gericht. Nudeln (pasta) und Reis (risotto) stehen für die Toscaner erst an zweiter Stelle, man bevorzugt eher Gemüsesuppen und deftige Eintöpfe. Leider sind Fischgerichte und Meeresfrüchte in unterschiedlichster Zubereitung selbst an der Küste recht teuer. Aber auch Fleisch hat seinen Preis, besonders die Spezialität vom Chiania-Rind: Das Beefsteak am Knochen (bistecca fiorentina) wird auf Holzkohle – ähnlich wie ein T-Bonesteak – gegrillt und zu weißen Bohnen mit etwas Olivenöl gereicht: köstlich! Eine nicht so teure Spezialität für den, der es mag, sind Kutteln (trippa fiorentina) in spezieller florentiner Zubereitung. Die Ente à l'Orange (anatra arancia) hat ihren Ursprung in der Toscana – nicht – wie man meinen könnte – in Frankreich! Sonst isst man Perlhuhn (faraona), Lammfleisch (agnello) oder Kaninchen (coniglio). Als Besonderheit gelten auch Steinpilzgerichte (funghi porcini), weil die Toscana sehr pilzreich ist. Besonders empfehlenswert ist die Fischsuppe in bzw. aus Viareggio (cacciucco). Auch die Weine der Toscana – besonders die zahlreichen Chianti-Sorten – muss man unbedingt kennen lernen.

Kulturelles und Adressen

Feiertage

6. Jan.	Hl. Drei Könige
Ostern	Ostersonntag und Ostermontag sind gesetzliche Feiertage
25. Apr.	Tag der Befreiung (1945)
1. Mai	Tag der Arbeit
Himmelfahrt	gesetzlicher Feiertag
Fronleichnam	gesetzlicher Feiertag
15. Aug.	Mariä Himmelfahrt
1. Nov.	Allerheiligen
8. Dez.	Mariä Empfängnis
25./26. Dez.	Weihnachten
31. Dez./1. Jan.	Jahreswechsel

Veranstaltungen in Ligurien

Ligurische Feste sind meist echte Volksfeiern, nur wenige werden für den Tourismus oder das Fernsehen inszeniert.

Mai

Am zweiten Maisonntag findet in Camogli ein traditionelles Fischfest statt. In riesigen Pfannen werden frische Meeresfrüchte in großen Mengen frittiert. Jeder darf kostenlos zugreifen.
In Imperia und Diano Marina werden bei den Infiorate-Festen große Blumenteppiche ausgelegt. (An Fronleichnam bzw. am folgenden Sonntag)

Juni

Bekannt sind die Battaglie dei fiori (Blumenfeste) in Ventimiglia und San Remo.
Am Monatsende treffen sich in Genova Vertreter des Stadtviertels Rioni und tragen einen traditionellen Ruderwettkampf aus.

Juli

Das Fest der Madonna di Montallegro findet in Rapallo vom 1. – 3. Juli statt.
Am 2. Juli wird mit großem Feuerwerk das Fest der Madonna dell'Orto in Chiavari gefeiert.
Am dritten Julisonntag wird in Taggia das Magdalenen-Fest gefeiert, dabei wird ein Totentanz aufgeführt, der auf heidnische Ursprünge zurückgeht.

Am 25. Juli wird das Festa di San Giacomo in Levanto mit Prozessionen in historischen Kostümen begangen. Ende Juli findet ein Jazz- und Blumenfestival in San Remo statt.

August

Am ersten Augustsonntag führt eine festlich geschmückte Prozession von Fischerbooten von Camogli zur Punta Chiappa zur Teilnahme an einer Messe am Heiligtum der Madonna Stella Maris.
Am 14. August wird in Lavagna zur Erinnerung an die glanzvolle Hochzeit des Grafen Opizzo Fieschi mit Bianca die Bianchi im Jahr 1240 eine riesige, tonnenschwere Gemüsetorte – die Torta dei Fieschi – verteilt und verspeist.
Am 15. August ist in Alassio ein großes Feuerwerk zu bewundern.
Am 17. August findet das Fest der Madonna Bianca in Portovenere statt.

September

Am zweiten Septemberwochenende wetteifern in Noli die einzelnen Stadtviertel in einem Ruder- und Geschicklichkeitswettkampf um den Sieg, bei dem die Teilnehmer in historischen Kostümen auftreten.

Veranstaltungen in der Toscana

Juni

Am 17. Juni wird auf dem Arno (Pisa) die historische Regatta di San Ranieri abgehalten.

August

Am 15. August wird an vielen Orten die Assunta – die Mariä-Himmelfahrt-Prozession – begangen, meist mit einem Feuerwerk abgeschlossen.
Im Porto San Stefano gibt es am 15. August eine Ruderregatta in historischen Kostümen.

Wichtige Adressen

Deutscher Seglerverband
Gründgensstr. 18
22309 Hamburg
Tel.: 00 49-(0)40-6 32 00 90

Bundesamt für Seeschifffahrt und Hydrographie
Bernhard-Nocht-Str. 78
20305 Hamburg
Tel.: 00 49-(0)40-31 91-0

Deutscher Wetterdienst – Seewetteramt
Bernhard-Nocht-Str. 78
20359 Hamburg
oder
Postfach 301220
20359 Hamburg
Tel.: 00 49-(0)40-31 91

Federatione Italia della Vela (Italienischer Seglerverband)
Viale Brigata Bisagno 2
16129 Genova
Tel.: 00 39-(0)10-58 94 31

Deutsche Auslandsvertretungen

Es ist das Recht eines jeden Bundesbürgers, die Dienste der deutschen Auslandsvertretungen in Anspruch zu nehmen, die als Bundesbehörden verpflichtet sind, jedem Bundesbürger im Rahmen ihrer rechtlichen Möglichkeiten Rat und Beistand zu gewähren.

Deutsche Botschaft
I-00198 Roma
Via Po 26 c
Tel.: 0039-(0)06-884741

Deutsches Generalkonsulat
I-16121 Genova
Via San Vincenzo 4-28
Tel.: 00 39-(0)10-59 08 41
Fax.: 00 39-(0)10-58 84 57

Fremdenverkehrsadressen

Staatliches Italienisches Fremdenverkehrsamt ENIT
Berliner Allee 26, 04212 Düsseldorf
Tel.: 00 49-(0)2 11-13 22 31
Staatliches Italienisches Fremdenverkehrsamt ENIT
Kaiserstr. 65, 60329 Frankfurt
Tel.: 00 49-(0)69-23 74 30/23 74 34
Staatliches Italienisches Fremdenverkehrsamt ENIT
Goethestr. 20, 80336 München
Tel.: 00 49-(0)89-53 03 69
Staatliches Italienisches Fremdenverkehrsamt ENIT

Karl-Liebknecht-Str. 34, 10178 Berlin
Tel.: 00 49-(0)30-2 47 83 97/2 47 83 98

Wesentlich hilfsbereiter und auskunftsfreudiger sind die örtlichen Büros der Azienda Promozione Turistika.

Adressen für Ligurien:
Azienda Promozione Turistika
I-16121 Genova
Via Roma 11
Tel.: 00 39-(0)10-54 15 41
Fax.: 00 39-(0)10-58 14 08
Azienda Promozione Turistika
Regione Liguria
I-16121 Genova
Via Fieschi 15
Tel.: 00 39-(0)10-54 85 51
Azienda Promozione Turistika
I-16038 Santa Margherita Ligure
Tel.: 00 39-(0)185-28 74 85
Fax.: 00 39-(0)185-29 02 22

Adressen für die Toskana
und den Toskanischen Archipel:
Azienda Promozione Turistika
Via di Novoli 26
I-50127 Firenze
Tel.: 0 55-4 38 21 11
Fax: 0 55-4 38 30 64
Azienda Promozione Turistica
Calata Italia 26
I-57037 Portoferraio
Tel.: 05 65-91 46 71
Fax: 05 65-91 63 50

Gesetzliche Zeit in Italien

UTC = GZ + Zeitbeschickung
Zeitbeschickung Winter   −1h
Zeitbeschickung Sommer   −2h

Costa Ligure – die Italienische Riviera

Der Begriff Riviera steht für strahlende Sonne, blauen Himmel und blaues Meer.

Das trifft auf den italienischen Küstenstreifen – die Costa Ligure – von *Ventimiglia* bis hinter *Lerici* zu, der als die Italienische Riviera bekannt ist und noch heute das Reiseziel vieler europäischer Urlauber ist.

Die ersten Touristen kamen aus dem nebligen, englischen Winter in das milde Klima dieser Küste bereits in der zweiten Hälfte des 19. Jahrhunderts. Der überaus erfolgreiche Liebesroman „Dottor Antoni", den Giovanni Ruffini 1865 in Edinburgh für das englische Publikum herausbrachte, hatte die Leserschaft so begeistert, dass sie nun nicht mehr nur an die französische, sondern auch an die italienische Riviera reiste, zuerst nur im Winter, später auch im Sommer. Einige Engländer blieben sogar für immer, wie die berühmt gewordenen Thomas Hanbury und Clarence Bickwell; doch es kamen nicht nur englische Gäste, die feine Gesellschaft aus ganz Europa gab sich damals dort ein Stelldichein.

Der im Folgenden beschriebene Küstenabschnitt erstreckt sich von der französischen Grenze in einem etwa 300 km langen, großen Bogen bis zur *Foce del Magra* – der Magramündung.

Der schmale, vorwiegend bergige Landstreifen Liguria wird auf der einen Seite vom Mittelmeer und auf der anderen Seite von den Seealpen und dem nördlichen Apennin begrenzt, er ist nur zwischen 7 und 35 km breit, die Berge im Hinterland sind bis 2000 m hoch, deren Ausläufer stürzen oft steil ins Meer. Der Meeresboden fällt hinter einer schmalen Flachwasserzone auf beachtliche Tiefen ab.

Mit Ausnahme von *Punta Portofino* und *Punta di Portovenere* ist die Küste nur wenig zerklüftet, bildet meist eine Steilküste zur See. An den Mündungen der überwiegend kurzen Flussläufe und in den sanft geschwungenen Buchten gibt es kleine Strände, es fehlen tiefe Buchten und natürliche Häfen.

Durch den Schutz der hohen Berge und dem ausgleichenden Einfluss des Meeres ergibt sich ein besonders mildes Klima, die durchschnittlichen Temperaturen liegen im Winter zwischen 7–10° C, im Sommer zwischen 25–28° C.

Der westliche Teil, von der französischen Grenze bis Genova, bekannt unter dem Namen *Riviera di Ponente*, wird wegen der dort vorherrschenden Blumenzucht bis *Capo delle Mele* auch *Riviera di Fiori* genannt. Der Küstenstreifen zwischen dem Meer und den nahen Bergen im Hinterland wird nur durch wenige Flusstäler unterbrochen, die der dichten Besiedlung etwas mehr Raum geben. Die Großstadt *Genova* im Scheitel des Bogens ist ebenfalls zwischen Bergen und Meer eingezwängt, streckt sich daher weit am Ufer entlang.

Der östliche Küstenabschnitt der Costa Ligure heißt *Riviera di Levante*. Während die teilweise steil ins Meer abfallenden Berghänge der Riviera di Ponente durch viele meist sandige Strände in den flach geschwungenen Buchten unterbrochen werden, ist die Riviera di Levante vorwiegend felsig und bietet nur an wenigen Stellen sandige, sonst kiesige Strände.

Berühmt ist die *Cinque Terre* mit ihren in die steilen Abhänge kletternden Ortschaften, die vom Hinterland fast völlig abgeschnitten sind.

Der tief ins Land einschneidende *Golfo di La Spezia* im Südwesten bildet durch seine geschützte Wasserfläche ein herrliches Wassersportrevier, an das sich die *Costa dei Poeti* mit ihren einsamen Badebuchten anschließt.

Der *Fiume Magra* mit seinem breiten, weit ins Hinterland eingeschnittenen Tal bildet schließlich die Grenze zwischen Liguria und Toscana.

09° 00.00'E

G E N O V A

L I G U R I A

L I G U R I A
RIVIERA LEVANTE

Voltri
Arenzano
Capo del Faro
Punta Vagno

Recco
Bogliasco
Camogli
S. Margherita
Rapallo

SAVONA
Vado Ligure
Capo di Vado
④ *Capo di Noli*

RIVIERA PONENTE

Chiavari
Sestri Levante

Punta di Portofino ⑧
Punta Manara

GOLFO DI

Levanto

GENOVA

Albenga *Capo Lena*
Isola Gallinara

LA SPEZIA

Punta del Mesco

Marina di
Carrara

Alassio *Capo Mele*

⑨ ⑩
I. del Tino

③

IMPERIA
②

M A R   L I G U R E

Arma di Taggia
San Remo ①
Ventimiglia
Capo dell'Arma

Capo San Ampeglio

─── Teilgebiete

① Leuchtfeuer

⚓ Hafen/Marina

I. Gorgona

N

I. Capraia

0   10   20   30 sm

⑪ ☆ *Capo Corso*   43°
00.00'N

M A R E
T I R R E N O

① Fl(2)W.15s 50m24M   Capo del Arma
② Iso.W.4s 11m16M   Imperia - Porto Maurizio
③ Fl(3) W.15s 94m24M   Capo Mele
④ Fl(4)W.15s 43m15M   Capo di Vado
⑤ Fl(2)W.20s 117m25M   Porto di Genova - Lanterna, Capo del Faro
⑥ Fl.R.4s 18m15M   Porto di Genova - Molo Duca di Galliera
⑦ LFl(3)W.15s 26m18M   Puta Vagno
⑧ Fl.W.5s 40m16M   Punta Portofino
⑨ Fl(3)W.15s 117m25M   Isola del Tino
⑩ Fl.W.3s 22m17M   Marina di Carrara
⑪ Fl.W.5s 85m28M   Cap Corse - Ilot de la Giraglia

E L B A

Bastia
I. Pianosa

Punta Revelata

C O R S I C A

• Calvi

Costa Ligure, Riviera Ponente

Italienische Seekarten 1, 2

Die im Hinterland bergige, meist von See her steil ansteigende Küste der Riviera Ponente verläuft vom *Capo Mortola* zunächst in östlicher, später in nordöstlicher Richtung und mündet in den *Golfo di Genova,* einer großen, schwach geschwungenen Bucht, in deren Scheitel sich die riesige Hafenstadt *Genova* ausbreitet. Die Grenze nach Frankreich verläuft ca. eine Meile westlich des felsigen *Capo Mortola* und ist an den zahlreichen Reflexen der Treibhäuser zu erkennen, die auf der italienischen Seite bis in die Gegend von *Sanremo* im Sonnenschein blinken, daher kommt auch der Name *Riviera dei Fiori,* denn in den vielen Treibhäusern gedeihen Blumen für den Export nach Nordeuropa. Die Küste besitzt wenig auffällige Landmarken. Zur leichten Orientierung fehlen tief eingeschnittene Buchten und weit hervorspringende Landzungen. Nur bei *Albenga* gibt ein breites, flaches Flusstal Raum für landwirtschaftliche und industrielle Nutzung. An den übrigen stark besiedelten Berghängen gehen die Ortschaften ineinander über und sind nur schwer voneinander zu unterscheiden. Die Küstenstraße (Via Aurelia) und die Eisenbahntrasse streiten sich um den wenigen Platz an den Berghängen und verschwinden oft in Tunneln unter den bis zum Meer vordringenden Bergausläufern oder überbrücken in Viadukten die Einschnitte der Täler. Ab und an ist auch die meist hinter den Bergketten im Inland verlaufende Autobahn mit ihren großen Viadukten von See her auszumachen. Die Flussläufe fallen im Sommer trocken, nur wenige breite Täler geben der Besiedlung Raum, die sich sonst an die Hänge

klammert. Hier sind für die Navigation neben guten Karten und dem minutiösen Abhaken der Landmarken das elektronische Navigationssystem GPS oder Loran C gefragt.

Von Menton-Garavan, dem letzten französischen Sportboothafen kommend, passieren wir auf östlichem Kurs die französisch-italienische Grenze und halten auf eine Süd-Kardinaltonne zu, die wir etwa 1,4 sm hinter der Grenze südöstlich von Capo Mortola seewärts passieren. Diese Tonne warnt vor einem ausgedehnten Riff. Nach weiteren 1,8 sm auf nordöstlichem Kurs erreichen wir den winzigen Yacht- und Fischerhafen

Ventimiglia 43° 27,3' N | 007° 35,8' E

Der kleine, durch eine in südsüdwestlicher Richtung verlaufende Mole nur wenig geschützte Hafen von Ventimiglia liegt 600 m westlich der Mündung des Fiume Roia. Die Hafeneinfahrt öffnet sich zwischen Mole und Punta della Rocca nach Südwesten, ist ca. 2,5 m tief und 200 m breit. Vor dem nordwestlichen Ufer liegen Unterwasserfelsen. Westlich der Mole vom Kopf bis

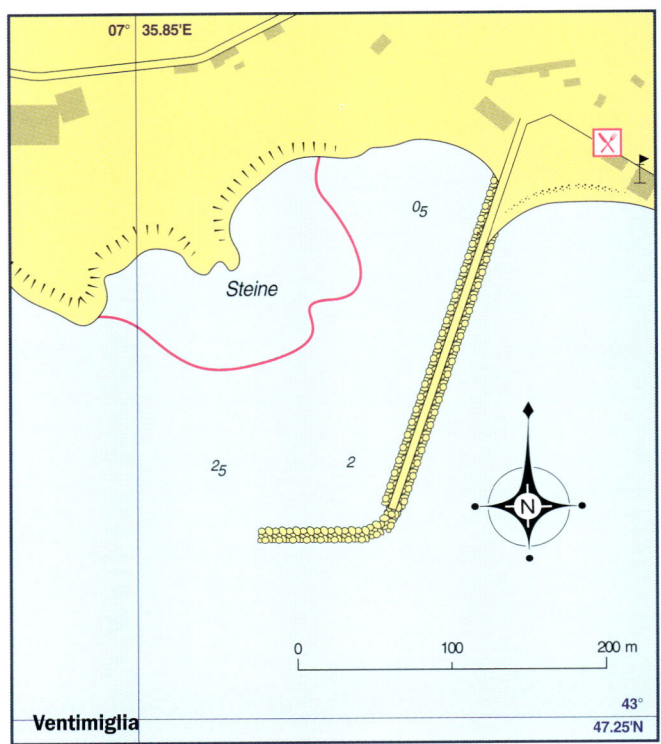

Ventimiglia

Ventimiglia

zum Fuß der Mole nimmt die Wassertiefe von 2,5 m auf etwa 0,5 m ab. Es gibt keine nennenswerten Einrichtungen in diesem kleinen Hafen, der nur bei gutem Wetter und mit kleinen Booten bis 5 m Länge angelaufen werden kann. Östlich der Flussmündung des Fiume Roia werden Fischer- und lokale Sportboote hinter kleinen, vorgelagerten Steinmolen direkt auf den steinigen Strand gezogen.

Ansteuerung:

Unterhalb der auf einem Hügel erbauten Altstadt von Ventimiglia erkennt man erst aus der Nähe den kleinen Fischerhafen, er kann nur tagsüber bei gutem Wetter mit flachgehenden Sportbooten angelaufen werden. Nachts weist kein Feuer den Weg. Tagsüber bilden die Hotels am Ufer und der an einem Hang liegende Kirchturm Ansteuerungshilfen.

Hafenservice:

Es gibt keine nennenswerten Einrichtungen.
Information: Azienda di Promozione Touristica Riviera dei Fiori, Tel.: 01 84-35 28 44

Landgang, Sehenswürdigkeiten:

Ventimiglia ist ein Badeort mit entsprechenden Versorgungsmöglichkeiten, Restaurants, Banken und Post. Westlich der Flussmündung liegt die sehenswerte Altstadt auf einem Hügel unterhalb einer genuesischen Festung, während sich der moderne, jüngere Stadtteil östlich der Flussmündung in der Ebene zwischen Bahnlinie und Kiesstrand ausbreitet und mit seinen Hotelbauten nahtlos in den Bereich von Bordighera übergeht.
Im Jahr 1867 legte der reiche Engländer Thomas Hanbury auf einem frisch erworbenen Grundstück in Ventimiglia einen exotischen Garten an, der sich in dem überaus milden Klima schnell zum prächtigsten botanischen Garten ganz Europas entwickelte und noch heute zu besichtigen ist.
Jahre später – 1898 – gründete Thomas Hanbury ein Museum in der Nähe der in roten Sandsteinfelsen gelegenen Balzi-Rossi-Höhlen. Die damals frischen, altsteinzeitlichen Funde aus der Besiedlungsgeschichte Liguriens zählten zu den ersten Exponaten aus dieser Gegend.

Ventimiglia, Chiesa Santa Maria

Sport:

Circolo Velico Ventimigliese, Tel.: 01 84-3 48 20

Ankern:

In der Bucht zwischen Capo Mortola und Ventimiglia kann bei ruhigem Wetter auf meist sandigem, 5–10 m tiefem Grund geankert werden. Mit dem Beiboot ist dann ein Abstecher nach Ventimiglia möglich.

Etwa 8,5 sm östlich der Grenze zwischen Frankreich und Italien erreichen wir den ersten kleinen Yachthafen

Bordighera 43° 46,8' N | 007° 40,7' E.

Porto di Bordighera

07° 40.50'E

Fischer

Via Aurelia

Kran

Molo Foraneo

2F.R(vert)

WC

43°
46.70'N

0   50   100 m

ist 5–2,5 m tief und verfügt über ca. 250 Liegeplätze für Yachten bis 20 m, davon sind etwa 15 Plätze für Gäste vorgesehen, die im Sommer aber häufig belegt sind. Eine frühzeitige Anmeldung ist zu empfehlen.

Ansteuerung:

Von Westen kommend, wird der Hafen erst nach dem Passieren des Capo Sant'Ampeglio sichtbar, aus östlicher Richtung ist er von weitem am grauen Glockenturm mit seinem glänzenden Dach auf dem Capo Sant'Ampeglio zu erkennen. Als Ansteuerungsmarke kann tagsüber eine weiße Villa mit einem Turm oberhalb des Hafens dienen, nachts ist die äußere Hafenmole mit 2 F.R (vert) befeuert. Der Molenkopf ist in ausreichendem Abstand zu runden, weil dort große Steine im Wasser liegen. Der Hafen kann bei fast jedem Wetter angelaufen werden; bei Starkwind aus südöstlichen bis südlichen Richtungen (Levante, Chirocco) bildet sich eine unan-

Es ist der westlichste Yachthafen an der italienischen Riviera. Er liegt direkt nordöstlich des Capo Sant'Ampeglio am Ortsausgang von Bordighera, einer Ortschaft am Fuß von landeinwärts aufsteigenden Bergen. Direkt oberhalb des Hafens treten die Gleise der Eisenbahn aus einem Tunnel, und dahinter etwas erhöht verläuft die stark befahrene Küstenstraße Via Aurelia. Zur See wird der Hafen durch eine nach Nordosten weisende, ca. 260 m lange, steinbewehrte Außenmole geschützt, die über die vom Ufer südöstlich ausgehende, kurze Hafenabschlussmole hinausragt und den Hafeneingang schützt. Das Hafenbecken ist vollständig mit einer Kaianlage und einer Reihe von Pontons ausgestattet. Oberhalb des Hafens befindet sich ein Parkplatz, der das Dach der Capitaneria bildet. Der Hafen

Porto di Bordighera

Bordighera

genehme bis gefährliche Kreuzsee vor dem steilen Ufer und verursacht erheblichen Schwell im Hafen. Der 35 m breite Hafeneingang öffnet sich nach Nordosten und ist 6 m tief. Abhängig von der Windrichtung, Stärke und Dauer kann eine schwache Strömung entlang der Küste setzen.

Hafengebote: Besucher machen am Ponton im Hafeneingang fest und lassen sich einen Liegeplatz zuweisen. Im Hafen ist die Begrenzung der Geschwindigkeit auf 3 kn und das Verbot, den Anker zu werfen, zu beachten.

Hafenmeister:

Capitaneria: Sig. E. Luciano, Tel. & Fax: 01 84-26 66 88, VHF-Kanal 16/25, 7.00–19.00 Uhr.
Wetterinformationen werden täglich morgens an der Capitaneria ausgehängt.

Hafenservice:

Die Liegeplätze sind mit Mooringleinen, Wasser- und Stromanschlüssen ausgestattet (220 V, Euronormstecker). Eine Sanitäreinrichtung mit Toiletten und Duschen liegt neben der Capitaneria. Ein Kartentelefon

befindet sich auf dem Parkplatz oberhalb der Capitaneria. Es gibt im Hafen keine Tankstelle, aber ein Slip steht zur Verfügung. Die Reparaturmöglichkeiten sind begrenzt (Motoren, Elektrik und Elektronik), der Hafen verfügt über einen 25-t-Mobilkran und ein kleines Winterlager, er ist nachts beleuchtet.

Versorgung:

Einkaufsmöglichkeiten sind in reicher Auswahl im 10 Minuten Fußweg entfernten Ort zu finden, dort sind auch Restaurants, Banken und die Post. Das Restaurant oberhalb des Hafens bietet nicht nur eine herrliche Aussicht. Eine Bushaltestelle der Linie Ventimiglia – Sanremo befindet sich in westlicher Richtung an der Straße oberhalb des Hafens.

Information: Azienda di Promozione Touristica Riviera dei Fiori, Tel.: 01 84-26 23 22

Landgang, Sehenswürdigkeiten, Kultur:

Es gibt zwei Stadtteile – eine kleine, verwinkelte, ruhige Altstadt auf dem Capo Sant'Ampeglio und der sich an der Küste entlang ziehende, lebhafte, zum Teil noble Ortsteil mit starkem Fremdenverkehr.

Bordighera war im 19. Jh. beliebter Badeort reicher Engländer, die das Stadtbild mit ihren eleganten Villen und herrlichen Gärten stark prägten. Auch heute noch zieht die besondere Atmosphäre Bordigheras mit ihren noblen Villen, ihrer üppigen südländischen Vegetation mit einer Vielzahl von Palmen, Orangen- und Lorbeerbäumen und den zum Teil luxuriösen Geschäften ein besonderes Publikum an. Zur Palmsonntagsfeier wird der Vatikan aus alter Tradition mit Palmwedeln von hier beliefert. Claude Monet weilte 1884 in Bordighera und malte Motive üppiger Mittelmeervegetation. Aus der Umgebung Bordigheras stammt auch das Bild mit der mittelalterlichen Bogenbrücke von Dolceácqua.

In der winkligen Altstadt auf einem Hügel am östlichen Stadtrand, zu erreichen durch zwei alte Stadttore, befinden sich die sehenswerte Barockkirche Santa Maria Maddalena und die Kirche San Bartolomeo degli Armeni.

Das Rathaus an der Piazza de Amicis und die Kirche Terrasanta an der Piazza Ruffini wurden von Charles Garnier errichtet, dem Architekten der Pariser Oper

und des Spielcasinos Monte Carlo. Er besaß eine Villa in Bordighera und lebte einige Zeit dort.

Im Bicknell-Museum an der Via Romana, gegründet 1888 von dem Engländer Clarence Bicknell, befinden sich interessante archäologische Funde, u. a. Abdrücke uralter, bronzezeitlicher Ritzzeichnungen vom Monte Bego aus dem Vallée des Merveilles der französischen Seealpen.

Veranstaltungen:

Am 14. Mai wird das Fest des Ortsheiligen Ampelius mit großem Feuerwerk begangen.

Sport:

Club Nautico Bordighera, 01 84-26 00 94/26 66 46
Yacht Club S. Ampelio, 01 84-26 48 05

Ankern:

Bei entsprechendem Wetter ist südwestlich oder nordöstlich vom Capo Sant'Ampeglio oder im Golfo del Giunchetto etwa 1 sm nordöstlich des Hafens das Ankern über Sandgrund möglich.

Etwa 2,5 sm weiter östlich kommen wir zur Bucht von

Ospedaletti 43° 47,9' N | 007° 43,2' E

Im östlichen Teil der Bucht zwischen Capo Sant'Ampeglio und Capo Nero am Fuß hoher Berge des Hinterlandes liegt der ruhige Badeort Ospedaletti, der an hohen Gebäuden und Hotels zu erkennen ist. Hinter einer Steinmole vor dem Strand liegen in einem geschützten, 1–1,5 m tiefen Becken und am Strand einige kleine Sport- und Fischerboote.

Versorgung:

In dem Badeort sind alle erdenklichen Einkaufsmöglichkeiten, sowie Restaurants, Banken und Post zu finden.

Information: Azienda di Promozione Touristica Riviera dei Fiori, Tel.: 01 84-68 44 56/68 90 85

Landgang, Sehenswürdigkeiten:

Ospedaletti besitzt nur wenige Baudenkmäler aus alter Zeit. Aus dem Jahr 1597 stammt der quadratische

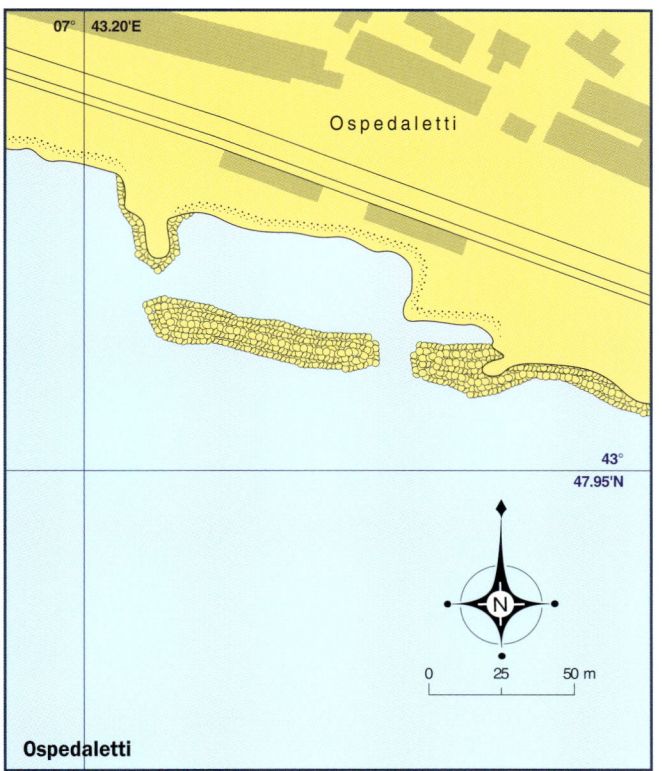

Ospedaletti

Ospedaletti

Wehrturm und aus dem 17. Jh. die Pfarrkirche San Giovanni. Vom Ausbau zum Fremdenverkehrsort im 19. Jh. zeugt heute noch der mit Palmen gesäumte Corso Regina Margherita mit der jetzt verfallenen Villa Sultana, das einst prunkvolle Spielkasino im Belle-Epoque-Stil.

Veranstaltungen:
Am 24. Juni wird das Patronatsfest San Giovanni Batista gefeiert.

Ankern:
In dem kleinen geschützten Becken können Beiboote festmachen, denn – gegen westliche und nordöstliche Winde geschützt – ist das Ankern auf der Rada di Ospedaletti über 7–10 m tiefem Sandgrund 200 m vom Ufer entfernt gut möglich.

Ospedaletti – der kleine Bootshafen

Von der Rada di Ospedaletti ist es ein Katzensprung zum Capo Pino, dahinter folgt der gleichnamige Hafen.

Capo Pino
43° 47,8' N | 007° 44,6' E

Der winzige, private Yachthafen mit etwa 20 Liegeplätzen für Boote bis 7 m Länge liegt an der Ostseite von

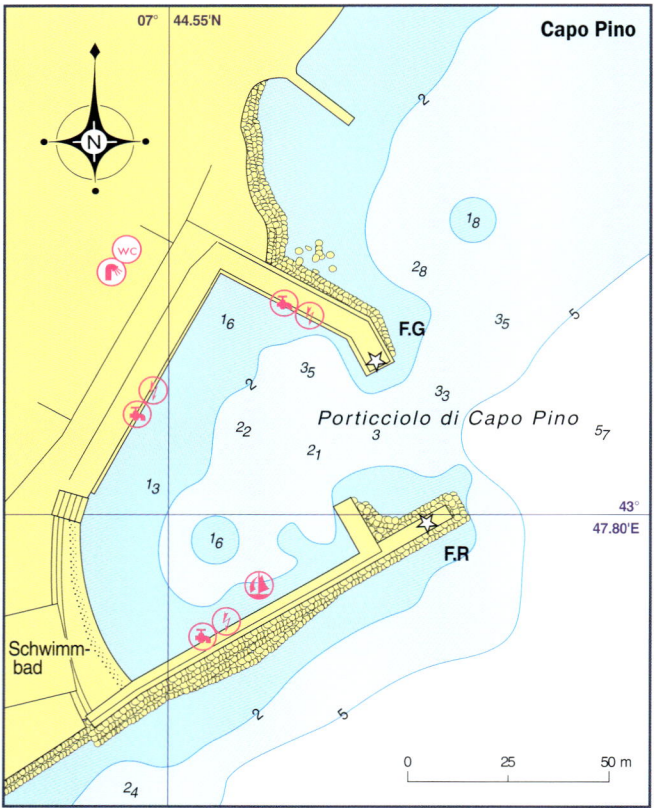

Capo Pino, der kleine Bootshafen

Capo Nero. Er wird durch zwei Steinmolen mit dahinter liegenden Kais gebildet, von denen die südliche nach Nordosten und die östliche nach Südosten verlaufen. Beide Molenköpfe sind befeuert. Der Hafeneingang öffnet sich nach Osten, ist etwa 30 m breit und 3,5 m tief. An den Molenkais nimmt die Wassertiefe von 2,5 m an den Köpfen auf 1 m zum Land hin ab, vor dem Landkai findet man nur noch Tiefen von höchstens 1 m vor. Der Hafen bietet außer bei östlichen Winden guten Schutz für kleine Yachten, ist in der Saison aber meist durch einheimische Yachten voll belegt. Fremden ist das Anlegen ohne ausdrückliche Genehmigung nicht erlaubt.

Ansteuerung:

Capo Nero, am Eingang zur großen Bucht von Sanremo, erkennt man am Tag von See her durch seine gelblichen Felsen und den großen Hotel- und Appartementbauten. Der winzige Privathafen Capo Pino liegt auf der

Ostseite des Kaps. Nachts helfen die Molenfeuer (F.R und F.G) bei der Orientierung, doch ein Einlaufen in den kleinen Hafen sollte dann nur Ortskundigen vorbehalten sein.

Hafenmeister:

Das Hafenbüro von Capo Pino, Tel.: 01 84-68 91 84 ist während der Saison in der Zeit von 8.30–19.30 Uhr geöffnet.

Hafenservice:

Festgemacht wird mit Mooringleinen, es gibt nur wenige Wasser- und Stromanschlüsse, eine Sanitäreinrichtungen mit Toiletten und Duschen sowie ein Schwimmbad gehören zur Anlage.

Versorgung:

In der näheren Umgebung gibt es keine nennenswerten Versorgungsmöglichkeiten.

Ankern:

Bei gutem Wetter ist Ankern auf 5–10 m Sandgrund in der Nähe möglich. Der kleine Hafen kann dann zum Anlaufen mit dem Beiboot genutzt werden.

Von hier aus sind am Tag bereits die Masten der Segelyachten der Häfen von San Remo zu sehen.

San Remo 43° 48,9' N | 007° 47,3' E

San Remo verfügt über zwei gegen alle Winde geschützte Häfen, den öffentlichen Porto Pubblico und die private Marina di Portosole. Im Porto Publico können Sportboote einklarieren, die über Frankreich aus Ländern kommen, die nicht der EU angehören. Die beiden Hafenbecken liegen westlich bzw. östlich hinter dem Haupteingang zu einem gemeinsamen Vorhafen, der durch große Molen zur Seeseite geschützt ist. Die

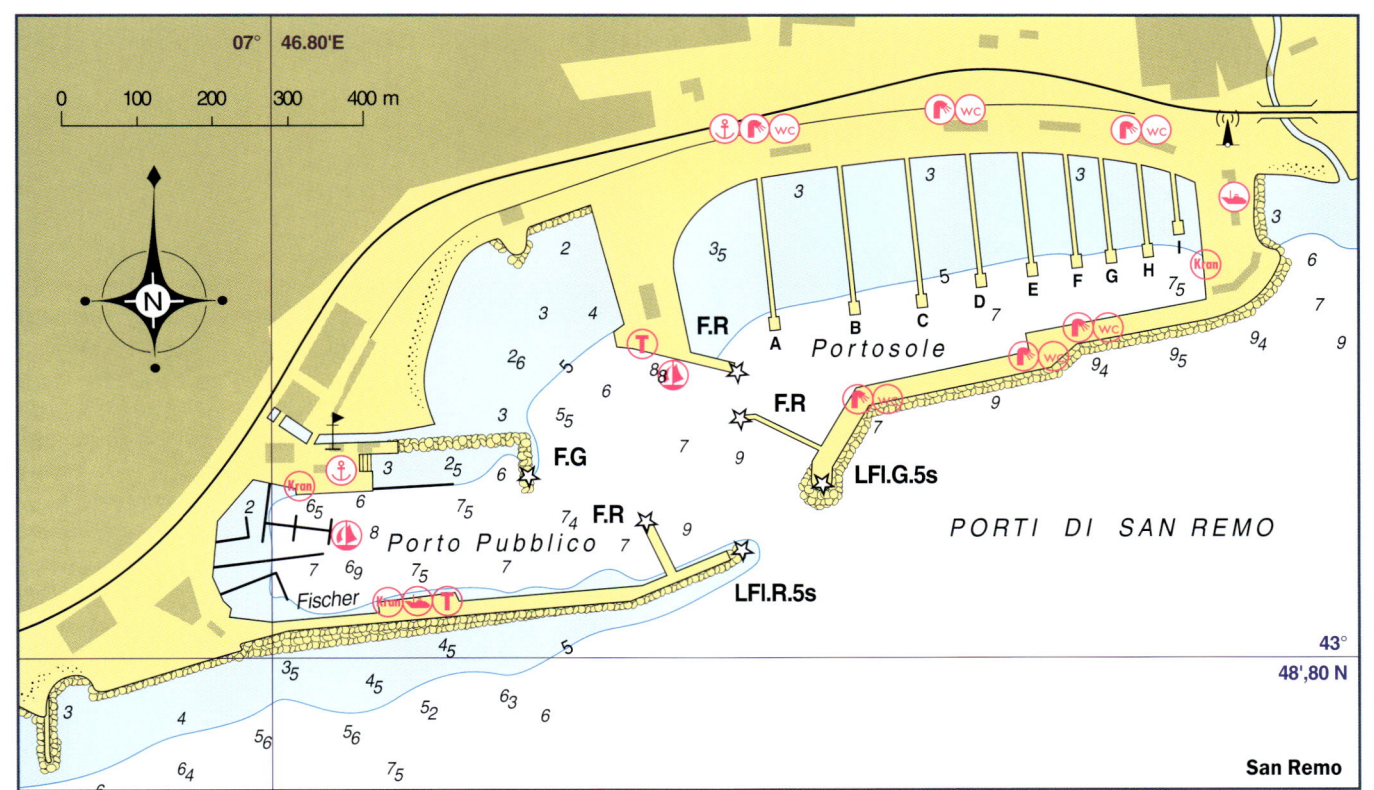

Marina Portosole

Porto Pubblico

Porti di San Remo

Außenmolen verlaufen etwa in ostnordöstlicher Richtung, der Vorhafen ist 9–5 m tief, neigt aber zum Ufer hin zum Versanden und ist durch die breite Einfahrt dem Schwell von See her ausgesetzt.

Das weitgehend gegen alle Winde geschützte, 6–2,5 m tiefe Hafenbecken von Porto Pubblico ist für Schiffe bis 30 m Länge geeignet und vollständig mit einer Kaianlage ausgestattet. Es wird von kleinen Handelsschiffen, Fähren, Fischern und lokalen Sportbooten bis zu einer Länge von 30 m genutzt. Die im Inneren liegenden Stege gehören einem privaten Yachtclub, der 15 Gastliegeplätze anbietet. Im Sommer ist es schwierig, ohne Voranmeldung einen Liegeplatz zu bekommen.

Das Hafenbecken der windgeschützten, 5–3 m tiefen

Marina di Portosole besitzt rundum einen Kai und ist mit neun festen Betonpiers ausgestattet und für 903 verschieden große Liegeplätze ausgelegt. Die Schiffslänge darf 80 m nicht überschreiten. Auch hier ist im Sommer eine Voranmeldung empfehlenswert, obwohl etwa 87 Gastliegeplätze zur Verfügung stehen.

Ansteuerung:

Die Stadt San Remo liegt vor bewaldeten Berghängen in der Bucht zwischen den auffälligen Marken Capo Nero und Capo dell'Arma, auch Capo Verde genannt, das terrassenförmig bebaut ist und auf deren Gipfel eine weiße Kapelle steht. Die Häfen von San Remo können tagsüber und nachts bei jedem Wetter angelaufen

werden. Weitere Ansteuerungshilfen sind am Tag die Stadt mit der (nachts angestrahlten) Wallfahrtskirche Madonna della Costa auf der Spitze des Monte Caggio (109 m) im Nordwesten, die mit ihrem schwarzen Dach gut zu erkennen ist, eine Autobahnbrücke in den Bergen, ein hoher rotweißer Gittermast östlich des Hafens und schließlich der Monte Bignone (1299 m) im Nordnordwesten. Die Einfahrt in den Vorhafen ist allerdings schwierig zu finden und erst zu erkennen, wenn man kurz davor steht.

In der Nacht sind die Hafenfeuer unter den Lichtern der Stadt schwer auszumachen. Hilfreich ist dann das etwa 2 sm weiter östlich entfernte, weitreichende Feuer auf dem Capo dell'Arma mit Fl(2).15s 50m24M auf einem weißen, runden Turm, der auf einem weiß schwarzen Gebäude steht.

Der Haupteingang zum Vorhafen zwischen den beiden Häfen öffnet sich nach Südsüdosten, ist über 10 m tief und mehr als 100 m breit. Beide Molenköpfe dieser Außenmolen sind befeuert (LFl.R.5s und LFl.G.5s). Die Haupteinfahrt kann bei jedem Wetter tagsüber und nachts passiert werden, dabei ist auf sicheren Abstand zu den Molenköpfen zu achten.

Der Eingang zum Porto Pubblico westlich hinter der Haupteinfahrt ist durch zwei weitere, befeuerte Molen geschützt (F.R und F.G), er öffnet sich nach Nordosten, ist über 7 m tief und etwa 150 m breit.

Der Eingang zur Marina di Portosole östlich der Haupteinfahrt ist ebenfalls durch zwei befeuerte Molen geschützt (F.R und F.G), er öffnet sich nach Westen, ist 7 m tief und etwa 50 m breit.

Porto Pubblico oder Porto Comunale

Hafengebote: Die Geschwindigkeit im Hafen ist auf 2 kn begrenzt. Besucher melden sich beim privat verwalteten Yachtclub Sanremo auf der Molo di Levante, Tel.: 01 84-50 37 60, um sich einen Liegeplatz an den Schwimmstegen zuweisen zu lassen.

Hafenmeister:

Capitaneria di Porto: Sig. D. Magagnin, Tel.: 01 84-50 55 31, VHF-Kanal 16/14. Sie ist im Sommer durchgehend, in der übrigen Zeit von 07.00–19.00 Uhr geöffnet. *Wetterinformationen* findet man am Aushang des Yachtclubs.

San Remo, Portosole

Hafenservice:

Das Hafenbecken ist rundum mit Kaianlagen ausgestattet. Die Schwimmstege für Yachten im Innern sind mit Mooringleinen, Wasser- und Stromanschlüssen (220 V) ausgestattet. Kartentelefone findet man am Kai, eine Sanitäranlage beim Yachtclub. Eine Werft belegt mit ihren Slips den westlichen, inneren Kai, Fischerboote den größten Teil des Außenmolenkais. Werkstätten für Motoren, Elektrik und Elektronik sind im Hafen ansässig. Eine Tankstelle (Tel.: 01 84-50 34 77, geöffnet von 08.00 – 18.00 Uhr), mobile Kräne und Travellifts bis 30 t sind ebenfalls vorhanden, nachts ist der Hafen beleuchtet.

Portosole

Hafengebote: Die Geschwindigkeit in diesem Hafen ist ebenfalls auf 2 kn begrenzt. Besucher machen am Ankunftskai an Bb. fest und melden sich im Gebäude der Direzione, um sich einen Liegeplatz zuweisen zu lassen.

Hafenmeister:

Direzione Portosole: Club Nautico Internationale Sanremo: Sig. P. Gavagnin, Signora Enza (spricht deutsch), Tel.. 01 84-53 71, Fax: 01 84-53 73 78 und -50 42 51, VHF-Kanal 09/16

Wetterinformationen werden am Büro der Direzione ausgehängt.

Hafenservice:

Die Stege sind mit Mooringleinen, Wasser- und Stromanschlüssen (220/360 V, 63/80 A, Euronormstecker) ausgestattet, für große Yachten auch mit Telefonanschlüssen. Über den Hafen sind sechs Sanitäreinrichtungen mit Duschen und Toiletten sowie Kartentelefone verteilt. Die Marina besitzt große Parkplätze. In der *technischen Zone* befindet sich eine Werft mit Winterlager, zwei Schiffshebeeinrichtungen für 24 t und 27 t, ein Dock bis 750 t, ein Mobilkran für 35 t sowie zwei feste Kräne bis 19 t. Es können alle Reparaturen ausgeführt werden. Eine Tankstelle (Tel.: 01 84-50 51 23) am Ankunftskai hat von 08.00–19.00 Uhr geöffnet. Die Anlagen sind nachts beleuchtet. Es gibt in der Saison den Lebensmittelservice Alimentari Mausueto, Tel.: 01 84-57 33 46.

Versorgung:

Sehr gute Einkaufsmöglichkeiten gib es in den ca. 10 Min. Fußweg entfernten Geschäften in der Nähe des Porto Comunale. Im Ort findet man Banken und die Post sowie ausgezeichnete Restaurants, Pizzerien und Bars in reichlicher Auswahl an der Promenade.
Information: Azienda di Promozione Touristica Riviera dei Fiori, Tel.: 01 84-50 76 49/57 15 71

Landgang, Sehenswürdigkeiten:

San Remo hat ein mildes Klima. Stadtväter behaupten, die Sonne würde über 3000 Stunden im Jahr scheinen und an 220 Tagen sei das Meer ruhig.

San Remo zehrt heute noch von seiner Blüte vor dem ersten Weltkrieg als viel besuchter Urlaubsort der feinen Gesellschaft. Die Spuren dieser glanzvollen Ära findet man in eleganten Villen, Hotels und dem Spielasino, das der Franzose Eugène Ferret 1906 gründete und in der bis heute allabendlich Besucher den großen Gewinn erhoffen. Berühmt ist der gleich hinter dem Hafen liegende, überdachte Blumenmarkt, er zählt zu den größten der Welt. Vom Corso degli Inglesi – Erinnerung an die frühen englischen Touristen – führt eine Seilbahn in etwa 45 Minuten zum Monte Bignone, wo den Besucher ein grandioser Ausblick auf die französische und italienische Riviera erwartet.

Die reizvolle Altstadt (La Pigna) mit ihren charakteristischen engen, zum Teil überbauten Gassen und den

Russische Kirche

Casino

Strebebögen, die die Häuser bei Erdbeben stützen sollen, zieht sich einen 109 m hohen Hügel bis zur Wallfahrtskirche Madonna della Costa hinauf. Von dort ergibt sich eine herrliche Aussicht auf die Stadt und den Hafen.

Die Festung Forte di Santa Tecla am alten Hafen wurde 1874 von den Genuesen errichtet.

Das moderne Leben pulsiert in den Hauptgeschäftsstraßen des neuen Teils von San Remo, dem Corso Matteotti und der Via Roma, wo zahlreiche elegante Boutiquen, Kaufhäuser, Cafés, Restaurants und Eisdielen zu einem Bummel einladen. Ein sehenswertes Gebäude an der Via Matteotti ist der Palazzo Borea d'Olmo mit seiner reich geschmückten barocken Fassade, in dem ein archäologisches Museum untergebracht ist. An der Via dell'Impatrice mit den von der Zarin Maria Alexandrowa gestifteten Palmen befindet sich die russisch-orthodoxe Kirche S. Basilio mit den charakteristischen Zwiebeltürmen, ebenfalls eine Stiftung der Zarin anlässlich ihres Aufenthaltes im Jahr 1874.

Am östlichen Stadtrand stehen am Corso Cavalotti einige berühmte Villen des 19. Jh. In der Villa Zirio erfuhr der schwer kranke Kronprinz Friedrich 1888, dass er Kaiser geworden war, er verstarb einige Monate später. 1896 starb Alfred Nobel in seiner, von Charles Garnier entworfenen Jugendstilvilla, in der er die letzten Jahre verbracht hatte und in der heute ein internationales Institut für menschenrechtliche Studien untergebracht ist. Östlich des Hafens gibt es einen öffentlichen Strand, schöner, aber nur mit Eintrittsgeld zu benutzen, ist der Strand westlich vom Corso Marconi.

Veranstaltungen:
Im Teatro Ariston findet jedes Jahr im Februar ein berühmtes Schlagerfestival statt. Das Patronatsfest San Romolo wird am 13. Oktober begangen.

Sport:
Yacht Club de Sanremo Molo Nord, Tel.: 01 84-50 37 60 Portosole Club Nautico, Tel.: 01 84-50 51 15, Club Nautico Internationale Sanremo S.p.A., Tel.: 01 84-53 71

Ankern:
Wer auf der Rade di Sanremo auf 8–18 m sandigem Grund ankern will, sollte sich bei der Capitaneria melden (VHF-Kanal 9/14/16). Bei auflandigen Winden ist ein Platz in einem der Hafenbecken vorzuziehen.

Auf dem Weg zum nächsten Hafen passieren wir

Capo dell'Arma 43° 49,0' N | 007° 47,2' E

Capo dell'Arma ist terrassenförmig bebaut, trägt auf seinem Gipfel eine weiße Kapelle. Das weit sichtbare Leuchtfeuer, das im Hang etwa 100 m über dem Meeresspiegel steht, brennt auf einem runden, schwarz weißen Turm mit der Kennung Fl(2).15s.

Nur 1,5 sm entfernt vom Capo dell'Arma liegt der kleine Badeort Arma di Taggia an der Mündung des Argentino mit seinem winzigen Bootshafen

Arma di Taggia 43° 49,9' N | 007° 52,6' E

Das kleine, vom Circolo Nautico Arma bewirtschaftete, stark belegte Becken dieses Yacht- und Fischerhafens liegt etwa 100 m flussaufwärts hinter der Mündung des Fiume Argentino auf der Bb.-Seite. Die Flussmündung wird durch befeuerte Steinwälle geschützt, die äußeren

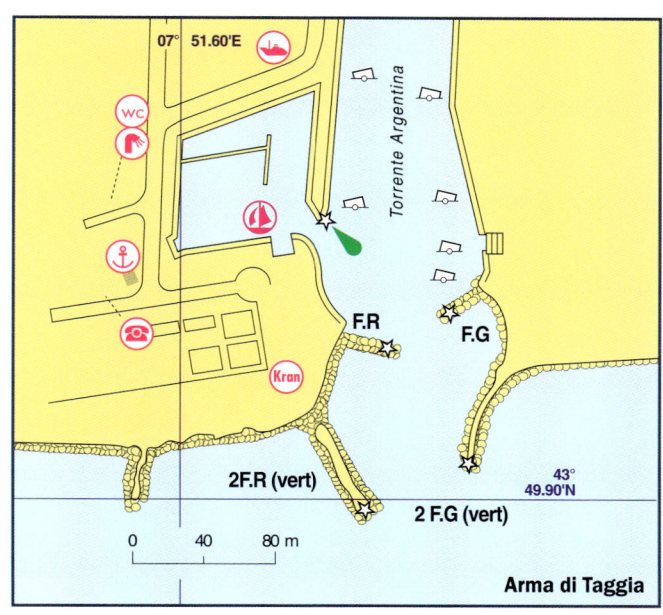

Arma di Taggia, Flusshafen

öffnen sich nach Südosten, bilden einen etwa 50 m breiten Eingang, der aber höchsten 1,5–2 m Wassertiefe über einer Barre wegen ständiger Versandung aufweist. Die Mooringbojen für etwa 150 Plätze am Westufer des Flusses sind im Sommer von einheimischen Yachten und Fischerbooten belegt. Innerhalb des gut windgeschützten Hafenbeckens für etwa 204 Plätze beträgt die Wassertiefe höchstens 1,5–2 m, es gibt aber nur wenige Gastliegeplätze. Die Bootslänge ist auf 9,5 m beschränkt.

Ansteuerung:

Die schmale Flussmündung ist erst aus der Nähe zu erkennen. Das Einlaufen auf Nordkurs ist bei auflandigem Wind unmöglich, auch nachts ist die Einsteuerung trotz der Befeuerung der Außenmolenköpfe mit 2 F.G.(vert) und 2 F.R.(vert) und der Innenmolenköpfe mit F.G und F.R nur Ortskundigen anzuraten. *Hafengebote:* Die Geschwindigkeit im Hafen ist auf 2 kn beschränkt.

Arma di Taggia

Hafenmeister:

Das Hafenbüro vom Circolo Nautico Arma (Tel. & Fax: 01 84-4 10 21) ist nur in der Saison besetzt und über VHF-Kanal 16 zu erreichen. *Wetterinformationen:* In der Saison hängt am Hafenbüro ein Wetterbericht aus.

Hafenservice:

Fast alle Plätze sind mit Mooringleinen, Wasser- und Stromanschlüssen ausgestattet, es gibt ein Kartentelefon, zwei Slips und einen 4-t-Kran, einige Werkstätten, aber keine Tankstelle im Hafen, die nächste ist in 500 m Entfernung an der Via Aurelia im Ort zu finden (Tel.: 01 84-4 28 41/4 37 62). Toiletten und Kartentelefon sind nicht weit vom Hafenbüro entfernt. Es gibt Parkplätze in der Nähe.

Versorgung:

Geschäfte, Restaurants, Bank und Post sind im nahen Ort in reicher Auswahl zu finden.
Information: Azienda di Promozione Touristica Riviera dei Fiori, Tel.: 01 84-4 37 33

Sport:

Circolo Nautico Arma v. Lungomare, Tel.: 01 84-4 10 21

Etwa 1 sm östlich der Mündung des Fiume Argentino liegt die Ortschaft Riva Ligure, die einen winzigen Schutz für kleine Sportboote anbietet.

Riva Ligure
43° 50,2' N | 007° 53,0' E

Am Ostrand der Ortschaft, zwischen zwei ca. 100 m langen, parallel zum Ufer und einer senkrecht vom Ufer verlaufenden Steinschüttungen auf der Ostseite, wird ein kleiner, ca. 60 m breiter, 1–2 m tiefer Schutzhafen gebildet, der nach Westen offen ist und etwa 120 kleinen Sportbooten bis 7 m Länge Liegeplätze bietet, von denen 10 für Gäste reserviert sind. Die Liegeplätze sind nur gegen östliche Winde einigermaßen geschützt.

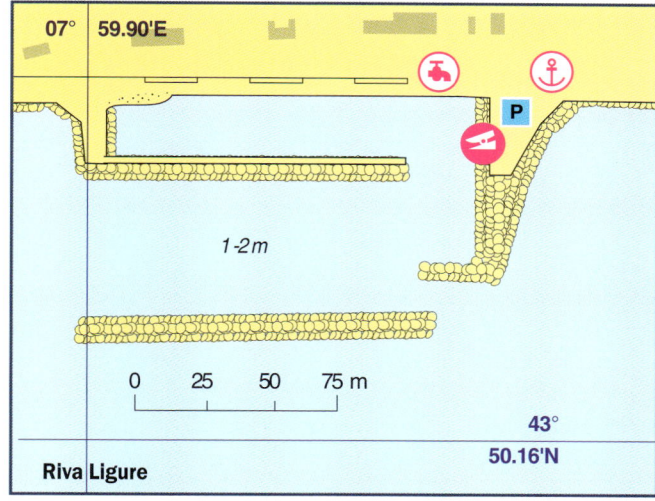

Riva Ligure

Ansteuerung:

Der kleine, unbefeuerte Hafen ist erst aus der Nähe zu erkennen und kann nur bei ruhigem Wetter angelaufen werden.

Achtung bei der Ansteuerung: Die Einfahrt neigt zur Versandung.

Hafenmeister:

Hafenbüro: Sig. Calligaris Giovanni. Das Anliegen wird von der Associazione Amatori del Mare im Auftrag der Commune Riva Ligure verwaltet.

Hafenservice:

An der Uferpromenade gibt es mehrere Wasser- und Stromanschlüsse, Kartentelefone, einen Parkplatz, Landstellplätze und einen Slip. Die Anlagen sind nachts beleuchtet. Kleinere Reparaturen werden von den ansässigen Werkstätten ausgeführt.

Versorgung:

Geschäfte, Restaurants, Bank, Post sind im nahen Badeort zu finden.

Landgang, Sehenswürdigkeiten:

Die Kirche San Maurizio wurde vermutlich schon im Jahr 1050 erbaut, aber erst im Jahr 1206 zum ersten Mal erwähnt, im 15. Jh. um das Nordschiff, die Apsis und die äußeren Strebemauern erweitert.

Sport:

Assoziazione Amatori del Mare, Tel.: 01 84-48 57 54

Ankern:

Bei ruhigem Wetter kann auf der Rade di Riva Ligure auf 5–7 m Sandgrund geankert und im kleinen Hafen mit dem Beiboot angelandet werden.

Eine Seemeile weiter östlich steuern wir auf die Marina Aregai zu.

Aregai 43° 50,4' N | 007° 55,0' E

Der Hafen wird durch eine 800 m lange Steinmole in ostnordöstlicher Richtung und einer Gegenmole von Land gebildet, die ca. 200 m lang ist und in südsüdöstlicher Richtung verläuft, beide Molen sind innen mit Kaianlagen ausgestattet. Durch einen breiten, in den Hafen vorspringenden Kai, auf dem der große, quergestreifte, viereckige Kontrollturm mit dem Verwaltungsgebäude und eine Tankstelle errichtet wurden, sind zwei windgeschützte Hafenbecken entstanden. Vier feste, in südsüdöstlicher Richtung verlaufende Stege im östlichen und drei von der breiten Kaianlage in südwestlicher Richtung verlaufende, feste Stege im westlichen Becken liegen so weit auseinander, dass selbst bei starken Winden das Einfahren in die Boxen leicht fällt. Der Yachthafen besitzt 974 Liegeplätze für Yachten von 6–26 m und einen Platz für eine Yacht bis 70 m Länge. 73 Plätze sind für Besucher reserviert. Der

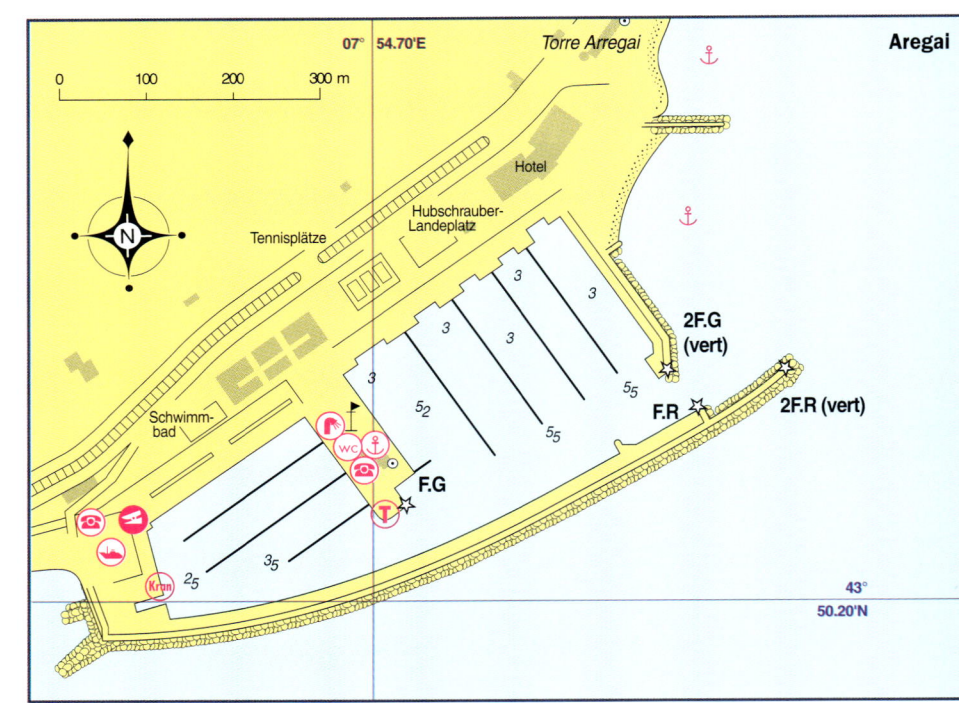

Marina degli Aregai

Hafeneingang öffnet sich nach Nordosten, er wird gegen Schwell durch einen, die Außenmole verlängernden Wellenbrecher von 100 m Länge zusätzlich geschützt, ist etwa 50 m breit und 7 m tief; im Hafen beträgt die Wassertiefe 7–2 m. Die Molenköpfe sind befeuert mit 2 F.R.(vert) und 2 F.G.(vert).

Ansteuerung:

Eine Ansteuerungsmarke ist tagsüber der quergestreifte, viereckige Torre di Controllo, nachts ist die Hafeneinfahrt befeuert mit 2 F.G (vert.) und 2 F.R (vert.) und an den Piers mit F.R und F.G, der Hafen kann jederzeit und bei jedem Wetter angelaufen werden.

Hafengebote: Vor dem Einlaufen ist eine Anmeldung auf VHF Kanal 9 erforderlich mit dem Ruf „Direzione Marina degli Aregai, Schiffsname und Größe". Der Ruf wird durch Angabe eines Liegeplatzes bestätigt. Nach dem Festmachen ist unaufgefordert das Hafenbüro mit Schiffspapieren, Crewliste und Pässen aufzusuchen. Die Benutzung des Ankers im Hafen ist nicht erlaubt, die Höchstgeschwindigkeit beträgt 2 kn.

Hafenmeister:

Direzione Marina degli Aregai: Signorina Alissandra, VHF Kanal 9, Tel.: 0184-4891, Fax: 0184-489200
Das Hafenbüro ist montags bis freitags von 08.30–12.30 und 15.00–19.00 Uhr, samstags und sonntags von 09.00–13.00 und 15.00–19.00 Uhr geöffnet.
Wetterinformationen werden täglich am Hafenbüro ausgehängt.

Hafenservice:

An allen Plätzen liegen Mooringleinen aus, Strom- und Wasseranschlüsse sind vorhanden, Stromadapter werden gegen eine Kaution im Hafenbüro ausgegeben. Mehrere Sanitäreinrichtungen sind über das Hafengelände verteilt, eine davon befindet sich in der Nähe des Hafenbüros, wo auch die Duschmarken ausgegeben werden. Es gibt mehrere Telefonhäuschen im Hafenbereich, Telefonkarten kann man beim Hafenmeister und in der „Bar del Porto" bekommen. Die Tankstelle vor dem Kontrollturm ist das ganze Jahr geöffnet, im Sommer von 08.00–19.00 Uhr, sonst von 08.00 Uhr bis zum Sonnenuntergang. Man kann sich auf VHF-Kanal 9 voranmelden. Die Parkplätze sind bewacht, nachts kontrolliert eine Hafenwache alle Einrichtungen.

Technische Zone: Hier sind nur bestimmte Werkstätten zugelassen. Die Werft wird von der Fa. Cantieri degli Aregai betrieben, es gibt einen 100-t-Mobilkran, ein Winterlager unter freiem Himmel und in Hangars, Werkstätten für Motoren, Elektrik, Elektronik und einen Segelmacher, der Schiffsausrüster ist unter Tel.: 01 84-48 92 13, Fax: -48 10 11 zu erreichen.

Versorgung:

Der Fußweg in den Badeort Santo Stefano al Mare, das westlich von der Marina liegt, dauert etwa 15 Minuten, dort gibt es gute Einkaufsmöglichkeiten nebst Bank, Post, und Apotheke. Empfehlenswert ist das Ristorante „La Cucina" an der Kirche, Tel.: 01 84-48 50 40. Die Ortschaft verfügt über einen Bahnhof und über Busverbindungen nach San Remo und zur Côte d'Azur, Frankreich.

Landgang, Sehenswürdigkeiten:

Mit dem Bau dieses riesigen, modernen Yachthafens östlich von Santo Stefano al Mare, einem Badeort an der Blumenriviera, wurde 1988 begonnen, er wurde 1992 in Betrieb genommen, doch die Bauarbeiten sind noch nicht ganz abgeschlossen: Appartementkomplexe mit Einkaufszentrum, Fitnesszentrum mit Swimmingpool, Squash- und Tennisplätze sowie eine Minigolfanlage sind noch geplant. Ein Hubschrauberlandeplatz und ein Yachtmuseum sollen die Anlage vervollständigen.

Am Ortseingang des ehemaligen Fischerdorfes fällt ein oktogonaler Festungsturm aus dem Jahr 1624 auf. Etwas weiter im Ort steht die aus dem 13. Jh. stammende Kirche, die im Jahr 1522 neu aufgebaut und später mehrmals umgestaltet wurde. Am 2. August wird das Patronatsfest Santo Stefano begangen. Santo Stefano al Mare ist ein typischer, kleiner italienischer Badeort mit verwinkelten, schmalen Gassen mit Stützbögen zwischen den Häusern und einer langen, neu errichteten Strandpromenade. Es liegt unterhalb der mit Blumen-Treibhäusern bedeckten Hänge des Monte Santo Stefano.

300 m nördlich des Hafeneingangs der Marina nahe der Via Aurelia ist der alte, viereckige Torre Aregai, ein Wachturm aus dem 16. Jh. zu bewundern.

Sport:

Der ortsansässige Yachtclub veranstaltet in der letzten Juniwoche eine Halberg-Rassy-Regatta.

San-Stefano, Promenade

San Lorenzo al Mare

Zwei Seemeilen weiter östlich direkt hinter dem Capo San Lorenzo liegt der kleine gleichnamige Hafen.

San Lorenzo al Mare
43° 51,7' N | 007° 58,0' E

Dieser kleine Yachthafen gehört zu dem Badeort San Lorenzo al Mare. Er wird durch eine 280 m lange, nach Nordnordosten geschwungene Steinmole mit einem Innenkai und einem kurzen Wellenbrecher gebildet. Am Kai des Westufers sind 5 Schwimmstege montiert. Der windgeschützte Hafen bietet 100 Liegeplätze für kleine Yachten bis 6 m Länge, aber nur wenige Gastliegeplätze.
Die Hafeneinfahrt ist nicht befeuert und öffnet sich nach Norden, ist etwa 40 m breit und 2 m tief. Die Tiefe im Hafen liegt zwischen 1,2 und 1,5 m.

San Lorenzo, Eingang zur Capitaneria

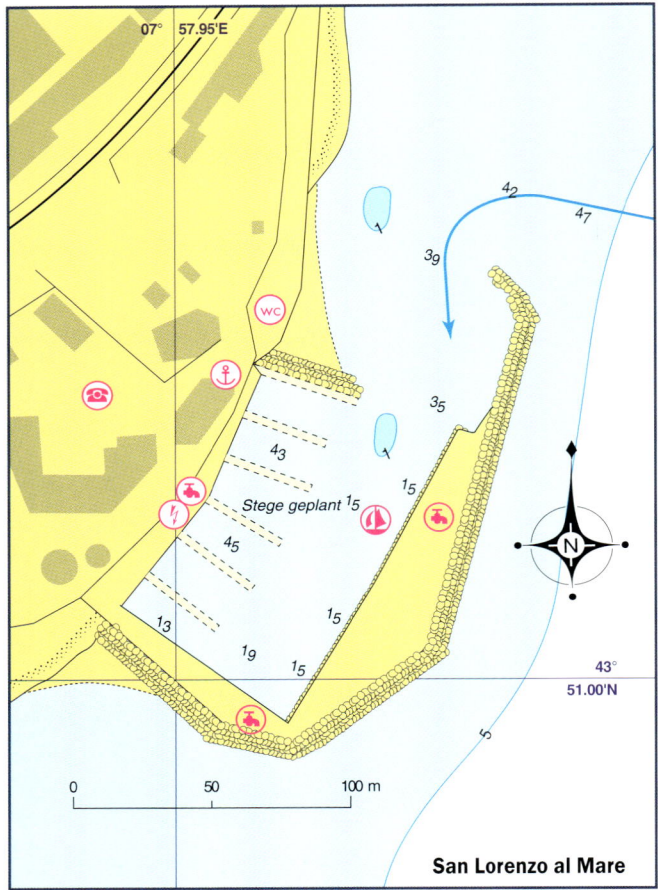

Stege geplant

San Lorenzo al Mare

Ansteuerung:
Tagsüber ist der kleine Hafen erst aus der Nähe zu erkennen, nachts weist kein Feuer den Weg.

Hafenmeister:
Der Yachthafen wird von der Societa Nuovo Porto di San Lorenzo al Mare bewirtschaftet, die das Hafenbüro nur in der Saison besetzt.

Hafenservice:
Die Liegeplätze sind mit Mooringleinen und Bojen ausgestattet, am Westkai gibt es einige Wasser- und Stromanschlüsse. Eine kleine Sanitäreinrichtung findet man nicht weit vom Hafenbüro.
Auf dem Gelände gibt es ein Kartentelefon, einen beweglichen 3 t Kran und einen Parkplatz. Es gibt keine Tankstelle im Hafen, auf der Via Aurelia hat eine 200 m entfernte Autotankstelle geöffnet. Es können nur kleine Reparaturen ausgeführt werden.

Versorgung:
Im nahen Ort gibt es einige Geschäfte, einen kleinen Supermarkt, eine Bank und die Post, ebenso Restaurants.

Landgang:
Der kleine Ort mit seinen verwinkelten Gassen wirkt verträumt. Außer mäßigem Tourismus bietet der Ort kaum Attraktionen.

Nach weiteren 2,8 sm in östlicher Richtung erreichen wir

Imperia, Porto Maurizio 43° 52,4' N | 008° 01,8' E

Der Handels-, Fischer- und Sportboothafen von Porto Maurizio liegt östlich des alten Stadtkerns, der auf dem Parasio-Hügel mit der Kathedrale San Maurizio auf der Spitze von weitem zu sehen ist. Das gut windgeschützte, 8–2 m tiefe Hafenbecken ist rundum mit einer Kaianlage ausgestattet und wird durch zwei Molen und zusätzlich durch zwei Wellenbrecher gegen die See geschützt. Die südliche Mole ist fast 800 m lang, innen und außen mit Steinen bewehrt und erstreckt sich in ostsüdöstlicher Richtung, die Gegenmole im Norden ist etwa 300 m lang, außen mit einer Steinschüttung, innen mit einem Kai versehen und verläuft nach Südsüdosten. Ein weiterer, im Nordosten aufgeschütteter, 500 m langer, in südöstlicher Richtung verlaufender Wellenbrecher bildet zusammen mit einem kurzen, vom Sporn der Südmole ausgehenden Wellenbrecher einen schützenden Vorhafen, beide lassen eine 300 m breite nach Osten weisende Einfahrt zum eigentlichen, etwa 120 m breiten, 8 m tiefen Hafeneingang frei, der sich ebenfalls nach Osten öffnet. Porto Maurizio bietet 646 Liegeplätze für Yachten bis 30 m, von denen 30 als Gastplätze gelten. Im Sommer kann es schwierig werden, einen

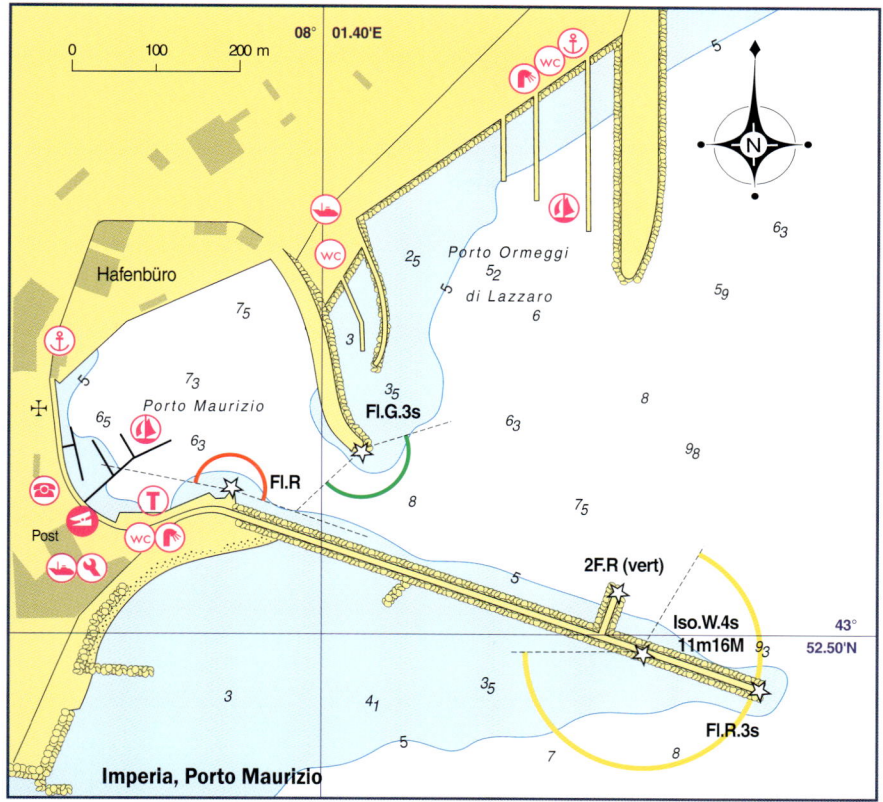

Imperia, Porto Maurizio

Platz am Besucherponton, vor der Nordmole oder an einem der Stege für Sportboote im Hafeninneren zu bekommen. Bei südöstlichen Winden gelangt Schwell in den Hafen. Der nördliche Kai ist der Berufsschifffahrt vorbehalten. Außerdem liegen im Vorhafen direkt hinter dem äußeren, vom Land ausgehenden Wellenbrecher drei recht gut geschützte Stege (Ormeggi S. Lazzaro) für Sportboote, die von Imperia Mare bewirtschaftet werden.

Ansteuerung:

Tagsüber bilden die Kathedrale über der Altstadt und die lange Südmole mit ihrem kleinen, weißen Leuchtturm nahe des Molenkopfes gute Ansteuerungshilfen. Außer dem weittragenden Feuer Fl(2)W.15s 50m24M, das 9,5 sm weiter westlich auf dem Capo dell'Arma steht, brennen nachts Feuer im weißen Leuchtturm (Iso.W.4s 11m16M 210°–vis–090°), am Molenkopf (Fl.R.3s 9m8M) und am Molen-

Imperia, Porto Maurizio

Ormeggi S. Lazzaro

Imperia, Porto Maurizio

sporn der Südmole mit 2F.R (vert) und auf dem Kopf der Gegenmole mit Fl.G.3s 8m8M. Der Fuß der Südmole ist mit einem festen Feuer gekennzeichnet (F.R). Besucher machen am Ponton hinter dem Wellenbrecher am Leuchtturm fest.

Achtung: Man halte guten Abstand zu
- der Steinschüttung vor der Gegenmole,
- der Steinbewehrung des Wellenbrechers auf der Höhe des Leuchtturms und
- der Steinschüttung auf der Innenseite der Südmole.

Hafengebote: Das Ankerwerfen ist nur zur Abwehr von gefährlichen Situationen erlaubt, eine Anmeldung ist im Hafenbüro für den Sportbereich, bei Herrn G. Vassallo oder Herrn F. Agusti, Tel.: 01 83-66 63 33 erforderlich.

Hafenmeister:

Das Büro von Imperia Mare ist auf VHF-Kanal 09 und 16 (Tel.: 01 83-66 67 05/66 74 53, Fax: 01 83-65 02 46) erreichbar und im Sommer von 08.00–20.00 Uhr, sonst von 08.00–18.00 Uhr geöffnet.

Wetterinformationen werden am Hafenbüro ausgehängt.

Hafenservice:

Gastplätze sind am Besucherponton und an den Kais von Banchia Medaglie d'Oro und Molo Corto vorgesehen. An fast allen Plätzen gibt es Mooringleinen, Wasser- und Stromanschlüsse. Toiletten und Duschen sind am südlichen Kai zu finden, Kartentelefon, Parkplätze und Tankstelle (08.00–19.30 Uhr, Tel.: 01 83-65 22 30) sind vorhanden. Die *Technische Zone* mit Slip, Werft

und Kränen liegt im südwestlichen Hafenbereich. Dort gibt es auch Werkstätten für Motoren und Elektrik.

Die Liegeplätze an den Stegen Ormeggi S. Lazzaro der kleinen privaten Marina im Vorhafen werden hauptsächlich von Einheimischen genutzt. Sie verfügen über Mooringleinen, Wasser- und Stromanschlüsse. Eine Sanitäranlage liegt am Fuß der Stege neben dem Hafenbüro. In der unmittelbaren Umgebung gibt es weder öffentliche Verkehrsmittel noch Einkaufsmöglichkeiten.

Versorgung:
An der Uferpromenade des Hafens findet man dagegen hervorragende Restaurants, Trattorias, Pizzerien und Bars. Einige Restaurants sind auf Fischgerichte

Porto Maurizio, Seefahrerkirche

Porto Maurizio, Duomo San Maurizio

spezialisiert. In der Stadt gibt es gute Einkaufsmöglichkeiten, Banken und die Post, die aber auch im Hafenbereich eine Filiale betreibt. Es gibt Busverbindungen von einer nahen Haltestelle zur Altstadt und nach Oneglia. Der Fußweg zum Bahnhof dauert ca. 10 Minuten.

Information: Azienda di Promozione Touristica Riviera dei Fiori, Tel.: 01 83-29 49 47

Landgang, Sehenswürdigkeiten:

Die Stadt Imperia entstand 1923 durch den Zusammenschluss der Hafenstädte Porto Maurizio (Imperia Ponente) und Oneglia (Imperia Levante), der Status der Provinzhauptstadt wurde von Porto Maurizio übernommen. Die alten Stadtteile liegen an den bewaldeten, zum Teil bebauten Küstenhängen, die weiter im Hinterland zu den Seealpen aufsteigen.

Zentrum der malerischen, winkligen Altstadt auf dem Parasio-Hügel ist der Domplatz mit der im klassizistischen Stil erbauten Kathedrale San Maurizio, der größten Kirche Liguriens. Gegenüber befindet sich ein Schifffahrtsmuseum mit interessanten Exponaten aus der Geschichte der Schifffahrt und der Entwicklung des Schiffsbaus.

Westlich davon liegt das Kloster Santa Chiesa mit einem auf den alten Stadtmauern erbauten Arkadengang, der sich wie ein riesiger Balkon über der Küste erhebt. Vom Platz vor der kleinen Kirche San Pietro, ursprünglich im 12. Jh. erbaut, später mit einer spätbarocken Fassade versehen, ergibt sich ein schöner Blick

aufs Meer und die angrenzenden Hügel. Von dort führen enge Gassen zum höchsten Punkt der Altstadt, der Piazza Parasio, mit schönen alten, zum Teil aus dem 14. Jh. stammenden Gebäuden.

Veranstaltungen, Kultur:
An Fronleichnam werden Blütenteppiche in der Via Carducci ausgelegt.
Am 10. Juli wird das Fest San Maurizio gefeiert.
Im August wird das Fest Palio del Mare begangen, bei der eine vergnügliche Seeschlacht aufgeführt wird.
Im September findet ein Treffen von Oldtimer-Jachten statt.

Sport:
Circolo Velico Imperiese, Tel.: 01 83-6 37 88
Lega Navale Italiana, Tel.: 01 83-26 72 92

Ankern:
Ist nur bei ruhigem Wetter vor dem Hafen möglich.

Südrichtung und lässt einen etwa 80 m breiten, 9 m tiefen, nach Südwesten offenen Hafeneingang frei.
Die Tiefen im Hafen liegen zwischen 9 und 5 m. Das Hafenbecken ist rundum mit Kais ausgestattet.
Die östliche Kaianlage wird vornehmlich von Fischern, die westliche von Handelsschiffen benutzt.

Ansteuerung:
Tagsüber fällt die Ansteuerung nicht schwer. Östlich von Oneglia erheben sich hinter Capo Berta zwei Berge, auf dem vorderen steht ein Funkmast, auf dem hinteren, höheren und bewaldeten befindet sich der weiße Torre Alpicella. Der Hafen liegt vor dem gut zu erkennenden Industriegebiet mit seinen Silos und Schornsteinen und dem Häusermeer der Stadt dahinter. Dagegen sind nachts die Feuer der Hafeneinfahrt mit Fl(2).G.7s 10m8M und Fl(2).R.7s 8m8M aus der Ferne kaum zu unterscheiden. Die Orientierung wird durch die Feuer der Leuchttürme auf der Mole von Porto Maurizio mit Iso.W.4s 11m16M und auf dem Capo dell'Arma mit Fl(2).W.15s 50m24M unterstützt.

Etwa eine Seemeile östlich liegt Porto Oneglia.

Imperia, Porto Oneglia
43° 53,0' N |
008° 02,4' E

Im gut windgeschützten Handels- und Fischerhafen von Oneglia dürfen auch Yachten bis 10 m Länge im Ostteil festmachen, die Zahl der Gastplätze ist jedoch beschränkt. Bei südwestlichen Winden steht ein unangenehmer Schwell in den Hafen. Das Hafenbecken wird durch einen 400 m langen, in südwestlicher Richtung verlaufenden Wellenbrecher, der Molo Lungo, geschützt. Die etwa 100 m lange Gegenmole, Molo Corto, verläuft in

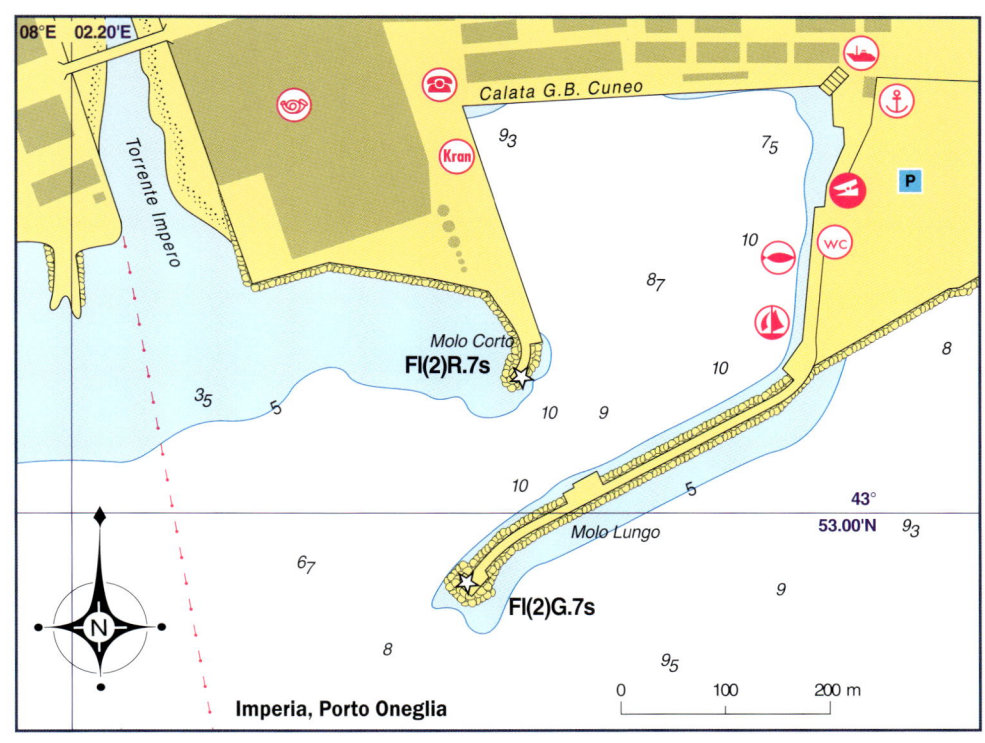

Imperia, Porto Oneglia

Imperia, Porto Oneglia

Hafengebote: Anmeldung sollte über VHF erfolgen. Die Geschwindigkeit im Hafen ist auf 3 kn begrenzt.

Hafenmeister:
Capitaneria di Porto: VHF-Kanal 16, Tel.: 01 83-66 63 33, Fax: 01 83-65 22 24, 24 h geöffnet.
Hafenbehörden (Hafenamt und Zoll): Sie sind ebenfalls auf VHF-Kanal 16 rund um die Uhr erreichbar.
Für Sportboote ist die Societa A.S.N.O. an der Molo Lungo, Tel.: 01 83-27 23 98 zuständig.
Wetterinformationen sind im Hafenbüro zu erhalten.

Hafenservice:
Man macht vor Buganker mit dem Heck oder längsseits des Kais direkt am Hafeneingang oder an einem freien Platz der Ostmole fest. Es stehen nur wenige Wasser- und Stromanschlüsse zur Verfügung. Eine Sanitäreinrichtung mit Toiletten und Duschen ist zum Land hin am Ostkai zu finden, dort gibt es auch eine Tankstelle (Tel.: 01 83-65 22 30) und einen riesigen Parkplatz dahinter. Kartentelefone sind über den Hafen verteilt. Es gibt mehrere Reparaturwerkstätten in Hafennähe, aber keine ausgesprochene Infrastruktur für Sportboote.

Versorgung:
In der Stadt gibt es gute Einkaufsmöglichkeiten, Banken und die Post, in Hafennähe Restaurants, Trattorias, Pizzerien und einen kleinen Supermarkt.
Information: Azienda di Promozione Turistica Riviera die Fiori, Tel.: 01 83-29 49 47

Landgang, Sehenswürdigkeiten:

Oneglia ist das Industriegebiet der Provinzhauptstadt Imperia, sie gilt heute als regionales Zentrum für die Olivenöl-Gewinnung und Pasta-Herstellung. In der durch die Industrie geprägten Ortschaft ist als Besonderheit ein Besuch des Pasta-Museums denkbar.

Kultur:

Oneglia ist der Geburtsort des Admirals Andera Doria, der im 16. Jh. zum Retter von Genova wurde.

Sport:

A.S.N.O., Tel.: 01 83-27 23 98
Circolo Velico Imperiese, Tel.: 01 83-6 18 66, -6 37 88
Lega Navale Italiana, Tel.: 01 83-66 72 92, -6 06 79

Ankern:

Westlich vor der Hafeneinfahrt ist das Ankern untersagt.

In sicherem Abstand von der Küste erreichen wir auf östlichem Kurs nach etwa 1,8 sm Capo Berta, von da ab sind es nur noch 0,7 sm in nordöstlicher Richtung zum kleinen Yachthafen

Diano Marina
43° 54,4' N | 008° 05,2' E.

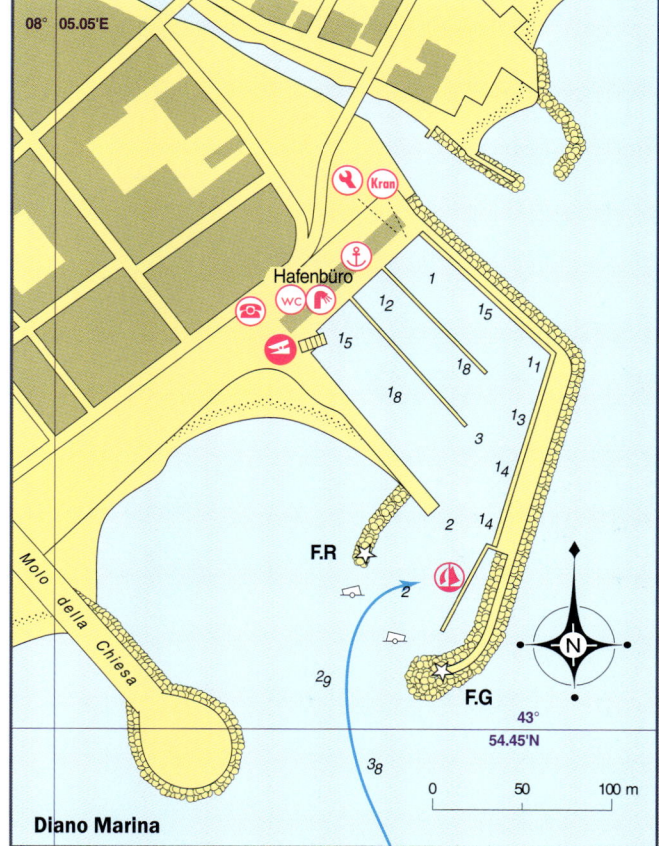

Diano Marina

Diano Marina

Diano Marina

Porto di Diano Marina ist ein kleiner, flacher, durch zwei Steinmolen mit innenliegendem Kai gebildeter Fischer- und Sportboothafen. Er liegt mitten im Ort unmittelbar westlich neben der Mündung eines kleinen Flusses, der aus den Bergen im Hinterland kommt.

Die Außenmole verläuft zunächst in südöstlicher Richtung und knickt dann nach Südsüdwesten ab. Sie bildet mit dem Sporn der Gegenmole einen nach Südsüdwesten offenen, ca. 70 m breiten, 2 m tiefen Hafeneingang. Der Hafen ist gegen alle Winde geschützt, er besitzt 270 Liegeplätze für flachgehende Sportboote bis 14 m Länge, davon sind etwa 8–10 für Besucher vorgesehen. Die Wassertiefe von 2 m an den Pontons im Hafeneingang nimmt auf 1 m an den Kais und zwischen den Stegen zum Land hin ab. Das Fahrwasser in den Hafen ist durch zwei kleine Spitztonnen gekennzeichnet. Der Hafeneingang neigt zur Versandung und wird jährlich auf 2,5 m Tiefe ausgebaggert.

Ansteuerung:

Tagsüber fällt die Orientierung nicht schwer. Von weitem ist die Radarstation auf der grünen Bergkuppel zu sehen, die sich hinter Capo delle Mele mit dem weißen, 8-eckigem Leuchtturm im Hang erhebt. Westlich davor ist bei der Annäherung die Ortschaft Cervo mit ihrer großen Kirche an dem Berg hinter Capo Cervo gut auszumachen. Aus der Nähe fallen schließlich die südwestlich des Hafens gelegene breite Steinmole (ztws. mit Zeltdach bestückt), der schmale Kirchturm mit rotem Dach und ein großer, heller Hotelbau mit rotem

Dach auf. Nachts hilft das weit reichende Feuer auf Capo delle Mele mit Fl(3).W.15s 94m24M bei der Ansteuerung, doch die Hafeneinfahrt zeigt nur im Sommer (1.6–30.9) F.G und F.R, es ist daher vorzuziehen, den Hafen nur bei Tag anzulaufen.

Achtung: Die Einsteuerung wird durch starke südliche Winde erschwert.

Hafenmeister:

Capitaneria: Società S.I.C.E., VHF-Kanal 9 oder 16, Tel.: 01 83-40 46 97

Direzione: Sig. Romani Ivo

Der *Wetterbericht* wird vormittags am Hafenbüro ausgehängt.

Hafenservice:

Kai und Stege sind mit Mooringleinen, Wasser- und Stromanschlüssen ausgestattet, die Sanitäreinrichtung mit Toiletten und Duschen befindet sich in der Nähe des Hafenbüros, Telefonzellen stehen an der Strandpromenade im Ort. Es gibt einen 10-t-Autokran, zwei kleine Slips, aber nur wenige Stellplätze an Land und kaum Reparaturmöglichkeiten. Treibstoff erhält man an einer Tankstelle an der Via Aurelia ganz in der Nähe.

Information: Azienda di Promozione Turistica Riviera die Fiori, Tel.: 01 83-49 69 56

Versorgung:

Es gibt ein reichhaltiges Angebot in den örtlichen Geschäften. Restaurants, Trattorias und Pizzerien sind über den ganzen Ort verteilt.

Sport:

Circolo Ricreativo Marina d'Italia

Club del Mare, Tel.: 01 83-49 68 69

Landgang, Sehenswürdigkeiten:

Diano Marina ist ein von Bäumen eingerahmter Ort mit einer durch ihr rotes Dach auffallenden Kirche. An den zum Hinterland zu hohen Bergen aufsteigenden Hügeln in der Umgebung liegen eine Reihe von Ortschaften mit blendend weißen Häusern. Die Via Aurelia bildet in der weit geschwungenen Bucht mit herrlichem Sandstrand gleichzeitig die Promenade vor der lang gestreckten Ortschaft, die auf eine römische Pferde-

station zurückgeht und heute hauptsächlich vom Tourismus lebt.

Etwas weiter östlich erhebt sich am Capo Cervo das altertümliche Städtchen Cervo, das mit seiner weit sichtbaren Kirche San Giovanni Battista einen Ausflug wert ist. Der Bau dieser berühmten Kirche wurde aus den Überschüssen der früher von hier aus betriebenen Korallenfischerei bestritten. Vom Platz vor dieser Kirche wird der Besucher auch mit einem herrlichen Ausblick belohnt.

Cervo, Chiesa San Giovanni Battista

Ankern:

Auf 4 bis 9 m Sandgrund ist bei ruhigen Wetter das Ankern im Osten des Hafens möglich.

Von Diano Marina zum nächsten kleinen Hafen im Nordosten beträgt die Entfernung 1 sm, es ist

San Bartolomeo al Mare

San Bartolomeo al Mare
43° 55,00' N | 008° 06,50' E.

Dieser gut windgeschützte kleine Hafen (im Jahr 2000 fertig gestellt) wird durch drei Molen gebildet, die ein fast rechteckiges Becken mit einem Kai auf der Landseite bilden. Der Hafeneingang öffnet sich nach Nordosten, ist ca. 30 m breit und 2,5 m tief. Die Wassertiefe nimmt von 2,1 m zwischen den 4 Schwimmstegen *a*, *b*, *c* und *d* zum Kai auf 1 m ab. Es gibt etwa 170 Liegeplätze für Sportboote bis 15 m Länge. Gäste machen am T-förmigen Kopf von Steg *c* fest. An Steg *a* liegen Boote bis 6 m Länge, an Steg *b* bis 8 m Länge, an Steg *c* bis 15 m Länge und an Steg *d* bis 10 m Länge.

Ansteuerung:

Das Einlaufen in den Hafen ist jederzeit möglich. Am Tag wird die Ansteuerung durch Capo Cervo erleichtert. Nachts helfen die Hafenfeuer (Fl.G.3s und Fl.R.3s).

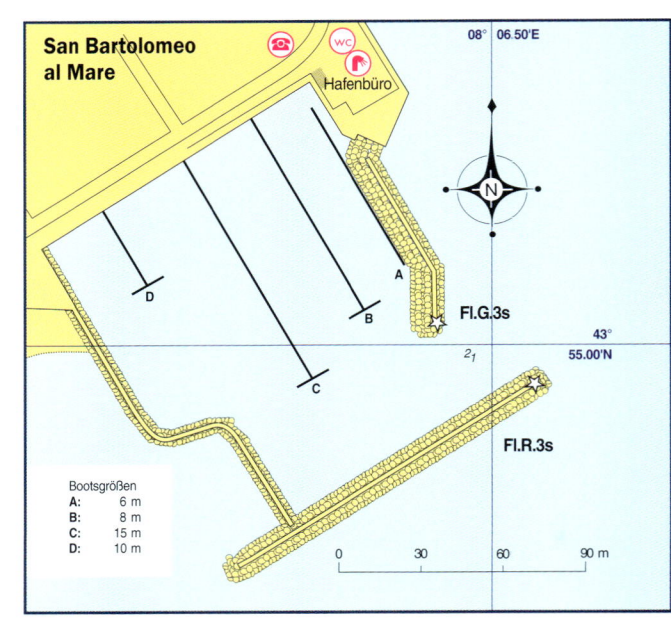

San Bartolomeo al Mare

Hafenbüro

08° | 06.50'E

N

A

D

B

Fl.G.3s

43° 55.00'N

2₁

C

Fl.R.3s

Bootsgrößen
A: 6 m
B: 8 m
C: 15 m
D: 10 m

0   30   60   90 m

Bei starken Ostwinden steht Schwell in den Hafen.

Hafenmeister:
Capitaneria: Capitaneria di Porto di Imperia, Kanal 16, Tel.: 01 82-66 63 33, Direzione Porto: 01 82-64 21 05. Ein *Wetterbericht* wird vormittags am Hafenbüro ausgehängt.

Hafenservice:
Die Kais und Stege sind mit Mooringleinen, Wasser- und Stromanschlüssen ausgestattet, die Sanitäreinrichtung sowie Kartentelefone sind in der Nähe des Hafenbüros zu finden, nachts ist die Anlage beleuchtet. Im Hafen gibt es keinen Treibstoff.
Technische Zone: Es gibt einen Travellift und eine kleine Werkstatt bietet Elektrikservice.
Information: Azienda di Promozione Turistica Riviera delle Palme, Tel.: 01 82-68 10 04 / 8 87 76

Versorgung:
Geschäfte, Restaurants, Bank und Post befinden sich im nahen Ort.

Landgang, Sehenswürdigkeiten:
Das ehemalige Fischerdorf hat durch ungezügelte Bautätigkeit viel von seinem alten Charme verloren. Sehenswert ist die barocke Pfarrkirche Santa Maria Maddalena mit ihrem hohen Glockenturm.

Ankern:
Bei gutem Wetter kann in der weit geschwungenen Bucht im Nordosten des Hafens auf 5–13 m Sandgrund geankert werden.

Auf dem Weg zum nächsten Hafen passieren wir nach 1 sm auf nordöstlichem Kurs *Capo Cervo*, dahinter liegt nach weiteren 2 sm im Nordosten der weit geschwungenen Bucht die

Marina di Andora
43° 57,0' N - 008° 09,6' E.

Das gegen alle Winde geschützte Hafenbecken wird durch eine L-förmige Steinmole mit innen liegendem Kai gebildet, der äußere lange Schenkel verläuft von West nach Ost und überlappt die von Land nach Süden verlaufende Gegenmole. Die ca. 50 m breite und 3–4 m tiefe Hafeneinfahrt öffnet sich nach Nordosten. Die Wassertiefe am Kai der Außenmole beträgt 4 m und nimmt bis auf 2 m zwischen den Schwimmstegen und am Kai der Gegenmole zum Land hin ab.
Der Hafen verfügt über 800 Liegeplätze für Sportboote bis 18 m Länge, davon sind 60 für Besucher reserviert.

Ansteuerung:
Das Einlaufen in den Hafen ist jederzeit möglich und einfach. Am Tag wird die Ansteuerung durch Capo delle Mele mit einem Leuchtturm am Hang und einer Radarstation auf dem grünen Berggipfel dahinter erleichtert.

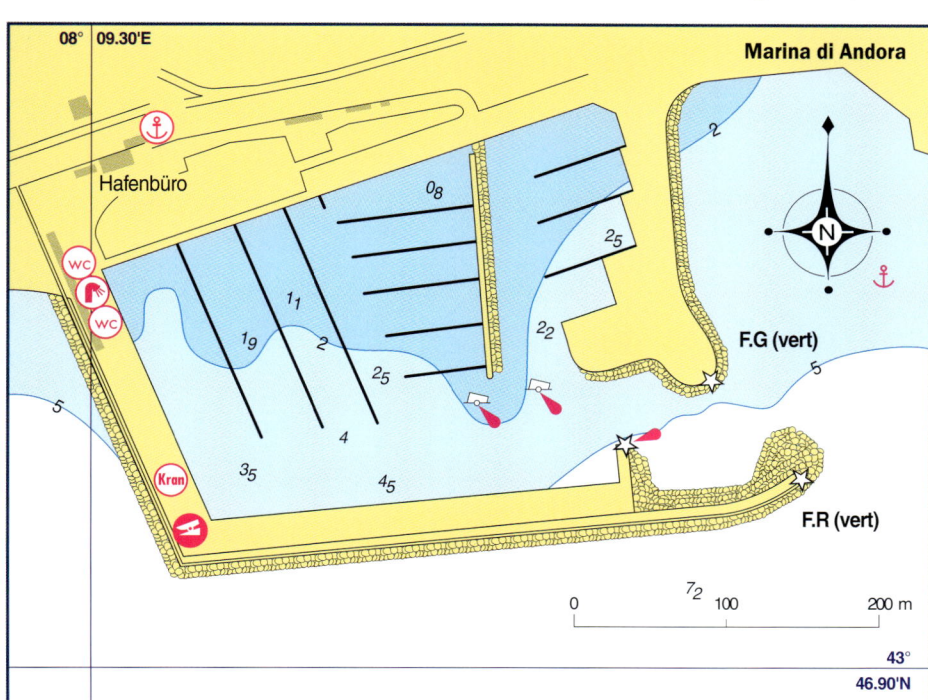

Marina di Andora

Marina di Andora, Hafenpanorama

Nachts hilft das Feuer des Leuchtturms auf dem Capo delle Mele mit Fl(3).W.15s 94m24M bis die Hafenfeuer mit 2 F.G. und 2 F.R. sichtbar werden. Der Hafen wurde kürzlich durch eine verlängerte Aussenmole und eine neue Gegenmole um ein Hafenbecken erweitert.

Hafenmeister:
Capitaneria: Delegazione di Spaggia, Kanal 16, Tel.: 01 82-8 77 76, Direzione Circolo Nautico: Dr. Massimo Schiavon, Fax: 01 82-68 17 07, Direzione Porto di Commune: 01 82-8 51 65. Ein *Wetterbericht* wird am Hafenbüro ausgehängt.

Hafenservice:
Die Kais und Stege sind mit Mooringleinen, Wasser- und Stromanschlüssen ausgestattet, die Sanitäreinrichtung sowie Kartentelefone sind in der Nähe des Hafenbüros zu finden. Im Hafen gibt es keinen Treibstoff, aber ganz in der Nähe an der Via Aurelia ist eine Tankstelle tagsüber geöffnet. Ein Parkplatz ist vorhanden. *Technische Zone:* Es gibt einen festen 40-t-Kran, zwei mobile bis 20 t und einen Slip, Winterlager unter freiem Himmel, eine Werft und einen Schiffsausrüster. Einige Werkstätten bieten ihre Dienste für Motoren, Elektrik, Elektronik und Segel an.
Information: Azienda di Promozione Turistica Riviera delle Palme, Tel.: 01 82-68 10 04/8 87 76

Versorgung:
Geschäfte mit guter Auswahl, Banken und die Post gibt es im Ort, ebenso Restaurants und Pizzerien.

Landgang:
Der Badeort Marina di Andora, ein Vorort von Andora weiter im Landesinneren, nimmt den Ostteil der flach geschwungenen Bucht zwischen Capo Cervo und Capo delle Mele ein. Der Ort bietet kaum Attraktionen.

Sport:
Circolo Nautico Andora, Tel.: 01 82-8 65 48

Ankern:
Bei gutem Wetter kann in der weit geschwungenen Bucht auf 5 bis 13 m Sandgrund geankert werden.

Eine knappe Seemeile weiter östlich passieren wir

Capo delle Mele 43° 57,7' N | 008° 09,6' E.

Capo delle Mele ist ein steil ins Meer abfallender Landvorsprung. Sein nachts weit sichtbares Leuchtfeuer auf 8-eckigem, weißen Turm neben einem hohen, roten Gebäude am Hang und einer Radarstation auf dem grünen Gipfel hat die Kennung Fl(3).W.15s 94m24M. Hier endet die Riviera dei Fiori.

Hohe Wolken über Capo delle Mele zeigen gutes Wetter an, niedrige kündigen Sturm und Regen an.

Achtung: In etwa 1–3 sm Abstand von der Küste vor Capo delle Mele kann ein Strom nordostwärts setzen.

Hinter Capo delle Mele öffnet sich die weit gezogene

Anse di Alassio

mit herrlichen Sandstränden und guten Ankermöglichkeiten auf gut haltendem Sandgrund, sofern das Wetter mitspielt. Abgesehen vom Scoglio Tontonara, einem Steinfeld westlich vom Badeort Laiguelia, kann fast überall der Anker fallen. Die Atmosphäre des ehemaligen Fischerdorfs Laiguelia ist trotz des Badebetriebs noch zu spüren. Ein Rest alter Befestigungsanlagen aus dem 16. Jh. ist der Torrione del Cavallo am Strand. Auch die Kirche San Matteo aus dem 18. Jh. mit ihren beiden farbenprächtigen Glockentürmen ist einen

Alassio, Seebrücke

Laiguelia, Chiesa San Matteo

Wer die Bucht von Alassio nach Nordosten verläßt, muss erst Capo Santa Croche passieren, um

Alassio, Porto Luca Ferrari
44° 01,1' N | 008° 11,7' E

zu erreichen.

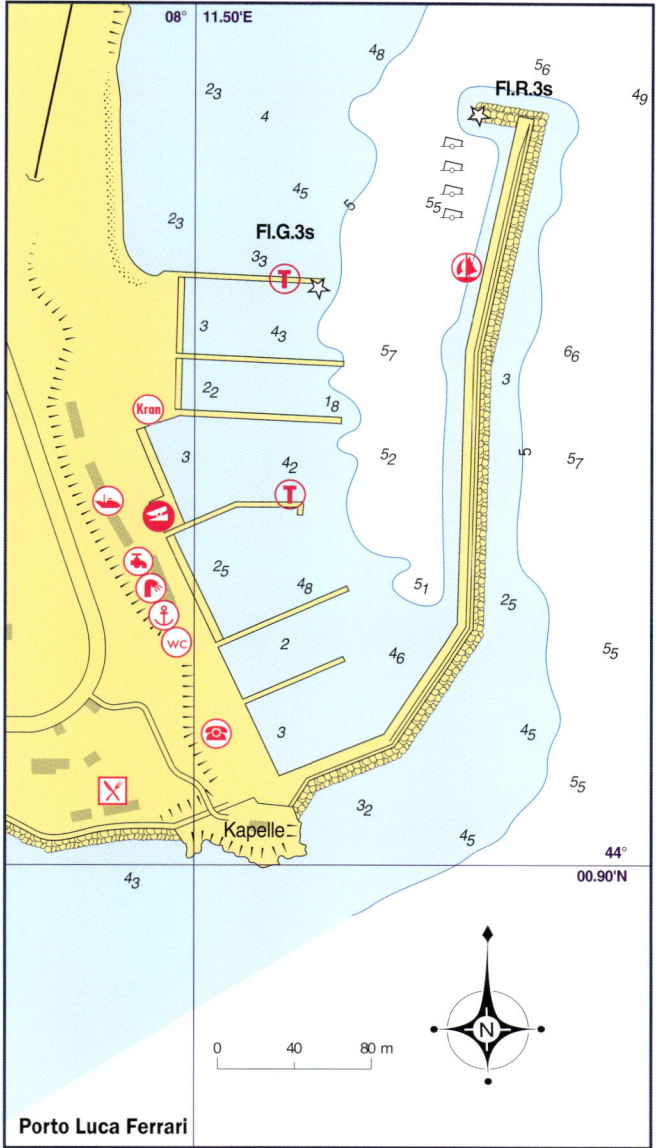

Porto Luca Ferrari

Besuch wert. An den beiden, nachts befeuerten Seebrücken vor Laiguelia (43° 58,7' N | 008° 09,6' E mit F.R) und Alassio (Pier Bostoso 44° 00,3' N | 008° 10,2' E mit F.R) kann nicht festgemacht werden.

Alassio, Porto Luca Ferrari

und kann bei jedem Wetter angelaufen werden. Das Hafenbecken wird durch eine in nördlicher Richtung verlaufende Steinmole mit innen liegendem Kai gegen die See geschützt und besitzt zwei weitere feste Molenkais, von denen der äußere den Hafen zur See nach Norden abschließt. Die Außenmole überlappt die landseitige Abschlussmole um etwa 50 m und erhielt kürzlich zusätzlich einen Wellenbrecher quer zur Einfahrt, um den Seegang noch besser vom Hafen fernzuhalten. Die Einfahrt ist 5,5 m tief und etwa 80 m breit, sie öffnet sich nach Norden. Im Hafenbecken liegen mehrere Schwimmstege, es gibt 400 Liegeplätze für Yachten bis 30 m und etwa 30 für Gäste. Das Hafenbecken ist 5,5–2,5 m tief.

Ansteuerung:

Tagsüber wird die Ansteuerung durch die Insel Gallinara erleichtert, denn von Westen kommend ist der Hafen zunächst hinter dem Capo Santa Croce versteckt. Bei der Annäherung werden die auffällige Seefahrerkapelle Santa Croce und der Viadukt der Via Aurelia im felsigen Berghang über dem Hafen sichtbar. Nachts ist die Hafeneinfahrt mit F.G.3s und F.R.3s befeuert.

Achtung: Vom Kopf der Außenmole ist ausreichend Abstand zu halten, weil sich die Steinschüttung unter Wasser noch fortsetzt. Bei nördlichen und nordwestlichen Winden kann die Düsenwirkung des Tals westlich der Hafeneinfahrt das Einlaufen durch heftigen Wind erschweren.

Der Fischer- und Sportboothafen von Alassio, Luca Ferrari, liegt im Nordosten der Stadt hinter dem Ortsausgang, direkt nördlich der hohen Felsen des Capo Santa Croce. Er ist gegen alle Winde bestens geschützt

Hafengebote: Besucher machen am nördlichen Teil der Außenmole fest, eine Anmeldung beim Circulo Nautico ist erforderlich. Die Geschwindigkeit im Hafen ist auf 3 kn beschränkt. An der nördlichen Abschlussmole ist das Anlegen untersagt. Es ist 12 h freies Liegen gestattet. Baden und Fischen sind im Hafen nicht erlaubt.

Hafenmeister:
Zuständig für den Hafen ist der Circulo Nautico Al Mare, dem Sig. Agnese Marino vorsteht, Tel.: 01 82-64 25 16, Fax: 01 82-64 08 40, VHF-Kanal 16 und 09. Außerdem hat die Behörde Marittima è l'Ufficio Circondiale Marittimo di Alassio eine Dienststelle im gleichen Gebäude wie das Hafenbüro, Tel.: 0182-644186.
Der *Wetterbericht* wird vormittags am Hafenbüro ausgehängt.

Hafenservice:
Die Liegeplätze sind mit Mooringleinen, Wasser- und Stromanschlüssen ausgestattet.
Die Sanitäreinrichtungen mit Toiletten und Duschen liegen neben dem Hafenbüro. Auf dem mittleren, festen Molenkai hat eine Tankstelle (Tel.: 01 82-64 55 13) geöffnet, eine weitere steht auf der nördlichen Abschlussmole. An einem großen Parkplatz stehen zwei Kartentelefone.
Die *Technische Zone* mit Slip, zwei Werften, Winterlager, einem festen und zwei Mobilkränen bis 25 t liegt im nördlichen Teil des Hafens. Reparaturen an Motoren, Elektrik, Elektronik und Segeln sind möglich, ein Schiffsausrüster ist im Hafen ansässig.

Versorgung:
Einkaufsmöglichkeiten sind nur im 2 km entfernten Alassio vorhanden, dort gibt es auch eine große Auswahl von Restaurants, Trattorias, Pizzerien und Bars, Banken und die Post. Ein Restaurant befindet sich in Hafennähe.

Information: Azienda di Promotione Touristica Riviera delle Palme, Tel.: 01 82-64 70 27

Landgang, Sehenswürdigkeiten:
Die Ortschaft Alassio liegt in der weit geschwungenen Bucht westlich von Capo Santa Croce. In einem etwa

Alassio, Via Dante, Muretto

30 minütigen Spaziergang an der Strada Romana Santa Croce entlang ist das Zentrum zu erreichen. Im Sommer ist Alassio mit seinem milden Klima und seinem ausgedehnten, feinen Sandstrand von Touristen völlig

übervölkert, der Anteil deutscher Touristen ist besonders groß. Der Name Alassio stammt angeblich von Adelasia, einer Tochter des sächsischen Kaisers Otto I., die mit ihrem Geliebten hierher geflohen war. Zu empfehlen ist ein Bummel entlang der Uferpromenade Passeggiata Italia und durch die Geschäftsstraßen Via XX. Settembre und Via Vittorio Veneto, die parallel zum Meer verlaufen. Ein Besuch der Via Dante darf nicht fehlen, wo sich die Muretto befindet. Das ist eine Parkmauer, auf der sich viele berühmte Alassio-Gäste mit Keramikfliesen verewigt haben, wie Ernest Hemingway, Louis Armstrong, Zarah Leander, Jean Cocteau und viele mehr.

In der Altstadt ist die Kirche Sant'Ambrogio sehenswert, ein Bau aus dem 11. Jh., mit einem schönen Renaissance-Portal und einem barock gestalteten Innenraum. Am Strand fällt der Torrione della Coscia auf, ein alter Wachtturm aus dem 16. Jh.

Zu empfehlen ist ein Ausflug zum 3,5 km entfernten Albenga, dessen Stadtkern durch viele historische Gebäude geprägt ist.

Veranstaltungen:

Im August findet ein Schönheitswettbewerb, die Wahl der Miss Muretto, statt.

Sport:

Circolo Nautico Al Mare, Tel.: 01 82-64 25 16, Fax: 1 82-64 08 40, pflegt sportliche Aktivitäten und veranstaltet Ausbildungslehrgänge und Regatten.

Ankern:

In der weit geschwungenen Bucht ist bei gutem Wetter direkt vor Alassio das Ankern auf 5–15 m Sandgrund möglich.

In der Bucht zwischen Capo Santa Croce und Capo Lena liegt die Isola Gallinara mit ihrem Hafen

Gallinara
44° 01,6' N | 008° 13,5' E.

Porticciolo Gallinara ist ein kleiner privater Hafen auf der Nordostseite der 87 m hohen, bewaldeten, felsigen

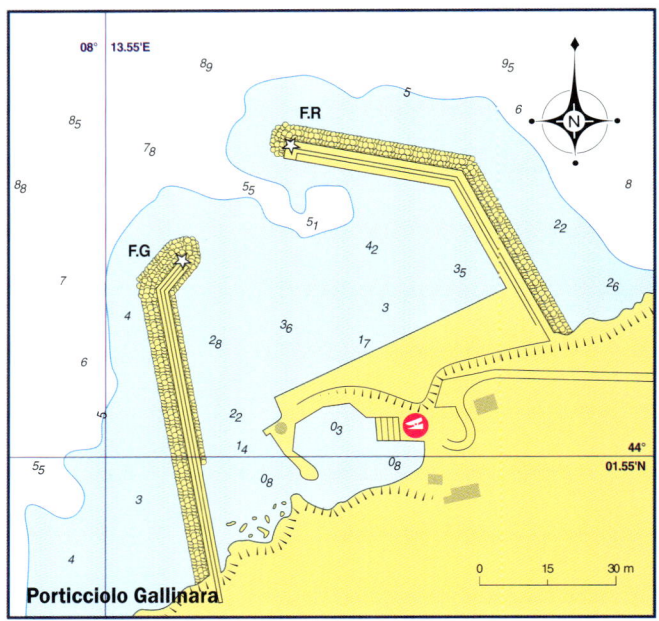

Porticciolo Gallinara

Insel Gallinara, die etwa 0,7 sm vor der Küste bei Albenga liegt. Der Hafen wird durch zwei, vom Land aus etwa 60 m weit ins Meer vorspringende Molen mit innen liegenden Kais gebildet. Der Hafeneingang öffnet sich nach Nordnordwesten, ist fast 40 m breit und in der Mitte 5,5 m tief. Die Tiefe nimmt zu den Kais hin ab, am westlichen auf 2,8 m, am östlichen auf 3,5 m und zum Land hin auf 1,7 m. Der Grund ist steinig.

Ansteuerung:

Tagsüber ist die Insel schon von weitem zu erkennen, nachts ist die Einfahrt befeuert (F.G und F.R).

Sehenswürdigkeiten:

Im 11. Jh. wurde ein Kloster auf der Insel gegründet. Heute ist die Insel in Privatbesitz. Es ist weder erlaubt, an Land zu gehen, noch – außer in Notfällen – im Hafen festzumachen.

Ankern:

Bei gutem Wetter ist Ankern auf 15–20 m Tiefe in einer felsigen Bucht im Südosten der Insel möglich. Doch zwischen Insel und Festland ist Ankern wegen Unterwasserkabel untersagt.

Foce del Fiume Centa bei Capo Lena mit Strandhafen

Eine Seemeile nördlich der Isola Gallinara liegt

Capo Lena 44° 02,5' N | 008° 13,4' E.

Es wurde durch das Schwemmland des Fiume Centa gebildet. Obwohl der Fluss versandet ist und die Ufer nicht durch Kaianlagen befestigt sind, können kleine, flachgehende Boote im Bereich der Mündung auf den Strand gezogen werden. Tiefgehende Yachten dagegen müssen die Flachwasserzone vor Capo Lena weiträumig umfahren.

Nicht weit von der Mündung im breiten Flusstal liegt die Stadt Albenga, die zu den historisch bedeutenden Städten der Riviera gehört.

Albenga, San Michele, Geschlechterturm

Loano bis Arenzano

L I G U R I A

RIVIERA PONENTE

•1287
Monte Beigua

Arenzano
Capo Arenzano

402

Varazze
Punta dell'Olmo

44°
21.00'N

Albisola Marina

SAVONA

Vado Ligure

Fl(4)W.15s43m15M
Capo di Vado

I. Bergeggi

276 • *Capo Noli*

**Finale
Ligure**
Capo di Caprazoppa

**Pietra
Ligure**

Loano

AERO
RC
Capo Lena
Albenga
I. Gallinara

08° | 34.00'E

N

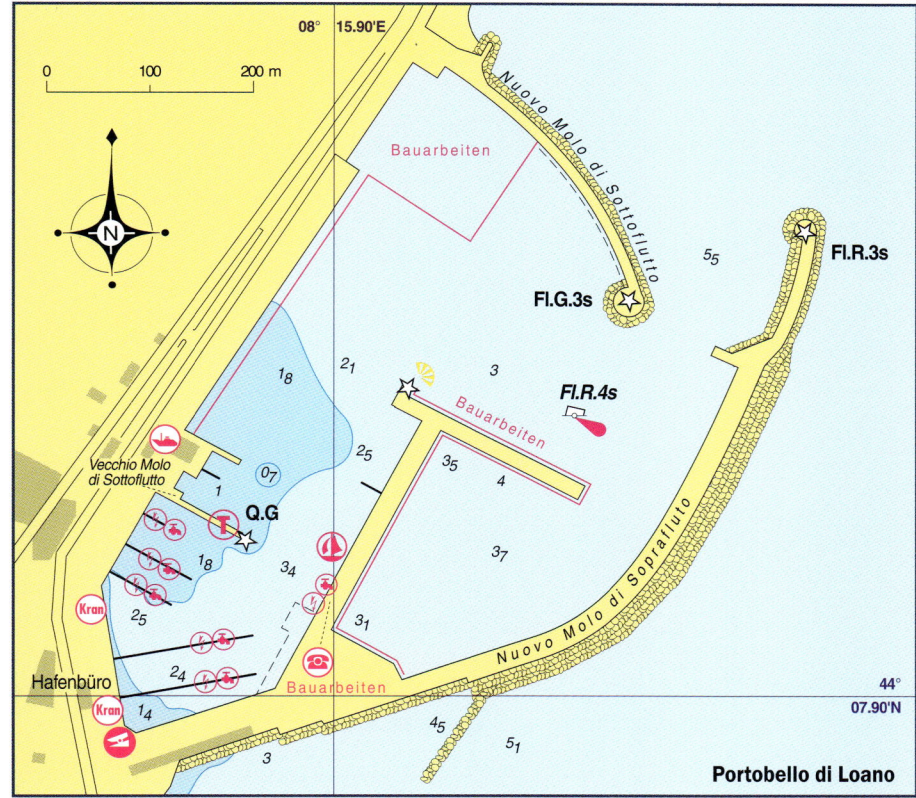

Portobello di Loano

5,5 sm nordöstlich vom Capo Lena in einer weit geschwungenen Bucht liegt

Loano
44° 08,2' N | 008° 16,2' E.

Porto Bello di Loano liegt 3 sm südwestlich vom Capo Caprazoppa im Osten der Stadt. Der Hafen wurde kürzlich umgebaut. Die vergrößerten, in weiten Bögen verlaufenden Außenmolen sind fertig gestellt und halten mit einer überlappenden Schikane allen Seegang fern.

Ein großer L-förmiger Molenkai teilt den Hafen in zwei Becken, das westliche mit den alten Anlagen und das neue, noch nicht freigegebene Gebiet. Das Einlaufen ist bei jedem Wetter möglich.

Der windgeschützte Hafen bietet gegenwärtig 474 Liegeplätze für Yachten bis 30 m, davon etwa 24 für Besucher. Der Eingang zum

Loano, Alter Hafen

Loano, Hafenerweiterung

Vorhafen ist etwa 100 m breit, 5 m tief und öffnet sich nach Nordosten, der eigentliche Hafeneingang ist 50 m breit, 3 m tief und öffnet sich nach Norden.
Die Tiefe im Hafenbecken nimmt von 3 m am Kai der Außenmole auf 2,5–2 m an den Schwimmstegen ab. Im ausgebauten Zustand wird der Hafen etwa 1200 Liegeplätze aufweisen.

Ansteuerung:

Von weitem sind die hohen Berge der Pre Appenini Ligure zu sehen, unterhalb davon ist die Stadt mit einer großen Kirche mit grüner Kuppel, nördlich davon das Kloster Monte Carmelo mit einer hellen Kuppel auf einem Hügel auszumachen. Im Hinterland steigen die Seealpen auf. Die Hafeneinfahrt ist erst aus der Nähe zu erkennen.

Bei starken westlichen Winden kann eine Kreuzsee die Einfahrt erschweren, nachts ist die Hafeneinfahrt befeuert mit Fl.G.3s und Fl.R.3s, die Innenmole mit Q.G.
Achtung: Die Wassertiefe auf der nordwestlichen Seite des alten Hafens liegt zz. unter 1,8 m!
Hafengebote: Eine Anmeldung im Hafenbüro, am besten über VHF vor dem Einlaufen, ist erforderlich. Die Geschwindigkeit im Hafen ist auf 3 kn beschränkt und die Benutzung des Ankers, Baden und Fischen sind untersagt.

Loano, Municipio, Palazzo di Andrea Doria

Loano, Porta del Orloggio

Hafenmeister:

Direzione Portobello Loano S.p.a., VHF-Kanal 09 und 16, Tel.: 0 19-67 54 45, Fax: 0 19-66 92 64.
Wetterinformationen gibt es im Hafenbüro.

Hafenservice:

Mooringleinen, Wasser- und Stromanschlüsse (220/380 V, Euronorm) sind an allen Liegeplätzen vorhanden. Auch Telefon- und Fernsehanschlüsse sind an den Boxen für große Yachten möglich.

Eine Sanitäreinrichtung mit Toiletten und Duschen befindet sich in der Nähe des Hafenbüros, Kartentelefone sind über den Hafen verteilt. Am Kopf der befeuerten (Q.G) Westmole des alten Hafenbeckens hat eine Tankstelle (Tel.: 0 19-62 76 74) geöffnet (08.00–18.00 Uhr). *Achtung:* Die Wassertiefe beträgt dort zz. nur 1,8 m! Am Fuß der Außenmole auf dem breiten Kai liegt ein großer Parkplatz direkt vor einer hochgelegenen Promenade, unter der sich Restaurants und Geschäfte befinden.

Eine *Technische Zone* mit einer Yachtwerft für Reparaturen aller Art, Winterlager im Freien und im Hangar, Kränen (1,5 t fest, 10 und 25 t mobil) und Slip liegt im nördlichen Teil des alten Hafens. Dort gibt es auch Werkstätten für Motoren, Elektrik, Elektronik und Segel.

Versorgung:

Auf der Promenade in die nahe Altstadt liegt eine Holzofen-Pizzeria mit Seeblick. Im Ort gibt es weitere hervorragende Restaurants und Trattorias, Geschäfte, Wäschereien, Banken und die Post. Das Angebot von Lebensmitteln ist gut. Freitags wird ein Wochenmarkt abgehalten. Loano besitzt einen Bahnhof.

Loano, Alter Hafen

Information: Azienda Promozione Turistica Riviera delle Palme, Tel.: 0 19-67 60 07

Landgang, Sehenswürdigkeiten:

Loano ist ein stark besuchter Badeort, dessen Ursprung auf die Römer zurückgeht und der im 18. und 19. Jh. unter der Familie Doria aufblühte. Loano war die Residenz dieser Familie und zehrt heute noch vom alten Glanz dieser Zeit.

Am Hafen beginnt die lange, mit Palmen gesäumte Promenade vor einem herrlichen Sandstrand. Gleich neben dem Hafen liegt der Lido Sole, für den allerdings Eintrittsgeld verlangt wird.

Sehenswert sind im Ort

- der Carruggio, eine Gasse mit vielen Stützbögen zwischen den eng stehenden Häusern,
- die alte Porta dell'Orologio (das Uhrentor) und
- der ehemaligen Palast des Andrea Doria, auf der Ruine einer römischen Villa erbaut, ist heute das Municipo (Rathaus). Ein alter Mosaikfußboden aus der Römerzeit kann dort noch heute bewundert werden.

Im Rathaus wird jedes Jahr im März das französisch-italienische Freundschaftstreffen Loano Francheville mit Aufmarsch und Biwak von Soldaten in abenteuerlichen, historischen Uniformen gefeiert.

Die Höhlen von Toirano sind ein beliebtes Ausflugsziel. Sie wurden bereits vor dem 2. Weltkrieg entdeckt. Erst 1944, als die Höhlen als Luftschutzbunker benutzt wurden, entdeckte man weitere Grotten mit fossilen Funden.

Die Höhlen sind heute für Besucher offen.

Sport:

Circolo Nautico Loano, Tel. & Fax: 0 19-66 88 36
Der Club veranstaltet Regatten und Segelkurse.

Ankern:

Vor Loano kann man bei gutem Wetter an vielen Stellen ankern, allerdings überschreiten die Wassertiefen schnell 20 m.

Etwa 1,4 sm östlich vom Porto Loano liegt

Pietra Ligure 44° 08,9' N | 008° 17,3' E.

Pietra Ligure ist ein kleiner Badeort mit einer palmengesäumten Strandpromenade. Die Ortschaft ist von weitem an zwei Glockentürmen der Kirche und an den hohen Kränen einer Werft zu erkennen. Am Strand vor der Ortschaft liegt ein etwa 40 m langer Betonpier im ca. 4 m tiefem Wasser. In der Nähe ist auch eine Festmachertonne verankert. Der baufällige 60 m lange, mit F.RG (vert) befeuerte Pier an der Flussmündung kann nicht benutzt werden.

Landgang:

Geschäfte und Restaurants sind im Ort in reicher Auswahl zu finden.

Ankern:

In der Nähe des Betonpiers kann bei gutem Wetter der Anker auf sandigen Grund geworfen werden.

5,5 m weiter ostnordöstlich vom Portobello di Loano und östlich Capo San Donato liegt

Finale Ligure
44° 10,6' N | 008° 22,3' E.

Der Hafen von Finale Ligure liegt 1,5 sm ostnordöstlich von Capo di Caprazoppa (Capo di Finale) unterhalb einer steilen Küste gleich östlich hinter dem Capo San Donato. Der kleine kommunale Fischer- und Yachthafen gehört zu den drei zusammengefassten Ortschaften, Finale Marina, Finalpia und Finalborgo. Er bietet 550 gegen alle Winde gut geschützte Liegeplätze für Boote bis 17 m, von denen 30 für Besucher zur Verfügung stehen. Eine Steinmole mit innen liegendem Kai bildet die Außenmole, die landseitige Abschlussmole etwa 80 m überlappt, beide sind befeuert. Der Hafeneingang öffnet sich nach Nordosten, ist 50 m breit und 4,5 m tief, weiter im Hafen nimmt die Tiefe am Außenkai auf ca. 4,0 m und zwischen den Schwimm-

Finale Ligure

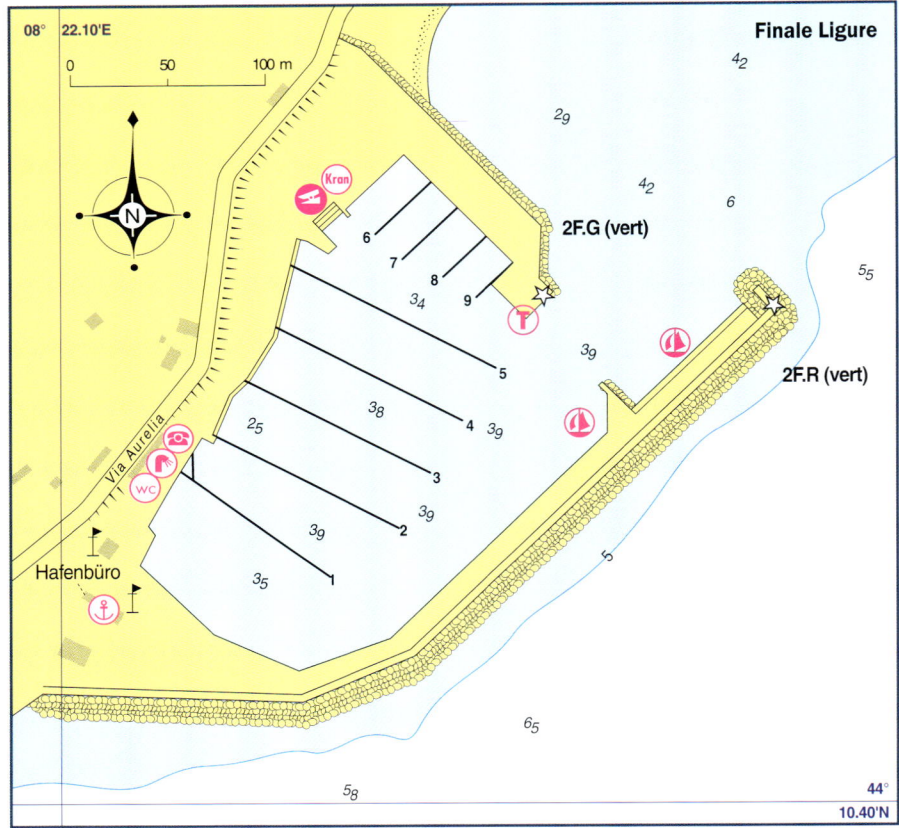

Finale Ligure

Finale Ligure

stegen auf ca. 3,5–2,5 m ab. Im Sommer ist der Hafen oft überfüllt und es ist schwierig, einen Liegeplatz zu bekommen.

Ansteuerung:

Tagsüber ist das Capo San Donato schon von weitem an einem ehemaligen viereckigen Wachturm hoch auf den Felsen direkt westlich des Hafens auszumachen. Sowohl auf den Kaps weiter im Westen als auch im Osten stehen ähnliche Türme, aber mit GPS oder Loran C dürfte eine Verwechslung zu verhindern sein. Aus der Nähe sind ein westlich oberhalb des Hafens liegendes, weißes Gebäude mit rotem Dach und die Außenmole zu erkennen. Bei der Einsteuerung nachts helfen die Feuer auf beiden Hafeneingangsmolen mit 2 F.G (vert) und 2 F.R (vert), außerdem sind die Kaianlagen beleuchtet.

Bei starken Winden aus östlichen Richtungen kann die Einsteuerung schwierig werden.

Hafengebote: Im Hafen beträgt die Höchstgeschwindigkeit 2 kn. Schiffe, die den Hafen verlassen, genießen Wegerecht, müssen sich aber an Stb. halten. Besucher machen am Kai hinter dem Kopf der Außenmole fest und melden sich im Hafenbüro an.

Hafenmeister:

Hafenbüro: Ufficio Porto di Commune Capo S. Donato,
Tel. & Fax: 0 19-60 32 90,
VHF-Kanal 15, 16,
geöffnet von 06.00–19.00 Uhr.
Der *Wetterbericht* wird vormittags am Büro des Circolo Nautico del Finale ausgehängt.

Capo Caprazoppa

Hafenservice:

Mooringleinen liegen überall aus, Wasser- und Stromanschlüsse (220 V) sind von allen Liegeplätzen erreichbar. Eine Sanitäreinrichtung mit Toiletten und Duschen sowie Kartentelefone sind am Kai in der Nähe des Hafenbüros zu finden. Es gibt einen großen Parkplatz. Eine Tankstelle hat in der Saison von 08.00–18.00 Uhr auf dem Kopf der Abschlussmole geöffnet.
(Handy: 03 38-2 10 88 06.)
In der *Technischen Zone* gibt es einen Yachtausrüster, ein Winterlager mit Slip, 3 Kräne (ein fester 1,5 t Kran, zwei mobile Kräne mit 15 und 25 t, Tel.: 0 19-66 93 90) und Werkstätten für Motoren, Elektrik, Elektronik und Segel. Die meisten Reparaturen können ausgeführt werden.

Versorgung:

Ein Restaurant in der Nähe des Hafenbüros hat in der Saison geöffnet. Geschäfte, Restaurants, Bank, und Post sind in Finalpia, etwa 1,5 km entfernt, zu erreichen.
Information: Azienda di Promozione Turistica Riviera delle Palme, Tel.: 0 19-69 80 13 und -68 10 19

Landgang, Sehenswürdigkeiten:

Der Name Finale stammt von fines (Grenze) und bedeutete in der Römerzeit die Grenze zwischen den ligurischen Stämmen der Sabatier und Ingaunen. Im Mittelalter erhielt der Ort unter dem Markgrafen Del Carretto große Bedeutung und entwickelte sich seit der Eroberung durch Spanien im Jahr 1598 zu einem wichtigen Handelszentrum. Im Jahr 1709 kam Finale an Österreich, bis Genua im Jahr 1713 für fast 100 Jahre die Herrschaft übernahm.

Finale Ligure mit seiner typisch italienischen Atmosphäre ist auch bei den Einheimischen ein beliebter Ferienort. Von den drei Ortsteilen liegt Finalpia dem Yachthafen am nächsten.

Das weiter westlich liegende Finale Marina bietet jedoch mit seiner Altstadt, den schönen alten Palästen und Plätzen, den zahlreichen Restaurants sowie

Finale Ligure, Wachturm auf Capo San Donato

Finale Ligure, Capo san Donato

Geschäften mehr Sehenswertes und bessere Einkaufsmöglichkeiten.

Das Zentrum von Finale Marina bildet die Piazza Vittorio Emanuele II. mit dem großen Triumphbogen, den die spanische Prinzessin Margarethe 1666 errichten ließ, nachdem sie auf dem Weg zu ihrer Hochzeit mit Leopold I. von Österreich hier Station gemacht hatte. Unter den Arkaden und den angrenzenden Straßen befinden sich viele Geschäfte, beliebte Restaurants und Cafés. Zum Meer hin erstreckt sich zu beiden Seiten die herrliche, palmenbestandene Uferpromenade.

Sehenswert sind die Basilika San Giovanni Battista aus dem 17. Jh. mit einer schönen Barockfassade und in Finalpia die Abteikirche Santa Maria di Pia, deren Gründung auf das 12. Jh. zurückgeht.

Am östlichen Ortsrand von Finale Marina erheben sich die Ruinen der Burg Castelfranco, die im 14. Jh. von den Genuesen errichtet wurde.

Veranstaltungen:

Das Patronatsfest San Giovanni Battista finden am 24. Juni statt.

Sport:

Circolo Nautico del Finale, Tel.: 0 19-60 16 40
Lega Navale Italiano, Tel.: 0 19-60 04 40

Ankern:

In den weiten Buchten in der Nähe des schützenden Capo Caprazoppa und vor der Ortschaf: Varigotti ist das Ankern bei gutem Wetter auf 5–10 m Sandgrund möglich.

Hinter den hohen, bewaldeten Bergen des Capo Noli, knapp 3 sm vom Porticciolo di Finale Ligure entfernt, öffnet sich die

Anse di Noli 44° 12,1' N | 008° 25,2' E.

Auf sandigem Grund, vor westlichen Winden durch das hohe Capo di Noli geschützt, befindet sich ein herrlicher Ankerplatz über sandigem, recht gut haltendem Grund im Westteil der sanft geschwungenen Bucht, an deren Ausgang die Isola Bergeggi liegt.

Anse di Noli

Ansteuerung:
Dieser Ankerplatz kann nur tagsüber bei entsprechenden Wetterbedingungen angelaufen werden.

Versorgung:
Der Badeort Noli bietet alle Versorgungsmöglichkeiten.

Landgang, Sehenswürdigkeiten:
Das kleine Städtchen Noli war wie Albenga eine selbstständige Republik und erlebte im Mittelalter durch den Seehandel eine Blütezeit. Heute lebt die Stadt hauptsächlich vom Tourismus und vom Fischfang.
Sie hat eine sehr schöne Altstadt, sehenswert sind das alte Rathaus mit dem Arkadengang aus dem 14./15. Jh., das bemalte Stadttor Porta di Piazza, die mittelalterlichen Häuser, wie die Casa Pagliano an der Uferpromenade oder die Kathedrale San Pietro an der Piazza Cattedrale. Das bedeutendste Bauwerk ist die Kirche San Paragorio, deren Gründung auf das 11. Jh. zurückgeht.
Etwas außerhalb des Zentrums liegt die Kirche Nostra Signora delle Grazie, von der man einen herrlichen Blick auf die Altstadt und die Bucht genießen kann. Es gibt einen ausgedehnten Sand- und Kiesstrand.

Veranstaltungen, Kultur:
Am 2. Sonntag im Juli findet das Patronatsfest des Sant'Eugenio statt, am 2. Sonntag im September die Regata dei Rioni, ein Ruderwettkampf, mit Festumzug in historischen Kostümen zur Erinnerung an die Gründung der Stadtrepublik 1193.

Von der Isola Bergiggi aus halten wir in weitem Abstand (800 m) von der Küste mit Nordnordostkurs auf das Capo di Vado zu und nach weiteren 1,5 sm erreichen wir den Handelshafen

Vado Ligure 44° 16,2' N | 008° 27,2' E.

In der großen, von zahlreichen Fabriken mit großen Schornsteinen gesäumten Bucht zwischen dem Capo di Vado mit seinem weit sichtbaren 8-eckigem Leuchtturm und Porto Savona, liegt der Industriehafen Vado

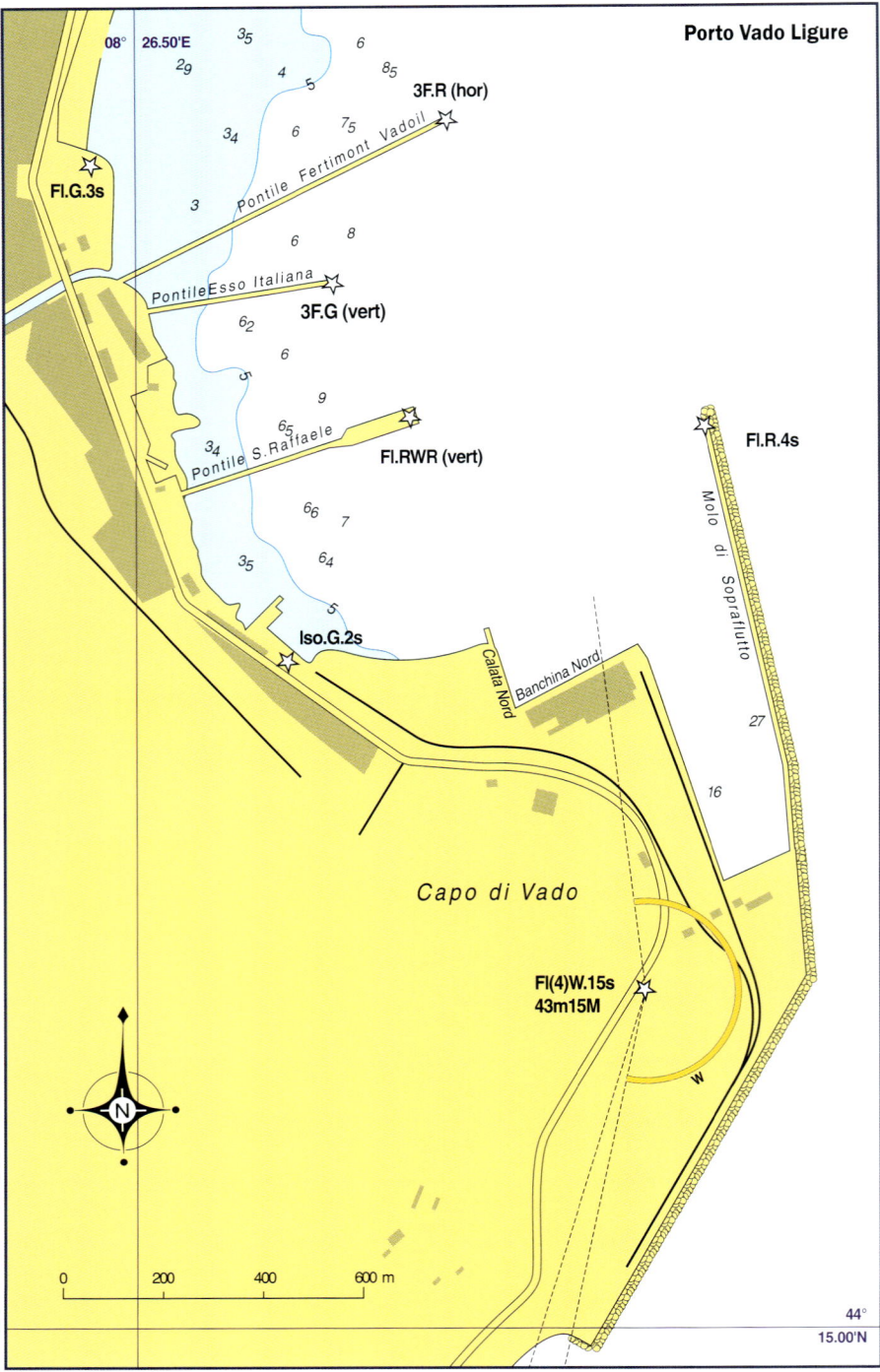

Porto Vado Ligure

08° 26.50'E

Fl.G.3s

3F.R (hor)

Pontile Fertimont Vadoil

Pontile Esso Italiana

3F.G (vert)

Pontile S.Raffaele

Fl.RWR (vert)

Molo di Sopraflutto

Fl.R.4s

Iso.G.2s

Calata Nord

Banchina Nord

Capo di Vado

Fl(4)W.15s
43m15M

W

0   200   400   600 m

N

44°
15.00'N

Ligure mit entsprechenden Einrichtungen direkt hinter dem Cap. Yachten können diesen Hafen nur in Notfällen oder mit besonderer Erlaubnis aufsuchen. Hohe, weißrot gestrichene Schornsteine, Silos und Öltanks bestimmen die Hafensilhouette schon von weitem. Die befeuerte Außenmole ist über 1000 m lang und verläuft nahezu in nördlicher Richtung. Sie bildet mit dem gegenüberliegenden, 600 m langen Anleger ein nach Norden offenes, rundum mit hohen Kais ausgestattetes Hafenbecken. Der fast 200 m breite, etwa 25 m tiefe Hafeneingang lässt Seegang ungehindert in den Hafen laufen. Im Becken nimmt die Tiefe nach Süden bis auf 7 m ab. Es gibt einige Bojen, an denen Fischer- und Sportboote festmachen können, aber keine nennenswerten Einrichtungen für Yachten. Nordwestlich vom Hafeneingang machen Öltanker und Schüttgutfrachter an mehreren Piers fest.

Ansteuerung:
Tagsüber ist der Industriehafen schon von weitem an zwei riesigen, weißrot gestrichenen Schornsteinen zu erkennen. Nachts verwirrt eine Vielzahl von Feuern jeden Freizeitskipper, wenn er die Hafeneinfahrt hinter der großen Außenmole (Fl.R.4s) nördlich des Leuchtfeuers von Capo di Vado mit Fl(4).W.15s 43m15M sucht. Im Ansteuerungsbereich von Porto Vado Ligure hat die Berufsschifffahrt absolutes Wegerecht.

Hafengebote: Beim Einlaufen ist über VHF eine Meldung beim Hafenbüro erforderlich.

Hafenmeister:

Direzione Porto: Gruppo Ormeggiatori Porto di Savona e Vado Ligure, VHF Kanal 16 und 13, Tel.: 0 19-88 06 56, Fax: 0 19-38 06 57, 24 h

Hafenservice:

Sportboote machen an schwimmenden Bojen fest. Treibstoff kann von einem Bunkerboot bezogen werden.

Versorgung:

Geschäfte, Restaurants, Banken und die Post sind erst weiter in der Stadt außerhalb der Industriezone anzutreffen.

Vom Capo di Vado bis Savona sind 4 sm auf nordnordöstlichem Kurs zurückzulegen, dann liegt der Hafeneingang von Savona querab.

Savona
44° 18,9' N – 008° 30,3' E

Savona, der fünftgrößte Hafen Italiens, verfügt über einen großen, aus mehreren Becken bestehenden Handels- und Industriehafen. In der Darsena Nuova werden Güter von mittleren, in der Darsena Alto Fondale von großen Seeschiffen, RoRo-Fähren und Containern umgeschlagen. Es gibt vier für Sportboote reservierte windgeschützte Bereiche im Hafen. Der Club Lega Navale Italiana hat seine Stege bei der Molo Miramare gegenüber vom Eingang zur Darsena Nuova, nicht weit entfernt sind die Liegeplätze an den beiden Stegen des Clubs Assonautica Darsena Funivie und die des Clubs Assonautica Santa Lucia, auch auf der Steuerbordseite. Die schönsten Plätze bewirtschaftet aber der Club Assonautica Savona an seinen beiden Stegen mitten in der Darsena Vecchia zwischen den Fischer- und Ausflugsbooten. Insgesamt stehen etwa 550 Liegeplätze im Hafen von Savona für Yachten bis 25 m zur Verfügung, von denen nur etwa 15 für Gäste vorgesehen sind. In der Saison ist es daher schwierig, einen freien Platz zu finden. Wer den Hafen gern besuchen

Porto di Savona

Savona

möchte, sollte sich vorher (Tel.: 0 19-82 14 51) anmelden. Die Wassertiefen nehmen vom fast 200 m breiten, befeuerten Hafeneingang, der sich nach Nordosten öffnet, von 10 m bis auf etwa 3 m in der Darsena Vecchia ab.

Der Eingang zur Darsena Vecchia ist neuerdings durch eine bewegliche Fußgängerbrücke versperrt: An Werktagen zwischen 06.00 und 23.00 Uhr wird alle 30 Minuten nach der vollen Stunde die Passage 5 Minuten lang freigegeben, an Samstagen und an Feiertagen zusätzlich alle 45 Minuten nach der vollen Stunde. Nachts ist die Brücke hochgezogen und der Zugang von und zur Darsena Vecchio nicht behindert.

Ansteuerung:

Die Ansteuerung ist einfach, sie ist jederzeit und bei je-

dem Wetter möglich, im Gegensatz zu den Häfen in der Umgebung. Allerdings sollten bei hohem Seegang kleinere Yachten von Südosten her einlaufen, weil sich vor dem großen Wellenbrecher eine sehr unangenehme Kreuzsee aufbauen kann. Von Süden oder Südosten kommend, fällt tagsüber zuerst die von der Industrie geprägte Silhouette von Savona und Vado Ligure (zwei rotweiße, riesige Schornsteine) auf. Markante Ansteuerungshilfen sind dann die großen, grauen Silos an der Calata Paolo Boselli, die Hallen einer Schiffswerft auf dem Nordufer der Hafeneinfahrt und ein Hochhaus in der Umgebung der Darsena Vecchia.

Nachts sind die Lichter der Stadt, der Hafenanlagen und der Industrie schon auf große Entfernung auszumachen. Das weit reichende Leuchtfeuer von Capo di Vado mit Fl(4).W.15s 43m15M weist den Weg, bis die

Molo Miramare

Darsena Vecchia

Darsena Vecchia

chende Anweisungen und Hinweise gibt. Das Festmachen an den Industriekais oder Ankern in Bereichen, die der Berufsschifffahrt dienen, ist nicht gestattet. Eine Anmeldung in den Büros der zuständigen Yachtclubs ist ebenfalls notwendig.

Hafenmeister:
Hafenbüros: In der Darsena Vecchia ist der Club Assonautica Savona zuständig, Tel. & Fax: 0 19-82 14 51, an der Molo Miramare der Club Lega Navale Italiana, Tel.: 0 19-3 43 92
Wetterinformationen erhält man an beiden Stellen.

Hafenservice:
An den Stegen der Yachtclubs liegen Mooringleinen aus, Wasser- und Stromanschlüsse sind ebenso vorhanden wie Sanitäreinrichtungen mit Toiletten und Duschen. Tankstellen (Lungomare Matteotti, Tel.: 0 19-82 11 77) und Kartentelefone sind jeweils in der Nähe. Es gibt nur wenig geeignete Parkplätze in der Umgebung der Darsena Vecchia. Dagegen verfügt der Yachtclub an der Molo Miramare über ausreichende Parkmöglichkeiten.
Eine größere *Technische Zone* mit Werft, Winterlager, Werkstätten, Slip und Hebeeinrichtung bis 100 t gibt es auf dem Gelände der Molo Miramare. Weitere Werkstätten und Werften in der Umgebung können alle Reparaturen ausführen.

Feuer auf der Außenmole (F.R.2s) und den Molen der Hafeneinfahrt (Fl.G.2s und F.R) deutlich zu sehen sind. Molo Miramare ist mit 2 F.G (vert) befeuert.
Sportboote müssen bei der Einsteuerung unbedingt das Wegerecht der Berufsschifffahrt beachten; besondere Aufmerksamkeit ist auf der Rada di Savona auch deswegen geboten, weil hier die Lotsen für beide Häfen – Vado Ligure und Savona – an Bord gehen.
Hafengebote: Die Geschwindigkeit im Hafen ist auf 3 kn begrenzt. Auslaufende Schiffe haben Vorrang vor einlaufenden, die Berufsschiffe vor den Sportbooten. Beim Einlaufen sollte die Capitaneria di Porto (Tel.: 0 19-38 66 56 oder -85 66 66) auf den Kanälen 13 oder 16 (24-h-Service) angerufen werden, die dann entspre-

Versorgung:
Geschäfte, Boutiquen, Restaurants, Trattorias, Pizzerien, Banken und die Post sind in der Nähe der Darsena Vecchio in der Altstadt zu finden. Empfehlenswert ist die Osteria Bacco in der Via Quarda Superiore, ein originell ausgestattetes Restaurant, das ausgezeichnete Fischgerichte anbietet. *Information:* Azienda di Promozione Turistica Riviera delle Palme, Tel.: 0 19-82 05 22

Landgang, Sehenswürdigkeiten:

Savona ist Liguriens Provinzhauptstadt und Bischofssitz. Erste Ansiedlungen gab es 205 v. Chr. von den Sabatern auf dem Felsvorsprung Priamar. Im Mittelalter erlebte die Stadt eine Zeit großer Blüte, bis sie 1528 von den Genuesen erobert und zerstört wurde. Sie errichteten 1542 die heute noch existierende Priamar-Festung. Erst 1815, durch den Anschluss an Piemont-Savoyen, erlebte die Stadt wieder einen wirtschaftlichen Aufschwung, der bis heute anhält.

In der Nähe des alten Hafens befinden sich drei mittelalterliche Türme aus dem 12. Jh., von denen der Torre Brandale mit 50 m der höchste ist.

Nicht weit davon beginnt die Via Pia mit ihren prunkvollen alten Palazzi, unter ihnen auch der sehr sehenswerte Palazzo della Rovere aus dem 15. Jh. Der Bummel durch die Altstadt führt weiter über die schöne Piazza Maddalena, die Via Quarda Superiore mit dem prächtigen Palazzo Lamba Doria, einem der schönsten Gebäude Savonas, in die Via Paleocapa, einer belebten Hauptgeschäftsstraße, wo sich auch der Palazzo Pavoni, ein interessanter Jugendstilbau, befindet.

Der Torre Leon Pancaldo am alten Hafen wurde 1620 zu Ehren des Navigators von Maggelan errichtet und nach ihm benannt.

Einen Besuch wert ist auch die Kathedrale Santa Maria Assunta an der Piazza Duomo mit der Sixtinischen Kapelle, die Papst Sixtus erbauen ließ, der auch die bekannte Kapelle gleichen Namens in Rom errichten ließ.

Veranstaltungen:

Berühmt ist die Karfreitagsprozession, sie findet nur in gradzahligen Jahren statt.

Sport:

Assonautica Savona, Tel.: 0 19-82 14 51
Lega Navale Italiana, Tel.: 0 19-3 43 92

Ankern:

Die Rada di Savona ist als Ankerplatz ausschließlich für die Berufsschifffahrt reserviert.

Mit nordöstlichem Kurs am Punta Celle und am Punta dell'Olmo vorbei erreichen wir nach 4 sm

Varazze 42° 21,1' N | 008° 34,1' E.

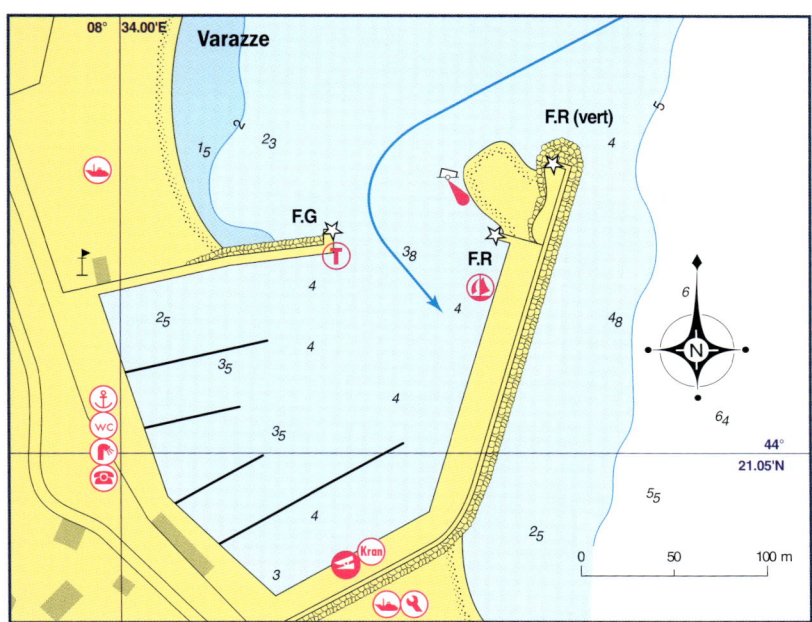

Varazze liegt an bewaldeten Berghängen, die Küste vor den hohen Bergen im Hinterland ist niedrig, aber steil. Porticcolo di Varazze ist ein kleiner Fischer- und Sportboothafen im Westen der Ortschaft und im Norden des Punta dell'Aspera mit seinem viereckigen Turm. Der Hafen wird durch zwei Steinmolen mit innen liegenden Kais gebildet. Er ist gegen alle Winde geschützt und kann bei jedem Wetter angelaufen werden. Er bietet 550 Liegeplätze an den Kais und Schwimmstegen für Boote bis 25 m Länge, davon 35 Plätze für Gastlieger. Es existieren Pläne, die Kapazität des Hafens zu erweitern. Die Hafeneinfahrt ist befeuert, öffnet sich nach Norden, ist etwa 80 m breit und 3,8 m tief. Die Tiefe nimmt im Hafen kaum ab, sie beträgt am Ostkai 4 m und zwischen den Stegen 3,5 m sowie im nordwestlichen Bereich 2,5 m.

Varazze

Ansteuerung:

Tagsüber ist aus der Entfernung auf dem Hügel oberhalb des Hafens eine auffällige, rote Villa mit einem
großen, viereckigen Turm zu sehen. Bei der Annäherung fällt die Werft Baglietto mit ihren grauen Hallen
nördlich vom Hafen auf. Die Hafenmolen sind erst aus
der Nähe zu erkennen. Nachts sind der Außenmolenkopf mit 2 F.R (vert) und der Hafeneingang mit F.R und
F.G befeuert.

Bei der Einsteuerung ist Vorsicht und die Benutzung
des Echolots geboten, eine sich nach Westen in die
Einfahrt erstreckende Sandbank am Kopf der Ostmole
ist mit rot befeuerten Bojen gekennzeichnet.

Hafengebote: Die Höchstgeschwindigkeit im Hafen beträgt 2 kn. Gastyachtan machen am Kai der Außenmole fest, um sich beim Hafenbüro anzumelden.

Hafenmeister:

Ufficio di Porto: Sig. Gracchi, Sig. M. Prato, VHF-Kanal
25 oder 16, Tel.: 0 19-9 59 19, geöffnet von 10.00–
19.00 Uhr.

Ein *Wetterbericht* hängt vormittags am Hafenbüro.

Hafenservice:

An den Liegeplätzen gibt es Mooringleinen, Wasser-
und Stromanschlüsse (220 V, 0,5 kW, Euronormstecker). Eine Sanitäreinrichtung mit Duschen und Toiletten ist vorhanden, ebenso Kartentelefone. Der Hafen
besitzt Parkplätze, ein Clubrestaurant und eine Tankstelle auf der Nordmole und ist nachts beleuchtet. Für
Besucher ist die erste Nacht gebührenfrei.

Im Hafen sind mehrere Werften und Werkstätten für fast
alle Reparaturen tätig, es gibt ein großes Winterlager,

Varazze, rote Villa mit Turm

Landgang, Sehenswürdigkeiten:
Varazze ist ein beliebter Badeort mit ausgedehnten Kies- und Sandstränden in der Bucht zwischen Punta della Mola und der Punta dell'Aspera, geschützt durch den 1287 m hohen Monte Béigua im Norden. Sehenswert in der Altstadt sind die Kirche Sant'Ambrogio mit einem gut erhaltenen Glockenturm aus dem 14. Jh. und die Kirche San Domenico mit alten Fresken und einem schönen Kreuzgang. In der alten Stadtmauer aus dem 12. Jh. befinden sich Reste der alten Kirche Sant'Ambrogio, deren Ursprung im 10. Jh. liegt. Ein berühmter Bürger der Stadt war der Seefahrer Lanzarotto Malocello, der Lanzarote entdeckte, was auch nach ihm benannt wurde.

Veranstaltungen:
Am 30. April findet das Ortsfest der Heiligen Katharina statt.

Ankern:
Im Südosten der Hafeneinfahrt kann auf 10–12 m Wassertiefe bei gutem Wetter der Anker geworfen werden.

Als letzter Yachthafen vor Genova gilt das von Varazze 6 sm in nordöstlicher Richtung entfernte

Arenzano 44° 24,0' N | 008° 41,3' E.

Porto di Arenzano ist ein Fischer- und Sportboothafen nördlich des Capo Arenzano am westlichen Ausgang des letzten Ferienorts vor den Industrievororten der Hafenstadt Genova. Er wird durch eine ca. 300 m lange, nach Norden verlaufende Steinmole mit innen liegendem Kai und im Norden durch eine kleine Abschlussmole mit Kai gegen alle Winde geschützt.
Nördlich der Außenmole verläuft eine bei Niedrigwasser trockenfallende Sandbank, die umfahren werden muss. In die ca. 4 m tiefe Hafeneinfahrt wird mit Südkurs durch ein betonntes Fahrwasser von 25 m Breite eingelaufen.
Die Benutzung des Echolotes wird empfohlen. Am Kai der Außenmole beträgt die Wassertiefe 3 m, zwischen den Schwimmstegen 2,5–2 m. 186 Liegeplätze für Boote bis 18 m Länge stehen zur Verfügung, Gastliege-

ein Slip und zwei Mobilkräne für 15 und 30 t. Der Schiffbau in Varazze hat durch die Baglietto-Werft nördlich des Hafens lange Tradition (Tel.: 019-95901), in letzter Zeit wurde von großen auf kleinere Schiffe umgestellt, hier können auch Reparaturen ausgeführt werden.

Versorgung:
Geschäfte, Bank und Post und sind im nahen Ort vorhanden, ebenso in reicher Auswahl Restaurants.
Information: Agenzie di Viaggio e Turismo, Tel.: 0 19-95 32 85.

Sport:
Club Nautico Varazze, Tel. & Fax: 0 19-63 32 73 bietet Segelkurse an. Lega Navale Italiana, Tel.: 0 19-9 57 77 betreibt im Hafen ein Clubrestaurant.

Porto di Arenzano

plätze werden nur vergeben, wenn Platzeigentümer abwesend sind.

Ansteuerung:

Von weitem fällt Capo Arenzano auf, das 80 m hoch steil aus dem Meer aufsteigt und auf dem zwei markante Hotels stehen. Östlich davon ist die Ortschaft Arenzano an einer Autobahnbrücke zu erkennen, die über eine Schlucht in die Berge führt. Bei der Annäherung werden ein lang gestrecktes, braunes Appartementgebäude hinter dem Hafen und die Außenmole sichtbar. Nachts sind die Molenköpfe befeuert (F.R und F.G). Bei der Einsteuerung ist Vorsicht geboten: Im Bereich des Hafeneingangs westlich vor der Außenmole hat sich eine trockenfallende Sandbank gebildet, die in großem Bogen umfahren werden muss. Es wurde berichtet, dass die dazu ausgelegten Spitztonnen nicht

immer an ihren Plätzen schwimmen. Nachts warnt eine befeuerte Tonne (Q.R.1s) vor der Sandbank.
Hafengebote: Die Liegeplätze am Abschlusskai sind lokalen Fischern vorbehalten. Ankern im Hafen ist verboten. Gäste sollen sich im Hafenbüro melden, damit ihnen ein freier Liegeplatz zugewiesen werden kann.

Hafenmeister:

Das Hafenbüro ist in einem Container am Fuß der Abschlussmole untergebracht und über VHF-Kanal 09, Tel.: 0 10-9 12 51 72, Fax: 0 10-9 12 51 13 zu erreichen. Der *Wetterbericht* wird vormittags am Hafenbüro ausgehängt.

Hafenservice:

Mooringleinen liegen an allen Plätzen aus, Wasser- und Stromanschlüsse sind immer erreichbar. Duschen und

Toiletten sowie ein Kartentelefon sind im Hafen vorhanden. Es gibt keine Tankstelle, aber eine Werft, ein Winterlager, ein Slip und zwei mobile Kräne für 20 und 25 t, Parkplätze, Werkstätten für Motoren, Elektrik und Elektronik. Etwa 100 m entfernt ist an der Straße eine Tankstelle erreichbar.

Versorgung:

Geschäfte, Bank, Post und Restaurants sind im Ort – ca. 20 Minuten Fußweg entfernt – zu finden.
Information: Azienda di Promozione Turistica, Tel.: 0 10-9 12 75 81

Landgang, Sehenswürdigkeiten:

Arenzano ist ein Ferienort mit vielen Hotels. Es hatte im 12. Jh. als See- und Handelsstadt große Bedeutung. Fischerei und Schiffsbau werden auch heute noch betrieben. Es gibt zahlreiche Freizeitangebote.
Von der Strandpromenade führen hübsche Gassen hinauf zur Pfarrkirche Santi Nazario e Celso mit zwei schönen Glockentürmen zu beiden Seiten der Fassade. Direkt unterhalb liegt der herrlicher Stadtpark mit dem schönen, alten, zinnenbewehrten Palazzo Pallavicini und dem eindrucksvollen Turm, heute Municipio (Rathaus).
Eine zusätzliche Attraktion im Park sind die vielen frei herumlaufenden Pfauen, unter denen sich mehrere weiße befinden.
Oberhalb des Yachthafens steht in einem Park die Toretta Pallavicini, auch Sarazenenturm genannt, ein im 16. Jh. von Genova errichteter Wachturm.

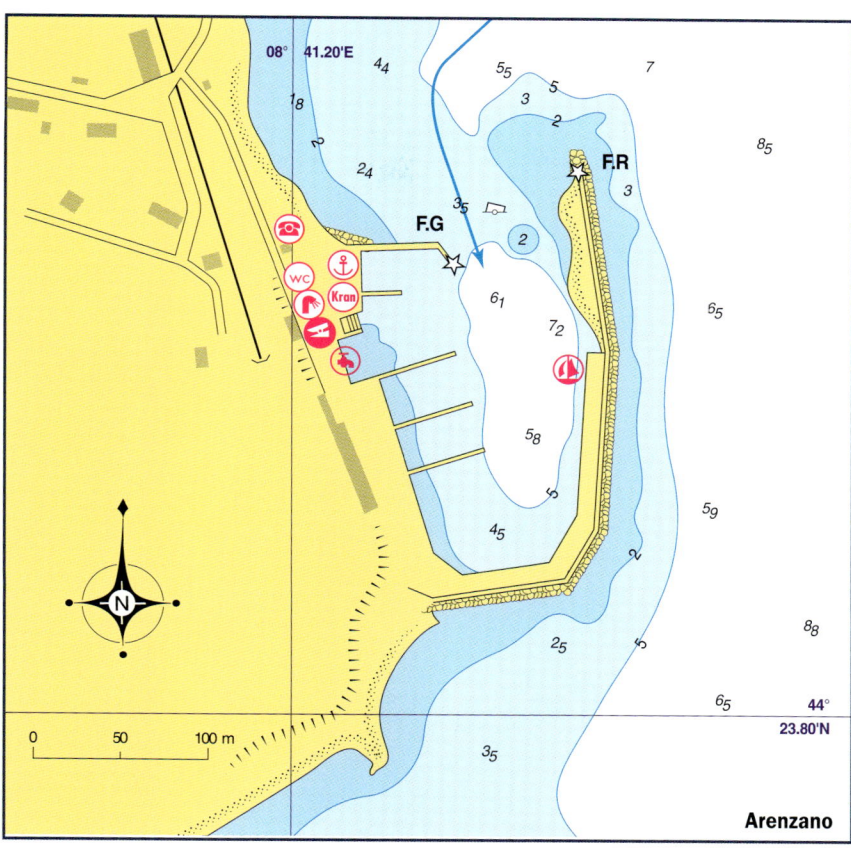

Arenzano

Veranstaltungen:

Das Patronatsfest Santi Nazario e Celso findet am 28. Juli statt.

Sport:

Lega Navale Italiano Sez. Arenzano,
Tel.: 0 10-9 11 18 39
Circolo Velico Sirombra,
Tel.: 0 10-9 12 54 29, -9 12 63 00
Motonautica Arenzano, Tel.: 0 10-9 12 63 66

Arenzano, Villa Pallavicini

Porti di Genova

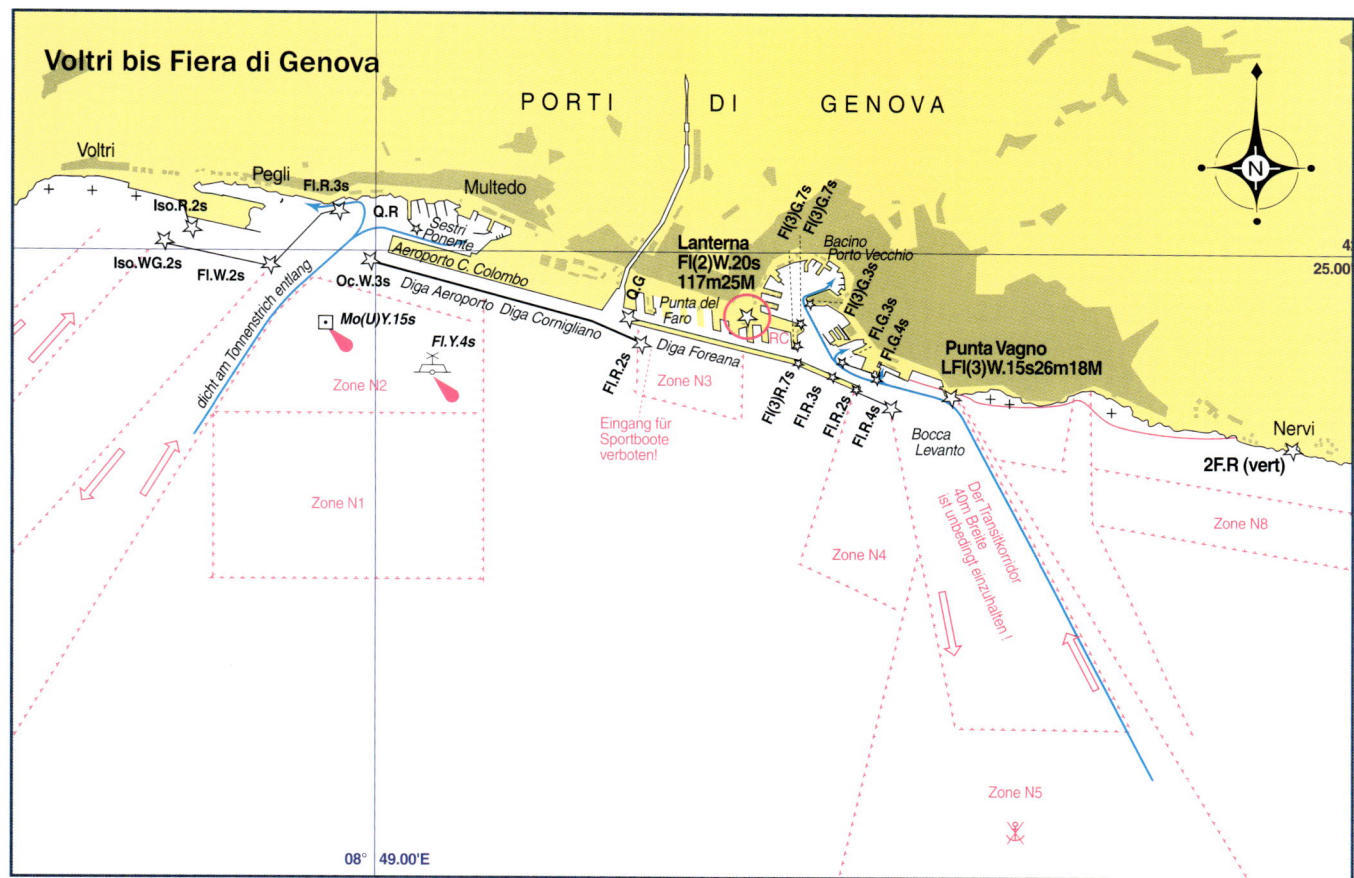

Voltri bis Fiera di Genova

PORTI   DI   GENOVA

Voltri
Pegli
Fl.R.3s
Multedo
Iso.R.2s
Q.R
Sestri
Ponente
Iso.WG.2s
Fl.W.2s
Aeroporto C. Colombo
Oc.W.3s
Diga Aeroporto Diga Cornigliano
Mo(U)Y.15s
Fl.Y.4s
Zone N2
Fl.R.2s
Zone N3
Eingang für
Sportboote
verboten!
Zone N1
dicht am Tonnenstrich entlang
Fl(3)G.7s Fl(3)G.7s
Lanterna
Fl(2)W.20s
117m25M
Punta del
Faro
Q.G
RC
Fl(3)G.3s
Bacino
Porto Vecchio
Fl.G.3s
Fl.G.4s
Punta Vagno
LFl(3)W.15s26m18M
Diga Foreana
Fl(3)R.7s
Fl.R.3s
Fl.R.2s
Fl.R.4s
Bocca
Levanto
Der Transitkorridor
40m Breite
ist unbedingt einzuhalten!
Zone N4
Nervi
2F.R (vert)
Zone N8
Zone N5
08° 49.00'E
25.00

Italienische Seekarte Nr. 2

Die Hafenanlagen von *Genova* ziehen sich über 10 sm zwischen den Vororten *Voltri* im Westen und *Nervi* im Osten hin. Die Stadt Genova ist auf einem schmalen Küstenstreifen und den dahinter liegenden Hügeln erbaut, die sich landeinwärts zu hohen Bergen auftürmen und die Ortschaft einschnüren. Tagsüber ist die Stadt an ihren hohen Gebäuden und den davor liegenden Hafenanlagen mit den Kränen, Tanks und Silos schon von weitem zu erkennen, nachts zieht sich der Lichtschein weit an der Küste entlang, gegen die sich die Feuer auf den Molenköpfen der Hafeneinfahrten erst in

unmittelbarer Nähe abheben. Weithin sichtbar und gut erkennbar ist das 1543 erbaute Wahrzeichen Genovas, der viereckige, 117 m hohe Leuchtturm *Lanterna* auf dem *Capo del Faro,* nachts trägt sein Feuer Fl(2).W. 20s 117m25M und Oc.R.1,5s 119m10M bis zu 25 sm weit. Weiter im Osten zeigt der runde, weiße, 26 m hohe Leuchtturm *Punta Vagno* mit LFl(3).W.15s 26m18M den Weg, dessen Feuer bis zu 18 sm reicht.

Die Ansteuerung von Genova ist nicht schwierig, da es keine unmarkierten Gefahrenstellen gibt und die Wassertiefe bis zu den Molen für Sportboote tief genug bleibt.

Die Berufsschifffahrt genießt im Ansteuerungsbereich von Genova und im Hafen absoluten Vorrang, alle Sportboote sind ausweichpflichtig.

Die Einfahrten zu den Hafenanlagen von Genova:
- Die westlichste Einfahrt – vorbehalten für große Frachtschiffe – führt zu den Hafenanlagen von Voltri für Tanker und Container. Die Bauarbeiten sind nahezu abgeschlossen, der Betrieb ist aufgenommen.
- Die Einfahrt Multedo für große Frachtschiffe – etwas weiter westlich davon – darf auch von Sportbooten benutzt werden. Von diesem betonnten, 15 m tiefen Fahrwasser zweigen die Routen der Sportboote zu den Yachthäfen von Pegli und Sestri Ponente ab.
- Die mittlere, 13–15 m tiefe Einfahrt Polcevera ist für Sportboote verboten, sie wird nur von Schiffen benutzt, die die Hafenanlagen Banchina Italsider in der Nähe des Flugplatzes anlaufen.
- Die 14–15 m tiefe Osteinfahrt darf von Sportbooten auf einem 40 m breiten Korridor befahren werden, der nördlich der Molo Duca degli Galliera vor den Kaianlagen vorgesehen ist und zu den Yachthäfen
- Marina Fiera di Genova,
- Duca degli Abruzzi,
- Marina Molo Vecchio und
- Marina Porto Antico führt.

Sportboote müssen unter Motor (mit geborgenen Segeln) und einer Höchstgeschwindigkeit von 6 Knoten fahren, bei der Ein- und Ausfahrt einen Mindestabstand von 200 m zum Punta Vagno einhalten, auf mindestens 20 m zu den Molenköpfen achten und allen Berufsschiffen den Vorrang lassen.

Schifffahrts- und Hafenvorschriften für Genova

Im Ansteuerungsbereich von Genova sind drei Verkehrstrennungsgebiete zu beachten:
- Das westliche führt in nordöstlicher Richtung zu Hafenanlagen für Frachtschiffe mit großem Tiefgang bei Voltri,
- das mittlere, davon nicht weit entfernte, führt in nordöstlicher Richtung zu den Hafenanlagen von Multedo, Porto Pegli und Porto Sestri Ponente,
- das dritte, im Osten von Genova, führt in nordwestlicher Richtung zum Hafeneingang Bocca di Levante beim Punta Vagno.

Im Bereich des Hafeneingangs Polcevera ist keine Verkehrstrennung vorgeschrieben. Die Zufahrt zu den kommerziellen Hafenanlagen durch diesen Eingang ist für Sportboote gesperrt.

Der Bereich der Ölplattformen vor der Flughafenmole (Mo.[U].Y.15s und Fl.Y.4s) muss weiträumig umfahren werden. Kurse entlang der Außenmolen sollen in ausreichendem Abstand (etwa 1 sm) erfolgen, um ein- und auslaufenden Schiffen gefahrlos ausweichen zu können, insbesondere ist vom Wellenbrecher im Süden des Flughafens Cristoforo Colombo ein Abstand mindestens von 1000 m vorgeschrieben. Ein- und auslaufende Sportboote zum Porto Sestri Ponente müssen vom westlichen Ende des Flughafengeländes einen Mindestabstand von 150 m einhalten. Die Durchfahrt zwischen dem Wellenbrecher und dem Flughafengelände ist nicht erlaubt.

Fahrzeuge aller Art dürfen sich Marinefahrzeugen im Hafen oder auf der Rade di Genova nicht auf weniger als 400 m nähern. Das Wegerecht der Berufsschiffe auf den Zufahrten und im Hafen ist in jedem Fall zu beachten. Die Ansteuerung hat auf nördlichen Kursen zu geschehen. Beim Ein- und Auslaufen ist stets die rechte Seite des Fahrwassers einzuhalten. In der Osteinfahrt müssen sich Sportfahrzeuge an einen 40 m breiten „Korridor" dicht nördlich an den Hafenanlagen entlang halten. Die Geschwindigkeit im Hafenbereich ist auf max. 6 kn beschränkt. Auf die Einhaltung der Vorschriften zur Verhütung von Ölverschmutzung ist besonders zu achten.

Das Wetter

Der Golfo di Genova ist als Wetterküche bekannt. Hier bilden sich im Frühjahr und Spätherbst Tiefdruckgebilde, die auch in größerer Entfernung das Wetter noch nachhaltig beeinflussen können. Im Sommer sind derartige Störungen seltener, es sind überwiegend schwache bis mittlere westliche Winde zu erwarten, allerdings können auch schon mal starke westliche Winde oder ein Sturm einen Hafenaufenthalt von einem Tag erzwingen. Es ist daher anzuraten, so oft wie möglich Wetter-

berichte zu nutzen, um vor Überraschungen sicher zu sein. Die Sicht in den Sommermonaten ist im Allgemeinen gut.

Wenn sich über den Bergen zwischen Voltri und Genova dicke Schichtwolken bilden, ist mit starken Nordwinden zu rechnen. Wolken über den Berggipfeln von Portofino können Südwinde ankündigen. Ist die Sicht über diesen Gipfeln ungetrübt, kann man mit nördlichen Winden und gutem Wetter rechnen, selbst wenn der Himmel im Norden von Genova bedrohlich aussieht.

Gezeiten und Strom

Der mittlere Springtidenhub wird im Hafenbereich von Genova 0,3 m nicht übersteigen. Starke südöstliche Winde können die Auswirkungen der Gezeiten übertreffen. Normalerweise herrscht an der Küste vor Genova eine westlich setzende Strömung von etwa 1 kn vor, die von Südostwinden verstärkt werden kann.

Ebenso können lang andauernde Gegenwinde die Strömung zum Stillstand bringen oder sogar kentern lassen.

Genova, Ansteuerung der westlichen Yachthäfen

Nur in Notfällen können Yachten in den folgenden Industriehafen einlaufen:

Genova, Porto Voltri
44° 30,0' N | 008° 46,1' E

Porto Voltri ist ausschließlich für Container und Tanker mit großem Tiefgang vorgesehen und besitzt eine eigene Zufahrt, zu der das westlichste der drei Verkehrstrennungsgebiete führt. Die Hafenmolen an der Einfahrt sind befeuert mit Iso.R.2s 11m6M und Iso.WG.2s 16m 11/8M 282°-W-077°-G-282° (155°, 205°).

Ansteuerung:
Im Ansteuerungsbereich von Porto Voltri hat die Berufsschifffahrt absolutes Wegerecht.

Von Westen kommend erreicht man den Eingang zu den Yachthäfen von Pegli und Sestri Ponente.

Genova, Porto Pegli

Der Yachthafen von Pegli wird selten von Gästen angelaufen, weil seine Steganlagen direkt unterhalb der Eisenbahntraße liegen, die nur wenige Zugänge zwischen den Vororten von Genova (Voltri, Pra, Pegli, Sestri) und den Hafenanlagen zulässt. Daher kann die äußerst umständliche und komplizierte Verbindung von diesem Yachthafen zur Stadt nur von Ortskundigen benutzt werden. Außerdem sind Gastliegeplätze rar und die Infrastruktur dürftig.

Genova, Porto Sestri Ponente
44° 24,9' N | 008° 50,5' E.

Der Yachthafen von Sestri Ponente liegt direkt östlich neben dem Frachthafen von Multedo, wenige 100 m vom Flugplatz Genova entfernt. Obwohl Porto Sestri Ponente zum Porto Comunale Genova gehört, werden alle Liegeplätze für Sportboote von einer privaten Gesellschaft (Cantieri Navali di Sestri Ponente) bewirtschaftet. Sie sind hervorragend windgeschützt und für 1200 Yachten bis 40 m geeignet. Es gibt aber nur wenige Besucherplätze in dem 2,5–8 m tiefen Hafenbe-

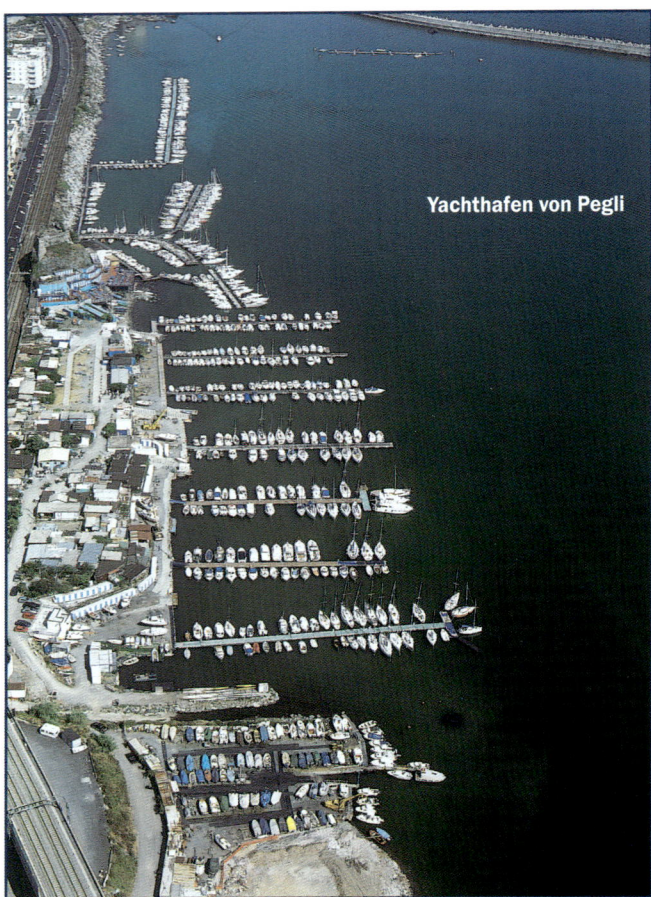

Yachthafen von Pegli

reich, der allerdings durch den Fluglärm bis 23h beeinträchtigt wird.

Ansteuerung:
Tagsüber ist bereits von weitem der rege Flugverkehr des Flughafens Cristoforo Colombo auszumachen. Die Einsteuerung für beide Yachthäfen erfolgt in nordöstlicher Richtung und folgt den Gebieten mit Schifffahrtsbeschränkungen (Zwangsweg), später geht es am rechten Rand des betonnten Fahrwassers nach Multedo entlang bis zum Abzweig zum Yachthafen Pegli nach Bb. bzw. nach Stb. zum Yachthafen von Sestri Ponente. Die Benutzung des Motors ist vorgeschrieben. Vom Kopf der Flughafenmole ist beim Passieren wegen startender und landender Flugzeuge ein Abstand von

Sestri Ponente

Multedo

Ansteuerung
der Yachthäfen
von Sestri Ponente
und Pegli

Porto Pegli

mindestens 150 m einzuhalten. Über VHF-Kanal 16 sollte man sich mit dem Kontrollturm in Verbindung setzen und klären, wann der Kopf der Flughafenmole passiert werden kann.

Nachts sind der Lichtschein der Stadt und das Leuchtfeuer der Lanterna mit Fl(2).W.20s 117m25M und Oc.R.1,5s 119m10M, das Wahrzeichen des Hafens von Genova, schon von weitem zu sehen. Das Feuer auf dem Kopf des Flughafenwellenbrechers (Oc.3s) ist nicht leicht im Lichtermeer des Flughafens und der

Stadt auszumachen. Die Fahrwassertonnen zu den Hafenanlagen von Multedo sind befeuert (Q.R, Q.G, Oc.R und Oc.G).

Bei starken, auflandigen Winden entsteht vor dem Hafeneingang, verursacht durch die Schutzmolen, eine sehr unangenehme Kreuzsee.

Achtung: Die Berufsschifffahrt hat absolutes Wegerecht im Bereich der Hafenzufahrten von Genova.

Hafengebote: Der Bereich der Ölplattformen vor der Flughafenmole, Kennung Mo.(U) Fl.Y.15s und Fl.Y.4s

Cantieri Navali di Sestri Ponente

muss weiträumig umfahren werden. Es ist verboten, an der Flughafenmole festzumachen oder dicht daran vorbeizufahren. Die Höchstgeschwindigkeit im Hafenbereich beträgt 6 kn. Eine Anmeldung beim Hafenamt sollte über VHF-Kanal 16 oder 11 erfolgen. Im Hafenbereich herrscht Ankerverbot.

Hafenmeister:

Hafenbüro: Cantieri Navali di Sestri Ponente, VHF-Kanal 16, 11, Tel.: 0 10-6 51 24 76, Fax: 0 10-6 51 22 82, Öffnungszeiten 07.00–19.00 Uhr)
Wetterinformationen sind im Hafenbüro erhältlich.

Hafenservice:

Die Liegeplätze von Sestri Ponente sind mit Mooringleinen, Wasser- und Stromanschlüssen ausgestattet. An den meisten Stegen liegen Mitglieder von Wassersportgemeinschaften. Freie Plätze werden von den Clubs nur vergeben, wenn die Boote der Mitglieder für längere Zeit abwesend sind.
Alle Clubs verfügen über Sanitäreinrichtungen, entsprechende Clubräume und nehmen Gäste sehr freundlich auf. Im Bereich der Cantieri Navali di Sestri Ponente gibt es Sanitäreinrichtungen mit Toiletten und Duschen; Kartentelefone sind am Kai, Parkplätze in der Nähe zu finden. An der Tankstelle

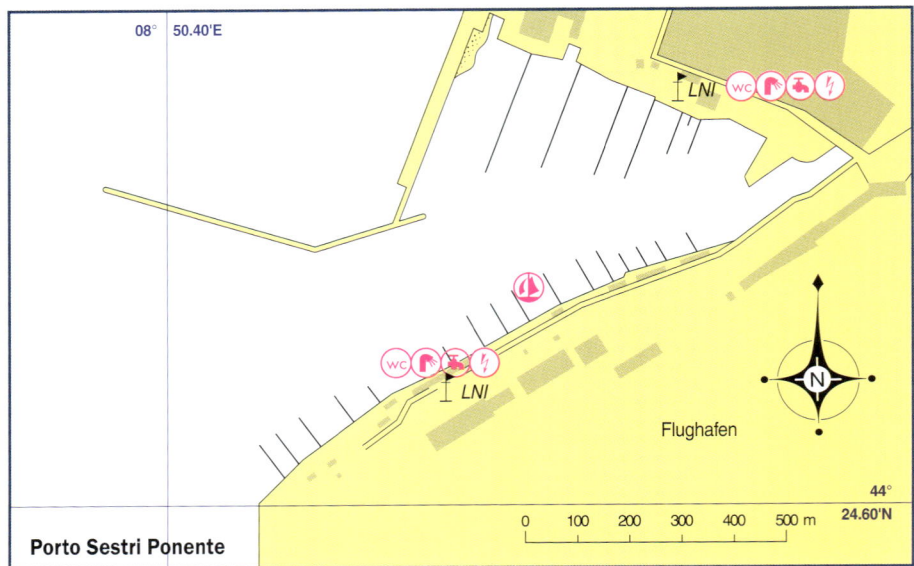

Porto Sestri Ponente

können Schiffe bis 30 m Länge betankt werden. Der Hafen wird bewacht und ist nachts beleuchtet.
In der *Technischen Zone* gibt es einen Slip, eine Werft, ein Winterlager und Mobilkräne bis 55 t. Werkstätten für Motoren, Elektrik, Elektronik und Segel sind im Hafen tätig. Es können alle Reparaturen und Wartungsarbeiten ausgeführt werden.

Versorgung:
Geschäfte, Restaurants, Banken und die Post sind in der Stadt zu finden.

Landgang, Sehenswürdigkeiten:
Für einen Stadtbummel in der Altstadt kann man die Busverbindung Nr. 151 benutzen. Eine Beschreibung der Altstadt s. Marina Molo Vecchio.

Marina Sestri Ponente, Clubhaus

Seit wenigen Jahren dürfen Yachten auch in das Bacino Porto Vecchio (Plan Seite 96) einlaufen.

Genova, Bacina Porto Vecchio
44° 24,3' N | 008° 55,2' E

Porto Vecchio wird als zentraler Fährhafen und im historischen Ostteil direkt vor der Altstadt von Sportbooten genutzt. Schiffe aller Größen laufen ihn an und benutzen den Hafeneingang Bocca di Levante am Punta Vagno, LFl(3).W.15s 26m18M, im Osten. Am Leuchtturm Lanterna, Fl(2).20s 117m25M, regelt ein Semaphor aus drei roten Feuern den einlaufenden Verkehr durch diese Zufahrt. Wenn die drei übereinander angebrachten Feuer brennen, ist das Einlaufen nicht erlaubt. Der 600 m breite, teilweise über 17 m tiefe, sich nach Südosten öffnende Hafeneingang wird durch die am Kopf befeuerte Molo Duca di Galliera (Fl.R.4s) auf der Seeseite und durch die Schutzmolen der Marina Fiera auf der Landseite gebildet. Nach 500 m verengt sich

das Fahrwasser am befeuerten Knie der Molo Diga di Galliera (Fl.R.2s) und der gegenüberliegenden, befeuerten Außenmole der Marina Fiera (Fl.G.4s) auf 350 m. Etwa 600 m dahinter öffnet sich hinter dem Molenkopf von Duca degli Abruzzi (Fl.G.3s) der Avampoto, ein riesiger Vorhafen, in dem große Schiffe zeitweilig auf 16 m tiefem Wasser ankern, wenn sie auf Liegeplätze für Wartungsarbeiten in den Docks auf der Ostseite dieses Hafenbeckens warten. Im Norden grenzt Bacino delle Grazie bis zur der befeuerten Molo Vecchio (Fl.G.3s) an diesen Bereich. Dahinter liegt schließlich das riesige, halbkreisförmige Bacino Poto Vecchio, in das fünf, zum Teil über 100 m breite Piers hineinragen. Die Wassertiefen nehmen von der Mitte zu den Anlegestellen an den Kais von über 12 m auf stellenweise 4 m ab. Der östliche Bereich des Porto Vecchio mit vier kleineren Piers, der direkt an die Altstadt grenzt, ist seit wenigen Jahren für Yachten und Sportboote eingerichtet, die nur dort festmachen dürfen. Sportboote müssen beim Ein- und Auslaufen einen 40 m breiten „Korridor" einhalten

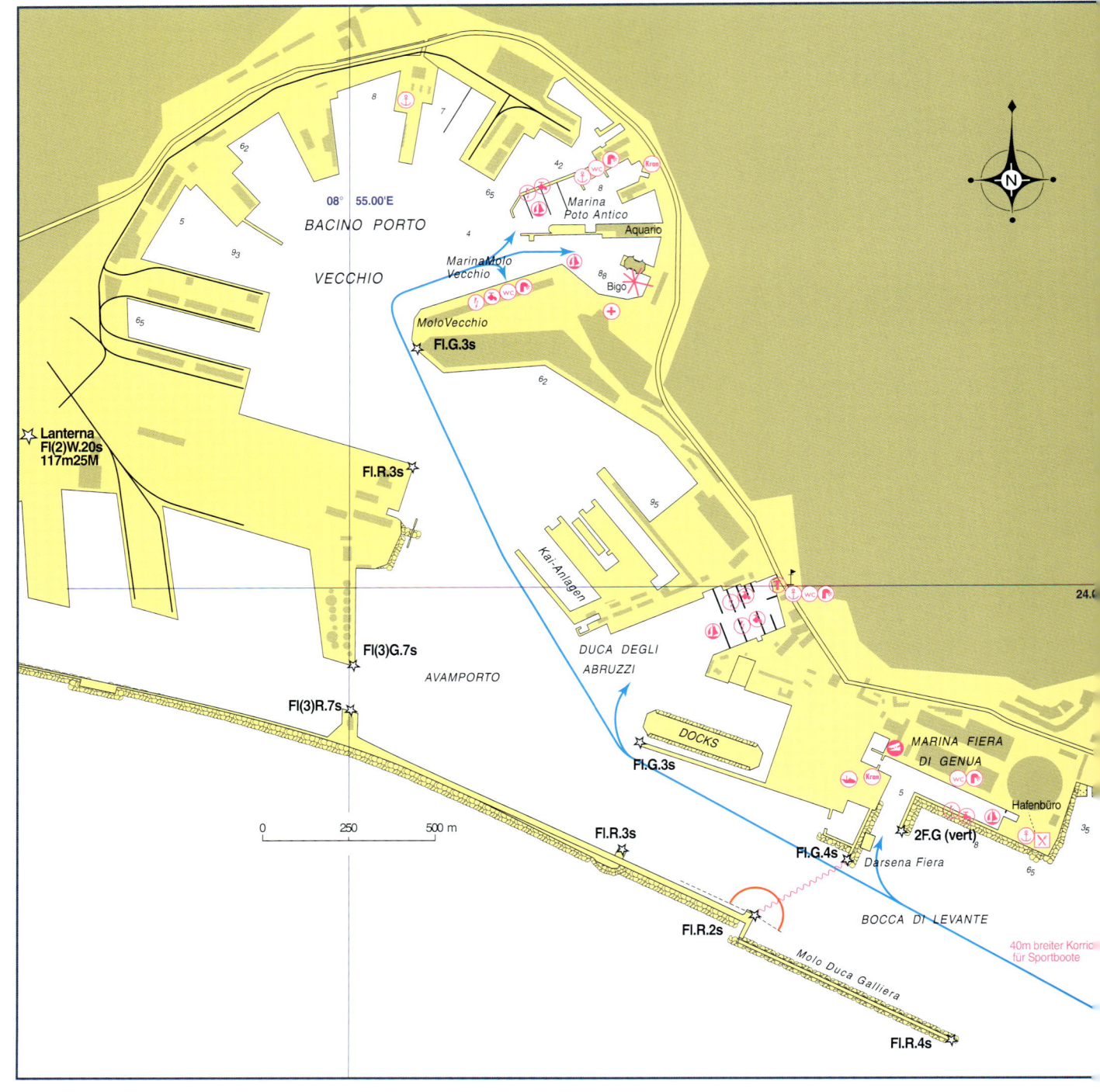

08° 55.00'E

BACINO PORTO

VECCHIO

Marina Poto Antico

Marina Molo Vecchio

Molo Vecchio

Fl.G.3s

Aquario

Bigo

Lanterna
Fl(2)W.20s
117m25M

Fl.R.3s

Fl(3)G.7s

AVAMPORTO

Fl(3)R.7s

Kai-Anlagen

DUCA DEGLI
ABRUZZI

DOCKS

Fl.G.3s

MARINA FIERA
DI GENUA

Hafenbüro

2F.G (vert)

Fl.G.4s

Darsena Fiera

0   250   500 m

Fl.R.3s

Fl.R.2s

Molo Duca Galliera

BOCCA DI LEVANTE

40m breiter Korrid...
für Sportboote

Fl.R.4s

24.0

Lanterna

Marina Porto Antico

Marina Molo Vecchio

Duca degli Abruzzi

Marina Fiera

Genova, Ansteuerung der östlich gelegenen Marinas

und dürfen darüber hinaus die Berufsschifffahrt nicht behindern.

Sportboote, die gezwungen sind, z. B. wegen einer Havarie diese Vorschrift zu missachten, müssen sich sofort bei der „Autorizzazione al Servizio Maritimo" bzw. bei der „Polizia Portuale" auf Kanal 10 melden.

Der Altstadt von Genova am nächsten liegt der Yachthafen von

Genova, Marina Porto Antico
44° 24,6' N | 008° 55,4' E.

Marina Porto Antico liegt nahe dem Herzen der Altstadt von Genova, im Ostteil des Porto Vecchio.

Für die Kolumbus-Feiern wurden die historischen Piers Ponte Morosini und Ponte Calvi umgestaltet und teilweise mit neuen Gebäuden versehen. Es entstand die Infrastruktur für 285 Liegeplätze für Yachten bis 40 m Länge. Die Marina verfügt über eine von der Ponte

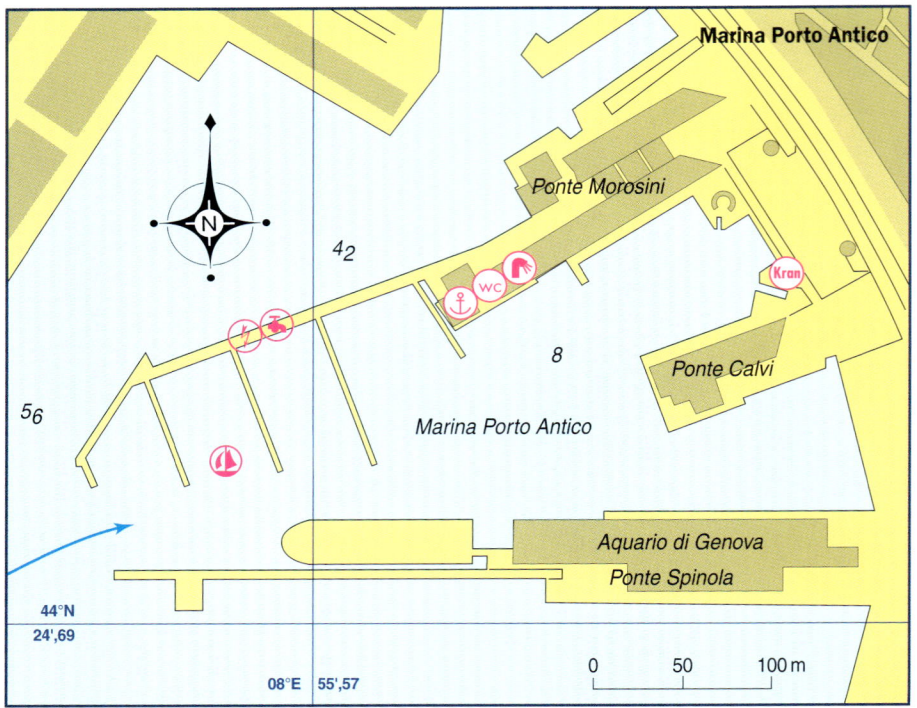

Ansteuerung:

Tagsüber ist die Stadt von weitem am regen Flugverkehr des Flughafens Cristoforo Colmbo und beim Näherkommen am Häusermeer zu erkennen. Die Hafeneinfahrt Bocca di Levante liegt etwa 1,5 sm östlich vom markanten viereckigen, 117 m hohen Leuchtturm Lanterna, an dem ein Semaphor aus drei roten Feuern den einlaufenden Verkehr durch diese Zufahrt regelt. Wenn die drei übereinander angebrachten Feuer brennen, ist das Einlaufen nicht erlaubt. Segelyachten sollten die Segel frühzeitig streichen, sie müssen unter Motor einlaufen.

Auf nordwestlichem Kurs sollte zunächst der Punta Vagno angesteuert werden, kenntlich am 26 m hohen, runden, weißen Leuchtturm, um möglichst weit auf der Ostseite der Zufahrt zu bleiben.

Morosini ausgehende, auf das Zentrum des Bacino Porto Vecchio gerichtete Hauptmole, von der vier Betonstege abzweigen. Die Wassertiefen betragen an den Stegen und den zugehörigen Kais zwischen 4,5 und 6 m. Die Liegeplätze werden von einem privaten Unternehmen verwaltet und können das ganze Jahr von Yachten genutzt werden, die Genova besuchen.

Von und zur Marina Porto Antico führt ein „Korridor" von 40 m Breite, der dicht an den nördlichen Hafenanlagen vom östlichen Hafeneingang Bocca di Levante durch den Avamporto zum Bacino delle Grazie und zum Bacino Porto Vecchio führt und der von Yachten eingehalten werden muss. Auch in diesem Bereich dürfen Yachten die Berufsschifffahrt nicht behindern, die im gesamten Hafenbereich Wegerecht vor Sportbooten besitzt.

Durch die riesigen Wasserflächen dieses Hafenbeckens kann sich allerdings in diesem sonst windgeschützen Yachthafen bei starken Winden unangenehmer Schwell bilden.

Dieser Kurs ist bis 350 m vor dem Ufer einzuhalten. Das Ein- und Auslaufen vom und zur Marina Porto Antico im Schutz der Molo Duca di Galliera muss dann nahe dem nördlichen Ufer bzw. der Kaianlagen in einem 40 m breiten „Korridor" erfolgen, es sollte der Hafenbehörde über VHF-Kanal 11 oder 16 angekündigt werden. Zunächst geht es dicht vorbei an dem Molenkopf bei der Darsena Fiera – kenntlich an einer grünen Metallsäule für das Feuer Fl.G.4s –, danach weiter mit Kurs auf den westlichen Molenkopf der Docks vor der Darsena Duca degli Abruzzi – kenntlich an einer grünen Metallsäule auf einem Sockel für das Feuer Fl.G.3s –, dahinter dicht vorbei an den nordöstlichen Kais und schließlich mit Kurs auf die Molo Vecchio mit einem grünen Turm für das Feuer Fl.G.3s auf ihrer Westseite.

Nachts hilft das weit tragende Feuer der Lanterna, Fl(2).W.20s 117m25M und Oc.R.1,5s 119m10M. Später ist das Feuer des Leuchtturms auf dem Punta Vagno, LFl(3).W.15s 26m18M, auf nordwestlichem Kurs bis zu einem Punkt etwa 350 m vom Ufer anzusteuern, danach wird auf das Feuer (Fl.G.4s) der Hafenmole bei

der Darsena Fiera zugehalten, an dem der 40 m breite, weiter oben beschriebene „Korridor" zur Marina Porto Antico entlang führt. Die Feuer auf der Molo Duca di Galliera, Kennungen von Ost nach West Fl.R.4s, Fl.R.2s, Fl.R.3s und Fl(3).R.7s, bleiben weit an Bb. *Hafengebote:* Anmeldung über VHF-Kanal 11 oder 16 „Capitaneria Genova", über VHF Kanal-74 „Marina Porto Antico". Die Geschwindigkeit im Hafenbereich ist auf 6 kn beschränkt. Die Berufsschifffahrt hat Wegerecht vor Sportbooten.

Hafenmeister:
Capitaneria Genova, VHF-Kanal 11 oder 16,
Tel.: 0 10-5 70 44 39/5 70 44 45, Fax: 0 10-5 70 44 33.
Direzione Marina Porto Antico, VHF-Kanal 74,
Tel.: 0 10-2 47 00 39, Öffnungszeiten 24 h
Wetterinformationen sind im Hafenbüro zu erhalten.

Hafenservice:
Alle Plätze sind mit Mooringleinen, Wasser- und Stromanschlüssen ausgestattet. Sanitäreinrichtungen mit Toiletten und Duschen sind in der Nähe zu finden. Ein Lebensmittelgeschäft, Kartentelefone und Parkplätze sind vorhanden. Der Bereich der Marina wird rund um die Uhr bewacht und ist nachts beleuchtet. Auf Anforderung können Schmutzwassertanks geleert werden. Die *Technische Zone* ist mit einer Tankstelle und einem festen 30-t-Kran ausgerüstet. Im Hafenbereich sind Werksstätten für alle Reparaturen zu erreichen.

Versorgung:
Geschäfte, Restaurants, Banken und die Post sind in der nahen Altstadt in großer Auswahl zu finden.

Landgang, Sehenswürdigkeiten:
Ein Landgang wird bei der Marina Molo Vecchio beschrieben (Seite 104).

Kultur, Veranstaltungen:
Das Patronatsfest San Lorenzo findet am 10. August statt.

Superyachten werden am besten in der Marina Molo Vecchio betreut.

Marina Molo Vecchio – Leuchtturm Lanterna

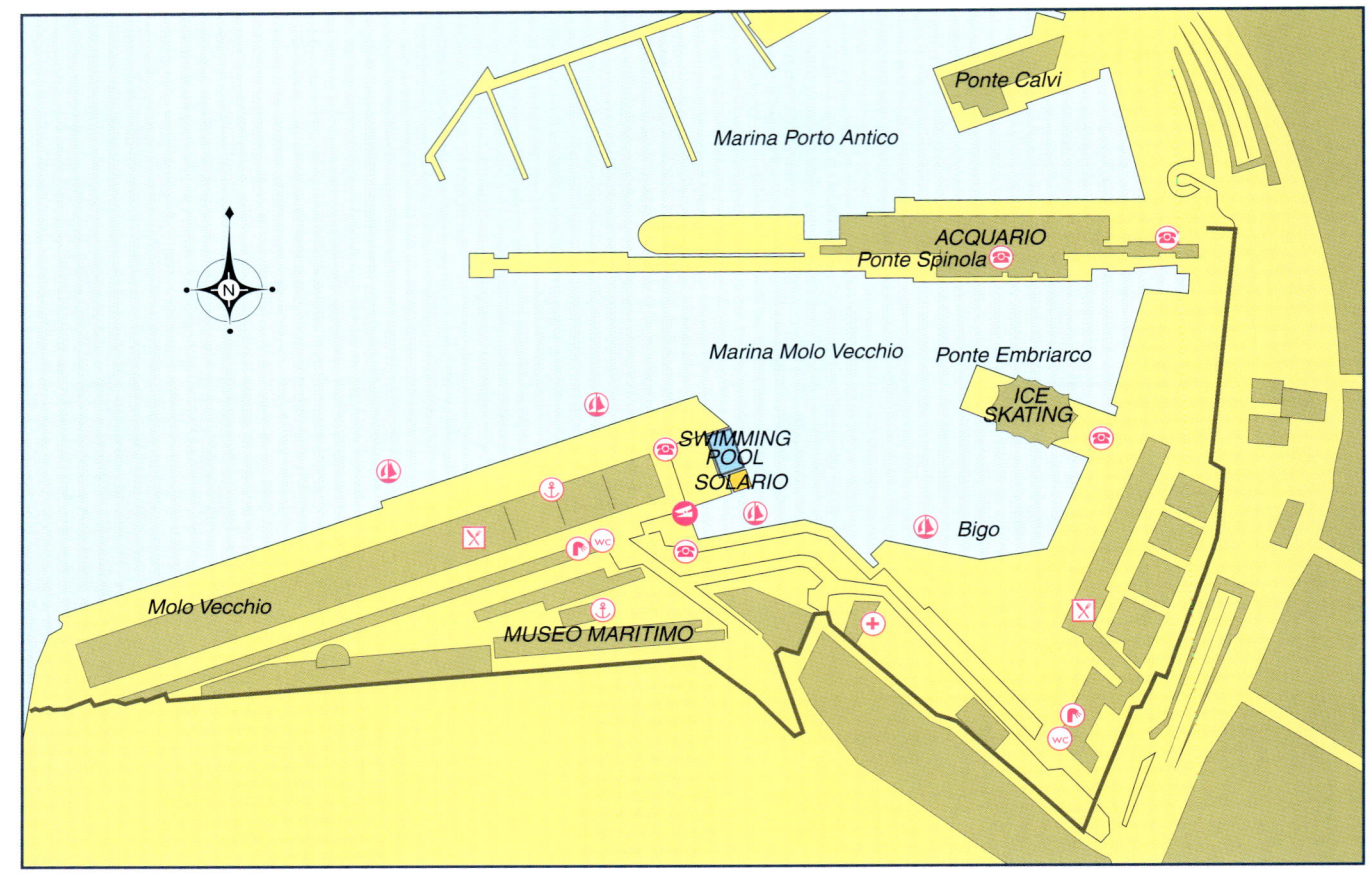

Genova, Marina Molo Vecchio
44° 24,8' N | 008° 55,6' E

Marina Molo Vecchio liegt im Herzen der Altstadt von Genova, im Ostteil des Porto Vecchio. Sie nennt sich selbst „Super Yachts'Marina", weil sie jede Art von Dienstleistungen – von der einfachsten bis zur anspruchsvollsten – für Superyachten bietet.

Für die Kolumbus-Feiern wurde dieser Hafenbereich für Freizeit und Kultur vom Architekten Renzo Piano umgestaltet. Neben der imposanten Konstruktion des „Bigo" – einem Panoramaaufzug – und renovierten, zum Teil neu gestalteten ehemaligen Lagerhallen für Baumwolle, entstanden ein Kongresszentrum, Flächen für Feste und Konzerte, ein Anleger für Ausflugsboote,

ein riesiges Meerwasseraquarium und die Infrastruktur für 160 Liegeplätze mit 25 Gastliegeplätzen für Yachten bis 150 m Länge an den Kais der Molo Vecchio mit 9–11 m Wassertiefen und am Aquarius-Pier für kleinere Yachten mit Wassertiefen zwischen 4,5–6 m. Die Liegeplätze können das ganze Jahr über genutzt werden.
Von und zur Marina Molo Vecchio führt ein reservierter „Korridor" von 40 m Breite, der dicht an den nördlichen Hafenanlagen vom östlichen Hafeneingang Bocca di Levante durch den Avamporto, durch das Bacino delle Grazie und zum Bacino Porto Vecchio führt und der von Yachten eingehalten werden muss.
Auch in diesem Bereich dürfen Yachten die Berufsschifffahrt nicht behindern, die im gesamten Hafenbereich Wegerecht vor Sportbooten besitzt.
Die riesigen Wasserflächen dieses Hafenbeckens kön-

Marina Molo Vecchio

nen allerdings bei starken westlichen Winden sehr unruhig werden unangenehmen Schwell bilden.

Ansteuerung:

Die schon auf Seite 98 beschriebene Ansteuerung durch die östliche Hafeneinfahrt Bocca di Levante zur *Marina Porto Antico* ist identisch mit der Ansteuerung zur *Marina Molo Vecchio*. Nach Erreichen des Feuers auf der Westspitze der Molo Vecchio (Fl.G.3s) halten Sie nach etwa 100 m mit Ostnordost-Kurs auf die Anlage zu (siehe auch Plan auf seite 96). Im nächsten nördlich gelegenem Hafenbecken befindet sich dann die Marina Porto Antico.

Erwähnt sei hier noch einmal, dass das Ein- und Auslaufen vom und zur Marina Molo Vecchio im Schutz der Molo Duca di Galliera dann nahe des nördlichen Ufers bzw. der Kaianlagen in einem 40 m breiten „Korridor" erfolgen muss.

Die Hafenbehörde wird über VHF-Kanal 11 oder 16 informiert.

Hafengebote: Anmeldung über VHF-Kanal 11 oder 16 „Capitaneria Genova", über VHF-Kanal 71 „Marina Molo Vecchio".

Die Geschwindigkeit im Hafenbereich ist auf 6 kn beschränkt. Die Berufsschifffahrt hat natürlich Wegerecht vor Sportbooten.

Hafenmeister:

Capitaneria Genova, VHF-Kanal 11 oder 16, Tel.: 0 10-26 74 51, Fax: 0 10-25 20 58.

Direzione Marina Molo Vecchio, VHF-Kanal 71, Tel.: 03 38-30 51 38, 0 10-2 47 00 39, Öffnungszeiten 24 h.

Piazza
Acquaverde

Piazza del
Principe

**Palazzo Doria
o. d. Principe**

Strada Sopraelevata Aldo Moro Strada

Via di Pré

Via Balbi

Via Antonio Gramski

Via di Pré

Piazza della
Nunziata

Via d. Campo

Ponte Morosini

*Bacino
Porto Vecchio*

Ponte Calvi

Portici di Sottoripa

Piazza del
Portello

**Palazzo
Parodi**

Via Garibaldi

**Palazzo
Cambiaso**

**Palazzo
G. Doria**

Piazza
Fontane
Marose

Aquario

Ponte Spinola

Strada Sopraelevata Aldo Moro

Via S. Luca

Ponte Embriarco

Bigo

Via Drefici

Piazza
Soziglia

N

MoloVecchio

Via del Molo

Via Lorenzo

Piazza
Cavour

Piazza
Matteotti

Piazza De
Ferrari

Via Porta Soprana

Via Dante

GENOVA

200 m

Piazza
Dante

Bacino delle Grazie

Marina Porto Vecchio – Bigo

Yacht & Ship Agents: Präsident Sig. Fabio Pesto, Marina Molo Vecchio S. r. l, Magazini del Cotone – Modulo 3 Area Expo, 16128 Genova, Tel.: 0 10-2 70 11, Fax: 0 10-2 70 12 00, E-Mail: fabio@pesto.it

Die *Wetterinformationen* werden täglich 3-mal erneuert. Eine Wetterkarte ist im Internet unter „www.marinamolovecchio.com/Main/Meteo/Meteo.htm" abrufbar.

Hafenservice:

Die Liegeplätze sind nach Schiffsgrößen aufgeteilt. Yachten von 22–55 m liegen am Kai der Molo Vecchio vor den modernisierten Lagerhallen, Yachten von 8–18 m am Acquario-Pier. Alle Plätze sind mit Mooringleinen, Wasser- und Stromanschlüssen (220/360 V, 16 bis 250 A, Euronormstecker bzw. Starkstromanschlüsse) ausgestattet, auf Wunsch können auch Telefonanschlüsse zur Verfügung gestellt werden. Sanitäreinrichtungen mit Toiletten und Duschen sind jeweils in der Nähe zu finden. Zahlreiche Kartentelefone und mehrere Parkplätze sind vorhanden. Der Bereich der Marina wird rund um die Uhr bewacht und ist nachts beleuchtet. Auf Anforderung können Schmutzwassertanks geleert werden.

Die *Technische Zone* ist mit einem Slip, einem 30-t-Kran und einem 300-t-Travellift ausgerüstet. Im Hafenbereich sind Werften und Werksstätten für alle Reparaturen zu erreichen. Trockendocks jeder Größe können vermittelt werden. Die Yacht & Ship Agents bietet einen umfassenden Service für große Yachten.

Versorgung:

Im Bereich der Marina sind ein Schwimmbecken mit Solarium, Restaurants und Bars, ein Jazzclub, ein Kino,

Genova, Altstadtgasse

Genova, Duomo San Lorenzo – Portal

ein Museum mit Kindergarten, eine private Klinik, ein Schiffsausrüster, ein Einkaufszentrum und nahebei eine Poststelle vorhanden.

Geschäfte aller Art, Restaurants, Trattorias, Pizzerias, Eisdielen, Banken und die Post sind rund um den Hafen in der nahen Altstadt zu finden. Kleinste Lebensmittelläden in engen Gassen wechseln mit Supermärkten an den Hauptstraßen. Das Angebot ist reichhaltig.
Information: Uffici Informazioni, Area Porto Antico, Pal. S. Maria, Tel.: 010-24871

Landgang, Sehenswürdigkeiten:

Die Marina Molo Antico liegt im historischen Bereich des Porto Antico, der anlässlich der Kolumbus-Feiern 1992 von dem bekannten genueser Architekten Renzo Piano aufwendig renoviert und neu gestaltet wurde.

Eine besondere Attraktion ist der Bigo, eine 40 m hohe Stahlkonstruktion mit einem Panoramaaufzug, von dessen oberer Plattform man einen herrlichen Blick über den Hafen und die Stadt genießen kann.

Die Attraktion im Hafen bietet jedoch das Acquario, das größte Meerwasser-Aquarium Europas mit über 5000 Fischen und Meerestieren in nahezu idealen Umweltbedingungen auf einer Ausstellungsfläche von ca. 13.000 qm.

Von der Molo Vecchio ist der alte Leuchtturm Lanterna, das Wahrzeichen von Genova, gut zu sehen.

Unter der hässlichen Hochstraße, Strada Sopraelevata, gelangt man zur Piazza Caricamento und der Via di Sottoripa mit ihren Arkaden, unter denen sich zahlreiche Läden und Restaurants befinden. Gleich dahinter beginnt die Altstadt, centro storico, mit ihren extrem

Genova, Darsena Duca degli Abruzzi

engen Gassen zwischen den hohen, leicht verfallenen Häusern, ein beliebtes Einkaufszentrum, in dem eine sozial gemischte Bevölkerung lebt. Tagsüber sind die Gassen sehr belebt, aber nachts ist Vorsicht geboten. Das Herz der Altstadt liegt zwischen der Piazza Caricamento und der Piazza Soziglia mit dem traditionsreichen Café der Stadt, dem Café Klainguti. An der Via degli Orefici befindet sich die Loggia dei Mercanti, eine Bogenhalle mit Blumenhändlern und Bouquinisten.

Genovas Sehenswürdigkeiten mit den vielen berühmten Palästen, speziell an der Via Garibaldi, Kirchen und Plätzen sind bei einem normalen Hafenaufenthalt sicher nicht alle zu besichtigen. Vielleicht reicht die Zeit aber zu einem Bummel über die Via San Lorenzo zu dem sehenswerten Dom San Lorenzo, dessen Bauzeit

Piazza Matteotti – Palazzo Ducale

sich von 1100 bis 1550 erstreckte und demzufolge verschiedene Baustile aufweist. Ganz in der Nähe liegt die

Piazza San Matteotti, ein mittelalterlicher Platz, an dem früher das Adelsgeschlecht der Doria lebte, das auch die in der Nähe gelegene Familienkirche San Matteo erbaute.

Ein Stückchen weiter gelangen wir zur Chiesa del Gesù oder Sant'Ambrogio, einer Jesuitenkirche, in der zwei Werke von Paul Rubens zu sehen sind, und schließlich zum Stadttor Porta Soprana an der Piazza Dante, wo sich das Kolumbus-Haus befindet, in dem Cristoforo Colombo in seiner Jugendzeit gelebt haben soll.

Kultur, Veranstaltungen:
Das Patronatsfest San Lorenzo findet am 10. August statt.

Der traditionsreiche Yacht Club Italiano hat seine Heimat in der Darsena Duca degli Abruzzi.

Genova, Duca degli Abruzzi
44° 23,9' N | 008° 55,7' E

Der windgeschützte Yachthafen Duca degli Abruzzi liegt auf der Nordostseite in einem Hafenbecken des Industrievorhafens von Genova und wird vom Yacht Club Italiano bewirtschaftet. Die Wassertiefe beträgt mehr als 5 m, Yachten bis 30 m Länge können dort festmachen.

Der Yacht Club Italiano, früher RYCI, ist der älteste Segelclub im Mittelmeer. Er wurde in Genova 1879 unter der Schirmherrschaft s. M. des Königs Umberto I. gegründet und pflegt seither traditionsgemäß den nationalen und internationalen Yachtsport durch Ausrichtung von Regatten und Kreuzfahrten und schult die Jugend im Segelsport. Der Club hat 1100 Mitglieder, und 295 Yachten führen den Clubstander. Der Hafen verfügt über 200 Liegeplätze für Sportboote bis 25 m. Gastyachten sind dem Club jederzeit willkommen, alle Einrichtungen stehen auch den Gästen zur Verfügung. Beim Besuch der Clubräume sollte jedoch die Hausordnung Beachtung finden.

Ansteuerung:
Von und zum Yachthafen Duca degli Abruzzi führt ein reservierter „Korridor" von 40 m Breite, der dicht an den nördlichen Hafenanlagen vom östlichen Hafeneingang

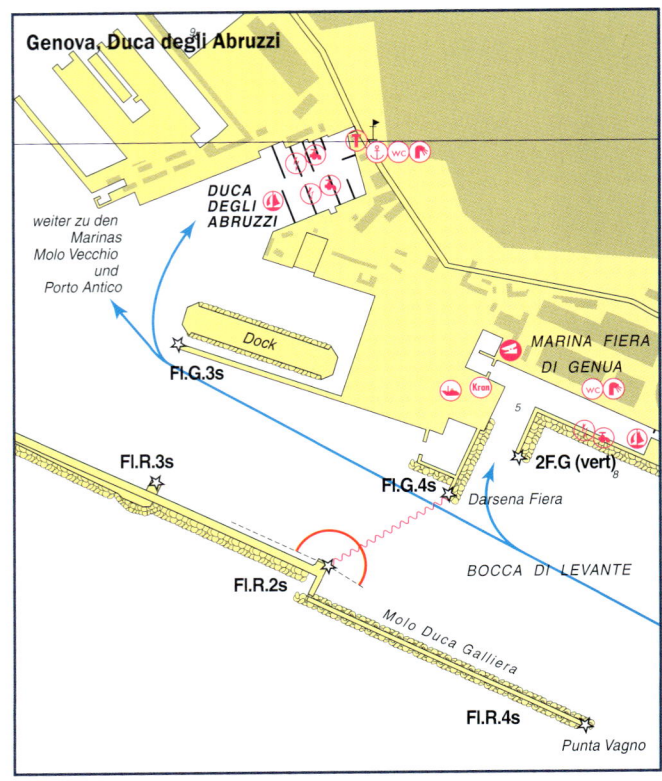

Genova, Duca degli Abruzzi

Bocca di Levante durch den Avamporto führt und der von Yachten eingehalten werden muss. Auch in diesem Bereich dürfen Yachten die Berufsschifffahrt nicht behindern, die im gesamten Hafenbereich Wegerecht vor Sportbooten besitzt.

Auf nordwestlichem Kurs sollte zunächst der Punta Vagno angesteuert werden, kenntlich am 26 m hohen, runden, weißen Leuchtturm, um möglichst weit auf der Stb.-Seite der Zufahrt zu bleiben. Dieser Kurs ist bis 350 m vor dem Ufer einzuhalten. Das Ein- und Auslaufen vom und zum Porto Duca degli Abruzzi im Schutz der Molo Duca di Galliera muss dann nahe dem nördlichen Ufer bzw. der Kaianlagen in dem 40 m breiten „Korridor" erfolgen, die Hafenbehörde sollte über VHF-Kanal 11 oder 16 informiert sein.

Nachts hilft aus größerer Entfernung das weittragende Feuer der Lanterna mit Fl(2).W.20s 117m 25M und Oc.R 1,5s 119m10M. Später ist das Feuer des Leuchtturms auf dem Punta Vagno mit LFl(3).W.15s 26m18M

auf nordwestlichem Kurs bis zu einem Punkt etwa 350 m vom Ufer anzusteuern, danach wird auf das Feuer Fl.G.4s der Hafenmole bei der Darsena Fiera zugehalten, an dem der 40 m breite Korridor zum Porto Duca degli Abruzzi entlang führt. Die Feuer auf der Molo Duca di Galliera, von Ost nach West: Fl.R.4s, Fl.R.2s und Fl.R.3s, bleiben weit an Bb.

Hafengebote: Anmeldung über VHF-Kanal 11 oder 16 „Capitaneria Genova", über VHF-Kanal 74 „Porto Duca degli Abruzzi". Die Geschwindigkeit im Hafenbereich ist auf 6 kn beschränkt. Die Berufsschifffahrt hat Wegerecht vor Sportbooten.

Hafenmeister:
Capitaneria Genova, VHF-Kanal 11 oder 16,
Tel.: 0 10-26 74 51, Fax: 0 10-25 20 58.
Yacht Club Italiano: Presidente: Sig. Carlo Croce,
Direzione: Capitano Comandante Sig. Antonio Cairo,
Segetaria: Sig. Alberto,
Yacht Club Italiano VHF-Kanal 11 oder 16,
Tel.: 0 10-2 46 12 06, Fax: 01 01 01-2 46 11 93,
E-Mail: www.yci.it
Wetterinformationen sind im Clubbüro erhältlich.

Hafenservice:
Die Liegeplätze am Kai und an den Schwimmstegen sind mit Mooringleinen, Wasser- und Stromanschlüssen ausgestattet. Sanitäreinrichtungen mit Toiletten und Duschen sind im Clubgebäude, dort ist auch eine Telefonzelle.
Parkplätze sind auf dem eingezäunten Gelände vorhanden. Die Tankstelle (Tel.: 0 10-2 46 12 06) ist von 08.00–12.00 und von 13.30–17.00 Uhr geöffnet. Das Gelände wird bewacht und ist nachts beleuchtet.
Die *Technische Zone* ist mit einem Slip für 150 t, einem Winterlager, einem 30-t-Kran und zwei leichten mobilen Kränen bis 2 t ausgerüstet. Werkstätten für Motoren, Elektrik, Elektronik und ein Segelmacher sind auf dem Gelände tätig.
Schmutzwassertanks werden auf Anforderung geleert.

Versorgung:
Geschäfte, Restaurants, Banken und Post sind in 20 Minuten Fußweg in der Altstadt von Genova zu erreichen.

Information: Uffici Informazioni, Area Porto Antico, Pal. S.Maria, Tel.: 010-24871

Landgang, Sehenswürdigkeiten:
Siehe unter Genova, Marina Molo Vecchio

Kultur, Veranstaltungen:
Internationale Segelregatten werden im Februar/März veranstaltet.

Sport:
Yacht Club Italiano, Tel.: 0 10-2 46 12 06

Der zum Hafeneingang Bocca di Levante nächstgelegene Yachthafen ist

Genova, Marina Fiera di Genova
44° 23,6' N | 008° 56,1' E.

Die Marina Fiera di Genova liegt gleich hinter dem Hafeneingang Bocca di Levante am Nordufer vor den auffälligen Gebäuden eines Messezentrums. Das Unternehmen Casacca S. p. A. verwaltet die 280 gut windgeschützten Liegeplätze für Yachten bis 25 m Länge, von denen etwa 18 für Besucher zur Verfügung stehen. Der Hafeneingang wird von der befeuerten Ost-Mole mit 2 F.G (vert) geschützt, er öffnet sich nach Südsüdwest, ist 80 m breit und 10 m tief, im Hafenbecken nimmt die Tiefe auf 7–4 m ab. In der Saison und während der Bootsmessen ist der Yachthafen manchmal völlig belegt, Besucher werden dann gebeten, weiterzufahren.

Ansteuerung:
Die auf den Vorseiten mehrfach beschriebene Ansteuerung durch die Bocca di Levante liegt etwa 1,5 sm östlich vom markanten, 117 m hohen Leuchtturm Lanterna, an dem ein Semaphor aus drei roten Feuern den einlaufenden Verkehr durch diese Zufahrt regelt. Wenn die drei übereinander angebrachten Feuer brennen, ist das Einlaufen nicht erlaubt. Segelyachten dürfen nicht unter Segel einlaufen.
Auf nordwestlichem Kurs sollte zunächst der Punta Vagno angesteuert werden, kenntlich am 26 m hohen,

runden, weißen Leuchtturm, um möglichst weit auf der Nordseite der Zufahrt zu bleiben. Dieser Kurs ist bis 350 m vor dem Ufer einzuhalten. Das Einlaufen zur Marina Fiera im Schutz der Molo Duca di Galliera muss dann auf einem Kurs nahe dem nördlichen Ufer direkt auf die östliche Hafeneingangsmole (mit einem grünen Mast auf der Spitze) der Darsena Fiera erfolgen, die in sicherem Abstand gerundet wird.

Nachts hilft aus größerer Entfernung das weittragende Feuer der Lanterna mit Fl(2).W 20s 117m25M und Oc.R.1,5s 119m10M. Später ist das Feuer des Leuchtturms auf dem Punta Vagno, LFl(3).W.15s 26m18M, auf nordwestlichem Kurs bis zu einem Punkt etwa 350 m vom Ufer anzusteuern, das Feuer auf dem Kopf der Molo Duca degli Galliera, Fl.R.4s, bleibt weit an Bb. Danach wird auf das Feuer, 2 F.G (vert), auf dem Kopf der östlichen Hafenmole der Darsena Fiera zugehalten, die in sicherem Abstand gerundet wird.

Hafengebote: Anmeldungen über VHF-Kanal 11 oder 16 bei der „Capitaneria Genova" und über VHF-Kanal 74 bei der „Marina Fiera di Genova" sind erwünscht. Die Geschwindigkeit im Bereich der Hafeneinfahrt Bocca di Levante ist auf 6 kn beschränkt.
Die Berufsschifffahrt hat Wegerecht vor Sportbooten. Die Höchstgeschwindigkeit in der Darsena Fiera beträgt 3 kn.

Hafenmeister:
Direzione Casacca di Ma. Ri. Na. Fiera ist über VHF-Kanal 74 oder Tel.: 0 10-58 07 60/56 45 27 bzw. Fax: 0 10-53 24 32 von 08.30–18.30 Uhr zu erreichen.
Wetterinformationen erhält man im Hafenbüro.

Hafenservice:
Alle Liegeplätze sind mit Mooringleinen, Wasser- und Stromanschlüssen ausgestattet. Sanitäreinrichtungen mit Toiletten und Duschen sowie Kartentelefone und bewachte Parkplätze sind in der Nähe. Eine Tankstelle auf der Mole am Hafeneingang (Tel.: 0 10-58 07 60) hat von 08.30–19.00 Uhr geöffnet. Der Hafen wird bewacht und ist nachts beleuchtet. Restaurants und Bars im Hafenbereich sind in der Saison geöffnet.
In der *Technischen Zone* mit Werft und 100-t-Slip, Win-

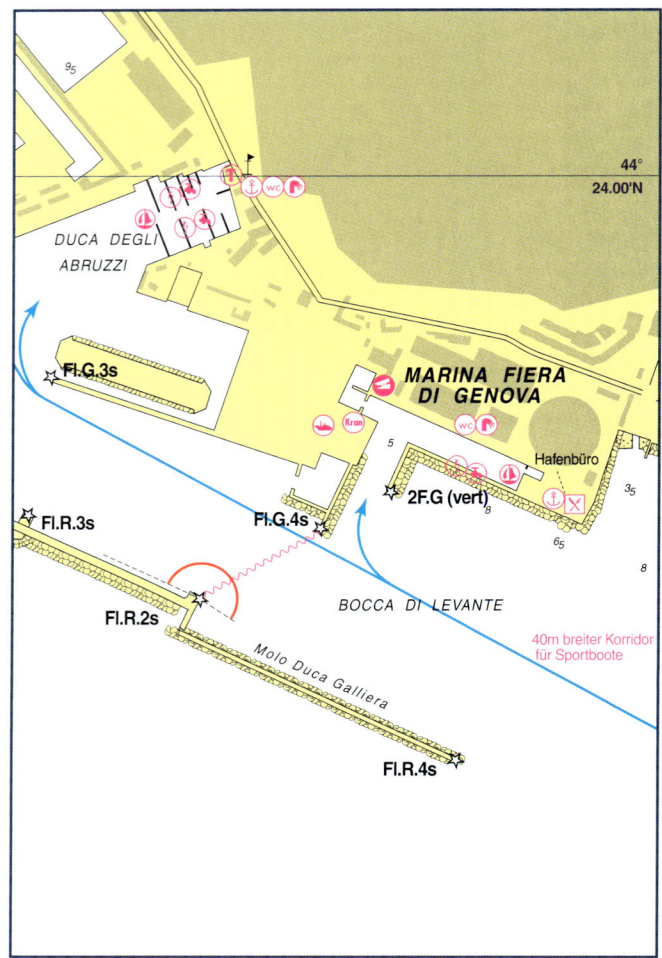

terlager, 27-t-Kran und Mobilkränen bis 60 t arbeiten Werkstätten für Motoren, Elektrik, Elektronik und Segel. Schmutzwassertanks werden auf Anforderung geleert.

Versorgung:
Geschäfte, Restaurants, Banken und die Post sind in reicher Auswahl ca. 1,5 km entfernt in der Altstadt zu finden.

Landgang, Sehenswürdigkeiten:
Die Entfernung zur Altstadt beträgt 1,5 km. Ein Landgang durch die Altstadt wird bei der Marina Molo Vecchio beschrieben (Seite 104).

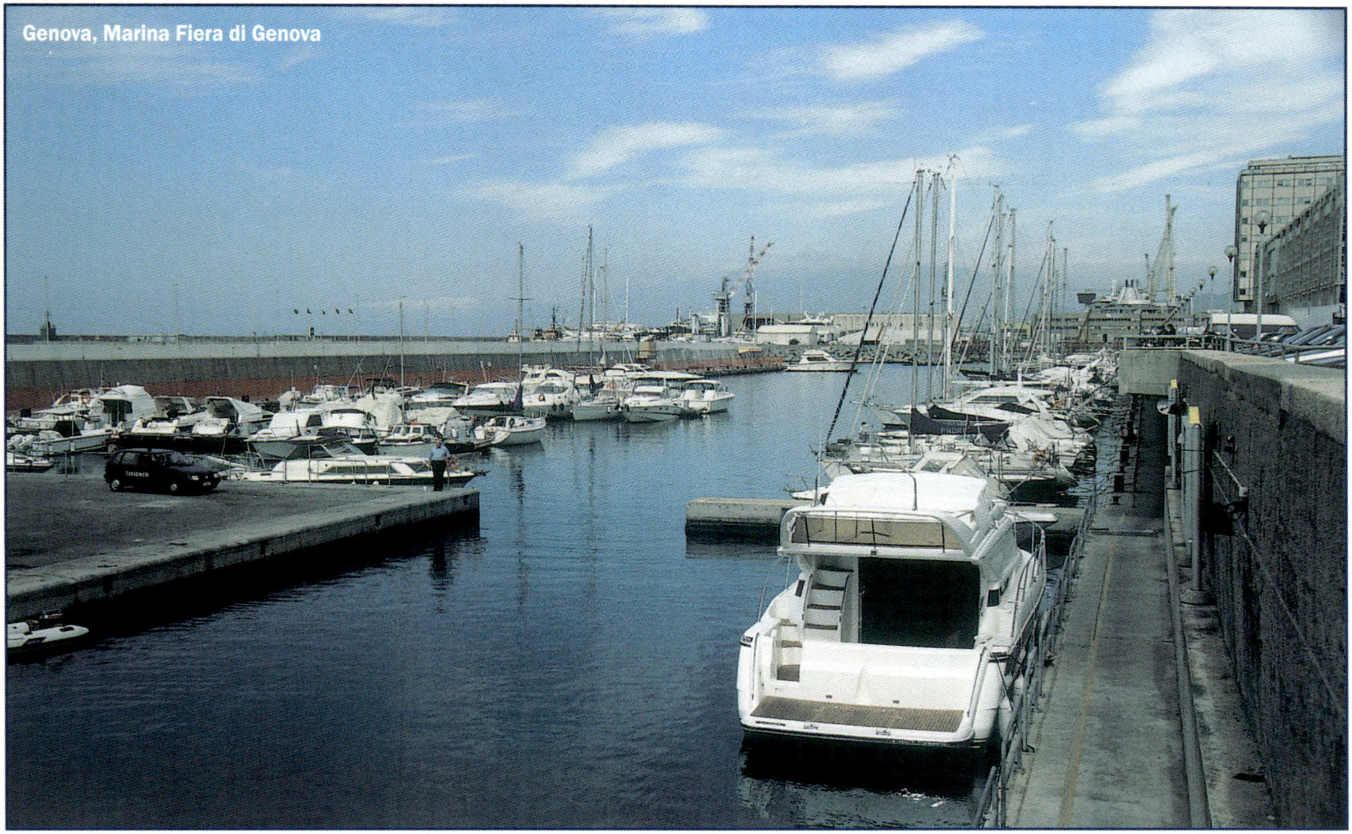
Genova, Marina Fiera di Genova

MARINA Club
ROMA4898D

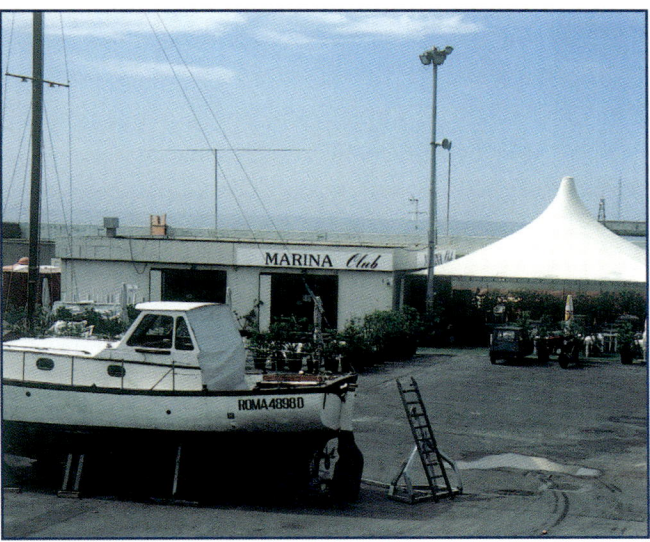

Kultur, Veranstaltungen:

In den Gebäuden des Messezentrum findet im Oktober eine Internationale Bootsausstellungen statt, dann sind alle Gastliegeplätze von Ausstellungsyachten belegt.

LIGURIA

GENOVA

Voltri

Capo del Faro

Punta Vagno

Arenzano

SAVONA

Vado Ligure

Capo di Vado

Capo di Noli

GOLFO DI

GENOVA

Punta di Portofino

Recco
Bogliasco
Camogli
S. Margherita

Rapallo

Chiavari

Sestri Levante

Punta Manara

LIGURIA

RIVIERA LEVANTE

Levanto

LA SPEZIA

Marina di
Carrara

Punta del Mesco

I. del Tino

RIVIERA PONENTE

Albenga

Capo Lena

Isola Gallinara

Alassio

Capo Mele

IMPERIA

Arma di Taggia

San Remo

Ventimiglia

Capo dell'Arma

Capo San Ampeglio

MAR   LIGURE

Teilgebiete

Leuchtfeuer

Hafen/Marina

I. Gorgona

N

I. Capraia

0   10   20   30 sm

Capo Corso

43°
00.00'N

MARE
TIRRENO

ELBA

Bastia

I. Pianosa

Punta Revelata

CORSICA

Calvi

1 Fl(2)W.15s 50m24M   Capo del Arma
2 Iso.W.4s 11m16M   Imperia - Porto Maurizio
3 Fl(3) W.15s 94m24M   Capo Mele
4 Fl(4)W.15s 43m15M   Capo di Vado
5 Fl(2)W.20s 117m25M   Porto di Genova - Lanterna, Capo del Faro
6 Fl.R.4s 18m15M   Porto di Genova - Molo Duca di Galliera
7 LFl(3)W.15s 26m18M   Puta Vagno
8 Fl.W.5s 40m16M   Punta Portofino
9 Fl(3)W.15s 117m25M   Isola del Tino
10 Fl.W.3s 22m17M   Marina di Carrara
11 Fl.W.5s 85m28M   Cap Corse - Ilot de la Giraglia

09°   00.00'E

Costa Ligure, Riviera di Levante

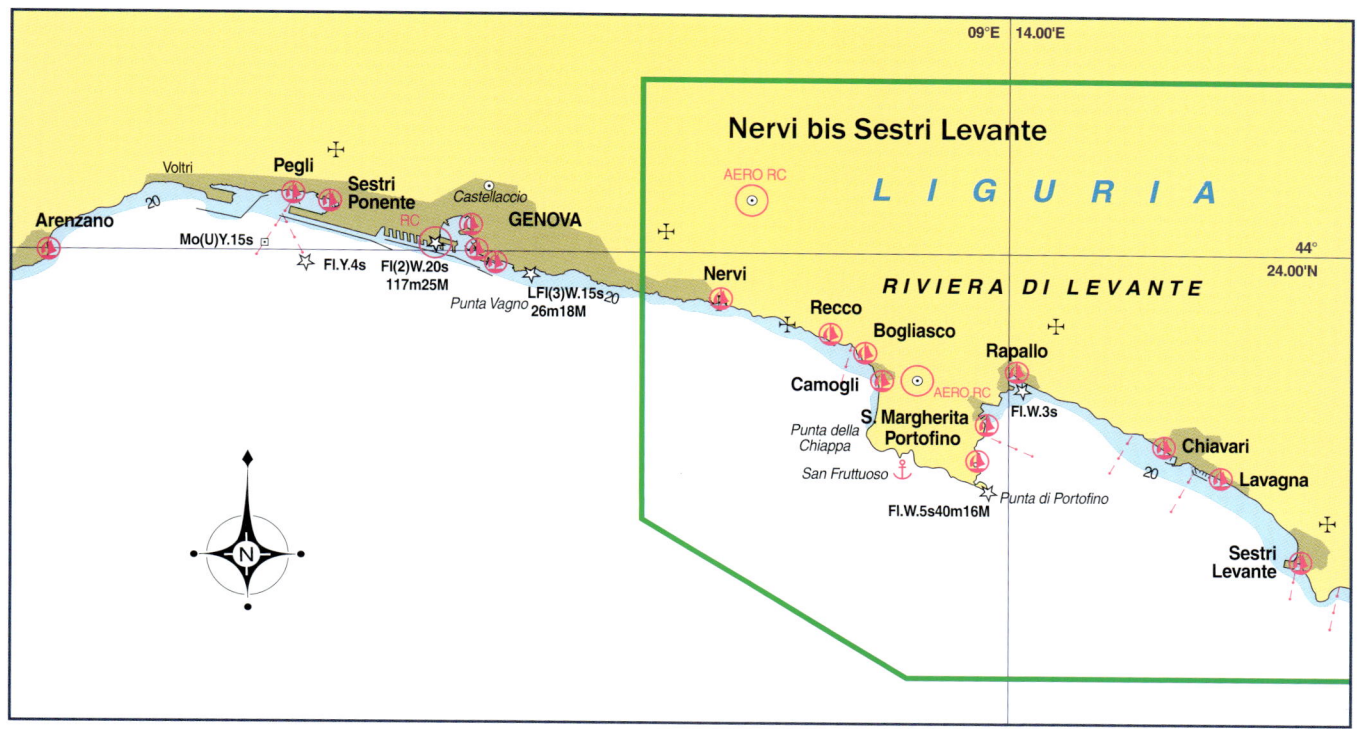

Italienische Seekarten 2, 3, 106, 107

Wie die *Riviera di Ponente* ist auch die *Riviera di Levante* von Genova bis zur Mündung des *Fiume Magra* im Hinterland überwiegend bergig, von See her steigen manchmal die Felsen steil aus dem Meer auf.

Die Küste verläuft von Genova zunächst etwa 10 Seemeilen in östlicher Richtung und mündet in den *Golfo Paradiso*, der durch das *Promontorio di Portofino* gebildet wird, eine markante, weit ins Meer reichende, mehr als drei Seemeilen breite, gebirgige Landzunge. An der Westflanke liegen die Ortschaften *Recco* und die sehenswerte Ortschaft *Camogli*. In der Mitte schmiegt sich in eine von steilen Felsen umgebene Bucht das malerische Kloster *San Fruttuoso*. Vor westlichen Winden schützt der Gebirgsvorsprung im Osten den *Golfo del Tigullio* - auch *Golfo Marconi* genannt – mit den bekannten Häfen von *Portofino, Santa Margherita* und *Ra-*

pallo. Die Küste dieser gebirgigen Landzunge ist zum maritimen Naturschutzbereich erklärt worden. Dort sind entsprechende Vorschriften zu beachten (s. Naturschutzgebiet Portofino). Die Ortschaften *Chiavari* und *Lavagna* breiten sich weiter östlich im fruchtbaren Schwemmland vor den etwas weiter zurücktretenden Bergen aus. Bei *Sestri Levante* steigen die gebirgigen Ausläufer bereits wieder aus dem Meer zu einer Halbinsel *Punta di Sestri* auf. Wer von *Sestri Levante* zum *Golfo di La Spezia* startet, hat einen fast 30 sm langen Weg an der in südöstlicher Richtung verlaufenden Steilküste vor sich. Bei einer stabilen Wetterlage mit schwachen Winden kann dieser Törn ein besonderes Erlebnis werden. Die dicht bewaldeten Küstenhänge werden von Bergkuppen mit kleinen Ansiedlungen unterbrochen, in deren Umgebung sich Weinstöcke und uralte Olivenbäume auf Terrassenkulturen erstrecken. Einsame, felsige Buchten in dieser landschaftlich reiz-

vollen Küstenregion laden zum Ankern mit Baden oder Tauchen oder sogar zum Übernachten ein. Die Ortschaften *Moneglia*, *Bonassola* und *Levanto* zwängen sich in tief eingeschnittene Täler hinter flachen Buchten, in denen vor den Stränden der Anker fallen kann. Hinter *Punta Mesco* beginnt der wohl schönste italienische Küstenabschnitt, die *Cinque Terre*, mit ihren idyllischen Ortschaften *Monterosso*, *Vernazza*, *Corneglia*, *Manarola* und *Riomaggiore*. An dieser Steilküste müssen Wassersportler wegen der Gefahr von Steinlawinen und Erdrutsch ausreichenden Abstand (300 m) zum Ufer halten und ebenfalls die Vorschriften dieser Naturschutzzone beachten (s. Naturschutzgebiet Cinque Terre). Nur in der *Bucht von Monterosso* ist Ankern möglich, und in dem winzigen Hafen von *Vernazza* können kleinere Sportboote festmachen. Hinter der *Passaggio di Portovenere* zum *Golfo di La Spezia* setzen sich die Bergausläufer in den Inseln *Pamaria*, *Tino* und *Tinetto* fort. Der durch Berge auf beiden Seiten geschützte *Golfo di La Spezia* ist ein beliebtes Wassersportrevier. Die steile, zerklüftete *Costa dei Poeti* zieht sich mit ihren herrlichen Buchten auf der Ostseite des Golfs bis zum *Punta Bianca* hin. Der *Fiume Magra* bildet schließlich die Grenze zwischen Liguria und der Toscana.

Im Sommer wehen im *Golfo del Tigullio* vornehmlich südliche Winde, die aber selten stark werden. Dieses Revier ist daher bei Wassersportlern sehr beliebt und im Sommer oft überlaufen. Das hat zu folgenden Schifffahrtsvorschriften geführt, die im *Golfo del Tigullio* und in den Häfen von *Portofino*, *Santa Margherita*, *Rapallo* und *Sestri Levante* von Yachten unbedingt zu beachten sind:

- In den Häfen und in ihrer Nähe sind nur Schallsignale erlaubt, die zur Vermeidung von Kollisionen dienen (Manöversignale).
- Vor der Küste von Camogli bis Moneglia ist der Verkehr mit Motorbooten nur in einem Mindestabstand von 300 m zum Ufer erlaubt.
- Vom 1. Juni bis zum 30. September ist zwischen Portofino und Rapallo der Verkehr von Motorbooten nur bis zu einem Abstand von 50 m außerhalb der Verbindungslinien der roten bzw. weißen Tonnen gestattet.
- Das Ein- und Auslaufen von Motorbooten in Badezonen ist nur auf dem kürzesten Weg bzw. nur in den durch rote bzw. weiße Tonnen gekennzeichneten Fahrwassern erlaubt.
- Vom 1. Juni bis zum 30. September ist in der Zeit von 09.00–17.00 Uhr in der Baia di Travello das Zuwasserbringen und Aufschleppen von Booten nicht erlaubt.
- Vom 1. Juni bis zum 30. September sind der Aufenthalt und das Ankern in und vor den Buchten von Paraggi, Pagana, Travello und San Michele di Pagana nicht erlaubt. Yachten bis 7 m Länge dürfen an den Festmachertonnen im Innern der Buchten anlegen.

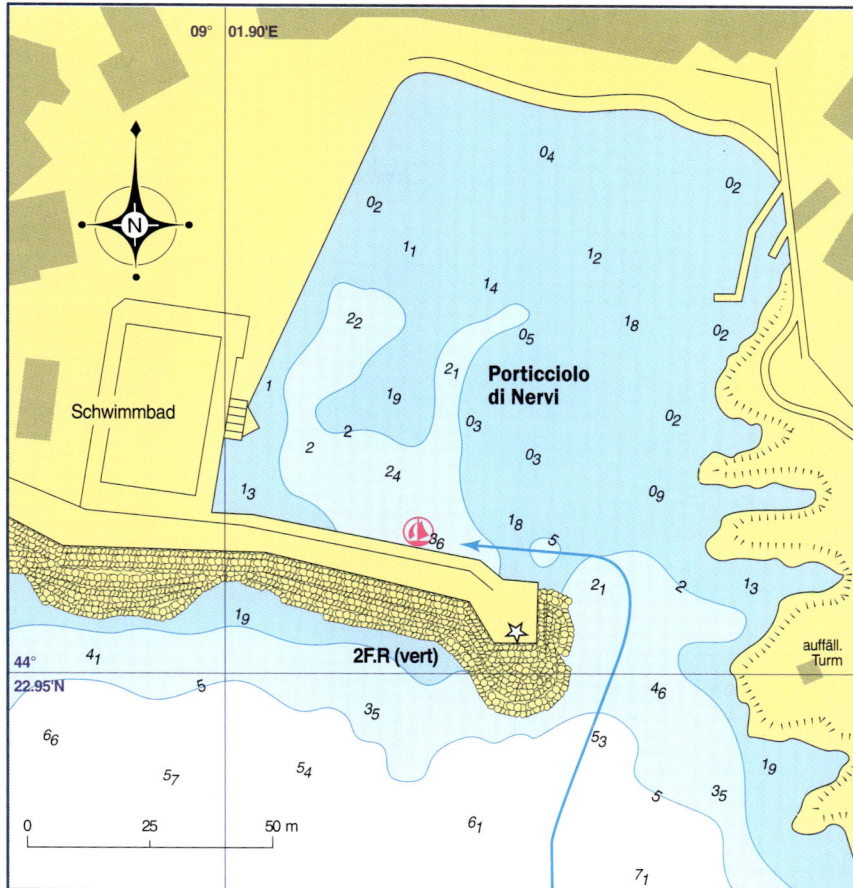

Vier Seemeilen vom östlichen Hafeneingang Bocca di Levante von Genova entfernt liegt der kleine Fischerhafen

Nervi
44° 22,8' N | 009° 01,9' E.

Ein kleiner Fluss mündet in den winzigen, gut windgeschützten Fischerhafen im Stadtzentrum, der stark versandet ist und nur von kleinen, flachgehenden Yachten von maximal 8 m Länge angelaufen werden kann.
Eine befeuerte Mole mit einem innen liegenden Kai verläuft vom Westufer aus etwa 70 m weit in östliche Richtung und lässt zum gegenüberliegenden felsigen Ufer einen sich nach Süden öffnenden, knapp 40 m breiten, in der Mitte 3,5 m tiefen Hafeneingang frei. Der Hafen bietet etwa 30 Sportbooten bis 8 m Länge einen Platz. Die Wassertiefe in einem schmalen Streifen hinter der Mole nimmt auf 1,5 m zum Kai vor einem Schwimmbad ab. Der übrige Hafenbereich ist teilweise weniger als 1 m tief.

Ansteuerung:
Der kleine Hafen kann nur bei ruhiger See und tagsüber angelaufen werden, obwohl der Molenkopf mit 2 F.R.(vert) befeuert ist. Auf der felsigen Ostseite des Hafeneingangs steht ein markanter, grauer, viereckiger, alter Wehrturm.

Hafenservice:
Es gibt keinen nennenswerten Service in diesem Hafen. Auf dem Platz hinter dem Kai liegen dicht gedrängt kleine Fischer- und Sportboote auf dem Trockenen, einige schwimmen festgemacht am Kai oder an Bojen. Besucher machen direkt am Kai hinter der Mole fest.

Versorgung:
Restaurants, Cafés und ein Schwimmbad beleben den kleinen Hafen. Im Da Pino, einem empfehlenswerten Fischrestaurant, kann man preiswert und gut speisen. Geschäfte, Banken und Post sind an einer lang gestreckten Straße unten im Ort zu finden.
Information: Azienda di Promozione Turistika, Tel.: 0 10-24 87 11/2 46 36 86

Landgang, Sehenswürdigkeiten:
Nervi ist der östlichste Vorort von Genova. Die Ortschaft liegt am Fuß hoher, durch ein tiefes Flusstal zerschnittener Berge des Hinterlandes. Die Altstadt zwängt sich mit ihren mehrgeschossigen, hellen Häusern und einer barocken Kirche in einen schmalen Streifen zwischen der Eisenbahntrasse in den Küstenfelsen und der Via Aurelia am Berghang. Dahinter liegen viele prunkvolle Villen an den bewaldeten Hängen.

Nervi mit dem kleinen Fischerhafen

Nervi – Passegiata Anita Garibaldi

Die wunderschöne, zwei Kilometer lange Uferpromenade Passegiata Anita Garibaldi auf der Ostseite des Hafens führt durch die Klippen und an Parks mit alten, prächtigen Villen vorbei, von denen einige für Ausstellungen, Veranstaltungen und Museen genutzt werden. Restaurants, Cafés und eine in die Felsen eingebettete Badeanstalt säumen den Weg, der am alten Torre Gropallo vorbeiführt.

Kultur, Veranstaltungen:

Das internationale Ballettfestival findet im Juli in der weitläufigen Parkanlage der Villa Gropallo statt. Daneben, in den ebenfalls von Parks umgebenen Villen Serra und Grimaldi-Fassio, sind Kunstsammlungen ausgestellt.

Nur eine knappe Seemeile weiter östlich im Scheitel des Golfo Paradiso liegt der malerische Fischerhafen

Bogliasco
44° 22,0' N | 009° 04,0' E.

Der winzige Hafen wird durch eine Flussmündung gebildet, die allerdings im Sommer austrocknet. Er wird durch eine 75 m lange, nach Südosten verlaufende Steinmole mit einem kurzen, innenliegenden Kai geschützt. Der Hafen ist nach Südosten offen, am Eingang 3,5 m, in Innern und auch vor dem Kai, wo auch einige Bojen liegen, überwiegend weniger als 1,5 m tief.

Ansteuerung:

Der kleine Hafen kann nur tagsüber und bei ruhigem Wetter angesteuert werden. Von weitem ist der Ort an dem hohen Kirchturm und dem hohen Straßenviadukt der Via Aurelia zu erkennen. Beim Näherkommen aus südlicher Richtung werden auch der etwas niedrigere Eisenbahnviadukt und die alte Bogenbrücke davor sichtbar.

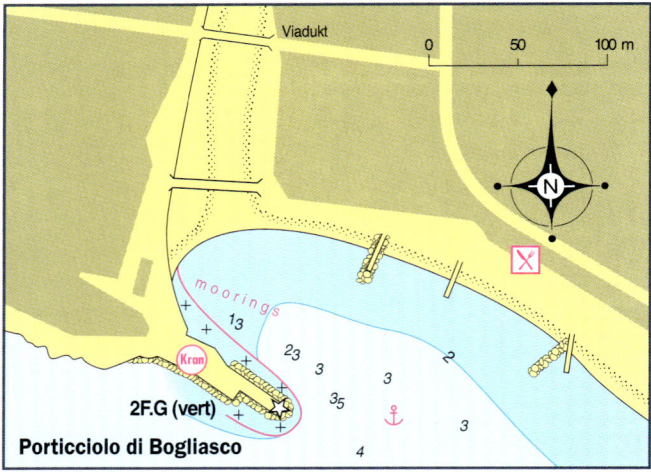

Bogliasco

Hafenservice:

Auf der steinernen Außenmole mit Innenkai steht ein fester Kran, sonst gibt es keinen nennenswerten Hafenservice. Fischerboote werden auf den Strand gezogen und liegen zusammen mit kleinen Sportbooten auf einem Platz hinter der alten Bogenbrücke.

Versorgung:

Mehrere kleine Restaurants haben im Sommer am Ufer geöffnet. Geschäfte, eine Bank und eine Post findet man hinter der alten Bogenbrücke ein Stückchen bergan im Ort. Vom kleinen Bahnhof in Bogliasco gibt es gute Zugverbindungen in beiden Richtungen an der Küste entlang.

Landgang:

Bogliasco, ein ehemaliges Fischerdorf, ist heute ein hübscher, kleiner Badeort jenseits der großen Touristenströme mit einem kleinen Kiesstrand neben dem Hafen direkt vor einer bunten Häuserzeile. Der Ort zieht sich den Monte Cordona hinauf, der weiter oben mit Oliven- und Zitrusbäumen bewachsen ist.
Sehenswert ist die alte Bogenbrücke Ponte Romano in der Nähe des winzigen Hafens, die über das im Sommer ausgetrocknete Flussbett führt. Sie wurde im Spätmittelalter erbaut, ihre Ursprünge gehen auf die Römerzeit zurück. Im Westen des Hafens erhebt sich das bewohnte Castello di Bogliasco, weiter oben im Ort liegt die barocke Pfarrkirche Natività di Maria.

Bogliasco, alte Steinbrücke

Veranstaltungen:

Das Patronatsfest Madonna del Carmine findet am 16. Juli statt.

Ankern:

Yachten können bei gutem Wetter vor der Außenmole auf 3–4 m Sandgrund mit einer Heckleine zur Mole ankern.

Im Golfo Paradiso – etwa 3,5 sm von Nervi entfernt – liegt an einer kleinen Flussmündung der Pier Banchina di Recco.

Recco 44° 21,1' N | 009° 09,0' E

(Banchina di Punta Santa Anna)
Auf der Westseite der Flussmündung gibt es direkt hinter einem Schwimmbad die Banchina di Punta Santa Anna, eine Mole mit Kai, an der Ausflugsboote anlegen. Auf der Ostseite der Flussmündung schützt eine Steinmole den Badestrand.

Recco

Ansteuerung:

Der kleine Fischerhafen kann nur von flachgehenden Booten tagsüber bei gutem Wetter angelaufen werden. Von weitem ist Recco an den Viadukten über der Ortschaft zu erkennen.

Anse di Recco

Hafenservice: Kein nennenswerter Hafenservice.

Versorgung:

Geschäfte in reicher Auswahl, Banken und die Post sind im Ort zu finden.

Landgang:

Der im Zweiten Weltkrieg völlig zerstörte Fischerort wurde in dem tief eingeschnittenen Tal vor der Mündung des Torrente Recco „modern" wieder aufgebaut und hat dabei seine Atmosphäre eingebüßt.

Die Via Aurelia und die Eisenbahn queren das Tal hoch über der Ortschaft über Viadukte, Hauptziele der damaligen Luftangriffe. Die Kleinstadt bietet die kulinarische Attraktion der Focaccia – das ist ein im Ofen gebackener Fladen aus zwei dünnen, mit Olivenöl begossenen Brotteigblättern mit einer Käsefüllung dazwischen.

Veranstaltungen:

Im Juni wird die Focaccia-Kirmes gefeiert.

Am 1. Wochenende im September findet ein Ortsfest in Recco mit großem Feuerwerk statt.

Ankern:

Bei ruhiger See können auch größere Yachten auf der Rada di Recco über 5–8 m schlammigem und steinigem Grund den Anker werfen.

Etwa 9,5 sm entfernt vom östlichen Hafeneingang von Genova liegt

Camogli
44° 21,1' N | 009° 09,0' E.

Porticciolo di Camogli ist ein kleiner, einigermaßen windgeschützter Fischer- und Sportboothafen, der am Fuß des bewaldeten Hanges vom Monte Esoli liegt und von einer nordwestlich verlaufenden, fast 200 m langen Mole mit innen liegendem Kai gebildet wird. Der Hafeneingang ist 60 m breit, in der Mitte 5 m tief und öffnet sich nach Nordwesten.

Das eigentliche Hafenbecken hinter einer befeuerten, quer liegenden Schutzmole ist 4–2 m tief, an manchen Stellen noch flacher. Es wird ausschließlich von einheimischen Yachten, Fischerbooten und Ausflugsschiffen benutzt.

Einige Gastyachten bis 10 m Länge finden

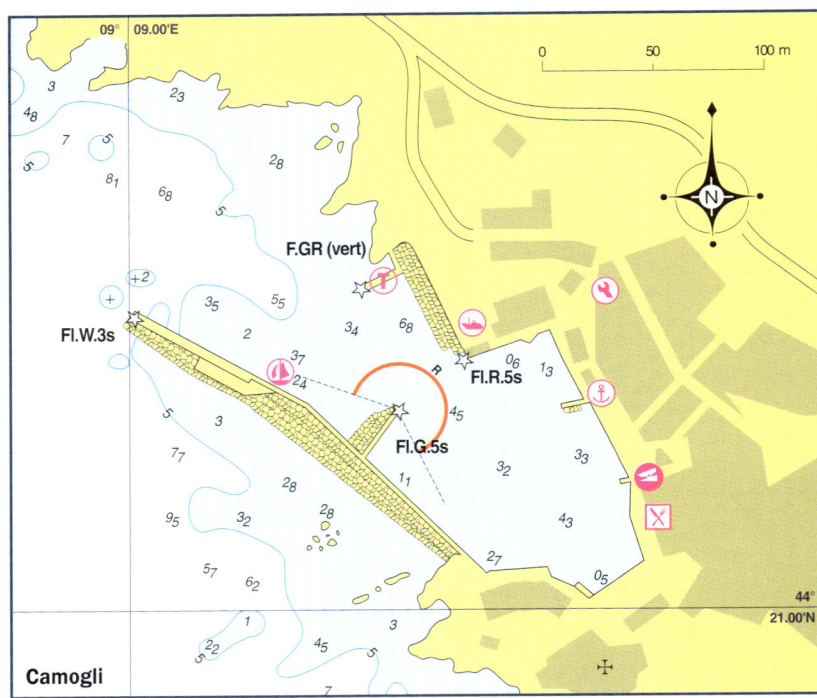

einen Liegeplatz gleich vor dem Knick an der Außenmole.

Ansteuerung:

Tagsüber sind schon von weitem die hohen, farbigen Häuser auszumachen. Nachts helfen die Hafenfeuer bei der Orientierung:

Der Außenmolenkopf (Fl.W.3s), die Molenköpfen am Eingang zum inneren Hafenbecken (Fl.G.5s und Fl.R.5s) und der Kopf des Tankstellenpiers mit F.GR (vert) sind befeuert.

Achtung: Die Einsteuerung hat mit großer Aufmerksamkeit zu erfolgen, weil südwestlich bis zu 100 m vor der Außenmole Über- und Unterwasserfelsen liegen. Bei starken westlichen Winden baut sich vor dem Hafeneingang eine unangenehme Kreuzsee auf, bei auflandigem Starkwind ist das Einlaufen gefährlich.

Hafengebote: Eine Anmeldung im Hafenbüro ist erforderlich, die Höchstgeschwindigkeit beträgt 3 kn.

Hafenmeister:

Ufficio Locale Maritima, Calata Porto 1, VHF-Kanal 16, Tel.: 01 85-77 00 32
Wetterinformationen sind im Hafenbüro erhältlich.

Hafenservice:

Es wird am besten mit Heckanker und dem Bug voran am Kai der Außenmole festgemacht, weil der Grund direkt vor dem Kai flach und steinig ist. Wasser- und Stromanschlüsse sowie eine Sanitäreinrichtung mit Toiletten und Duschen sind in der Nähe, ebenso Kartentelefone. Eine Tankstelle steht auf einer kurzen, vom Land ausgehenden Mole. Eine Werft mit einem 3-t-Kran und Werkstätten für Motoren und Elektrik sind im Hafen ansässig.

Camogli, Hafenansicht

Camogli, Chiesa Santa Maria Assunti

Camogli, Hafenrestaurant

Versorgung:

Es gibt gute Einkaufsmöglichkeiten für Lebensmittel in der Nähe. Im Hafen und an der Promenade gibt es Restaurants, Trattorias und Pizzerien. In einem dieser Restaurants im Durchgang vom Hafen zum Strand sitzt man gemütlich etwas erhöht, direkt am Hafen. Eine Bank und die Post sind etwas weiter im Ort zu finden.

Landgang, Sehenswürdigkeiten:

Camogli blickt auf eine stolze Vergangenheit in der Zeit der Segelschifffahrt zurück. Damals besaß der Ort eine Handelsflotte von fast 1000 Segelschiffen, aber mit dem Beginn der Dampfschifffahrt verlagerten sich Handel und Wohlstand. Die 1874 gegründete Seefahrtschule existiert heute noch.

Camogli bietet mit seinen dicht gedrängt um den Hafen liegenden, mehrstöckigen Häusern in Rot, Orange, Gelb und Ocker ein malerisches Farbenbild. Schmale, winklige Gassen und Treppen vermitteln eine besondere Atmosphäre. Das vielfarbige Hafenpanorama erhält noch einen besonderen Reiz durch die auf einer klei-

nen Halbinsel liegende Kirche Santa Maria Assunta, die wohl meist fotografierte Kirche dieser Region. Gleich neben der Kirche befindet sich das im 12. Jh. erbaute Castel Dragone, in dem das Acquario Tirrenico untergebracht ist. Ein breiter Kiesstrand auf der Ostseite der Kirche lädt zum Baden und Sonnen ein.

Veranstaltungen:
Am 2. Sonntag im Mai wird das Fest Sagra del Pesce gefeiert. In der angeblich größten Pfanne der Welt (4 m Durchmesser, 500 l Öl) wird Fisch gebraten, jeder kann kostenlos zugreifen.
Am 1. Sonntag im August wird mit einer Bootsprozession zur Punta Chiappa am Monte Portofino das Fest Stella Maris begangen.

Ankern:
In der südöstlichen Buch vor dem Kiesstrand und im Schutz des Punta della Chiappa kann auf 4 – 15 m Wassertiefe auf gut haltendem Sandgrund bei ruhigem Wetter geankert werden.

Das Naturschutzgebiet Promontorio Portofino

erstreckt sich an der Küste von Camogli entlang bis etwas über Portofino hinaus.

Durch einen Erlass der Provinzregierung von Genova zusammen mit den Gemeindevertretern von Camogli, Portofino und Santa Margherita Ligure wird unter Androhung von Strafen in dem gekennzeichneten Bereich „A" (Cala dell'Oro)
- das Beschädigen, Entfernen oder Sammeln biologischer Organismen, geologischer Materialien oder Teilen davon,
- das Befahren oder der Aufenthalt aller Arten von Berufs- oder Sportbooten,
- das Baden,
- das sportliche und das gewerbliche Fischen sowie
- das Tauchen ohne oder mit Geräten verboten.

In der Zone „B" (von Punta Chiappa bis Punta di Portofino – ausgenommen ist ein Transitbereich beim Kloster San Fruttuoso) ist
- die Beschädigung, Entfernung oder Sammlung biologischer Organismen, geologischer Materialien oder von deren Teilen,
- das Befahren mit Sportbooten unter Motor und
- das Ankern von Sportbooten untersagt.
Erlaubt sind in dieser Zone Baden, Fahren mit Sportbooten unter Rudern oder Segeln, Tauchen oder Sportangeln mit Angelrute von Land oder von nicht bewegten, kleinen Sportbooten aus.

In den Zonen „C" (von Camogli bis zum Punta Chiappa mit Ausnahme eines Korridors in der Nähe vom Punta Chiappa – von Punta di Portofino bis Punta della Pedale mit Ausnahme des Korridors zum Hafen und der Reede von Portofino) ist
- das Fahren mit Sportbooten unter Motor und
- das Ankern von Sportbooten verboten.
Erlaubt sind dagegen Baden, Fahren mit Sportbooten unter Rudern oder Segeln und Sportangeln mit Rute von Land oder von nicht bewegten Booten aus.

Sportboote bis zu 24 m Länge dürfen nur die ausgewiesenen „Korridore" mit einer Höchstgeschwindigkeit von 5 Knoten befahren.
Das Ankern in den dafür vorgesehenen Bereichen der Reeden von Portofino und Camogli ist nur mit besonderer Genehmigung des jeweiligen Hafenmeisters erlaubt.

Die Bucht von San Fruttuoso

Etwa eine Seemeile ostsüdöstlich vom Punta della Chiappa, in der Mitte des felsigen Promototio di Portofino liegt die kleine Bucht

San Fruttuoso
44° 18,8' N | 009° 10,5' E.

Diese tief in die Felsen eingeschnittene, nach Süden offene Bucht gehört zu den schönsten Ankerplätzen der Gegend. Von starken, südlichen Winden abgesehen ist die Bucht geschützt und auf dem sandigen, 10–2 m tiefen Grund hält der Anker gut. Einige Yachten bis 15 m Länge können vor den Felsen in der Mitte zwischen den beiden Kiesstränden ankern, müssen aber das Schwojen durch eine Heckleine zum Ufer verhindern. Der Anleger ist ausschließlich für Ausflugsboote reserviert, die tagsüber einigen Schwell in der Bucht verursachen.

Ansteuerung:
Der Ankerplatz kann nur am Tag angesteuert werden. Von weitem ist er nur aus südsüdwestlicher Richtung an einem viereckigen, ehemaligen Wehrturm zu erkennen, aus allen anderen Richtungen erst aus der Nähe. Ansteuerungshilfen bieten der Punta della Chiappa eine Seemeile weiter westlich bzw. Punta di Portofino weiter östlich.

Versorgung:
Außer einem kleinen, rustikalen Restaurant am Strand gibt es keine weiteren Versorgungsmöglichkeiten.

Landgang, Sehenswürdigkeiten:
Die ehemalige Benediktinerabtei San Fruttuoso di Capodimonte ist nur mit dem Schiff oder zu Fuß zu erreichen.
Ihre Gründung geht auf das 8. Jh. zurück, als der spanische Bischof von Tarragona hierher mit den Reliquien des Märtyrers Fruttuosus floh. Im 13. Jh. übernahm die

Punta di Portofino

Familie Doria das Kloster und erhielt das Privileg, hier ihre Verstorbenen beizusetzen.

Die Abteikirche stammt aus dem 10. Jh., die dem Meer zugewandte Seite des Abteipalastes wurde 1934 renoviert und erhielt die jetzige Fassade mit den gotischen Fenstern. Vom Kreuzgang aus dem 11. Jh. gelangt man in die Krypta mit den Gräbern der Familie Doria. Hinter der Abtei befindet sich ein alter Wachturm mit ein paar angrenzenden Häusern.

Das Kloster beherbergt heute ein Museum und kann von Mai bis Oktober von 10.00–13.00 und von 14.00–18.00 Uhr besichtigt werden.

Veranstaltungen:
Am 28. August wird das Fest des Cristo degli Abissi begangen.

Der Kurs von der Baia di San Fruttuoso nach Ostsüdost führt an den steil ins Meer stürzenden Felsen entlang und nach zwei Seemeilen zum markanten

Punta di Portofino 44° 19,7' N | 009° 13,1' E

mit einem weißen Leuchtturm an einem weißen Gebäude in den Felsen, der nachts noch aus einer Entfernung von 16 Meilen in einem Umkreis von 303° mit der Kennung Fl.W.5s 40m16M vis. 155°–098° zu sehen ist.

Etwa 500 m hinter dem Punta di Portofino liegt in einer natürlichen Bucht der malerische Hafen

Portofino
44° 18,2' N | 009° 12,9' E.

Dieser kleine Hafen für Fischer-, Ausflugs- und Sportboote gilt als einer der schönsten von Italien.

Alte, farbige Häuser in Ocker, Gelb und Orange, überragt von einem Kirchturm, drängen sich in einer tief eingeschnittenen Bucht, die Piazza öffnet sich zum Hafen. An den Flanken der üppig grünen Hänge dahinter verstecken sich herrschaftliche Villen und eine Burg. Hier scheint die Zeit stehen geblieben zu sein. Das wollen

123

Portofino

Schiffe bis 80 m Länge an den Kais und vornehmlich an Mooringbojen, wo die Wassertiefe teilweise auf 4–1 m abnimmt. Es ist schwierig, während der Saison einen der wenigen Gastliegeplätze zu ergattern, die meist nur für eine Übernachtung vergeben werden. Der Anleger im Innern an der Calata Umberto ist den Ausflugsbooten und großen Yachten, die Liegeplätze vor der Calata Marconi auf der Nordseite sind Fischerbooten und einheimischen Yachten vorbehalten, Sportboote liegen vor der Calata Chiappella am Südufer. Der Hafen ist weitgehend windgeschützt bis auf Winde aus nordöstlicher Richtung, durch die Ausflugsboote aber sehr unruhig.

Ansteuerung:
Die Ansteuerung ist tagsüber und nachts einfach. Von weitem bildet der felsige Punta di Portofino mit seinem weißen Leuchtturm (Fl.W. 5s 40m16M) eine markante Orientierungshilfe. Der mit 2 F.G (vert) und Fl.R.3s befeuerte Hafeneingang ist allerdings erst aus der Nähe genau zu erkennen.

Hafengebote: Die Höchstgeschwindigkeit im Hafen darf 3 kn nicht übersteigen. Eine Anmeldung beim Clubbüro ist erforderlich, das einen Liegeplatz am Kai oder an einer der Mooringbojen zuweist.

Das Ufficio Maritimo wacht über traditionelles Verhalten auch auf den Gastyachten:

alle Touristen sehen, die auf dem Wasser und vom Land täglich in Scharen herbeiströmen.

Der 150 m breite Hafeneingang öffnet sich nach Nordosten, ist 15 m tief. Der Hafen bietet 270 Liegeplätze für Schwimmen im Hafen, knappe Bekleidung, Lärmen und laute Musik, unnötig laufende Motoren und schlechtes Benehmen führen schnell zum Hafenverbot für die betreffende Yacht!

Hafenmeister:

Ufficio Maritimo: Calata Marconi (am äußersten Ende des Nordkais), Tel.: 01 85-26 90 40, VHF-Kanal 16
Büro des Yacht Club Italiano: Calata Chiappella, VHF-Kanal 12,
Tel.: 01 85-26 92 98.
Wetterinformationen sind im Clubbüro und im Ufficio Maritimo zu erhalten.

Hafenservice:

Es gibt etwa 270 Liegeplätze an Mooringbojen und an den Kais auf beiden Seiten der Bucht. In der Mitte bleibt eine Zufahrt zu den Anlegestellen an einem kurzen Pier für Ausflugsboote frei. Es gibt nur wenige Wasser- und Stromanschlüsse, man achte beim Bunkern darauf, ob die Zapfstelle Brauch- oder Trinkwasser spendet! Eine Sanitäreinrichtung mit Toiletten und Duschen gibt es beim Clubhaus, Kartentelefone sind über den Hafen und den Ort verteilt. Es

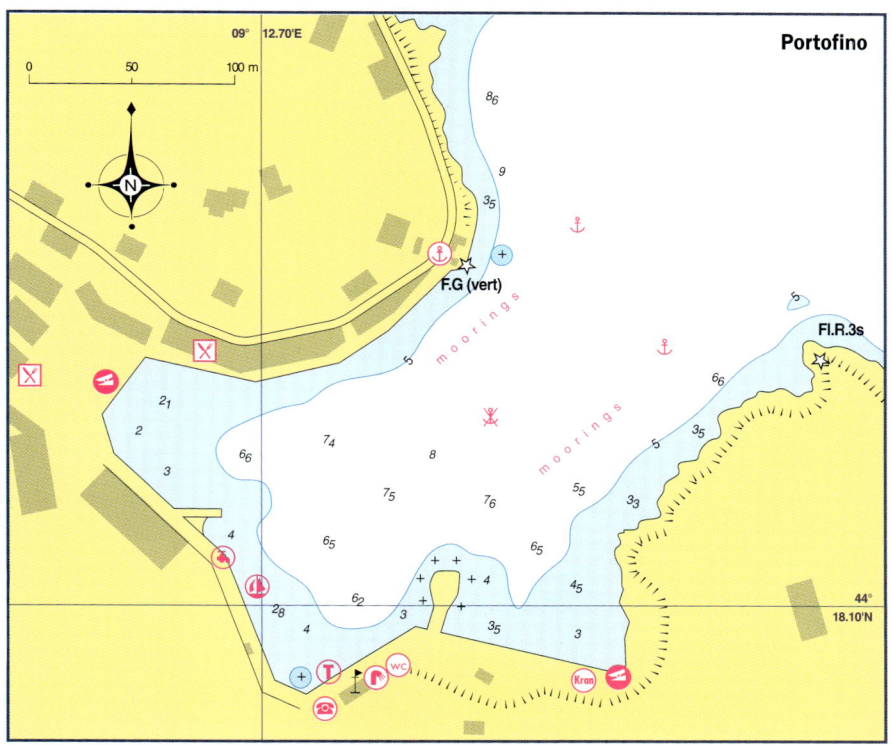

gibt keine Parkplätze in der Nähe. Eine Tankstelle nahe dem Clubhaus an der Calata Chiappella hat von 08.00–18.00 Uhr in der Saison geöffnet. Eine kleine *Technische Zone* mit einigen Werkstätten direkt unterhalb der steil abfallenden Felsen am südlichen Ende der Kaianlagen mit Slip, Winterlager und 8-t-Kran ist vornehmlich für einheimische Boote reserviert.

Versorgung:

Die Auswahl an Lebensmittelgeschäften ist gering, man kann das Nötigste einkaufen. Dafür gibt es um so mehr Geschäfte, die Touristen alles Mögliche anbieten, was niemand gebrauchen kann. Bei mehreren Bankfilialen kann mit Kreditkarten das dafür nötige Kleingeld abgehoben werden. Restaurants, Trattorias, Pizzerien, Cafés und Eisdielen wetteifern in der Saison um die Gunst jedes Touristen. Trotz dieses Rummels bewahrt der kleine Hafenort seine einzigartige Atmosphäre.
Information: Azienda di Promozione Turistica, Tel.: 01 85-26 90 24

Landgang, Sehenswürdigkeiten:

Portofino, ein ehemaliges Fischerdorf wie aus dem Bilderbuch, war und ist vor allem Ziel des Nobeltourismus. Nachdem es 1870 vom britischen Konsul Yeats-Brown entdeckt worden war, folgten viele Angehörige des europäischen Adels, unter ihnen auch Lord Carnarvon, der Entdecker des Tut-Ench-Amun-Grabes. In den fünfziger Jahren waren es berühmte amerikanische Stars wie Humphrey Bogart, Clark Gable, Liz Taylor, Richard Burton, Frank Sinatra und Ingrid Bergmann, die sich hier dem „dolce vita" hingaben. Später folgten der internationale Jet-Set und reiche Industrielle, die die Preise für Luxusappartements und Villen in die Höhe trieben. Im Hafen dümpeln teure Yachten, in der Bucht liegen große Kreuzfahrtschiffe vor Anker.
Aber ein Besuch lohnt sich immer, der Hafen bietet mit den farbenfrohen Häuserfassaden unzählige Fotomotive. Ein Spaziergang unter Pinien und Zypressen hinauf zur Kirche San Giorgio und zum Leuchtturm auf der Felsspitze bringt einen unvergesslichen Ausblick auf

Portofino

Portofino, Hafenpanorama

den Hafen und den Golfo del Tigullio, auch Golfo Marconi genannt. Abends, wenn die Tagestouristen abgereist sind, kehrt wieder Ruhe ein, und die Crews der wenigen Gastyachten können die Romantik dieses herrlichen Hafens genießen.

Veranstaltungen:
Am ersten Aprilsonntag findet das Patronatsfest San Giorgio statt.

Sport:
Yacht Club Italiano Tel.: 01 85-26 92 98
Yacht Club Portofino Tel.: 01 85-26 95 02

Ankern:
In den Buchten bei Portofino ist das Ankern nicht mehr gestattet (Schifffahrtsvorschriften siehe Siete 121).

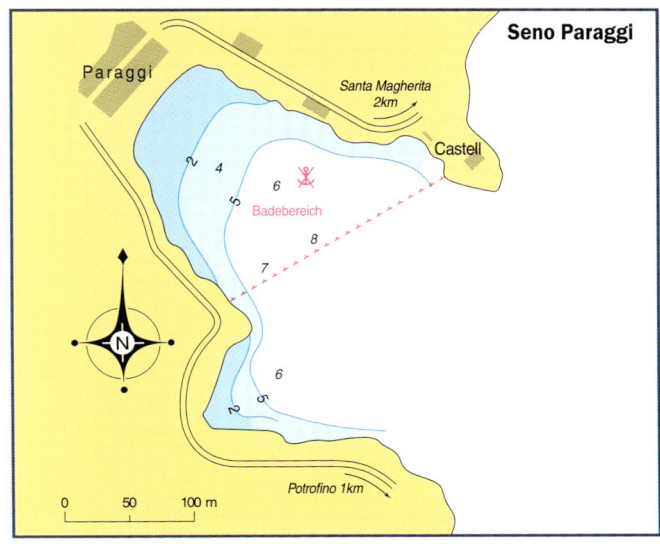

127

Seno di Canne

Etwa zwei Seemeilen nördlich vom Punta di Portofino liegt

Santa Margherita Ligure
44° 19,9' N – 009° 13,1' E.

Der alte Fischerhafen an den steilen Hängen einer geschützten Bucht beherbergt heute noch eine große Fischereiflotte, aber auch Sport- und Ausflugsboote. Er ist nur bedingt gegen östliche Winde geschützt und hat die Form eines Hufeisens, wird durch eine lange, nach Nordosten gerichtete Seemole gebildet und ist vollständig mit Kaianlagen ausgerüstet, von denen acht privat bewirtschaftete Schwimmstege ausgehen. Es gibt etwa 350 Liegeplätze, davon sind 50 für Gäste re-serviert. An den Kais der Seemole können Schiffe bis zu 60 m Länge festmachen. Der Hafeneingang öffnet sich nach Nordosten, ist über 400 m breit und auf der Südostseite 11 m tief. Die Wassertiefe nimmt zwischen den Schwimmstegen zum Ufer hin auf bis 2 m ab, am Kai der Außenmole ist es mindestens 6 m tief.

Ansteuerung:
Die Ansteuerung ist tagsüber und nachts bei jedem Wetter einfach. Doch durch die besondere geographische Lage hinter dem Vorgebirge von Portofino können sich bei Westwindlagen abrupte Änderungen der Windrichtung ergeben. Die Kirche San Giacomo Margherita und die Villa Chierichetti auf dem bewaldeten Hügel in der Stadtmitte weisen tagsüber von weitem den

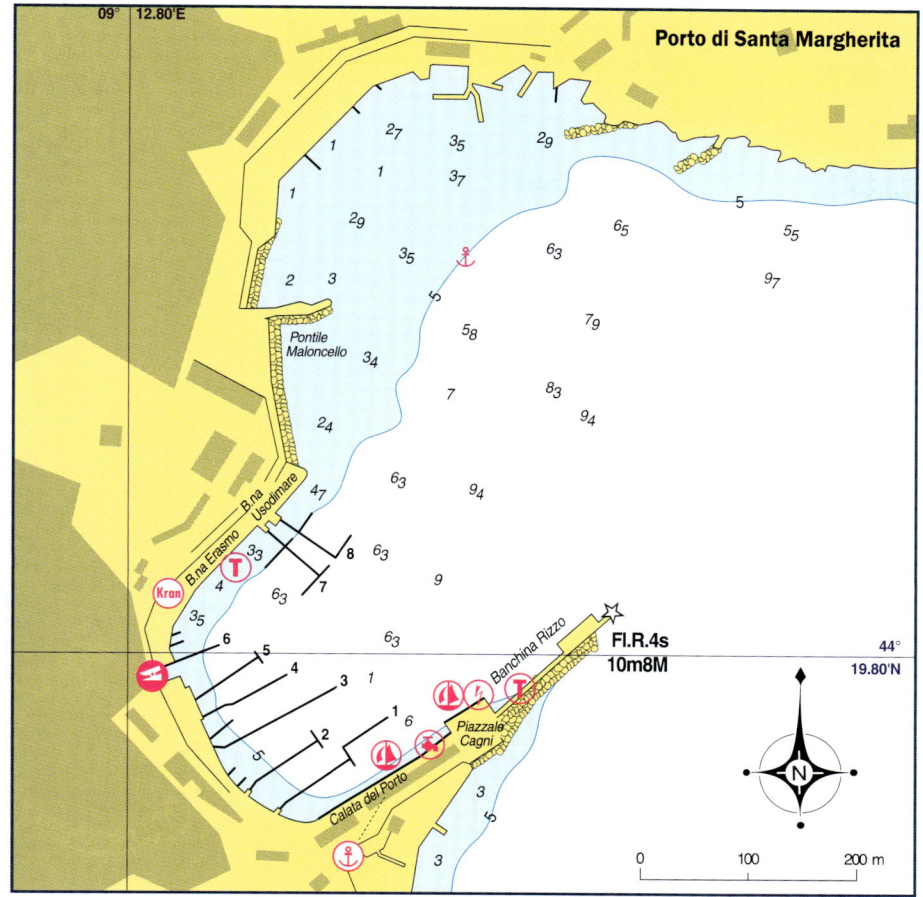

Hafenmeister:

Hafenbehörde: Ufficio Circondariale Maritimo, Caleta di Porto, VHF-Kanal 11 und 16, Tel.: 01 85-28 70 29, Fax: 01 85-28 57 28, Öffnungszeiten vom 1.7.–30.9. von 07.00–24.00 Uhr.

Commune di Santa Margherita Ligure, Piazza Mazzini, VHF-Kanal 11 und 16, Tel.: 01 85-2 82 41.

Wetterinformationen sind im Hafenbüro erhältlich.

Hafenservice:

An den Kais und an den Stegen wird, soweit vorhanden, mit Mooringleinen oder an Bojen, sonst vor Anker festgemacht, Wasser- und Stromanschlüsse (220/360 V) sind vorhanden, auch Sanitäreinrichtungen mit Toiletten und Duschen. Kartentelefone sind in der Nähe. Parkplätze sind Mangelware. Es gibt zwei Tankstellen, eine auf der Molo Foreano an der Banchina Rizzo, Tel.: 01 85-28 22 60, eine zweite an der Banchina Erasmo im Norden. Im Hafen sind Werften, Werkstätten für Motoren, Elektrik und Elektronik ansässig. Mehrere Slips, davon einer bis 150 t, ein fester Kran und Mobilkräne bis 30 t stehen zur Verfügung.

Versorgung:

Geschäfte aller Art mit reichhaltigem Angebot sind rund um den Hafen verteilt, ebenso Restaurants, Banken und die Post. Eine Wäscherei findet man in der Via J.-Ruffini 18.

Information: Azienda di Promozione Turistica, Tel.: 01 85-28 74 86

Landgang, Sehenswürdigkeiten:

Santa Margherita Ligure zählt zu den mondänsten Häfen der Riviera. Zahlreiche Luxusyachten liegen im Hafen an der langen Mole, an der ausgedehnten Uferpro-

Weg, nachts brennt auf dem Kopf der langen Seemole ein Feuer Fl.R.4s und von weitem hilft der Leuchtturm auf dem Punta Portofino mit Fl.W.5s 40m16M.

Hafengebote: Die Höchstgeschwindigkeit im Hafenbereich darf 3 kn nicht überschreiten. Baden ist untersagt. Besucheryachten zwischen 16 und 35 m machen am Kai der Außenmole vor der Banchina Vivaldi oder vor der Banchina Cagni fest und melden sich beim Hafenmeister, Besucher mit noch größeren Yachten legen an der Banchina Rizzo an, melden sich aber bei der Hafenbehörde an. Die Stege im Hafen werden von ortsansässigen Vereinen oder Unternehmen verwaltet, wo auch kleinere Besucheryachten (Steg Nr. 7 auf der Nordseite) anlegen dürfen, wenn Plätze frei sind. Auch hier ist eine Anmeldung erforderlich.

Santa Margherita

menade befinden sich elegante Geschäfte und Modeboutiquen, traditionsreiche Cafés und Restaurants. Auf
den Hügeln am Stadtrand liegen die renommierten Nobelhotels, in denen Prominente aus Kunst und Kultur
gewohnt haben, u. a. Friedrich Nietzsche, André Gide,
Max Frisch, Maria Callas, Greta Garbo, Liz Taylor und
Humphrey Bogart. Der Nobelpreisträger Marconi sen-
dete am Anfang des Jahrhunderts von der Veranda des
Miramare-Hotels erstmals funktelegrafische Nachrichten über eine Entfernung von 150 km zu einem Turm
(Torre Marconi) auf der Halbinsel von Sestri Levante. Im
Hotel Palace Imperial wurde 1922 der Rapallo-Vertrag
zwischen Deutschland und der Sowjetunion unter-
zeichnet, die Stadtgrenzen verliefen damals anders als
heute.
Besondere Sehenswürdigkeiten gibt es nicht, die schöne Atmosphäre macht den Reiz dieses Ortes aus.
Es lohnt sich jedoch, die Villa Durazzo mit ihrer gepflegten Parkanlage zu besuchen.

Veranstaltungen:
Am 20. Juli wird das Ortsfest Santa Margherita gefeiert.

Sport:
Lega Navale Italiana, Calata Porto 21,
Tel.: 01 85-28 47 97

IMPERIALE
IMPERIALE

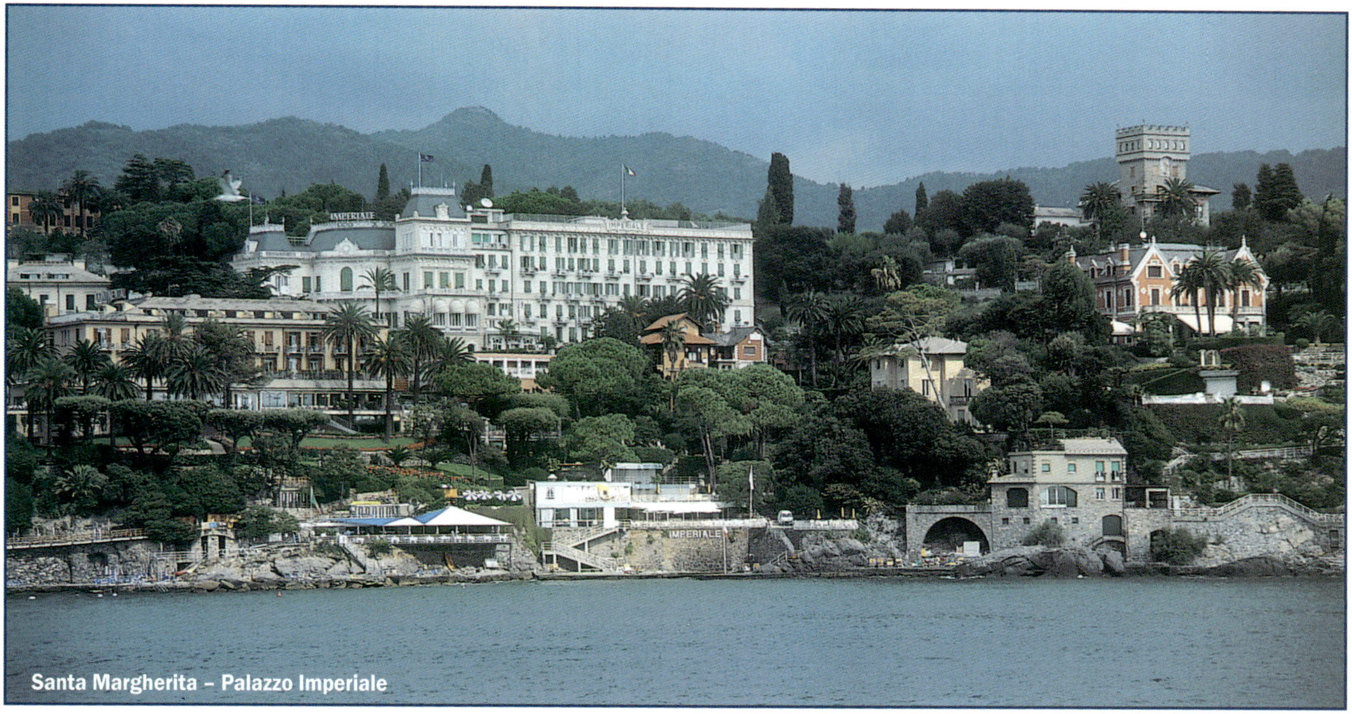

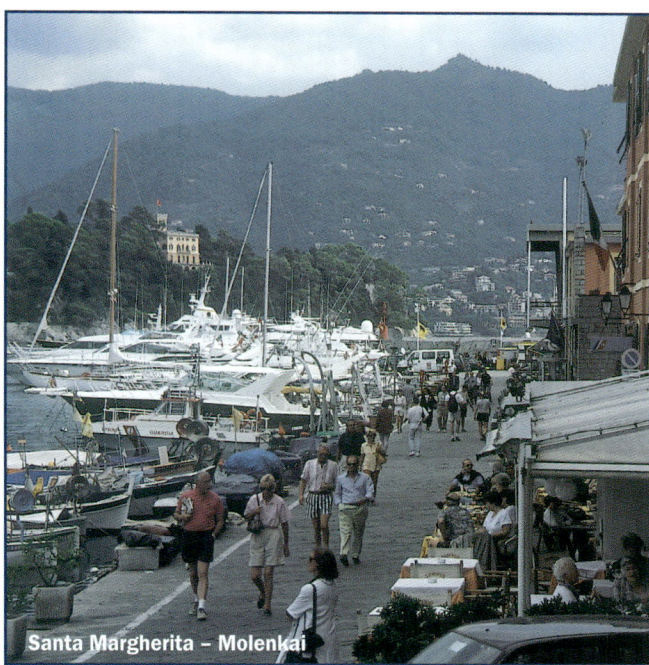

Santa Margherita – Palazzo Imperiale

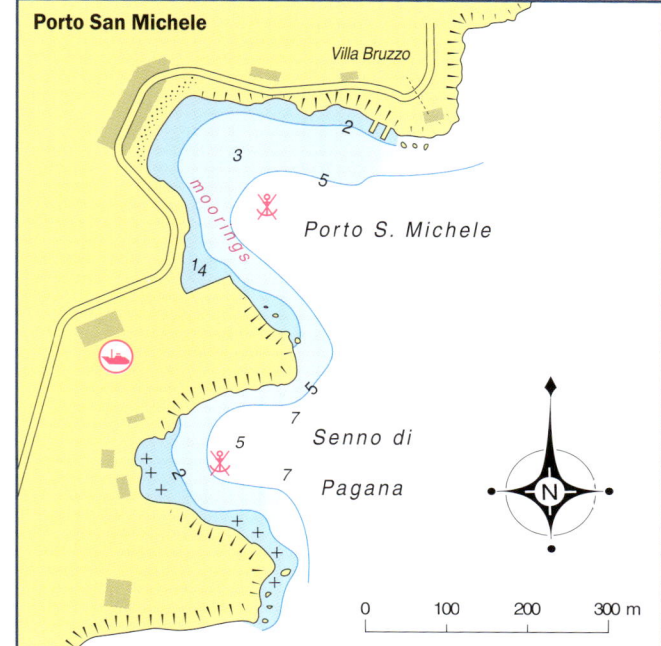

Santa Margherita – Molenkai

Porto San Michele
Villa Bruzzo
2
3
5
moorings
Porto S. Michele
14
5
7
Senno di
Pagana
5
7
2
N
0
100
200
300 m

Yacht Club Tigullio, Calata Porto 21,
Tel.: 01 85-28 68 89
Circolo Velico, Tel.: 01 85-28 85 75

Ankern:

Bei ruhiger See ist das Ankern in ausreichender Distanz zum Hafen im Nordosten auf der Rada di Santa Margherita auf 5–10 m mäßig haltendem Sandgrund möglich. Leider ist der Aufenthalt in den herrlichen Buchten Seno di Pagana und Porto San Michele nordöstlich von Santa Margherita in den Sommermonaten nicht mehr erlaubt (siehe Schifffahrtsvorschriften der Riviera Levante und Plan S. 121).

Im Scheitel des Golfo del Tigullio – auch Golfo Marconi genannt – liegen die Häfen von Rapallo.

Rapallo 44° 20,7' N | 009° 14,0' E

Rapallo verfügt über zwei gut windgeschützte, nebeneinander liegende Hafenbecken, den Porto Pubblico und den Porto Carlo Riva, beide werden durch die Molo Longano getrennt und haben jeweils eigene Verwaltungen.

Der Porto Pubblico liegt nördlich der gemeinsamen Mole. Auf einer breiten, zum Fluss Rio Boate treppenförmigen Mole (Penello Boate) steht ein Kran, der kleine Boote sowohl aus dem Hafenbecken als auch aus dem Fluss an Land heben kann. Der Hafeneingang öffnet sich nach Osten, ist fast 100 m breit und 3–4 m tief. An den Kais und den 5 Schwimmstegen haben 500 Sportboote bis 10 m Länge auf Wassertiefen von 2,8–1,2 m Platz, hier liegen vornehmlich lokale Boote.

Der Porto Carlo Riva liegt südlich der gemeinsamen Mole und wird durch eine lange, mehrfach geknickte, steinbewehrte Außenmole mit innen liegendem Kai gebildet. Der Hafeneingang öffnet sich nach Norden, ist ebenfalls fast 100 m breit und 6–7 m tief. Er verfügt über 401 Liegeplätze für Sportboote bis zu 40 m Länge, davon sind 30 als Gastliegeplätze reserviert – Besucher dürfen höchstens drei Tage bleiben. Die Tiefen zwischen den Stegen betragen 9 bis 6 m und nehmen vor den Kais auf 2,5 m ab.

Ansteuerung:

Die Porti di Rapallo können zu jeder Zeit und bei jedem Wetter ohne Schwierigkeiten angelaufen

Porti di Rapallo

Rapallo

werden, wenn man sich nachts vom Ostufer mit der un-befeuerten Molo Nuovo gut freihält. Tagsüber bieten ein Kirchturm und ein Hochhaus, nachts das Feuer auf dem Knie der Außenmole (Fl.W.3s) gute Landmarken. Die Molo Longano in der Mitte zwischen den Einfahrten trägt das Sektorenfeuer F.GR 220°–G-040°–R-220°, der Kopf der Molo Penello vom Porto Pubblico das Feuer 2 F.G (vert) und der Außenmolenkopf des Porto Carlo Riva das Feuer 2 F.R (vert).

Hafengebote: Im Bereich der Häfen beträgt die Höchstgeschwindigkeit 3 kn, Wegerecht haben die auslaufenden Boote, eine Anmeldung beim entspre-chenden Hafenbüro ist notwendig.

Hafenmeister:

Ufficio Locale Marittimo, Via Langano, ist in der Saison ganztägig geöffnet, VHF-Kanal 16 bei Unfällen, Tel.: 0185-50583
Direzione Porto, Calata Andrea Doria, Tel.: 01 85-68 91, Fax: 01 85-6 36 19, VHF-Kanal 9 und 25
Wetterinformationen sind in den Hafenbüros erhältlich.

Hafenservice:

An den Liegeplätzen beider Hafenbecken sind Moo-ringleinen, Wasser- und Stromanschlüsse sowie je eine Sanitäranlage mit Toiletten und Duschen vorhanden. Kartentelefone und Parkplätze sind am Ufer hinter den

Rapallo – Castello bei Nacht

Kaianlagen zu finden, die Tankstelle (Tel.: 01 85-68 91) auf dem Kopf der Molo Langano ist von 08.30 – 18.00 Uhr geöffnet. Der Hafen ist nachts beleuchtet und wird bewacht.

Die *Technischen Zonen* sind gut ausgestattet, sie verfügen über Slip, Winterlager, feste Kräne (15 u. 48 t) und Mobilkräne (15 u. 40 t); Schiffsausrüster, Werften und Werkstätten für Motoren, Elektrik, Elektronik und Segel sind im Hafenbereich ansässig.

Versorgung:

Geschäfte und Restaurants, Pizzerien und Trattorias gibt es in reicher Auswahl, Banken und die Post sind im nahen Ort zu finden. Die Deutsche Bank hat eine Niederlassung in der Via Matteotti 55, Tel.: 01 85-23 10 88. Auf der Piazza Venezia findet täglich ein Gemüse- und Fischmarkt statt, der Wochenmarkt donnerstags auf der Piazza Cile. Am 4. Sonntag des Monats gibt es einen Antiquitätenmarkt an der Uferpromenade.

Information: Azienda di Promozione Turistica, Tel.: 01 85-23 03 46

Landgang, Sehenswürdigkeiten:

Die schöne Lage Rapallos im Golfo del Tigullio und die Atmosphäre der Altstadt haben schon in der Vergangenheit zahlreiche Touristen angelockt, unter ihnen auch so bedeutende wie Friedrich Nietzsche, der hier den 1. Teil von „Also sprach Zaratustra" schrieb.

Sehenswert sind außer der Altstadt die Kollegialkirche SS. Gervasio e Protasio aus dem 17./18. Jh. an der Piazza Cavour, die Kirche Santo Stefano, der Gemeindeturm aus dem 15. Jh., das Rathaus und das Stadtmuseum an der Piazza delle Nazioni, die Ponte Annibale, eine angebliche Römerbrücke, und das Castello aus dem 16. Jh. am Ende der Uferpromenade.

Eine Besonderheit an der Uferpromenade ist der kleine Pavillon Chiosco della Banda Musicale mit Porträts im Jugendstil von bekannten Komponisten.

Rapallo – Molo Longano

600 m oberhalb Rapallos befindet sich die Wallfahrts-kirche Madonna di Montallegro, die mit Bus oder Seil-bahn zu erreichen ist. Der Ausflug ist wegen der herrli-chen Aussicht auf die Stadt und die Bucht bis Portofino zu empfehlen.

Veranstaltungen:
Vom 1.–3. Juli wird das Patronatsfest Nostra Signora di Montallegro mit großem Feuerwerk am letzten Abend an der Burg am Meer gefeiert.

Sport:
Ass. Naz. Marinai d'Italia, Tel.: 01 85-6 72 77
Circolo Nautico Rapallo, Tel.: 01 85-5 12 81
Circilo Pescatori Dilettanti Rapallesi, Tel.: 01 85-6 05 60
Lega Navale Italiana, Tel.: 01 85-5 52 53
Yacht Club Tigullio, Tel.: 01 85-6 32 20

Ankern:
Bei ruhigem Wetter ist Ankern 150 m nordöstlich von den Hafeneingängen auf 5–7 m algenbewachsenem, gut haltendem Grund möglich.

Knapp vier Seemeilen weiter in ostsüdöstlicher Rich-tung liegt Marina di Chiavari.

Chiavari 44° 18,7' N | 009° 19,1' E

Aus der Ferne wirken Chiavari und sein östlicher Nach-barort Lavagna wie eine einzige Stadt. Beide werden durch den Fiume Entella getrennt, der aus einer weit sichtbaren Talsenke zwischen den Bergen im Hinter-land kommt.

Die Marina di Chiavari wird durch eine etwa 500 m lan-ge, nach Westnordwesten verlaufende Steinmole ge-schützt, die den eigentlichen, sich in die gleiche Rich-tung öffnenden, 50 m breiten, 2,5 m tiefen Hafenein-gang überlappt. Der Kopf der Außenmole (LFl.G.6s) sowie die Molenköpfe am Hafeneingang (F.G und F.R) sind befeuert. Der windgeschützte Hafen bietet 459 Liegeplätze für Boote bis 25 m Länge, von denen etwa 50 für Gäste vorgesehen sind. Die Tiefen im Hafen neh-men zwischen den Stegen zum Kai am Ufer auf 2 m ab. Der südöstliche Teil des Hafenbeckens ist Fischern vor-behalten. Die Plätze für Besucher befinden sich direkt hinter dem Hafeneingang am Kai der Außenmole.

Ansteuerung:
Tagsüber orientiert man sich an dem weit sichtbaren Einschnitt des Flusstals Entella zwischen den Bergen im Hinterland, bis die Einfahrt zu erkennen ist. Der Kopf der Außenmole ist wegen der schrägen Steinschüttung im Abstand von mindestens 15 m zu runden. Bei star-ken, auflandigen Winden von 6 Bft. wird das Ein- und Auslaufen schwierig, bei noch größeren Windstärken gefährlich. Nachts sind die Hafenfeuer zwischen den Lichtern der Stadt nicht leicht auszumachen.
Hafengebote: Die Geschwindigkeit im Hafen ist auf 3 kn beschränkt. Besucher melden sich im Kontrollturm auf der Westmole.

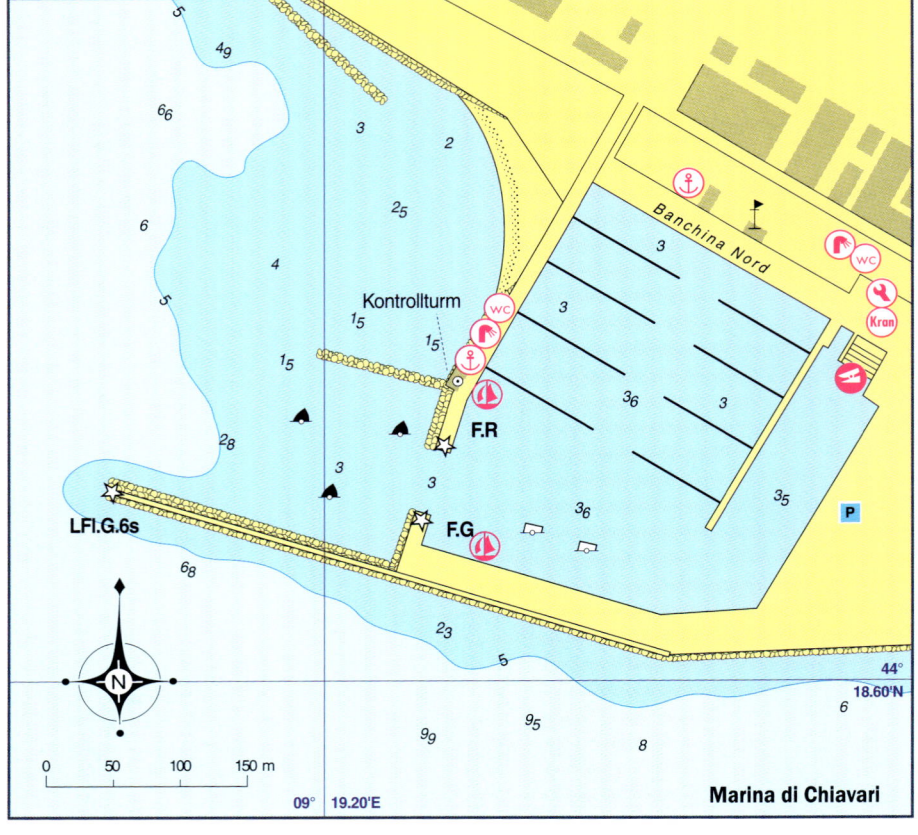

Marina di Chiavari

Winterlager, Kran (25 t) und einem Mobilkran (40 t) ausgestattet. Werkstätten für Motoren, Elektrik, Elektronik und Segel sind im Hafen tätig.

Versorgung:

Geschäfte, Restaurants, Trattorias und Pizzerien sind in reicher Auswahl im Ort zusammen mit Banken und der Post zu finden. Auf der Piazza Mazzini kann man jeden Vormittag auf einem Lebensmittelmarkt, auf der Piazza Mateotti freitags auf einem Wochenmarkt einkaufen. An jedem zweiten Wochenende gibt es in der Altstadt in der Via Martiri della Liberazione einen Antiquitätenmarkt.

Information: Azienda di Promozione Turistica del Tigullio, Tel.: 01 85-32 51 98

Landgang, Sehenswürdigkeiten:

Chiavari hat trotz des nicht sehr ansprechend bebauten Strandviertels eine sehenswerte Altstadt, die sich ideal für einen Bummel eignet. Belebte Einkaufsstraßen unter mittelalterlichen Arkadenbögen, herrliche Plätze und prunkvolle Paläste vermitteln eine typisch ligurische Atmosphäre.

Das Zentrum der Altstadt bildet die Piazza N. S. dell'Orto mit ihrem schattigen Park und der angrenzenden Kathedrale Nostra Signora dell'Orto aus dem 17. Jh. Der imposante Palazzo di Giustizia befindet sich an der Piazza Mazzini, einem schönen Platz, auf dem jeden Vormittag der Markt stattfindet.

Weitere sehenswerte Gebäude sind der Palazzo Costaguta Rocca an der Piazza Mateotti, in dem sich ein archäologisches Museum befindet, der Palazzo Falcone Marana an der Via Raggio und der Palazzo dei Portici Neri an der Piazza Fenice.

Überragt wird die Altstadt von der 1167 von den Genuesen erbauten Burg.

Hafenmeister:

Hafenbehörde: Ufficio Locale Marittimo,
Tel.: 01 85-30 82 40
Hafenmeister der Marina: Capitano L. c. Mario Campana, Tel.: 01 85-31 61, Fax: 01 85-31 62 87 (09.00–19.00 Uhr), VHF-Kanal 10, 16 (24 h)
Wetterinformationen sind in Hafenbüro zu erhalten.

Hafenservice:

Die meisten Liegeplätze sind mit Mooringleinen, Wasser- und Stromanschlüssen ausgestattet. Vor den Besucherplätzen liegen mehrere Festmachertonnen. Sanitäreinrichtung mit Toiletten und Duschen und ein Kartentelefon befinden sich auf dem Nordkai. Hinter dem Ostkai gibt es viele Parkplätze. Der Hafen wird bewacht und ist nachts beleuchtet.

Die *Technische Zone* am Nordkai ist mit Slip, Werften,

Chiavari

Chiavari – Palazzo di Giustizia

Zum Abschluss des Stadtbummels empfiehlt sich ein Besuch des gepflegten historischen Café Defilla, einem der schönsten Kaffeehäuser Liguriens, ausgestattet mit stuckverzierten Wänden, Gemälden und großen Spiegeln.

Veranstaltungen:
Am 2. Juli findet das Patronatsfest Nostra Signora dell'Orto mit Prozession und Feuerwerk statt.

Sport:
Yacht Club Chiavari, Tel.: 01 85-31 01 50, - 30 64 83
Lega Navale Italiana, Tel.: 01 85-30 17 69

Ankern:

Das Ankern auf der Rada di Chiavari ist nur bei guten Wetterbedingungen über dem Sandgrund möglich.

Östlich der Mündung des Fiume Entella, der die Ortschaften Chiavari und Lavagna voneinander trennt, liegt die Marina di Lavagna.

Lavagna 44° 18,3' N | 009° 20,5' E

Lavagna ist eine Industriestadt und besitzt keine auffälligen Landmarken. Die Marina di Lavagna ist riesig, modern und zweckmäßig gebaut und wird durch eine

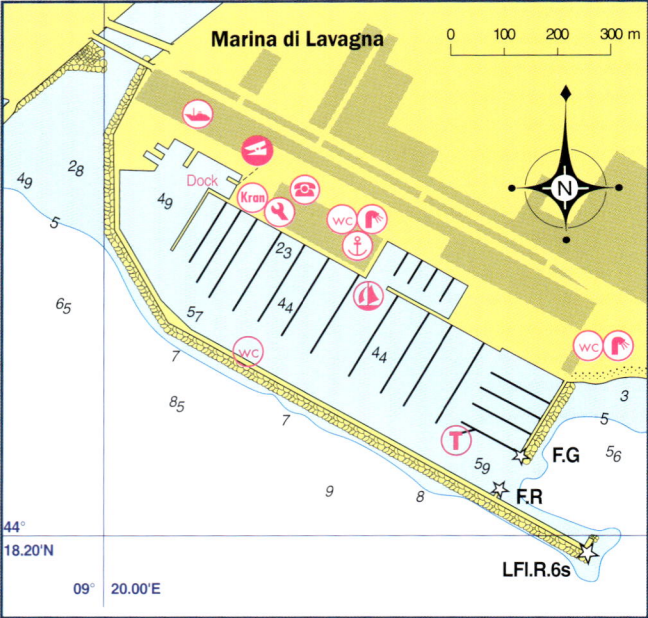

fast 1000 m lange, betonierte Außenmole geschützt, die die befeuerte Abschlussmole (LFl.R.6s) im Osten fast 200 m überlappt. Der befeuerte Hafeneingang (F.R und F.G) öffnet sich nach Ostsüdosten, ist etwa 80 m breit und 7 m tief. Die Wassertiefen im Hafenbecken liegen zwischen 6 und 2,8 m.
An den 20 Stegen und an den Kais gibt es 1050 Liegeplätze für Yachten bis 50 m Länge, von denen 160 für Gastyachten zwischen 6 und 25 m Länge bereitgehal-

ten werden. Der Aufenthalt von Gastyachten ist allerdings auf drei Tage beschränkt.

Ansteuerung:

Tagsüber richtet man sich nach dem weit sichtbaren Einschnitt des Entella zwischen den Bergen im Hinterland, bis die überaus lange Mole der Marina di Lavagna mit der Einfahrt auf der Ostseite zu erkennen ist. Bei starken Süd- oder Ostwinden von 6 Bft. wird das Ein- und Auslaufen schwierig, bei noch größeren Windstärken gefährlich.
Hafengebote: Die Geschwindigkeit im Hafen ist auf 3 kn beschränkt. Besucher melden sich im Kontrollzentrum (VHF-Kanal 9, 16), um sich einen Liegeplatz zuweisen zu lassen.

Hafenmeister:

Hafenbehörde: Ufficio Locale Marittimo,
Tel.: 01 85-32 17 32
Hafenmeister der Marina: Tel.: 01 85-30 02 11/31 26 26,
VHF-Kanal 9, 16, geöffnet von 09.00–19.00 Uhr.
Wetterinformationen sind beim Hafenmeister im Kontrollzentrum zu bekommen.

Hafenservice:

Die Liegeplätze sind mit Mooringleinen, Wasser- und Stromanschlüssen ausgestattet (220/360 V, Euronormstecker). Eine große Sanitäreinrichtung mit Toiletten und Duschen befindet sich in der Nähe des Kontrollturms, wo man auch Kartentelefone findet. Der Hafen und die Parkplätze sind nachts beleuchtet und werden bewacht. Die Tankstelle in der Nähe des Hafeneingangs auf einem Steg hat von 08.30–12.30 und von 15.00–18.00 Uhr geöffnet (Tel.: 01 85-30 02 11). In der Saison sind an einer Ladenstraße Schiffsausrüster, Restaurants, Boutiquen und ein Waschsalon geöffnet.
Die *Technische Zone* ist mit allen denkbaren Hilfsmitteln ausgestattet: Mehrere Werften und viele Werkstätten für Motoren, Elektrik, Elektronik, Segel und sonstige Arbeiten sind im nordwestlichen Teil der Marina ansässig. Sieben bewegliche Kräne bis 55 t, ein Travellift bis 50 t und drei Hebeeinrichtungen für 80, 150 und 235 t (Trockendocks) stehen zur Verfügung. Schiffe aller Größen können an Land – in Hallen oder unter freiem Himmel – überwintern.

Marina di Lavagna

Versorgung:

Nicht weit vom Hafen hinter der Bahnlinie gibt es, von einem Platz mit Cafés, Restaurants und Eisdielen ausgehend, eine Einkaufszeile vornehmlich für Lebensmittel, die man schwerlich – ohne etwas zu kaufen – passieren kann, denn die Auslagen sind äußerst verführerisch dekoriert. An manchen Tagen wird auf einem Platz und den Querstraßen Markt abgehalten.
Information: Azienda di Promozione Turistica del Tigullio, Tel.: 01 85-39 50 70

Landgang, Sehenswürdigkeiten:

Sobald man den Hafenbereich mit seiner auffallenden, modernen Bebauung mit den hohen Gebäuden und den oberhalb liegenden Parkanlagen verlassen hat, zeigt sich in der Altstadt von Lavagna ein anderes Bild. Kleine, belebte Gassen, Arkadengänge, eine prächtige Treppe, die von der Piazza Marconi zur Kirche Santo Stefano hinaufführt, laden zum Verweilen ein. Sehens-

Lavagna, Markt

wert ist auch der Palazzo Franzose an der Piazza Liberta, in dem sich heute das Rathaus befindet.
Wegen der ausgedehnten Sandstrände ist Lavagna auch ein beliebter Badeort.

Kultur, Veranstaltungen:
Am 14. August wird in Lavagna ein populäres Volksfest gefeiert. Zur Erinnerung an die Hochzeit von Graf Fieschi mit Bianka dei Bianchi im Jahr 1240 wird auf der Piazza Vittorio Veneto eine über 1000 kg schwere Riesentorte – die Torta dei Fieschi – stückchenweise unter das Volk gebracht.

Sport:
Circolo Nautico Lavagna, Tel.: 01 85-30 15 34
Comitato Società Veliche, del Tigullio,
Tel.: 01 85-32 15 24
Società Cala dei Genovesi, Tel.: 01 85-31 26 26

Ankern:
Vor dem langen Strand im Osten kann bei gutem Wetter geankert werden.

Etwa 2,5 Seemeilen südöstlich vom Porto di Lavagna liegt der Naturhafen

Sestri Levante
44° 16,4' N | 009° 23,2' E

Hinter der 250 m langen Nordmole mit einem Kai auf der Ostseite, die von der Spitze der Halbinsel ausgeht, finden Fischer- und Sportboote in der Baia delle Favole bei West-, Ost- und Südwinden Schutz. Am Kai beträgt die Wassertiefe 4 m, in der Mitte des Bojenfeldes 6–8 m, zum Ufer nimmt sie ab. Es gibt etwa 400 Mooringplätze und 20 Gastliegeplätze für Boote bis 20 m Länge. Besucher können am Kai oder an einer freien Boje festmachen oder außerhalb des Hafenbereichs auf gut haltendem Sandgrund ankern.

Ansteuerung:
Tagsüber ist die bewaldete Halbinsel schon von weitem auszumachen, nachts hilft das Feuer auf dem Molenkopf (F.G) bei der Ansteuerung. Die gesamte Bucht ist mit unbeleuchteten Fischer- und Sportbooten, die vor Anker oder an Bojen liegen, belegt, daher ist Vorsicht beim Einlaufen geboten.
Hafengebote: Die Höchstgeschwindigkeit im Hafenbereich beträgt 3 kn. In jedem Fall sollte man sich im Hafenbüro oder beim Yacht Club Lega Navale anmelden.

Hafenmeister:
Hafenbehörde: Ufficio Locale Marittimo, VHF-Kanal 09, 16, Tel.: 01 85-4 12 95, geöffnet 09.00 – 19.00 Uhr.
Hafenbüro: YC Lega Navale, Tel.: 01 85-4 48 10, in der Saison geöffnet 09.00 – 19.00 Uhr.
Wetterinformationen sind im Hafenbüro zu erhalten.

Hafenservice:
Es gibt zwei Wasserzapfstellen am Kai und Toiletten am Fuß der Mole, wo auch ein Kartentelefon und die Tank-

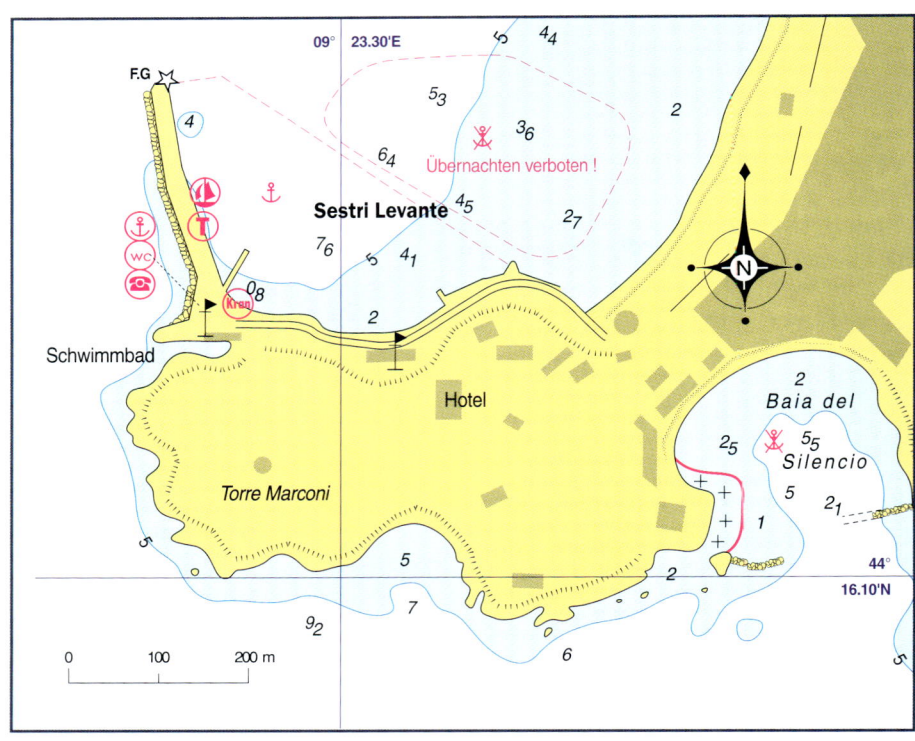

Sestri Levante

stelle – Tel.: 01 85-45 92 04, geöffnet von 09.00–19.00 Uhr – stehen. Kleine Reparaturen können durchgeführt werden, ein fester Kran (2 t) am Südkai hebt kleine Boote, ein LKW-Kran (5 t) kann größere Boote aus dem Wasser heben. Slipmöglichkeiten bestehen nicht. Nachts sind die Hafenanlagen beleuchtet. Ein Schiffsausrüster, ein kleines Restaurant und ein Imbiss sind in der Saison vor der Mole geöffnet. Ein Meerwasserschwimmbad mit Sonnenterrasse liegt in den Felsen auf der Westseite am Fuß der Mole.

Versorgung:
Geschäfte in guter Auswahl, Restaurants, Trattorias und Pizzerien sind im nahen Ort zu finden, dort gibt es auch Banken und die Post.
Information: Azienda di Promozione Turistica del Tigullio, Tel.: 01 85-45 70 11/48 07 49

Landgang, Sehenswürdigkeiten:
Im Mittelalter war die vorgelagerte Isola noch eine wirkliche Insel mit einer Festung aus dem 12. Jh. Erst im

Sestri Levante

Sestri Levante – Baia del Silenzio

Sestri Levante – Baia del Silenzio

einem phantastischen Panoramablick über den Golfo del Tigullio bis nach Portofino. Südlich liegt die besonders reizvolle Baia del Silenzio, die Bucht der Stille, mit einem herrlichen Sandstrand direkt hinter den farbigen, im ligurischen Stil erbauten Häusern.

Zentrum der Altstadt ist die Fußgängergasse Via XXV. Aprile mit ihren vielen Geschäften und Modeboutiquen. Sie führt zur Piazza Matteotti, wo sich die klassizistische Fassade der Kirche Santa Maria di Nazareth aus dem 17. Jh. erhebt.

Auf der Isola, vorbei an den Resten des 1943 im Krieg zerstörten Oratoriums S. Caterina, führt der Weg zu der romanischen Kirche San Nicolo dell'Isola aus dem 12. Jh.

Der größte Teil der Isola ist heute im Besitz des Grand Hotel dei Castelli, auch der riesige Park, der einmalig schöne Ausblicke auf Sestri Levante und die Küste gewährt. Am höchsten Punkt des Parks befindet sich der Torre Marconi, auf dem G. Marconi seine ersten Versuche mit der Kurzwellenübertragung machte.

Veranstaltungen:

Patronatsfeste: San Nicolo am 6. Dezember, San Giovanni Battista am 24. Juni, Madonna del Carmelo am zweiten Julisonntag.

Sport:

Ass. Dilettanti Pesca a Caladda, Tel.: 01 85-48 76 40
Lega Navale Italiana, Tel.: 01 85-4 48 10

Ankern:

In der Baia del Silenzio dürfen kleine bis mittlere Yachten laut einer Verfügung nicht mehr zwischen den an Bojen liegenden Fischer- und Sportbooten ankern.

Die nächsten Häfen, die bei allen Wetterbedingungen angelaufen werden können, liegen im Golfo di La Spezia mehr als 30 sm entfernt. Nur bei guten und stabilen Wetterlagen können die in die Steilküste eingeschnittenen Buchten im weiteren Verlauf der Küste, die sich nach Südosten erstreckt, zum Übernachten vor Anker genutzt werden.

15. Jh. verlandete die üppig begrünte Felseninsel und im 16. Jh. wuchs auf der entstandenen flachen Landzunge die heutige Altstadt mit ihren schmalen, verwinkelten Carugio und den typischen Strandpalazzi an der Baia del Silenzio auf der Ostseite der Halbinsel.

Nach Norden erstreckt sich die Baia delle Favole, die Märchenbucht, die ihren Namen zur Erinnerung an einen Besuch von Hans Christian Andersen erhielt, mit

Riva Trigoso bis Bocca di Magra

Sestri Levante
Riva Trigoso
Moneglia
Bonasola
Levanto
Monterosso al Mare
Punta Mesco
Vernazza
Cinque Terre
Riomaggiore

LIGURIA
RIVIERA LEVANTE

LA SPEZIA
Portolotti
Lerici
Campiglia
Ameglia
Portovenere
I. Palmaria
Fl(2)6s16m10M
Fl(3)15s117m25M
I. del Tino

SARZANA
Marina 3B
Bocca di Magra
Costa del Poeti
Punta Bianca
Fl.3s 22m17M
Marina di Carrara

10° 00.00'E

44° 00.00'N

N

Etwa 2 Seemeilen südöstlich hinter dem Punta Marana öffnet sich die Baia di Riva Trigoso.

Riva Trigoso
44° 15,0' N | 009° 25,2' E

Hinter dem langen, teilbetonierten Kies-/Sandstrand, der durch die Mündung des Fiume Petronio unterbrochen wird, sind die Werkhallen mehrerer Werften zu sehen, von denen die größte – die Fincantieri-Werft – Meerwasser zum Kühlen ihrer Anlagen aus dem Meer saugt, eine gelbe Boje 300 m vor dem Strand markiert diese Stelle, wo niemand anlegen, schwimmen oder tauchen darf.

Ansteuerung
Die Bucht kann man nur tagsüber ansteuern, man orientiert sich am Punta Marana.

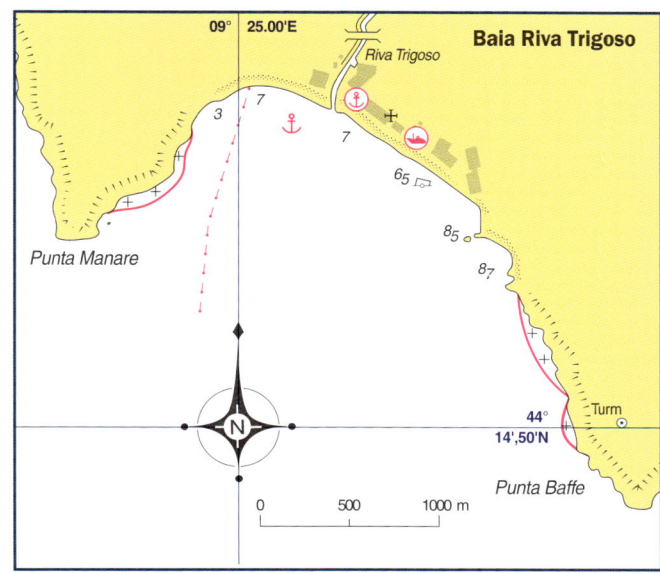

Baia Riva Trigoso
Riva Trigoso
09° 25.00'E
Punta Manare
Punta Baffe
Turm
44° 14',50'N
N
0   500   1000 m

Ankern:

Nur bei entsprechenden Wetterbedingungen kann im mittleren Teil der Bucht auf sandigem Grund geankert werden.

Auf der Westseite führt eine Abwasserleitung ins Meer und auf der Ostseite liegt die markierte Saugleitung für Meerwasser der Fincantieri-Werft.

Etwa 3 sm weiter in südöstlicher Richtung öffnet sich hinter Punta Mesco die Baia di Moneglia.

Moneglia 44° 14,0' N | 009° 29,0' E

Baia di Moneglia

In der Mitte einer sandigen Bucht liegt Moneglia hinter der Uferstraße, einem ehemaligen Bahndamm. Die Bucht mit ihren hohen Felsen bietet Schutz vor mäßigen nördlichen und nordöstlichen Winden.

Ansteuerung:

Bei gutem Wetter kann tagsüber die Baia di Moneglia angelaufen werden. Am sichersten liegt man im nordöstlichen Bereich der Bucht vor zwei Ankern auf mäßig haltendem, 4–7 m tiefem, sandigem Grund in sicherem Abstand von den Felsen.

Die Untiefe Pietra Stella liegt 200 m vor dem Ufer in südsüdwestlicher Richtung vom Kirchturm Santa Croce und ist leicht an kleinen Überwasserfelsen auszumachen.

Versorgung:

Im ruhigen Badeort Moneglia sind Geschäfte, Restaurants, Banken und die Post zu finden.

Landgang:

Moneglia liegt bis heute abseits der großen Touristenströme, weil die Ortschaft nur mit der Bahn oder über eine abenteuerliche, einspurige Küstenstraße mit schmalen Tunnels zu erreichen ist, deren Ampelschaltung den Weg in jeweils einer Richtung nur alle 20 Minuten freigibt. Der feine Sandstrand in der Bucht mit glasklarem Wasser ist daher in der Saison auch nur mäßig belegt. Hinter einer schattigen Palmenallee neben der Uferstraße öffnen sich winzige Ladengassen mit ihren Geschäften und Restaurants.

Knapp 4 sm von Moneglia entfernt liegt an der Steilküste unterhalb des Bahnstation von Framura, vollkommen versteckt hinter einem Felsen, der Bootshafen Ciamia.

Ciamia
44° 11,9' N – 009°33,4' E

Dieser winzige, völlig vor Wind- und Seegang geschützte, natürliche Hafen hinter dem parallel zum Ufer liegenden etwa 60 m langen Felsen befindet sich direkt unterhab der Bahnlinie, die hier aus dem Tunnel ans Tageslicht kommt und hinter der Bahnstation Framura gleich wieder im Berg verschwindet. Das kleine,

Ciamia

Ciamia

3–1,5 m tiefe Hafenbecken wird durch einen breiten Pier vom Steilufer zum Felsen auf der Südostseite verschlossen und besitzt auf der Uferseite einen kleinen Kai, der gleichzeitig Winterlager und Parkplatz darstellt. Der etwa 12 m breite, 4 m tiefe Hafeneingang öffnet sich nach Nordosten und führt durch eine kleine Schikane, die den Seegang abhält, in ein Vorbecken und von da aus in das Hafenbecken. Am Kai und an Mooringbojen in der zweiten Reihe gibt es etwa 40 meist von Ortsansässigen belegte Liegeplätze für flachgehende Sport- und Fischerboote bis 7 m Länge.

Ansteuerung:

Die Orientierung an dieser Steilküste fällt außerordentlich schwer. Doch GPS unterstützt die Suche nach der Bahnstation von Framura oberhalb des Hafens, bei der die Bahngleise weniger als 100 m aus dem Tunnel treten. Erst aus unmittelbarer Nähe lässt sich der nach Südwesten offene Eingang zu dem hinter dem Felsen Ciamia versteckten Naturhafen ausmachen.

Hafenservice:

Es gibt drei Slips für kleine Boote und ein kleines Winterlager, sonst kaum weitere Einrichtungen.

Versorgung:

In der unmittelbaren Umgebung gibt es keine nennenswerten Versorgungsmöglichkeiten, doch mit der Bahn ist man in wenigen Minuten in Moneglia oder Bonassola.

Nach weiteren 5 sm in südöstlicher Richtung – an der Steilküste bei Framura muss mindestens ein Abstand von 300 m wegen Erdrutschgefahr eingehalten werden – erreicht man hinter Punta di Monte Grosso die Anse di Bonassola.

Anse di Bonassola 44° 11,0' N | 009° 35,0' E.

Zwischen hohen Bergen in ein Flusstal eingezwängt liegt die gegen mäßige nördliche und nordwestliche Winde geschützte Anse di Bonassola. Auffällig ist der ehemalige steinerne Bahndamm, hinter dem nur die Dächer der Häuser und der graue Kirchturm mit seiner Uhr zu sehen sind, und eine mächtige Burgruine am Ortsrand der Ortschaft.

Die Wassertiefe nimmt von 20 m am Eingang der Bucht auf 8–10 m im Abstand von 70 m zum Ufer ab. Der Ankergrund ist sandig.

Ansteuerung
Die Bucht kann nur tagsüber angelaufen werden.

Versorgung:
Geschäfte und viele gute Restaurants sind hinter dem ehemaligen Bahndamm im Ort zu finden.

Landgang, Sehenswürdigkeiten:
Bonassola ist ein kleiner Badeort mit einem grauen Sand-/Kiesstrand in einer windgeschützten Bucht. Außer der Pfarrkirche Santa Caterina von 1670 mit einer reichen Barockdekoration bietet der Ort keine besonderen Sehenswürdigkeiten.

1,5 sm in südöstlicher Richtung entfernt liegt der kleine Hafen- und Ankerplatz

Levanto
44° 09,8' N | 009° 35,7' E.

Die weit geschwungene, auf beiden Seiten von steilen Ufern eingeschlossene Bucht öffnet sich nach Südwesten. Sie ist gegen nördliche Winde ganz gut geschützt und bietet in der Nordostecke vor einer Steinmole auf 7–4 m Sandgrund einen Ankerplatz. Hinter dieser Mole liegt ein winziger Hafen für einheimische Sport- und Fischerboote. Vor dem weiten Sandstrand darf wegen

des Badebetriebs nicht geankert werden. Ein zweiter Ankerplatz liegt im Südosten der Bucht hinter einer Steinmole mit 4–1 m Wassertiefe. Hier liegen viele einheimische Boote an Mooringbojen. Insgesamt gibt es etwa 60 Liegeplätze für Boote bis 7 m Länge.

Ansteuerung
Die Bucht kann nur tagsüber und bei gutem Wetter angelaufen werden. Bei der Einsteuerung ist auf die nicht markierte, felsige Untiefe Secca della Perla mit nur 1 m Wassertiefe zu achten. Sie liegt auf der Verbindungslinie zwischen den Rändern der Bucht etwa 450 m vom Punta Grone entfernt. Die Villa Gialla auf der Nordseite der Bucht und die Villa Rosa in der Südostecke der Bucht sind zwei auffällige Gebäude.

Versorgung:
Der Ort bietet gute Einkaufsmöglichkeiten, Post- und Bankverbindungen sowie zahlreiche Cafés und Restaurants mit guter ligurischer Küche.

Landgang, Sehenswürdigkeiten:
Levanto ist mit seinem breiten Sandstrand ein beliebter Urlaubsort. In dem vorwiegend modern bebauten Ort gibt es einige sehenswerte Gebäude aus mittelalterlicher Zeit. Auf dem kleinen Altstadthügel befindet sich an der von Arkaden umgebenen Piazza Cavour das ehemalige Kloster S. Chiara von 1603, das heute als

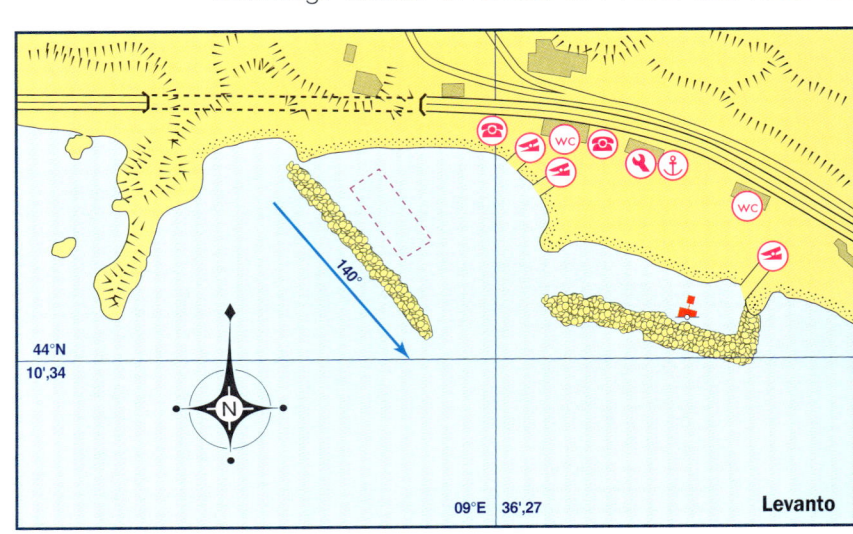

Levanto, Chiesa Sant Andreas

Levanto

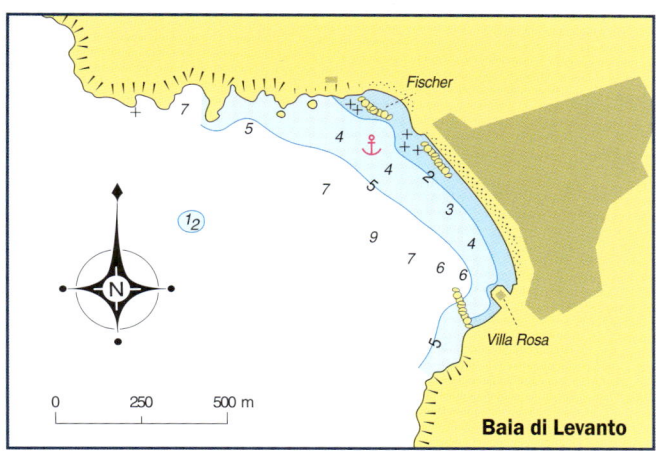

Fischer

5

4

7

5

4

4

2

3

7

9

7

6

6

5

Villa Rosa

1 2

N

0   250   500 m

Baia di Levanto

Rathaus dient. Sehenswert sind auch die Loggia del Comune und die Casa Restani aus dem 13. Jh. an der Piazza da Passano.

An der Piazza Sant'Andrea steht eine der schönsten gotischen Kirchen Liguriens, die Pfarrkirche Sant'Andrea mit einer grünweiß gestreiften Fassade und einem typisch ligurischen Radfenster aus Marmor. Von den sieben Türmen der alten Stadtmauer steht noch der Torre dell'Orologio (Uhrturm), nicht weit davon entfernt gelangt man zur zinnenbekrönten Burg aus dem 16. Jh.

Die etwa fünf Seemeilen lange Steilküste vom Punta del Mesco (mit einem Semaphor auf dem Gipfel) im Norden bis zum Capo Monte Negro im Süden heißt

Monterosso mit dem Anleger Ponente

Cinque Terre

Diese Landschaft gehört zu den schönsten und ursprünglichsten Gegenden Italiens. In fast gleichen Abständen zueinander reihen sich die malerischen Ortschaften *Monterosso, Vernazza, Corniglia, Manarola* und *Riomaggiore* entlang der Steilküste auf. Eine landschaftliche Besonderheit sind die schon von weitem erkennbaren Terrassen, auf denen die Reben hochgeschätzter Weine angebaut werden. Von hier kommt ein ausgezeichneter, trockener Weißwein.

Dieser Küstenbereich war Jahrhunderte lang durch die Gebirgsketten im Hinterland und durch die steil ins Meer abfallenden Felsen von der Außenwelt weitgehend isoliert. Die Landschaft wird auch weiterhin fast unberührt bleiben und ihren besonderen Reiz behalten, denn bis heute durchschneidet keine Küstenstraße die Landschaft der Cinque Terre und es gibt nur wenige, kleine Hotels. Die meisten Touristen besuchen nur tagsüber die alten, an den Felsen klebenden Ortschaften mit Ausflugsbooten, wenn das Wetter das Anlegen an schmalen Piers in den Felsen zulässt. Nur wenige Besucher benutzen die Eisenbahn, die hauptsächlich im Dunkeln durch die vielen Tunnel rast. Die Steilküste bietet auch wenig Schutz für Yachten, nur Monterosso und Vernazza besitzen winzige Häfen, die allerdings nur tagsüber und von kleinen Yachten angelaufen werden können, weil keine Feuer auf den Molen brennen. Die wenigen Plätze sind zudem von lokalen Fischer- und Sportbooten belegt, größere Yachten können aber in den beiden Buchten bei stabilen Wetterlagen tags über den Anker werfen und mit dem Beiboot einen Abstecher zum Land machen. Doch der Geheimtipp bleibt: bei schönem Wetter eine Fahrt mit einem der Ausflugsboote von Lerici oder Portovenere zu den malerischen Ortschaften einzuplanen. Dabei ist es möglich, die Fahrt an den einzelnen Stationen zu unterbrechen und mit einem der nächsten Boote fortzusetzen. *Noch einmal zur Erinnerung:* Sportboote müssen wegen der Gefahr von Steinlawinen und Erdrutschen zum

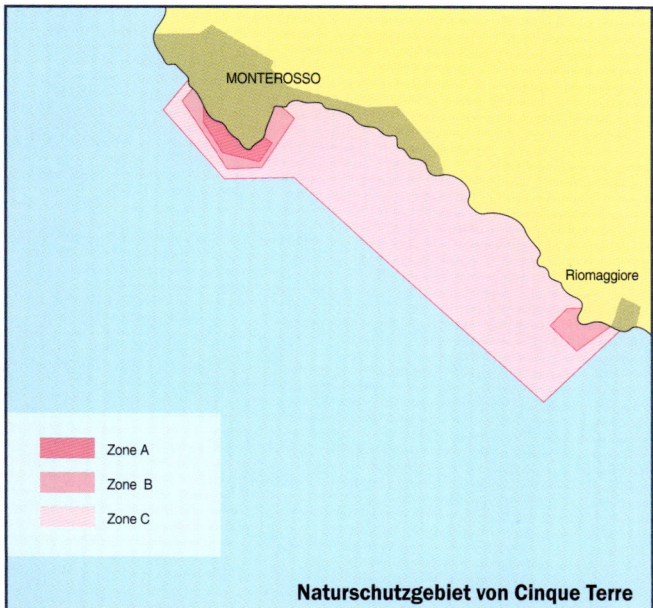

Naturschutzgebiet von Cinque Terre

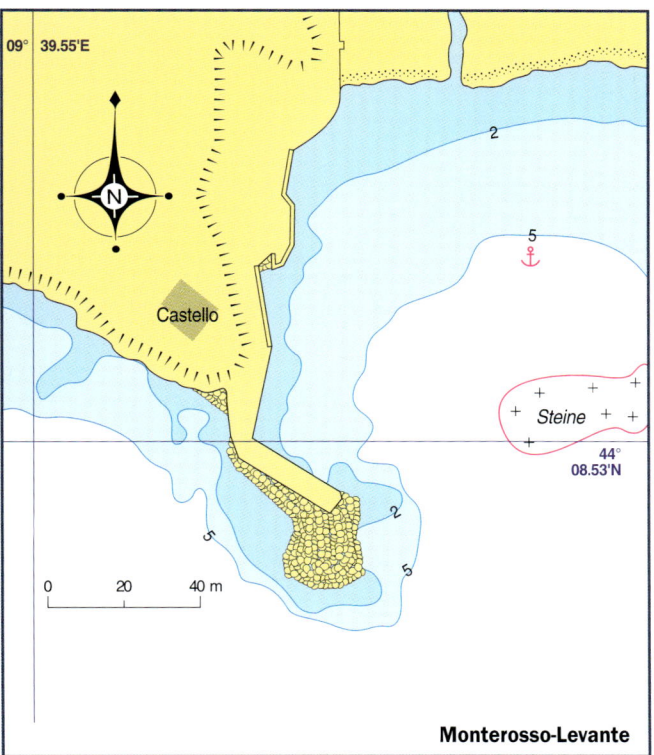

Monterosso-Levante

Ufer der Steilküste ausreichenden Abstand von etwa 300 m halten.

Das Naturschutzgebiet von Cinque Terre

erstreckt sich vom Punta Mesco bei Monterosso bis zum Capo di Monte Nero bei Riomaggiore und umfasst drei Bereiche, für die im Jahr 1998 Vorschriften, die auch Wassersportler betreffen, erlassen wurden.
In der Zone „A" um Punta Mesco ist jegliches Fischen und Tauchen sowie die Durchfahrt und der Aufenthalt (Ankern) von Sportbooten streng verboten.
In der Zone „B" ist Anken und Fischen nicht erlaubt und die Höchstgeschwindigkeit beim Durchfahren beträgt 8 Knoten.
In der Zone „C" ist Fischen ebenfalls verboten, Tauchen ist nur in der Obhut lokaler Veranstalter erlaubt.

In der Bucht, die sich hinter dem Punta del Mesco mit dem 300 m hohen Monte Ve nach Süden öffnet, liegen die kleinen Häfen von Monterosso.

Monterosso

– Levante 44° 08,5' N | 009° 39,6,' E
– Ponente 44° 08,5' N | 009° 38,7' E

Der Porticciolo Levante liegt im Westen und der Porticciolo Ponente im Osten der weit geschwungenen Bucht.
Im westlichen, windgeschützten, durch zwei Molen gebildeten winzigen Hafen stehen von den 53 Liegeplätzen für Boote bis 6 m Länge drei für Gäste zur Verfügung. Die erste Übernachtung ist kostenfrei. Der Hafeneingang ist 3 m tief, etwa 30 m breit und öffnet sich nach Südosten. Die Wassertiefe im Hafen nimmt von 2 auf 1 m ab.
Im östlichen Hafen, der von einer 50 m langen, nach Südosten gerichteten Steinmole mit Innenkai gebildet wird, legen nur Ausflugsboote an. Größere Yachten können im Schutz der im Abstand von 60 m gegenüberliegenden Steinmole auf 6–3 m sandigem Grund bei guten Wetterbedingungen ankern.

Ansteuerung:

Die Bucht kann nur tagsüber angesteuert werden. Zwei

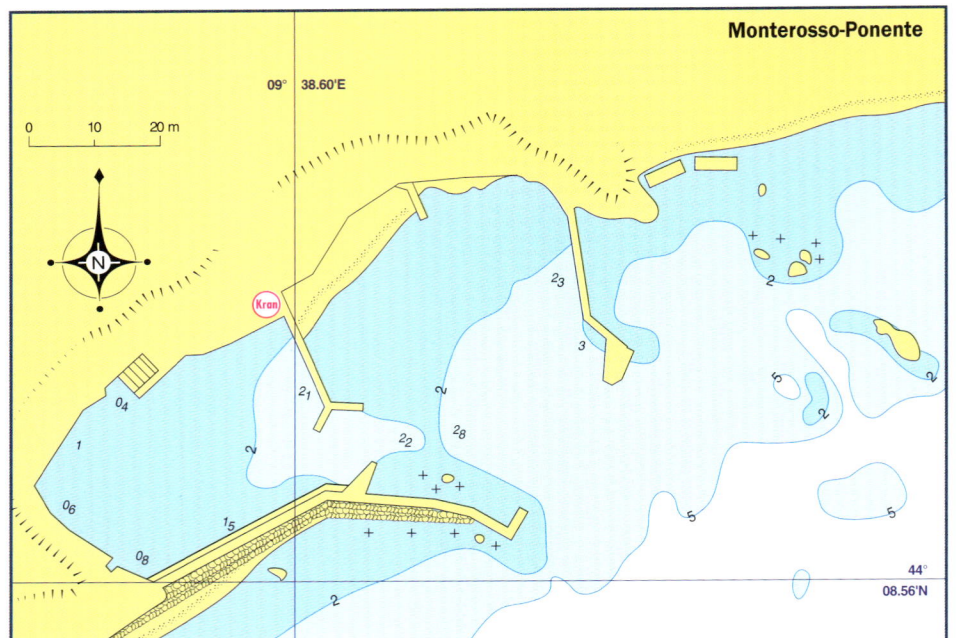

Monterosso-Ponente

markante Türme, ein runder grauer Steinturm und ein viereckiger zinnenbewehrter Turm fallen am Rand der Siedlung im Westen auf. Die weitläufige Bucht mit feinem Sandstrand wird in der Mitte durch ein Castel auf einem Felsen in zwei Hälften geteilt.

Hafengebote: Anmeldung im Clubbüro ist erforderlich.

Hafenmeister:

Büro des Circolo Velico „Il Gigante", VHF-Kanal 16, Tel.: 01 87-81 74 84, geöffnet in der Saison von 8.00–18.00 Uhr. *Wetterinformationen* gibt es im Clubbüro.

Hafenservice:

Festgemacht wird an Bojen und Mooringleinen, es gibt einige Wasser- und Stromanschlüsse. Toiletten und ein Kartentelefon sind in der Nähe, ebenso Parkplätze, aber es gibt keine Tankstelle. Ein Slip und ein fester 2-t-Kran stehen zur Verfügung, kleine Reparaturen können ausgeführt werden.

Versorgung:

Geschäfte, Supermarkt, viele Restaurants, Banken und Post sind im nahen Ort. *Information:* Associazione Pro Loco, Tel.: 01 87-81 75 06 / -81 78 25

Landgang, Sehenswürdigkeiten:

Monterosso ist der größte Ort und touristisches Zentrum der Cinque Terre. Er hat im Gegensatz zu den übrigen Orten der Cinque Terre einen langen Sandstrand. Die alte Bahntrasse trennt die Uferstraße von der Altstadt mit ihren hübschen Gassen voller Geschäfte und Restaurants. Am Hauptplatz fallen die Loggia del Podesta (14. Jh.) und der wehrhafte Turm der Pfarrkirche San Giovanni Battista mit der grünweißen Fassade und der schönen Fensterrose aus Marmor auf. Westlich des Ortskerns führt ein Tunnel durch den San-Cristoforo-Hügel zum neuen Ortsteil Fegina. Auf dem

Monterosso, Gasse

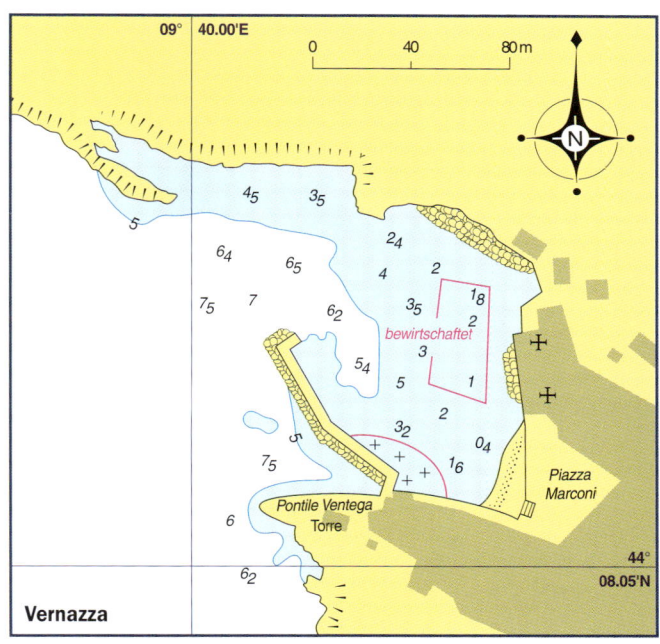

Vernazza

Hügel befinden sich ein Castello und ein altes Kapuzinerkloster (Convento) mit der Kirche San Francesco, in der sich wertvolle Gemälde aus dem 16. Jh. befinden, darunter ein Kreuzigungsbild von van Dyck.

Veranstaltungen:
Das Patronatsfest des San Giovanni Battista findet am 24. Juni statt.

Sport:
Circolo Velico, Tel.: 0187-811784

Etwa 1,5 sm weiter nach Südosten an der Küste entlang erreicht man den malerische gelegenen Hafen

Vernazza
44° 08,1' N | 009° 40,0' E.

Der winzige Hafen von Vernazza liegt in einer natürlichen, felsigen Bucht und wird durch eine in nordöst-

Vernazza

Cinque Terre – Corniglia

Cinque Terre – Riomaggiore

licher Richtung verlaufende Steinmole mit innen liegendem Kai geschützt. Der Hafeneingang ist etwa 50 m breit, über 6 m tief und öffnet sich nach Südwesten. Vom Kai mit etwa 2 m Wassertiefe – mit zum Teil unreinem Grund – wird es zum kleinen Strand im Inneren des Hafenbeckens flach. Am Kai liegen kleine lokale Fischer- und Sportboote. Offiziell sind keine Gastplätze ausgewiesen. Wer trotzdem versucht, an einem freien Platz anzulegen, muss äußerst vorsichtig navigieren. Bei westlichen und südwestlichen Winden ist die Einfahrt nicht passierbar.

Ansteuerung:
Der Hafen wird nur tagsüber und bei gutem Wetter, vornehmlich von Ausflugsbooten angelaufen. Von weitem ist der charakteristische graue runde Burgturm auszumachen.

Hafenmeister:
Der Hafenmeister ist über VHF-Kanal 16 zu erreichen.

Cinque Terre – Manarola

Hafenservice:
Es gibt keinen nennenswerten Service.

Versorgung:
Einige Geschäfte, Boutiquen und Restaurants umwerben die Touristen.

Landgang, Sehenswürdigkeiten:
Vernazza, der wohl am meisten fotografierte Ort der Cinque Terre, liegt eingezwängt in einem Taleinschnitt hinter einer ins Meer hinausragenden Felsklippe mit einem alten Burgturm. Farbige Häuser drängen sich bis hin zu der kleinen Piazza am Strand, wo bunte Boote in der Sonne liegen. Im Sommer herrscht immer viel Betrieb, zahlreiche Cafés und Restaurants laden zum Verweilen ein. Nördlich der Piazza am Hafen steht die Pfarrkirche Santa Margherita, die 1318 im gotischen Stil errichtet und 1970 restauriert wurde.

Kultur, Veranstaltungen:
Am 20. Juli wird das Patronatsfest Santa Margherita gefeiert.

Golfo di La Spezia

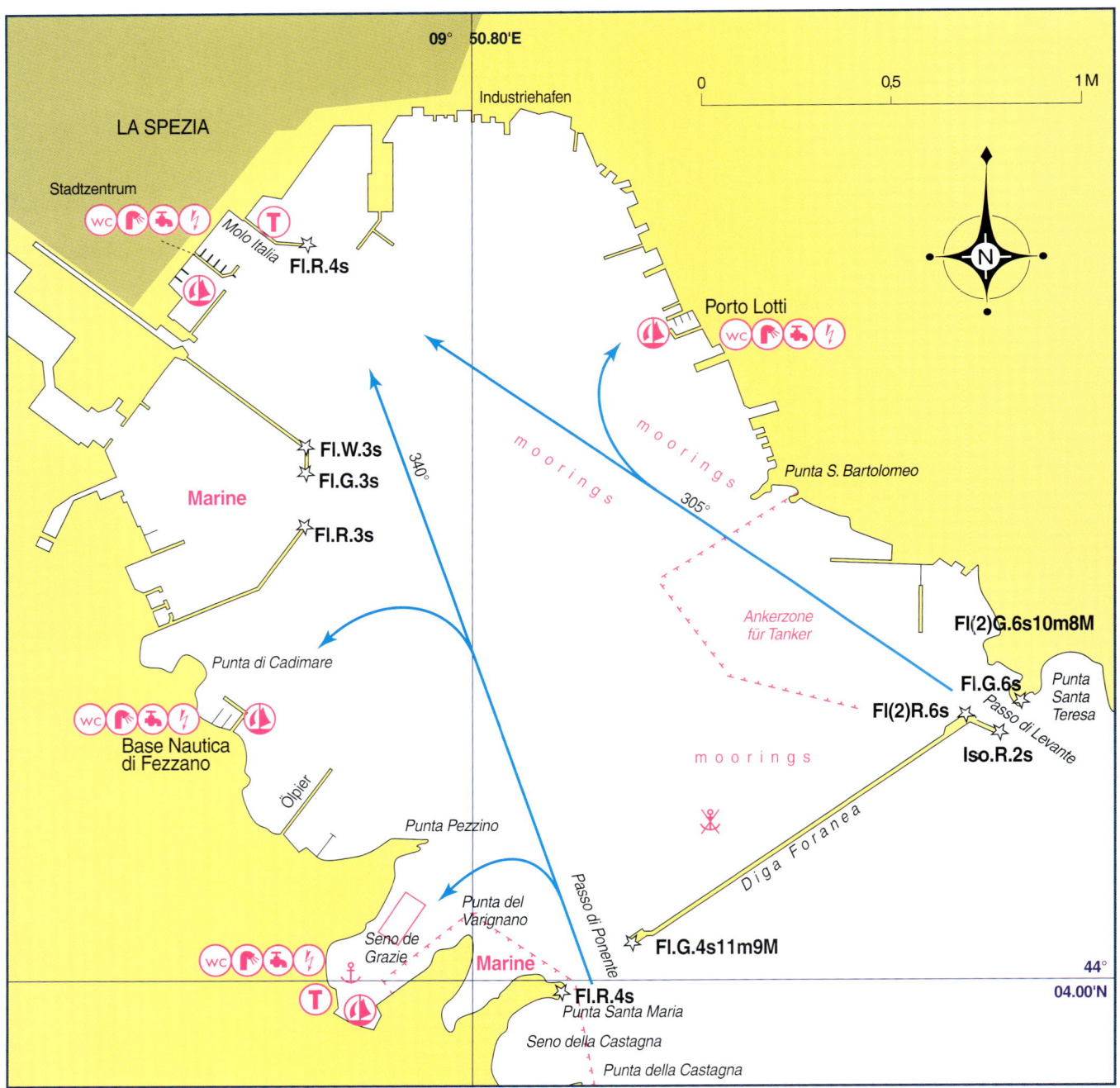

09° 50.80'E Industriehafen

0   0,5   1 M

LA SPEZIA

Stadtzentrum

Molo Italia

Fl.R.4s

Porto Lotti

Marine

Fl.W.3s
Fl.G.3s

Fl.R.3s

Punta S. Bartolomeo

305°

340°

Punta di Cadimare

Ankerzone
für Tanker

Fl(2)G.6s10m8M

Base Nautica
di Fezzano

Ölpier

Fl.G.6s

Punta
Santa
Teresa

Fl(2)R.6s

Passo di Levante

Iso.R.2s

moorings

Diga Foranea

Punta Pezzino

Punta del
Varignano

Seno de
Grazie

Marine

Passo di Ponente

Fl.G.4s11m9M

44°
04.00'N

Fl.R.4s

Punta Santa Maria

Seno della Castagna

Punta della Castagna

Isola Parmaria

Isola del Tino

Passagio

Portovenere

Italienische Seekarten 3, 115

Im Süden der Costa Ligure liegt das herrliche Wassersportrevier des *Golfo di La Spezia,* der sich zwischen der *Isola del Tino* und dem *Capo Corvo* auf einer Breite von 5 sm nach Süden öffnet und in nordöstlicher Richtung fast 6 sm tief in die Landschaft einschneidet. Im Osten ist der Golf durch steil ins Meer abfallende Berge geschützt und im Westen durch die Ausläufer der *Cinque Terre,* die sich in den felsigen *Isola Palmaria* und *Isola del Tino* fortsetzen.

Die Ansteuerung in die breite Öffnung des Golfo di La Spezia aus Südosten ist tagsüber und nachts bei jedem Wetter einfach. Am Tag bilden die Bergketten auf beiden Seiten gute Ansteuerungshilfen, nachts weisen der Leuchtturm *Venerio* auf der *Isola del Tino* mit Fl(3)W.15s 117m25M und das Feuer auf dem *Scoglio Torre della Scuola* mit Fl(2)W.6s 16m10M schon von weitem den Weg.

Aus Nordwesten kommend ist dagegen bei stürmischem Wetter mit westlichen Winden vom Einlaufen in den *Golfo di La Spezia* durch die nachts zudem unbe-

Die Passage von Portovenere

feuerte *Passaggio di Portofino* ebenso abzuraten wie die Durchfahrt zwischen den Inseln *Palmaria* und *Tino*, was bei gutem Wetter gefahrlos möglich ist, denn viele Ausflugsboote nehmen diese Routen wahr.

Schließlich ist zu beachten, dass im Golfo di La Spezia wegen der Militärbasis und des Handelshafens besondere Vorschriften gelten, insbesondere genießen die Berufsschifffahrt und die Marine Wegerecht. Das gilt besonders auf den durch befeuerte Tonnen markierten Fahrwegen: *Rotta die Levante*, *Rotta di Mezzo* und *Rot-*

ta di Ponente. Im Zweifel gibt die Autorita Maritima auf den Kanälen 9,11,12,14 und 16 Auskunft.

Das Innere des Golfo di La Spezia – die *Rada di La Spezia* – ist durch den *Diga Foreana* geschützt, einer Steinmole quer über die Bucht. Auf der Westseite liegt die Einfahrt *Passo Ponente* und auf der Ostseite die *Passo Levante*. Beide Durchfahrten sind gefahrlos am Tag und in der Nacht bei jedem Wetter zu benutzen. Die westliche, über 1 sm breite Einfahrt ist mit dem Leuchtturm aus roten Backstein auf dem *Punta Santa*

Golfo di La Spezia – Diga Foreana

Maria (Fl.R.4s 11m9M) und dem Feuer auf dem Kopf des *Diga Foreana* (Fl.G.4s 11m9M) gekennzeichnet. Diese Zufahrt ist in der Nacht vorzuziehen, weil beim Einlaufen durch die Passo di Levante mit ihren drei Feuern, ISO.R.2s 9m 4M, Fl(2).R.6s 10m 8M und Fl(2).G.6s 10m 8M, auf dem *Punta Santa Teresa* ein Feld von unbeleuchteten Festmachertonnen für große Schiffe auf der Westseite der Rada di La Spezia durchquert werden muss.

Fahrzeuge der Marine und der Berufsschifffahrt genießen auch hier Wegerecht und dürfen nicht behindert werden. Auslaufende haben Wegerecht vor einlaufenden Schiffen. Die Höchstgeschwindigkeit beträgt 6 kn.

In der Rada di La Spezia findet man Gastliegeplätze in der Südwestecke der Seno delle Grazie, in der *Base Nautica di Fezzano*, im *Porto Mercantile* und im *Porto Lotti*. Schöne Ankerplätze befinden sich im Norden der

Isola Palmaria, in der *Seno delle Grazie* und im *Porto Comunale di Fezzano*. Vor einem ehemaligen Werftgelände in der Seno delle Grazie soll eine Marina mit Schwimmstegen entstehen.

Im Südosten des Punta della Castagna liegt das militärische Übungsgebiet T803. Torpedoschießsignale werden an Gittermasten auf dem Gipfel der Isola Palmaria und auf dem Punta della Castagna gezeigt. Wenn tagsüber ein Kegel mit der Spitze nach oben, darunter ein Ball und ein Kegel mit der Spitze nach unten oder nachts drei rote Festfeuer übereinander gezeigt werden, ist das Befahren des Übungsgebietes verboten. Seno di Varignano gehört zum militärischen Sperrgebiet.
Seeflugzeuge der italienischen Luftwaffe, die die gesamte freie Wasserfläche des Golfo di La Spezia benutzen können, dürfen bei ihren Manövern nicht behindert werden.

500 m hinter der 100 m breiten und 20 m tiefen Passage von Portovenere zwischen dem Festland und der Isola Palmaria liegt

Portovenere
44° 03,0' N | 009° 50,3' E.

Der gegen alle Winde geschützte Hafen für kleine Fischer-, Ausflugs- und Sportboote wird durch die Molo Dondero – eine Steinmole mit innenliegendem Kai –

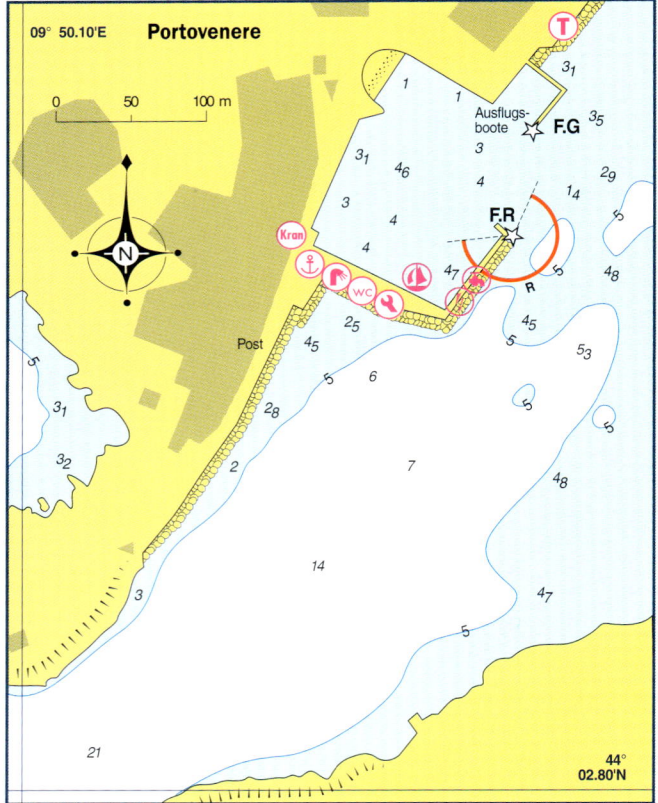

Portovenere, Hafenpromenade

und die Molo Olivo gebildet. Sie lassen zwischen sich eine nach Osten geöffnete, 60 m breite und 4 m tiefe Hafeneinfahrt frei. Vom Land ragt die Molo Doria, ein etwa 30 m langer Pier, in das über 100 m breite, 4–2 m tiefe Hafenbecken. Yachten dürfen nur am Kai der Molo Dondero festmachen, dort gibt es 32 Gastliegeplätze für Yachten bis 45 m Länge.

Ansteuerung:
Der Hafen kann tagsüber und nachts bei jedem Wetter angelaufen werden, die Molen sind befeuert (F.R und F.G). Allerdings ist die Passaggio di Portovenere nachts oder bei schwerem Wetter zur Ansteuerung von Portovenere nicht zu empfehlen. Es gibt kein Feuer, das die Durchfahrt markiert, und bei Sturm stehen brechende Grundseen vor und in der Passaggio. Tagsüber und bei gutem Wetter ist die Passaggio von See her schon von weitem an der Chiesa San Pietro und der Isola Palmaria gegenüber zu erkennen.

Hafengebote: Eine Anmeldung im Hafenbüro ist erforderlich.

Hafenmeister:
Die Liegeplätze werden von einer privaten Gesellschaft

Isola del Tino

Isola Palmaria

Torre della Scuola

Passaggio di Portovenere – von Norden

bewirtschaftet, welche die Liegeplätze zuteilt. Deren Hafenbüro befindet sich in dem Gebäude auf der Molo Dondero, VHF-Kanal 9 und 11, Tel.: 01 87-79 30 40. *Wetterinformationen* sind im Hafenbüro zu bekommen.

Hafenservice:
Wasser- und Stromanschlüsse sind am Kai, eine Sanitäreinrichtung mit Toiletten und Duschen gibt es im Gebäude auf dem Kai, Kartentelefone und Parkplätze sind in der Nähe.
Es gibt keine *Technische Zone* und keine Tankstelle im Hafen, es können lediglich kleine Reparaturen und Wartungsarbeiten durchgeführt werden.
Eine Agip-Tankstelle liegt etwas entfernt an der nordöstlich an der Küste entlanglaufenden Via del Olivo (Tel.: 01 87-79 02 99).

Information: Associazione Turistica Pro Loco, Tel.: 01 87-79 06 91

Versorgung:
An der Promenade vor dem Hafen reihen sich nur Restaurants, Cafés, Boutiquen und Eisdielen aneinander, Geschäfte findet man erst in der Altstadt.

Landgang, Sehenswürdigkeiten:
Portovenere zählt zu den schönsten Häfen der Riviera di Levante. Die hohen, farbenfrohen und zum Teil sehr schmalen Häuser bilden eine unvergessliche Hafenkulisse, überragt von der Kirche San Lorenzo und der alten Festung. Nur wenige Schritte vom Hafen entfernt liegt auf einer Felsspitze die kleine Kirche San Pietro, ein zum Teil aus dem 6. Jh. stammender Sakralbau, der

seine heutige Form im gotischen Baustil mit der schwarzweiß gestreiften Fassade im 13. Jh. erhielt.

Von hier oben hat man einen herrlichen Panoramablick auf das Meer, die vorgelagerte Insel Palmaria und die steil abfallende Felsenküste.

Nicht weit vom Hafen gelangt man durch ein altes Stadttor neben einem Wehrturm in die schmale Hauptgasse des alten Zentrums mit zahlreichen Geschäften, Restaurants und Cafés. Eine malerische Treppengasse führt zur Kirche San Lorenzo, einem romanischen Bau aus dem 12. Jh., und zu der alten Genueser Festung mit ihren mächtigen Außenmauern.

Der heutige Name des Hafens leitet sich von Portus Veneris, Hafen der Venus, ab und deutet auf die ursprüngliche Gründung des Hafens durch die Römer hin.

Veranstaltungen:
Am 17. August wird das Patronatsfest der Madonna Bianca begangen, mit Feuerwerk und Illumination der Halbinsel.

Ankern:
Je nach Windrichtung kann in der nach Norden geöffneten Bucht von Isola Pamaria oder in der großen Bucht 500 m nordöstlich von Portovenere auf sandigem Grund geankert oder an einer freien Boje festgemacht werden.

Etwa 1000 m ostnordöstlich von Portovenere passieren wir auf Nordkurs den Punta della Castagna, dahinter öffnet sich an Bb. die

Seno della Castagna
Seno di Cadimare nördlich von Fezzano ist ein militärischer Seeflughafen. Diese Bucht darf nicht befahren werden, sie gehört zu einem militärischen Sperrgebiet, das sich rund um den Punta Santa Maria und hinter der Passo di Ponente in die

Seno del Varignano
fortsetzt, die ebenfalls nur Militärfahrzeugen vorbehalten ist. Das Sperrgebiet setzt sich über den Punta del Varignano fort.

Das Sperrgebiet umfasst auch die ersten 500 m im Südostteil der Bucht von Le Grazie.

Le Grazie   44° 04,2' N | 09° 50,7' E

Sie liegt 2 sm nordnordöstlich vom Porto di Portovenere im deichgeschützten Bereich des Golfo di La Spezia. Seno delle Grazie ist ein natürlicher Hafen, der durch eine nach Nordosten zum Golfo di La Spezia offene Bucht gebildet wird und Schutz gegen fast alle Winde bietet. Winde aus östlichen Richtungen verursachen allerdings einigen Schwell. Der breite Fuß der Bucht ist fast vollständig mit Kaianlagen ausgestattet, von denen der größte Teil zu einer ehemaligen Werft gehört, auf deren Gelände ein neuer Yachthafen geplant ist. Es gibt auch einige Schwimmstege, die aber mit einheimischen Sportbooten belegt sind. In der Bucht befinden sich entlang der Nordwestseite einige Mooringfelder mit kleinen lokalen Booten. Die Bucht eignet sich gut zum Ankern und besitzt schlammig-sandigen, gut haltenden Grund zwischen 8–10 m. Am Fuß der Bucht betragen die Wassertiefen 1–4 m. Es gibt einige Gastplätze, die von der Werft Valdettaro verwaltet werden.

Ansteuerung:
Tagsüber fällt die Ansteuerung nicht schwer, aber die Berufsschifffahrt und insbesondere Schiffe der Marine genießen Wegerecht. Wer von Portovenere kommt, passiert die Passo di Ponente mit einem Kurs von 315° vorbei an der Punta Santa Maria mit dem markanten, roten Backstein-Leuchtturm an Bb. zum Golfo di la Spezia. Wegen felsigem Grund vor der Punta del Varigano biegt man in sicherem Abstand (150 m) in die Seno delle Grazie ein.

Seno del Varigano, die Bucht unmittelbar davor, ist militärisches Gebiet und darf nicht befahren werden. Nachts weisen das Leuchtfeuer auf dem Punta Santa Maria (Fl.R.4s 11m9M) und auf dem Diga Foreana (Fl.G.4s 11m9M) den Weg durch die Passo di Ponente. Nach etwa 700 m hinter dieser befeuerten Einfahrt steuert man in die Seno delle Grazie ein.

Achtung: Auf der Nordseite am Ausgang der Bucht befindet sich eine Fischzuchtanlage, daran schließt sich zum Inneren der Bucht ein Mooringfeld an.

Hafengebote: Anmeldung über Kanal VHF 16.

Hafenmeister:

Direzione Cantieri Valdettaro,
Tel.: 01 87-79 16 87
Wetterinformationen sind im
Werftbüro zu erhalten.

Hafenservice:

Am Kai der Werft wird zum Teil
mit Mooringleinen, sonst mit Buganker festgemacht, Wasser- und
Stromanschlüsse sind nicht
überall vorhanden. Sanitäreinrichtungen mit Toiletten und Duschen sowie Parkplätze sind auf
dem Werftgelände vorhanden.
Das ehemalige Werftgelände bildet eine große *Technische Zone*
mit Slip, Werften, Winterlager und
Kran. Werkstätten für Motoren,
Elektrik und Elektronik sind im
Werftbereich tätig. Eine Tankstelle befindet sich im Südwesten
der Bucht. Dort gibt es mehrere
Stege und einen Kai, wo ebenfalls Gastyachten vor Buganker
festmachen können. Man achte
aber auf die Steine auf dem
Grund vor dem Kai, wo die Wassertiefe stellenweise auf weniger
als 2 m abnimmt. Es gibt mehrere Wasserzapfstellen, Toiletten
und Duschen.

Versorgung:

Einige Lebensmittelgeschäfte
und Restaurants gibt es in der
kleinen Ortschaft oberhalb des
Werftgeländes.

Landgang, Sehenswürdigkeiten:

Ein Landgang dürfte sich auf einen Bummel durch den Ort beschränken, der allerdings vom
Touristenrummel verschont ist.

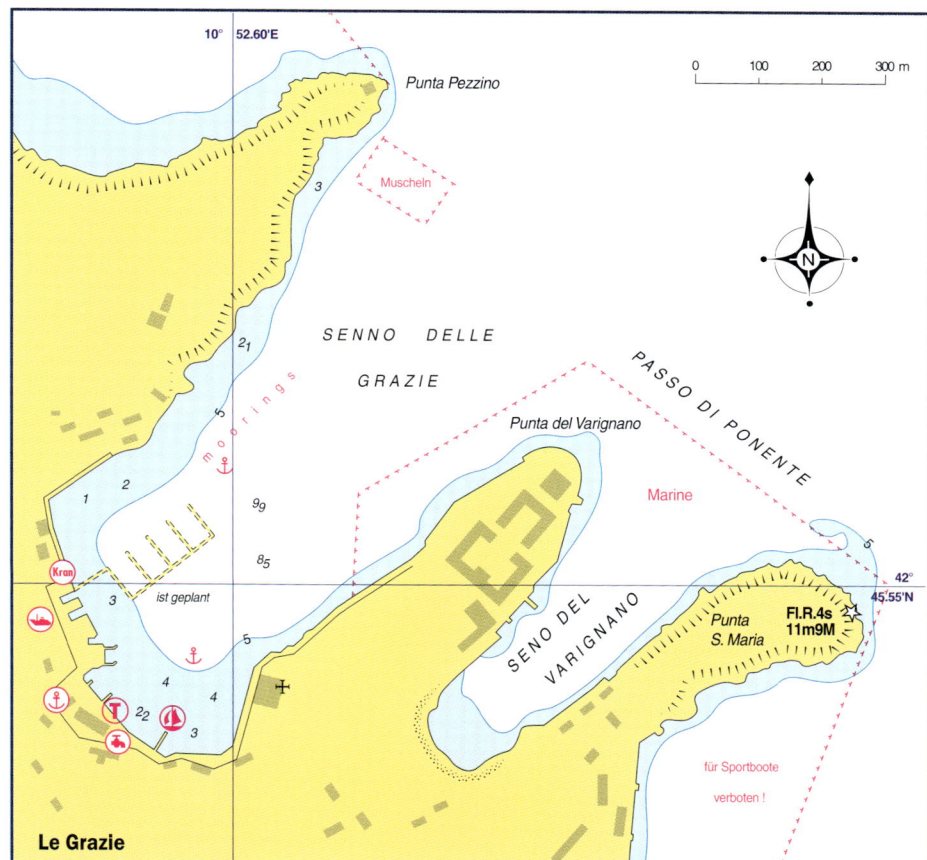

Le Grazie

Von der Straße hinter den Ortsausgängen ergeben sich schöne Aussichten auf die Seno delle Grazie und den Golfo di la Spezia.

Ankern:
Auf 8–10 m sandig-schlammigem Grund in der Mitte der Bucht hält der Anker gut.

Wer die Seno delle Grazie passiert und vom Punta Pezzino in nordwestlicher Richtung an der Ölpier vorbeiläuft, erreicht die Marina Fezzano.

La Spezia, Marina di Fezzano
44° 04,2' N | 009° 50,7' E

Die Base Nautica del Fezzano und der Porto Comunale di Fezzano liegen am westlichen Ufer des Golfo di La Spezia unweit des Porto Militare mitten in der kleinen Ortschaft Fezzano.

Die Liegeplätze sind nicht durch Außenmolen geschützt und etwas unruhig bei östlichen Winden. Die Schwimmstege der Base Nautica liegen vor dem Kai einer ehemaligen Werft auf 3–7 m Wassertiefe und bieten 250 Liegeplätze für Yachten bis 20 m Länge, von denen 20 als Gastliegeplätze vorgesehen sind.

Im Porto Comunale liegen im flachen Wasser vor dem Kai ausschließlich kleine, lokale Fischerboote.

Im tieferen Wasser davor befinden sich unzählige Mooringplätze, die ebenfalls mit lokalen Booten belegt sind. Gastliegeplätze sind hier nicht vorgesehen.

La Spezia – Marina di Fezzano

Ansteuerung:

Tagsüber fällt die Ansteuerung nicht schwer, aber Berufschifffahrt und Schiffe der Marine genießen Wegerecht. Wer von Portovenere kommt, passiert mit einem Abstand von mindestens 150 m vom Ufer (Untiefen) des Punta Santa Maria mit dem markanten roten Backstein-Leuchtturm auf einem Kurs von 315° den Passo di Ponente zum Golfo di La Spezia, fährt im Mindestabstand von 50 m (Untiefen) am Punta del Varignano, mit gleichem Abstand am Punta Pezzino und schließlich an der langen Ölpier in der Seno di Panigalia vorbei.

Dahinter liegt die Base Nautica an Bb. voraus, unweit dahinter der offene Porto Comunale di Fezzano. Nachts weisen das Leuchtfeuer auf dem Punta Santa Maria (Fl.R.4s 11m9M) und auf dem Diga Foreana (Fl.G.4s 11m9M) den Weg durch die Passo di Ponente. Hinter dieser befeuerten Einfahrt steuert man etwa 1200 m weit mit einem Kurs von 315°, der in sicherem Abstand am Punta Pezzino und an der befeuerten Ölpier (2 F.G (vert)) in der Seno di Panigalia vorbeiführt. An Bb. voraus liegen dann die schwach beleuchteten Schwimmstege der Base Nautica und der Porto Comunale di Fezzano dahinter.

Hafengebote: Eine Anmeldung im Büro der Werft ist erforderlich.

Hafenmeister:

Cantieri Navali del Fezzano, Tel.: 01 87-79 01 03, Fax: 01 87-79 05 13, Hr. Mariatti, Hr. Rebecchi, Öffnungszeiten 08.00–19.00 Uhr, man spricht Englisch.

Wetterinformationen sind im Werftbüro zu erhalten.

Hafenservice:

Die Liegeplätze der Base Nautica sind mit Mooringleinen, Wasser- und Stromanschlüssen ausgestattet, Sanitäreinrichtungen mit Toiletten und Duschen liegen auf dem eingezäunten Gelände der ehemaligen Werft. Am Kai steht ein fester Kran (11 t), das Gelände dient als Parkplatz und Winterlager. Es können fast alle Reparaturen und Wartungsarbeiten ausgeführt werden. Kartentelefone sind vor dem Werftgelände zu finden.

Versorgung:

Lebensmittelgeschäfte, Bank, Post und kleine Restaurants sind ganz in der Nähe.

Landgang:

Fezzano ist eine kleine, kaum touristisch erschlossene, typisch italienische Ortschaft mit einem schattigen Pinienpark im Zentrum, hinter dem sich der Porto Comunale befindet.

Veranstaltungen:

Am 24. Juni wird das Patronatsfest San Giovanni begangen.

Ankern:

Auf sandigem, schlammigen Grund im Bereich des Porto Comunale auf 5–8 m Wassertiefe ist ankern möglich.

La Spezia liegt im Nordwesten des Golfo di La Spezia und besitzt zwei voneinander völlig getrennte Häfen; der westliche ist ausschließlich der italienischen Marine als Militärhafen vorbehalten, der östliche ist ein großer Handelshafen, im dem auch Sportboote in zwei Hafenbecken Platz finden.

Duca degli Abruzzi (Militärhafen)
44° 05,3' N | 009° 50,1' E

Der Militärhafen wird durch eine große, befeuerte Molenanlage mit drei Zufahrten gebildet und ist für den zivilen Verkehr gesperrt (accesso vietato – Zutritt verboten).

Porto Mercantile 44° 06,2' N | 009° 49,9' E

Einige gut geschützte Liegeplätze für Yachten befinden sich auf der Innenseite der Molo Italia und am Kai des Porto Mercantile auf 1–4 m Wassertiefe, wo man vor Buganker festmacht. Weitere ebenfalls geschützte Liegeplätze für Yachten wurden kürzlich an Schwimmstegen des Porto Tutistico A. Di Benedetti im Hafenbecken (2–6 m tief) südwestlich der Molo Italia an der Hafenpromenade Passegia Morin eingerichtet.

Hier gibt es insgesamt etwa 250 Plätze für Sportboote bis 12 m Länge, von denen 30 für Gäste vorgesehen sind.

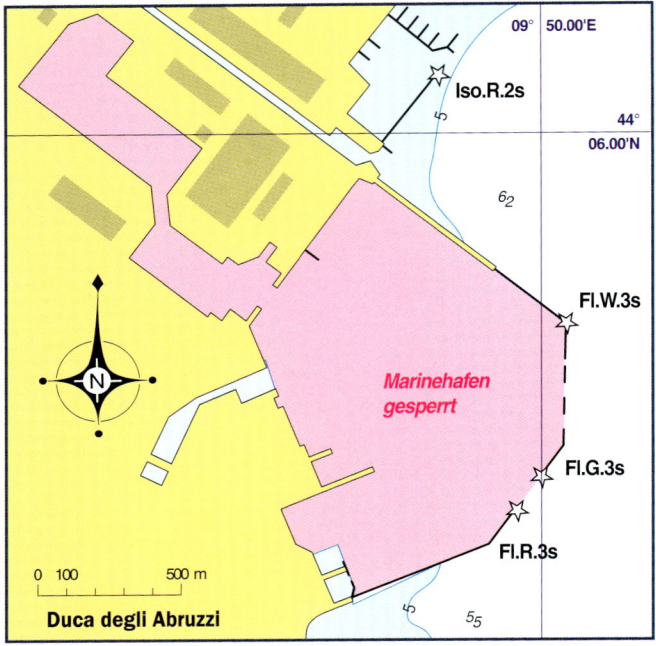

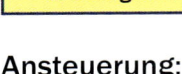

Duca degli Abruzzi

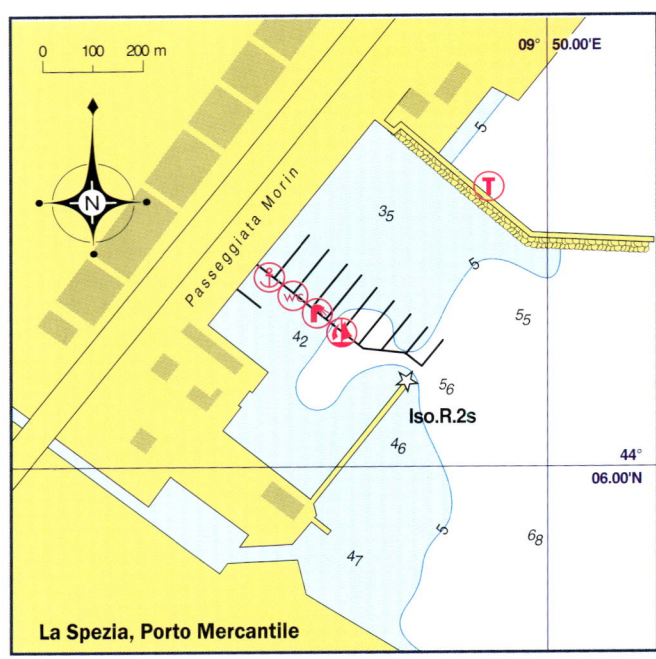

La Spezia, Porto Mercantile

Ansteuerung:

Tagsüber ist die Ansteuerung einfach und bei jedem Wetter möglich. Von der Passo di Ponente führt ein Kurs von 340° direkt zur Molo Italia. Drei hohe, weißrot gestreifte Schornsteine hinter der Stadt helfen bei der Ansteuerung. Von der Passo di Levante ist ein Kurs von 305° nötig, um die Molo Itala zu erreichen.

Nachts weisen das Leuchtfeuer auf dem Punta Santa Maria (Fl.R.4s 11m9M) und auf dem Diga Foreana (Fl.G.4s 11m9M) den Weg durch die Passo di Ponente. Diese Ansteuerung zum Kopf der befeuerten Molo Italia (Fl.R.4s) ist vorzuziehen, weil beim Einlaufen durch die Passo di Levante, ISO.R.2s 9m4M, Fl(2).R.6s 10m8M und Fl(2).G 6s 10m 8M, der oben angegebene Kurs durch ein Feld von unbeleuchteten Festmacher-tonnen für große Schiffe führt. Die Einfahrt zum Porto Mercantile ist mit Fl.R 4s und Fl.G.4s befeuert, die Schutzmole vor dem südwestlichen Becken ist mit Iso.R.2s befeuert.

Hafengebote: Anmeldung im Hafenbüro ist erforder-lich, die Geschwindigkeit im Hafen ist auf 3 kn be-schränkt.

Achtung: Berufsschifffahrt und Marine genießen im Golfo di La Spezia Wegerecht.

Hafenmeister:

Autorita Maritima:
Capitaneria di Porto,
Tel.: 01 87-77 80 15/77 80 39
Hafenbüro: Assonautica di La Spezia,
Tel.: 01 87-73 83 68, Fax: 01 87-77 02 29
Wetterinformationen sind im Hafenbüro zu bekommen.

Hafenservice:

Im Porto Mercantile wird vor Buganker festgemacht, dort gibt es nur wenige Wasser- und Stromanschlüsse. Eine Tankstelle am Knie der Molo Italia, Telefon: 01 87-73 93 18 ist tagsüber (08.00–19.00) geöffnet.

Ein 4-t-Kran steht zur Verfügung, Wartungsarbeiten und kleinere Reparaturen können ausgeführt werden.

An den Stegen im südwestlichen Hafenbecken wird mit Mooringleinen festgemacht, Wasser- und Stroman-schlüsse sowie Sanitäreinrichtungen mit Toiletten und Duschen sind vorhanden. Kartentelefone sind an der Promenade zu finden.

La Spezia, Hafenpromenade am Porto Mercantile

Versorgung:
Geschäfte und Restaurants, Banken und die Post sind etwas entfernt in der Innenstadt zu erreichen.

Information: Azienda Cinque Terre e Golfo dei Poeti, Tel.: 01 87-77 03 12
Azienda di Promozione Turistica,
Tel.: 01 87-71 89 97/77 09 00

Landgang, Sehenswürdigkeiten:
La Spezia bietet als Provinzhauptstadt, Industriestadt und Stützpunkt der italienischen Marine wenig touristische Attraktionen. Man erlebt jedoch den normalen italienischen Alltag beim Bummel durch die Fußgängerzonen der Stadt, durch die Gassen um die Via del Prione oder beim Besuch des Lebensmittel- und Fischmarktes auf der Piazza Cavour.

Ein Treppenweg führt zum Castello di San Giorgio, dem einzigen mittelalterlichen Bau von La Spezia, der im 14. Jh. von den Genuesen errichtet wurde.
Die Kirche Santa Maria Assunta beherbergt einige sehenswerte Kunstwerke.
Die bedeutendsten Museen der Stadt sind das Marinemuseum mit einer interessanten Sammlung von Schiffsmodellen und Galionsfiguren, das Museo Civico Formentini mit Funden aus der Bronze-, Eisen- und Römerzeit und das Museo Amedeo mit der Privatsammlung des Industriellen Amedeo Lia mit wertvollen Bildern und Kunstgegenständen.

Kultur, Veranstaltungen:
Das Patronatsfest San Giuseppe wird am 19. März begangen. Am ersten Augustsonntag findet ein Meeresfest Palio del Golfo mit Regatta und Feuerwerk statt, im

September das Fest S. Venerio mit nächtlichem Boots-korso nach Lerici.

Sport:

Assonautica di La Spezia, Tel.: 01 87-73 83 68
Amatori del Mare, Tel.: 01 87-50 64 41
Circolo Velico, Tel.: 01 87-73 39 06
Societa Vela, Tel.: 01 87-50 02 46
Vela e Motore, Tel.: 01 87-50 13 12

Ankern:

Ankermöglichkeiten sind im Porto Comunale di Fezza-no zu finden.

Auf der Ostseite im geschützten Bereichs des Golfo di La Spezia liegt die Marina

Porto Lotti 44° 05,8' N | 009° 51,5' E

Der völlig windgeschützte Hafen, der alle notwendigen Einrichtungen für Yachten besitzt, wird durch zwei Be-tonmolen gebildet, die einen 50 m breiten und über 6 m tiefen, befeuerten (Fl.G.3s und Fl.R.3s) Hafeneingang nach Nordnordwesten offen lassen. Die Wassertiefe im Hafen liegt zwischen 8 und 3 m, es gibt 548 Liegeplät-ze an den Stegen und Kais für Yachten bis 60 m Länge, von denen etwa 50 für Gäste vorgesehen sind.

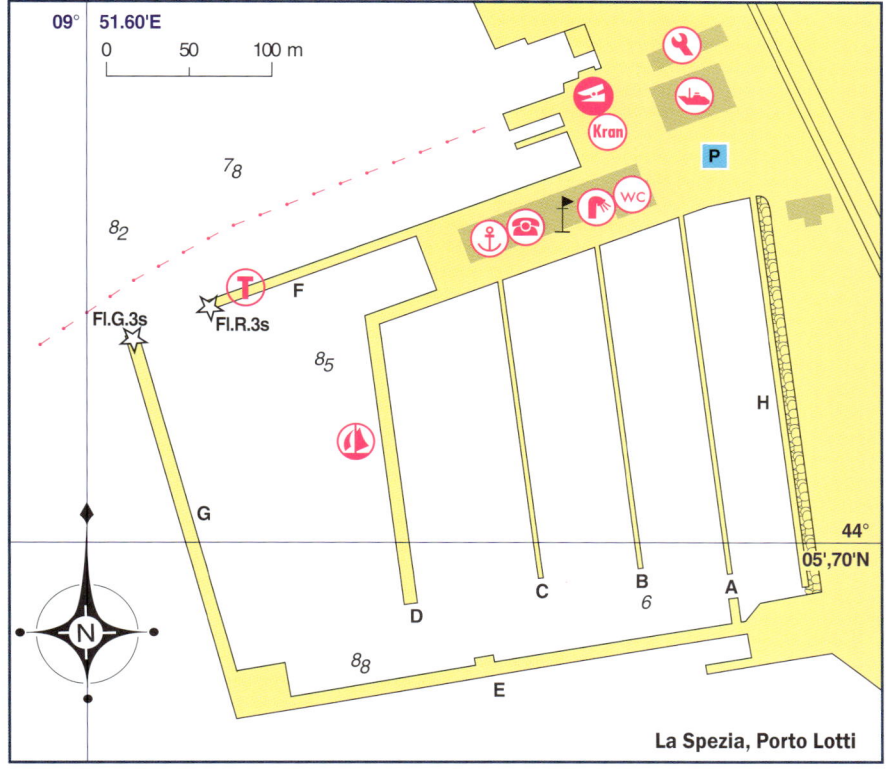

La Spezia, Porto Lotti

La Spezia, Porto Lotti

folgen, weil nachts das Queren eines ausgedehnten Feldes unbeleuchteter Festmachertonnen für Handelsschiffe gefährlich sein kann. Im Übrigen gelten die besonderen Vorschriften für Sportboote, die im Golfo di La Spezia navigieren.

Hafengebote: Eine Anmeldung im Hafenbüro ist erforderlich (VHF-Kanal 9). Höchstgeschwindigkeit im Hafen: 3 kn, Ankern nicht gestattet.

Hafenmeister:

Direzione di Porto Lotti:
Hafenbüro, Tel.: 01 87-53 21,
Fax: 01 87-53 22 45, VHF-Kanal 9
Wetterinformationen sind im Hafenbüro zu erhalten.

Hafenservice:

Alle Liegeplätze sind mit Mooringleinen, Wasser- und Stromanschlüssen ausgestattet. Sanitäreinrichtungen sowie Kartentelefone sind im Hauptgebäude untergebracht, das auf seiner oberen Etage ein Restaurant und ein Schwimmbad besitzt. Eine Tankstelle befindet sich auf der nördlichen Außenmole gleich hinter dem Hafeneingang, sie ist von 08.00–20.00 Uhr in der Saison geöffnet. Die Parkplätze auf dem Gelände sind bewacht und der Hafen ist nachts beleuchtet. Die *Technische Zone* ist mit einem festen 50-t-Kran und einem Travel Lift von 160 t ausgestattet. Es können alle Reparaturen ausgeführt werden.

Versorgung:

Geschäfte und Restaurants liegen außerhalb des Hafengelände an der südlichen Ausfallstraße von La Spezia. Weitere Versorgungsmöglichkeiten bieten sich im 2 km entfernten Zentrum, das aber leicht mit einem Bus zu erreichen ist.
Information: Azienda di Cinque Terre e Golfo del Poeti, Tel.: 01 87-77 03 12, Azienda di Promozione Turistica, Tel.: 01 87-71 89 97
Landgang: Siehe Porto Mercantile Seite 165.

Ansteuerung:

Die Ansteuerung von Porto Lotti am Ostufer im geschützten Bereich des Golfo di La Spezia ist einfach und bei jedem Wetter möglich, sollte aber tagsüber er-

Costa dei Poeti

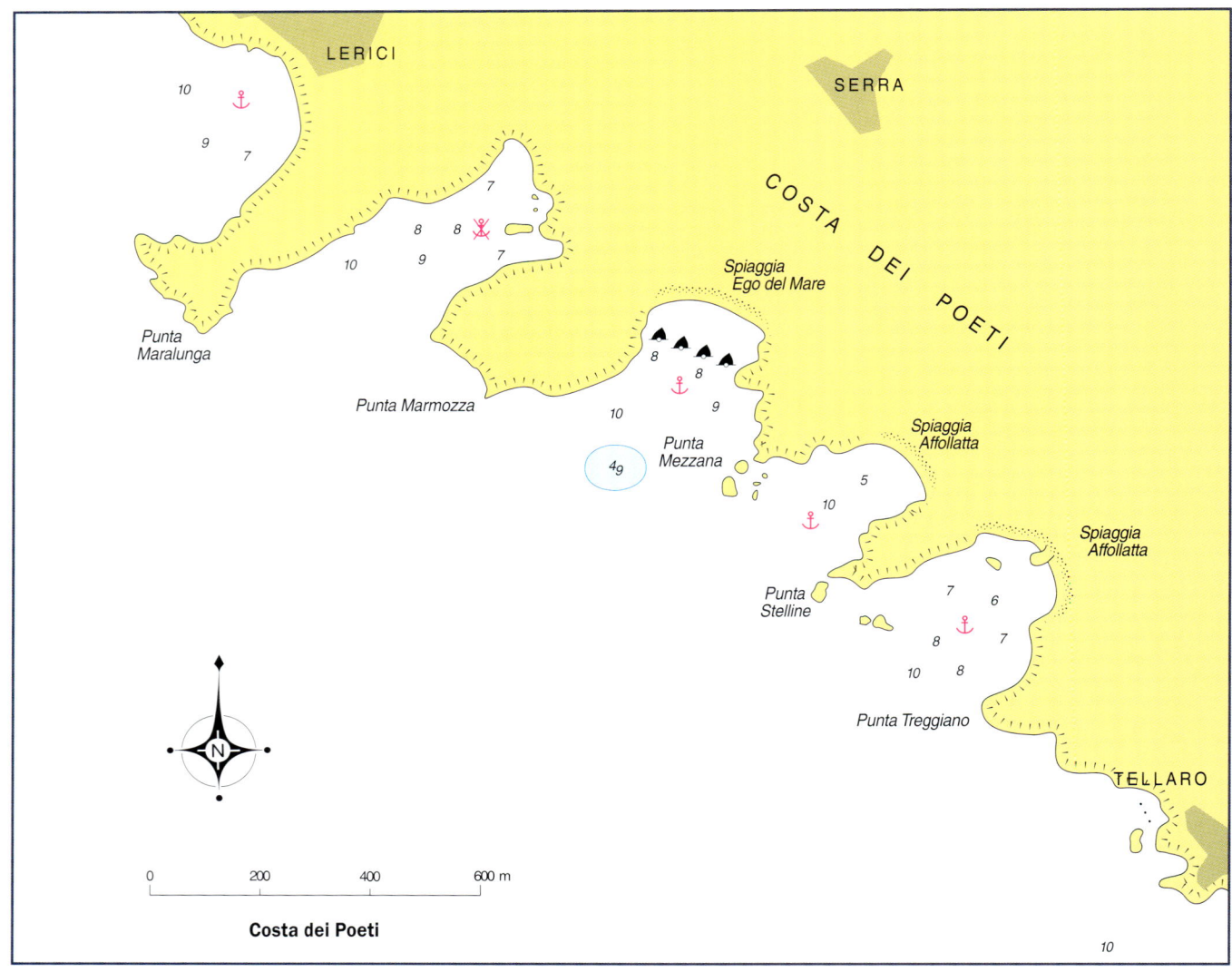

Costa dei Poeti

Italienische Seekarten 115

Der Küstenstreifen im Norden des Golfo di La Spezia von *Lerici* bis *Tellaro* wird auch *Costa dei Poeti* genannt. In diesem Bereich gibt es den Naturhafen *Porto di Lerici*, herrliche Ankerbuchten und den *Porticciolo di Tellaro*.

Wer vom Golfo di La Spezia durch die *Passo di Levante* steuert, hat den *Porto di Lerici* mit der markanten Burg in Sichtweite vor sich. Von *Porto Venere* kommend führt ein Kurs in ostnordöstlicher Richtung zum 2 sm entfernten Hafen von Lerici.

Lerici 44° 04,5' N | 009° 54,4' E

Lerici

Der Hafen für Fischer-, Ausflugsboote und Yachten wird im Süden durch eine felsige Landzunge mit einer weithin sichtbaren Burg begrenzt und durch eine nach Nordnordwest verlaufende, etwa 250 m lange Steinmole mit innen liegendem Kai gegen westliche Winde geschützt. Er ist nach Norden aber völlig offen und daher bei nördlichen Winden recht unruhig. Er bietet etwa 220 Liegeplätze für Boote bis 25 m Länge, von denen etwa 10 für Gäste vorgesehen sind. Die Verweildauer ist auf fünf Tage beschränkt. Die meisten einheimischen Boote liegen an Mooringbojen, andere an einem Schwimmsteg. Die Plätze am Kai sind zum größten Teil von Fischerbooten belegt. Yachten, die dort vor Buganker festmachen, müssen auf Steine auf dem Grund vor

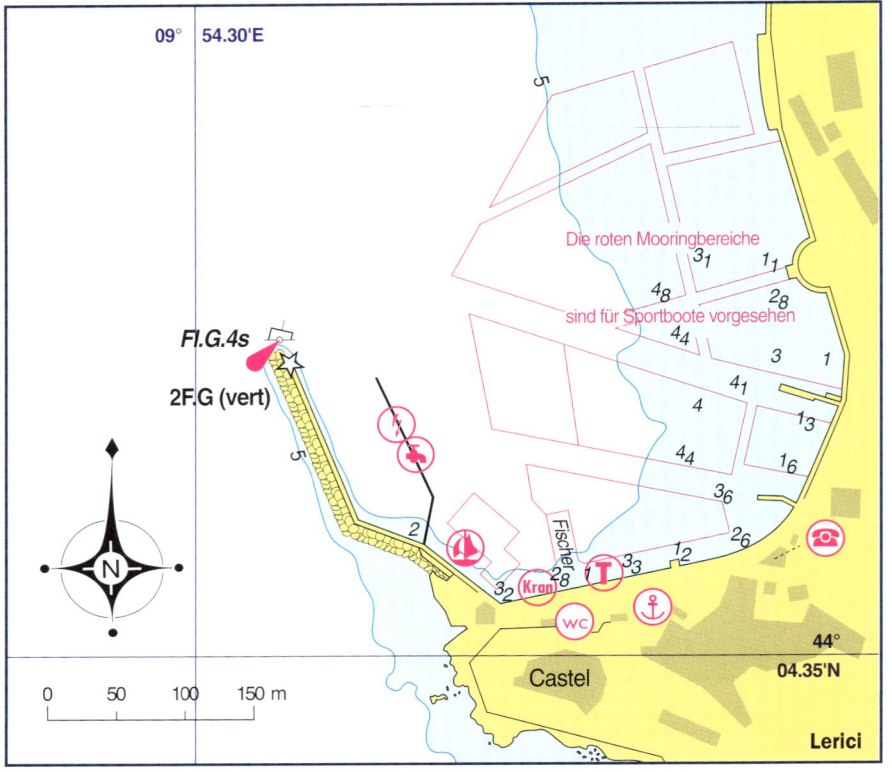

Porto di Lerici, neue Steganlage

dem Kai achten. Im gesamten Hafen-, Mooring- und Ankerbereich besteht der Grund aus Schlamm und Sand, in dem Anker gut halten. Die Wassertiefen nehmen von außen nach innen vor dem Kai von 9 auf 2–3 m ab, der Anker- und Mooringbereich ist 7–1 m tief.

Ansteuerung:

Tagsüber hilft die markante Burg über dem Hafen bei der Ansteuerung, die bei jedem Wetter möglich ist. Nachts weist das Feuer mit 2F.G (vert) auf dem Molenkopf den Weg. Vor dem Molenkopf liegt eine Tonne (Fl.G.4s). Schwierig wird dann allerdings im Lichtschein der beleuchteten Hafenanlage die Suche nach einer freien Boje zwischen den übrigen Booten im Mooringfeld oder nach einem geeigneten Ankerplatz in den dafür vorgesehenen Bereichen.

In der Saison nachts einen freien Platz am Schwimmsteg oder am Kai zu finden, scheint aussichtslos, unreiner Grund mit geringen Wassertiefen am Kai behindert das Anlegen. *Hafengebote:* Eine Anmeldung beim Yachtclub ist erforderlich, der nicht nur den Schwimmsteg sondern auch das Mooringfeld bewirtschaftet. Die Geschwindigkeit im Hafenbereich ist auf 3 kn beschränkt, in den Zufahrtsgassen ist das Ankern verboten.

Hafenmeister:

Ufficio Locale Maritimo, VHF-Kanal 15,
Direzione di Porto: Commune di Lerici, Tel.: 01 87-96 71 20, Yachtclub: Societa Navigazione Golfo dei Poeti, Tel.: 01 87-96 76 76
Wetterinformationen sind am Yachtclub zu erhalten.

Hafenservice:

Früher gab es außer einigen, meist von Fischern belegten Plätzen am Kai für Besucher nur Mooringbojen oder die Möglichkeit, zu ankern. Seit einigen Jahren verfügt Porto Lerici auch über einen Schwimmsteg, an dem mit Mooringleinen festgemacht wird. Es gibt Wasser- und Stromanschlüsse (Euronormstecker) und eine Sanitäreinrichtung mit Toiletten und Duschen. Kartentelefone sind an der Promenade hinter dem Kai zu finden, es gibt nur wenige freie Parkplätze. Es gibt zwei Tankstellen, von denen eine (Tel.: 01 87-96 61 80) mit ausreichender Wassertiefe an einem Ponton liegt und von 7.00–19.30 Uhr in der Saison geöffnet ist. Es gibt keine ausgesprochene *Technische Zone,* aber ein fester Kran (3 t) und ein Mobilkran (12 t) stehen zur Verfügung. Werkstätten für kleine bis mittlere Reparaturen sind im Hafen ansässig.

Versorgung:

Lerici bietet eine große Auswahl an gut sortierten Geschäften, Restaurants, Banken und Post findet man in Hafennähe.
Information: Azienda di Promozione Turistica,
Tel.: 01 87-96 73 46

Landgang, Sehenswürdigkeiten:

Lerici wird überragt von einer gewaltigen Burg, die ursprünglich von Pisa errichtet und später, im 13. und 16. Jh. von den Genuesen ausgebaut wurde. In der gut erhaltenen Burg befindet sich ein Museum, in dem Waffensammlungen und ein Lapidarium von Andrea Doria zu besichtigen sind.
Lerici ist ein malerischer, sehr beliebter Ort am Golfo dei Poeti, der diesen Namen wegen der Dichter und Künstler erhielt, die hier einige Zeit lebten. Der eng-

Lerici, Piazza Garibaldi

lische Lyriker P. B. Shelley wohnte einige Zeit in San Terenzo, dem nördlichen Vorort von Lerici, bevor er 1822 auf der Rückfahrt von Livorno nach Lerici mit seinem Segelboot im Sturm kenterte und ertrank.

Zentrum von Lerici ist die Piazza Garibaldi gleich hinter der palmenbestandenen Uferpromenade. Es herrscht stets reger Betrieb mit typisch italienischer Atmosphäre um den Hafen und in den hübschen, angrenzenden Gassen. Beim Bummel durch die Altstadt kommt man in der Via Doria 8 am Haus von Andrea Doria vorbei, der hier 1528 wohnte.

Von Porto Lerici verkehren in der Saison Ausflugsboote nach Portovenere und zur Cinque Terre.

Der Vorort San Terenzo hat einen herrlichen Sandstrand, an dem sich einige Restaurants befinden und auch die weiße Villa Magni des Schriftstellers Shelley mit einer kleinen Sammlung von persönlichen Dingen.

Kultur, Veranstaltungen:
Das Patronatsfest Madonna di Maralunga liegt für Wassersportler etwas früh, es findet am 25./26. März statt; dagegen wird das Patronatsfest Santo Erasmo am ersten Sonntag im Juli mit nächtlicher Bootsprozession, einer illuminierte Stadt und einem Feuerwerk gefeiert

Sport:
Societa Navigazione Golfo dei Poeti,
Tel.: 01 87-96 76 76
Ass. Naz. Marinai d'Italia, Tel.: 01 87-96 53 09
Circolo Arci Borgata Marinara, Tel.: 01 87-96 64 97
Circolo della Vela Erix, Tel.: 01 87-96 67 70
Lerici Sport Sezione Subacquea, Tel.: 01 87-96 57 02

Von Porto Lerici aus an der felsigen Costa dei Poeti mit seinen herrlichen Buchten entlang erreichen wir in südöstlicher Richtung nach 1,5 Seemeilen

Tellaro 44° 03,4' N | 009° 55,7' E.

Die kleine, altertümliche Ortschaft Tellaro liegt etwa 1,5 sm südöstlich von Lerici an der felsigen Costa dei Poeti. Außer einem Campingplatz in den Bergen, einem Hotel am Ortsausgang und einigen Bungalows ist es kaum touristisch erschlossen, die Urlauber sind zudem Italiener. Der Ort besitzt keinen Hafen, wohl aber am

Tellaro – Gasse

Fuß einer kleinen felsigen Bucht mitten im Ort einen breiten Slip, auf dem kleine Fischerboote und einheimische Sportboote hochgezogen werden und sich auf dem wenigen Platz der angrenzenden Gassen drängen.

Ansteuerung:
Tellaro ist von weitem zu erkennen, wie es sich vom felsigen Ufer aus in die Berge schmiegt. Tagsüber kann bei gutem Wetter in der kleinen felsigen Bucht vor der Kirche der Anker geworfen werden.

Hafenservice:
Das Beiboot kann auf dem Slip ein kleines Stück hochgezogen werden.

Costa dei Poeti

Versorgung:

Im Ort, nachdem die schmalen, steilen Gassen zum Dorfplatz hinauf überwunden sind, gibt es ein gutes Angebot an Lebensmitteln, mehrere kleine Restaurants, eine Pizzeria, eine Drogerie und Apotheke. Die Post liegt ein Stückchen weiter im Ort.

Landgang, Sehenswürdigkeiten:

Der überaus malerische Ort mit seinen steilen, verwinkelten Gassen ist unbedingt zu erkunden.
Der Bummel führt zum belebten Dorfplatz hinauf, den Geschäfte, einige kleine Straßencafés und Restaurants säumen.
Etwas erhöht über der Straße im Ort liegt das empfehlenswerte, preiswerte Restaurant „Miramare", wo man beim Wirt Emilio neben einem köstlichen Essen einen schönen Blick über den Ort und das Meer genießen kann (Tel.: 1 87-96 75 89).

Ankern:

An der felsigen Küste zwischen Lerici und Tellaro liegen fünf reizvolle, felsige Buchten. Dieser Küstenabschnitt wird auch die Costa dei Poeti genannt. Die Buchten werden von den Felsvorsprüngen Punta Maralunga, Punta Maramozza, Punta Mezzana, Punta Stelline und Punta Treggiano eingeschlossen. Die ersten Buchten sind rundherum felsig, die übrigen besitzen kleine Strände im Innern. Bei ruhigem Wetter kann auf 5–10 m Sand- bzw. Gras- oder Sandgrund der Anker außerhalb der mit gelben Bojen gekennzeichneten Badebereiche fallen. Vorsicht bei der Einsteuerung ist wegen Unterwasserfelsen in Ufernähe geboten. In der Bucht südöstlich hinter Punta Maralunga ist Ankern nur im vorderen Bereich unterhalb des Campingplatzes gestattet. Um die Landungsbrücke der Marine am Punta Bianco ist Ankern und Aufenthalt im Umkreis von 100 m verboten.

Fiume Magra

Italienische Seekarten 115

Die Steilküste südlich vom Porticcioli di Tellaro verläuft bis zum Punta Bianca 2,5 sm weiter in südöstlicher Richtung, von da ab nach Nordosten und fällt nach 1 sm zur Foce di Magra hin ab.

Bocca di Magra
44° 02,7' N – 009° 59,4' E

Am unteren Flusslauf des Fiume Magra gibt es über 2000 gut windgeschützte Liegeplätze für Yachten bis 30 m Länge und etwa 20 Gastliegeplätze. Auf beiden Seiten des Ufers gibt es zahlreiche Bootsstege, Kais und mehrere Hafenbecken, die privat bewirtschaftet und mehr oder weniger gut ausgerüstet sind.

Im etwa 3 m tiefen Mündungsbereich gibt es in Flussmitte und vor dem Stb.-Ufer einige sich ständig verändernde Sandbänke, die tagsüber aber gut auszumachen sind. Die nach Südosten offene Mündung ist durch unbefeuerte Steinmolen gesichert, die auf der Bb.-Seite ein kleines Hafenbecken bilden. Das unbetonnte Fahrwasser verläuft dicht daran vorbei und bleibt auf einer Strecke von etwa 0,8 sm auf der Bb.-Seite etwa 2,5–3 m tief.

Ansteuerung:

Die Mündung des Fiume Magra kann nur tagsüber und bei einigermaßen ruhiger See mit entsprechender Vorsicht angelaufen werden. Die Ansteuerung erfolgt auf einem Kurs von 330° am besten mit eingeschaltetem Echolot. Im Fluss, dessen Strömung bis zu 3 kn betra-

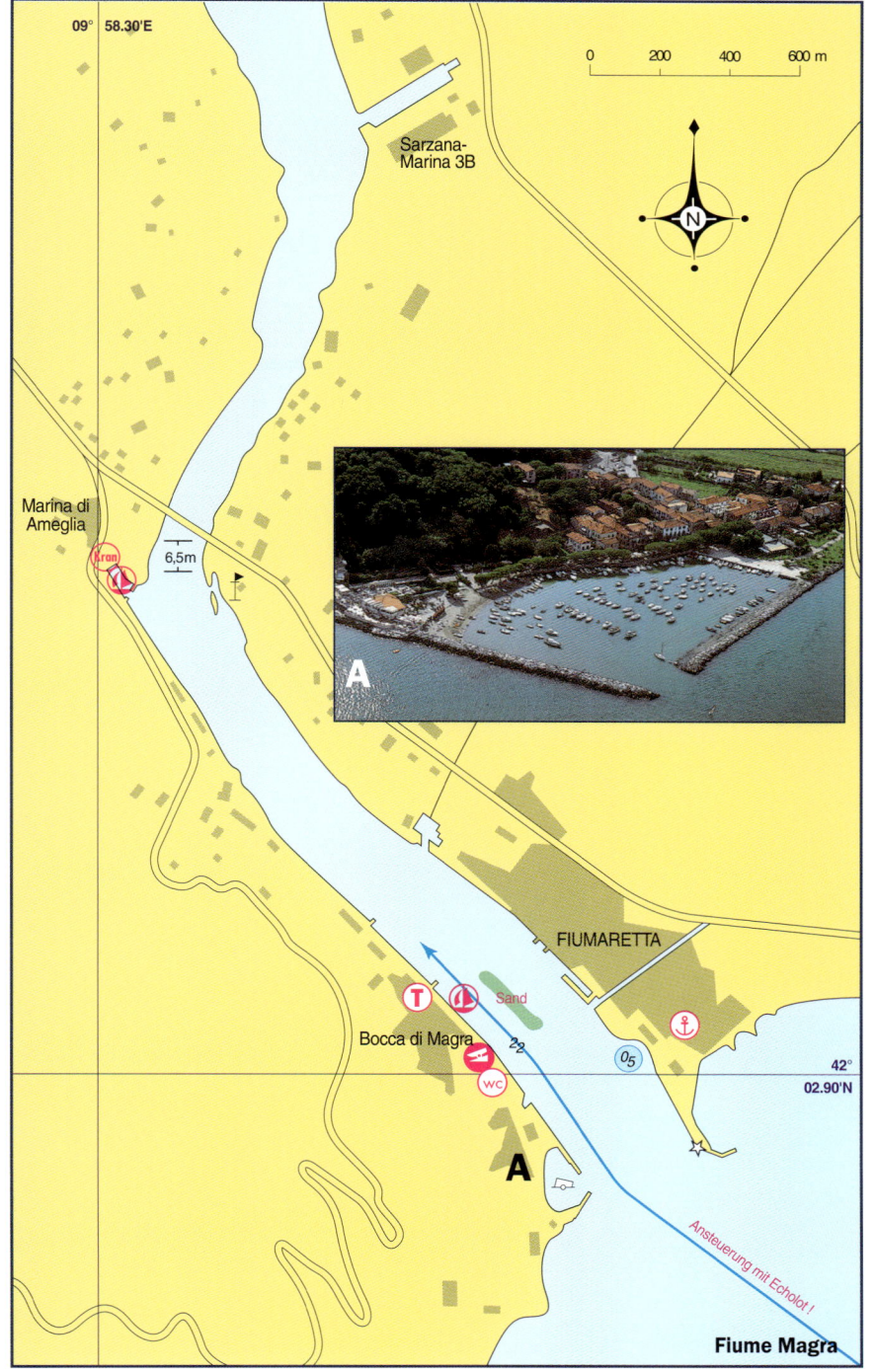

gen kann, halte man sich auf der Bb.-Seite im Abstand von 20 m vom Ufer und fahre mit angemessener Geschwindigkeit, um Schwall weitgehend zu vermeiden.

Hafengebote: Die Liegeplätze werden privat und von vielen Vereinen und Gesellschaften genutzt, daher muss man sich zu einem Gastliegeplatz durchfragen.

Hafenmeister:

Das Hafenbüro ist unter Telefon: 01 87-64 80 66 zu erreichen.

Hafenservice:

Viele Liegeplätze sind im Uferbereich flach, daher wird meist mit dem Bug zum Ufer festgemacht. Wasser- und Stromanschlüsse sind nicht überall vorhanden. Toiletten und Duschen sind rar, eine Tankstelle (Tel.: 01 87-6 53 29), die im Sommer von 08.00–19.00 Uhr besetzt ist, befindet sich auf einem kurzen Pier 0,4 sm flussaufwärts am Bb.-Ufer.

Für Yachten gibt es in der Umgebung alle notwendigen Einrichtungen, aber eine zentrale *Technische Zone* mit Slip, Werft, Winterlager, Kränen usw. fehlt, diese Einrichtungen liegen an beiden Ufern verstreut.

Das gilt auch für Yachtausrüster (Tel.: 01 87-6 59 44), Werften (Tel.: 01 87-60 12 05, -60 02 77) und Werkstätten.

Versorgung:

In Bocca di Magra, der Ortschaft am Bb.-Ufer, und gegenüber in der Ortschaft Fiumaretta gibt es Geschäfte, Restaurants und Pizzerien.

Landgang, Sehenswürdigkeiten:

Die parkähnliche Flusslandschaft lädt zu Spaziergängen ein und ein Bum-

Bocca di Magra

Fiume Magra – Brücke

mel durch Bocca di Magra oder Fiumaretta mag bei schönem Wetter reizvoll sein, doch darüber hinaus gibt es wenig Sehenswertes.

Flussaufwärts liegt nach 1,2 sm auf der Bb. Seite

Améglia 44° 03,6' N | 009° 58,4' E.

Der winzige, windgeschützte Sportboothafen liegt direkt vor der Straßenbrücke. Er besitzt Kais auf seiner Nord- und Westseite. Der Hafeneingang ist 10 m breit und 3 m tief, das längliche Hafenbecken ist 2,5–3 m tief und bietet etwa 50 Liegeplätze, die mit einheimischen Yachten belegt sind.

Ansteuerung:
Der kleine Hafen kann nur tagsüber angelaufen werden. Er ist nicht befeuert.

Hafenmeister:
Ufficio Locale Maritimo v. Ratti, Tel.: 01 87-64 80 66

Hafenservice:
Es gibt Mooringleinen, einige Bojen, Wasser, ein kleines Winterlager und einen Kran.

Versorgung:
Geschäfte findet man im 1 km entfernten Améglia.

Etwa 500 m hinter der Straßenbrücke auf der Stb.-Seite liegt der Eingang zur

Sarzana-Marina 3B
44° 04,4' N | 009° 09,8' E.

Die private Marina 3B liegt am Fiume Magra etwa 2 sm flussaufwärts. Durch den geringen Tiefgang im Flussbett hinter der Brücke (teilweise 1,5 m) und die beschränkte Durchfahrtshöhe von 6,5 m ist dieser Yachthafen nur für Motorboote geeignet, besitzt aber alle Einrichtungen, die Motoryachten benötigen. Der unbefeuerte Hafeneingang öffnet sich nach Südwesten, ist etwa 10 m breit und 3 m tief. Im 300 m langen, 50 m breiten, allseitig mit Kais ausgestatteten Hafenbecken ist es 2,5–3 m tief. Es gibt 130 Liegeplätze für Yachten bis 20 m Länge, die überwiegend von einheimischen Booten belegt sind. Gastplätze sind daher knapp.

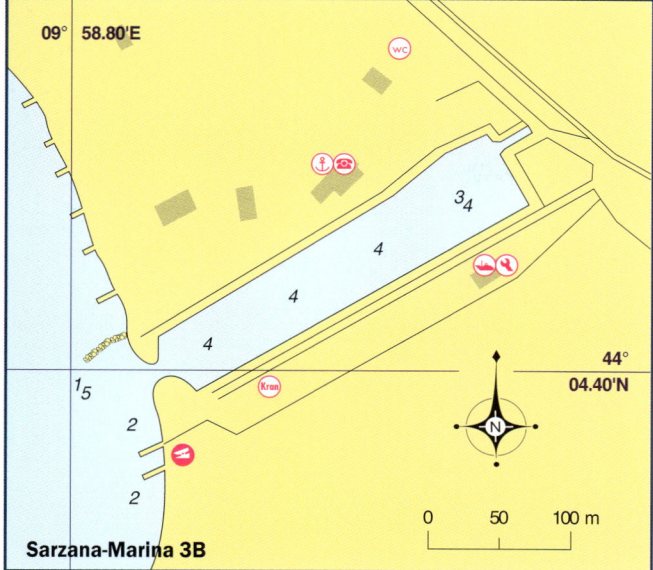

Sarzana-Marina 3B

Die *Technische Zone* ist mit einem Slip, einer Werft, einem großen Winterlager, einem Mobilkran bis 20 t und einem Travel Lift bis 45 t, mit Werkstätten für Motoren, Elektrik, Elektronik und einem Yachtausrüster ausgestattet.

Versorgung:
Ein Lebensmittellieferant bietet in der Saison seine Dienste an. Doch weitere Geschäfte sind weit und breit nicht zu erreichen.

Landgang:
Ein Landgang muss sich auf einen Bummel durch das Hafengelände und ein Stück am Fluss entlang beschränken.

Améglia

Ansteuerung:
Die Ansteuerung ist nur tagsüber möglich. Die Strömung kann bis zu 3 kn betragen. Zur Vermeidung von Schwell ist die Geschwindigkeit im Fluss so gering wie möglich zu halten. Hinter der Straßenbrücke halte man sich in Flussmitte. Ein Stück weit flussaufwärts von der Hafeneinfahrt ist eine kurze Steinmole aufgeschüttet, an deren Kopf sich eine Sandbank bildet, die beim Einlaufen beachtet werden sollte.
Hafengebote: Eine Anmeldung im Hafenbüro ist erforderlich.

Hafenmeister:
Direzione Porto: Consorzio della Magra,
Tel.: 01 87-62 83 54, 24.00 h geöffnet.
Wetterinformationen gibt es im Hafenbüro.

Hafenservice:
Es gibt Mooringleinen an allen Liegeplätzen, Wasser- und Stromanschlüsse sind von allen Liegeplätzen erreichbar, Sanitäreinrichtungen mit Toiletten und Duschen sind in einem Gebäude hinter dem Hafenbüro zu finden, ein Kartentelefon steht in der Nähe. Es gibt große Parkplätze und eine Tankstelle im Hafen, Tel.: 01 87-62 04 33.

Marina 3B – Eldorado für Motoryachten

LA SPEZIA

Punta del Mesco

① Fl(3)15s117m25M — Isola del Tino
② Fl.W.3s22m17M — Marina di Carrara
③ Fl.W.5s30m22M — Viareggio
④ Fl(2)W.10s18m10M — Secche della Meloria N End
⑤ Fl(4)W.20s52m24M — Livorno
⑥ Q(6)+LFl.W.15s18m12M — Secche della Meloria S End
⑦ Fl(2)W.10s18m12M — Secche di Vada
⑧ Fl.W.3s75m9M — Porto Baratti
⑨ LFl.W.10s105m9M — Isola Gorgona - Punza Maestra
⑩ LFl.W.6s30m16M — Isola Capraia - Punta del Ferraione
⑪ Fl(3)W.14s63m16M — Isola Elba - Portoferraio - Forte Stella
⑫ Fl(3)W.15s32m16M — Isola Elba - Porto Azzurro - Capo Focardo
⑬ Fl.W.5s160m16M — Isola Elba - Marina di Campo - Mt. Poro
⑭ LFl(3)W.15s52m16M — Isola Elba - Punta Polveraia
⑮ Fl.W.5s105m17M — Isolotto Palmaiola
⑯ Fl(2)W.10s42m18M — Isola Pinosa
⑰ Fl.W.5s19m12M — Scoglio Africa
⑱ Fl(3)W.15s18m11M — Piombino - La Rochetta
⑲ Fl.W.6s23m11M — Formiche di Grosseto
⑳ Fl(2)W.10s30m15M — Talamone
㉑ Fl.W.5s47m16M — Punta Lividonia
㉒ Fl(3)W.15s39m16M — Isola del Giglio - Punta Fenaio
㉓ Fl(4)W.30s90m13M — Isola del Giglio - Punta del Capel Rosso
㉔ Fl.W.5s61m13M — Isola di Giannutri - Punta del Capel Rosso
㉕ LFl.WR.7s91m16/13M — Porto Ercole - Forte La Rocca
㉖ Fl.W.5s85m28M — Cap Corse - Ilot de la Giraglia

① I. del Tino

Marina di Carrara
Cinquale

0   10   20   30 sm

③ Viareggio

PISA

Bocca d'Arno
Marina di Pisa

N

④ ⑤ LVORNO
Secche della Meloria ⑥

I. Gorgona
⑨

Castiglionello
Cala di Medici
Vada

MARE

Secche di Vada ⑦ Marina di Cecina

T
O
S
C
A
N
A

42°
00.00'N

San Vincenco

Porto Baretti ⑧

A
R
C
I
P
E
L
A
O

I. Capraia ⑩

Capo Corso ㉖

Marina di Salivoli
⑱ Piomino

Cavo
I. Palmaiola ⑮

⑪

⑭ Portoferraio
ELBA Porto Azzurro ⑫
⑬

Follonica
Fiumara del Putone
Etrusca Marina

Punta Ala
Castiglione della
Pescaia
Marina di Grosseto

Bastia

C
O
R
S
I
C
A

I. Pianosa ⑯

Formiche di Grosseto ⑲

TIRRENO

T
O
S
C
A
N
O

⑳ Talamone

Liberata
S. Stefano
�21

Orbetello
Cala Galera
Porto Ercole

Scoglio Africa
⑰

I. di Montecristo

I. del Giglio ㉒

㉓

Promontorio
Argentario

㉕

I. Ginannutri
㉔

Alistro

Aleria

10°   00.00'E

Die Costa della Toscana

Die Costa della Toscana mit ihrem glasklaren Wasser ist ein Revier, das für große und kleine Sportboote gleichermaßen geeignet ist. Im Gegensatz zur Costa Ligure ist die Küste überwiegend flach. Wenigen großen, weit auseinander liegenden Häfen und teuren Marinas für tiefgehende Yachten stehen viele kleine, zum Teil dicht auf einander folgende, preiswerte Anlagen in Flußmündungen, Kanälen und in geschützten Buchten für flachgehende Sportboote gegenüber.

Von *Carrara bis Livorno* locken die langen Sandstrände viele Badeurlauber an. Die 10 m Tiefenlinie verläuft in einer Entfernung zwischen 0.75 und 1 sm zum Ufer bis kurz vor Livorno. Hier dehnt sich die Secche della Meloria bis zu 6 sm weit in die See aus. In diesem Bereich gibt es die drei großen Häfen Marina di Carrara, Porto di Viareggio und Porto di Livorno. Kleine Boote finden aber noch zusätzliche Liegeplätze im Porticciolo di Cinquale, in der Bocca d'Arno und in der Marina di Pisa, ganz abgesehen vom Eldorado für flachgehende Sportboote im Fiume Magra mit seinen über 2000 Liegeplätzen.

Südlich von Livorno werden die kleinen, meist kiesigen Strände zwischen den nun steilen Ufern, die sich bis *Rossignano Solvay* hinziehen, fast nur von Einheimischen besucht. In diesem Bereich findet man eine ganze Reihe, dicht beieinander liegender, kleiner Häfen für flachgehende Boote, Ausnahme wird die im Bau befindliche Marina di Cala dè Medici sein, die auch für große Yachten Liegeplatze bereit halten wird.

An den nun folgenden langen, flachen Stränden bis zum 20 sm entfernten *Punta del Molino* finden nur flachgehende Sportboote in der Marina di Vada, in dem Porticciolo-Canale di Marina di Cecina und im Porticciolo San Vincento geschützte Liegeplätze. Die sich 5 sm weit in die See erstreckende *Secche di Vada* kann von Sportbooten in etwa 2 sm Abstand vom Ufer gefahrlos passiert werden.

Porto Baratti, eine große, herrliche Ankerbucht auch für tiefgehende Yachten, wird vom *Promontorio di Piombino* gegen Winde aus nordöstlichen bis südwestlichen Richtungen abgedeckt, auf dessen Südwestseite im Sommer 2000 die Marina di Salivoli eingeweiht wurde. Hier gibt es Liegeplätze für Sportboote bis 15 m Länge. Unweit östlich liegt der Fähr- und Fischerhafen Piombino, den Sportschiffer aber wegen seiner Ungemütlichkeit meiden.

Bis auf einige steile Ufer im Südosten besteht der sich anschließende Golfo di Follonica wieder aus langen, im Sommer belebten Sandstränden, die von winzigen Häfen für flachgehende Sportboote unterbrochen werden. Im Osten des *Golfo di Follonica,* direkt neben dem Eingang zum Fiumara del Putone – ein Flußhafen für kleine Sportboote – entsteht die Etrusca Marina, ein Yachthafen für Sportboote bis 40 m Länge. Punta Ala, eine Marina der Superlative, liegt am Ausgang des Golfo di Follonica in bergigem Gelände.

Auf den folgenden 30 sm bis zum *Porticciolo di Talamone* wird die überwiegend flache Küste mit ihren langen Sandstränden von wenigen hügeligen und bergigen Bereichen unterbrochen. Zwei herrliche Ankerbuchten sind hier zu finden: Die erste – *Forte della Rochetta* – liegt knapp 4 sm ostsüdöstlich von Punta Ala, die zweite – *Cala di Forno* – ebensoweit nordnordwestlich von Talamone entfernt. In den *Porto-Canale di Castiglione* können Yachten mit 2,5 m Tiefgang, in die Marina di Grosetto und in den *Porticciolo-Canale Albegna* nur flachgehende Sportboote einlaufen. Im Porticciolo di Talamone liegen die Wassertiefen an den Stegen zwischen 2 und 5 m.

Vor dem *Promontorio Argentario* mit seinen großen Häfen von San Stefano, Ercole und der Marina di Cala Galera liegt der *Canale Santa Liberata*, der flachgehenden Sportbooten Schutz und Zugang zur *Lagune di Orbetello* bietet.

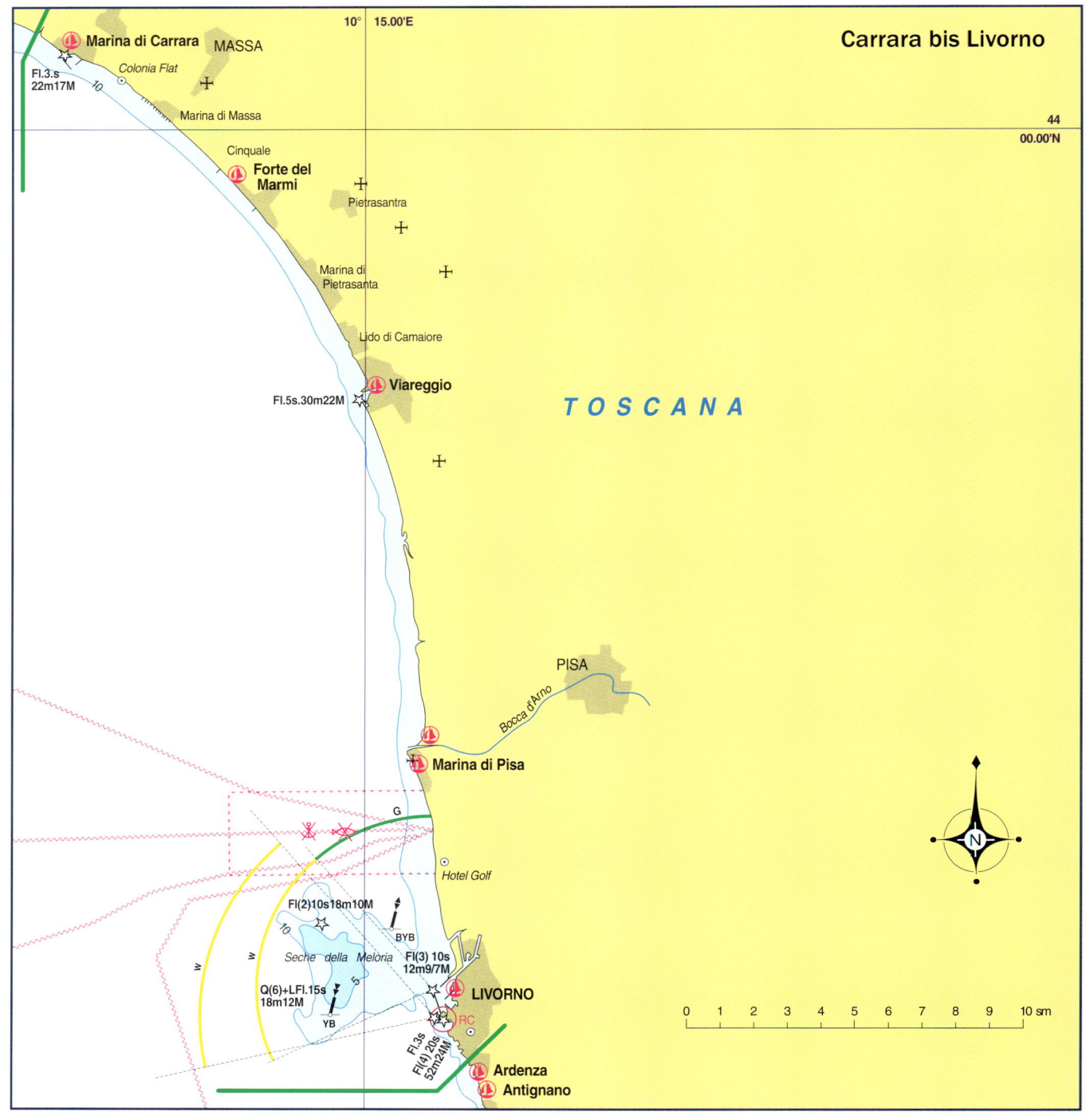

Carrara bis Livorno

Marina di Carrara
MASSA
Fl.3.s
22m17M
Colonia Flat
Marina di Massa
Cinquale
Forte del
Marmi
Pietrasantra
Marina di
Pietrasanta
Lido di Camaiore
Viareggio
Fl.5s.30m22M

10° 15.00'E

44
00.00'N

T O S C A N A

PISA
Bocca d'Arno
Marina di Pisa
G
Hotel Golf
Fl(2)10s18m10M
BYB
Seche della Meloria
Fl(3) 10s
12m9/7M
Q(6)+LFl.15s
18m12M
YB
LIVORNO
RC
Fl.3s
Fl(4) 20s
52m24M
Ardenza
Antignano

N

| 0 | 1 | 2 | 3 | 4 | 5 | 6 | 7 | 8 | 9 | 10 sm |

Carrara bis Livorno

Colonia Fiat

Italienische Seekarten 3 und 4

In den Bergen hinter Marina di Carrara fallen am Tag bei gutem Wetter die weißen Steinbrüche auf, nachts weist das weit tragende Feuer des Leuchtturms mit Fl.W.3s 22m17M den Weg zum Hafen.

Die Küste dieses Abschnitts ist flach und besteht aus einem ununterbrochenen Strand. Die Ausläufer des Appenin treten weiter nach Süden hin immer mehr zurück.

Südlich von Marina di Carrara fällt das markante Gebäude Colonia Fiat auf, ein weißer, runder Büroturm auf einem langgestreckten Gebäude, nördlich davon zwei weitere ähnliche Gebäude und ein Antennenmast.

Marina di Massa ist an einer 200 m langen Landungsbrücke zu erkennen, die nachts am Kopf ein Feuer mit F.GR (vert) trägt.

Der wenig auffällige Porticciolo-Canale di Cinquale kann nur bei gutem Wetter von kleinen Motoryachten angelaufen werden. Bei Forte dei Marmi ist der lange Sandstrand in der Sommerzeit dicht mit Badegästen bevölkert. In schattigen Pinienwäldern dahinter verstecken sich niedrige Villen und Landhäuser, die von einigen Hochhäusern und dem auffälligen Kirchturm überragt werden. Der markante, 300 m lange Landungssteg ist am Kopf nachts befeuert (F.R). Im weiteren Verlauf setzt sich die Küste bis Viareggio fast unverändert fort. Von weitem sind tagsüber die Hafenanlagen mit den hohen Kränen und dem weißen, runden Leuchtturm (Fl.W.5s 30m22M) zu erkennen, der nachts weithin zu sehen ist.

Weiter südlich wird das Grün zwischen der Macchia di Migliarino und der Macchia di S. Rossore durch die Mündung des Fiume Serchio unterbrochen, die von

Marina di Carrara

wandernden Sandbänken und Untiefen versperrt wird. Südwestlich der flachen Arno-Mündung dehnen sich die Sandbänke der Secche di Meloria vor dem Porto di Livorno aus. Die Wassertiefe nimmt auf 2–3 m ab und einige gefährliche Felsenriffs kommen bis an die Wasseroberfläche. Bei der Durchfahrt (6–8 m Wassertiefe) zwischen Diga Meloria bzw. Curvilinea und der Untiefe muss wegen Muschelbänken zu den Außenmolen ein Abstand von mindesten 800 m eingehalten werden. Im Norden der Sandbänke steht auf einem abgebrochenem Fundament ein zylindrischer, weißer Leuchtturm

mit Fl(2)W.10s18m10M, im Süden erhebt sich auf einem Felsplateau der quadratische, schwarze Torre della Meloria, Q(6)+LFl.W.15s18m12M, mit gelber Spitze. Das äußerste östliche Ende der Sandbänke wird von einem Feuer, Q(3)W.10s5m7M, auf einer schwarzgelb-schwarzen kegelförmigen Boje markiert. In den beiden Hafenzufahrten herrscht reger Verkehr der Berufsschiffahrt.

Von Norden kommend liegt der erste Hafen der Toscana 2 sm südlich der Mündung des Flusses Magra.

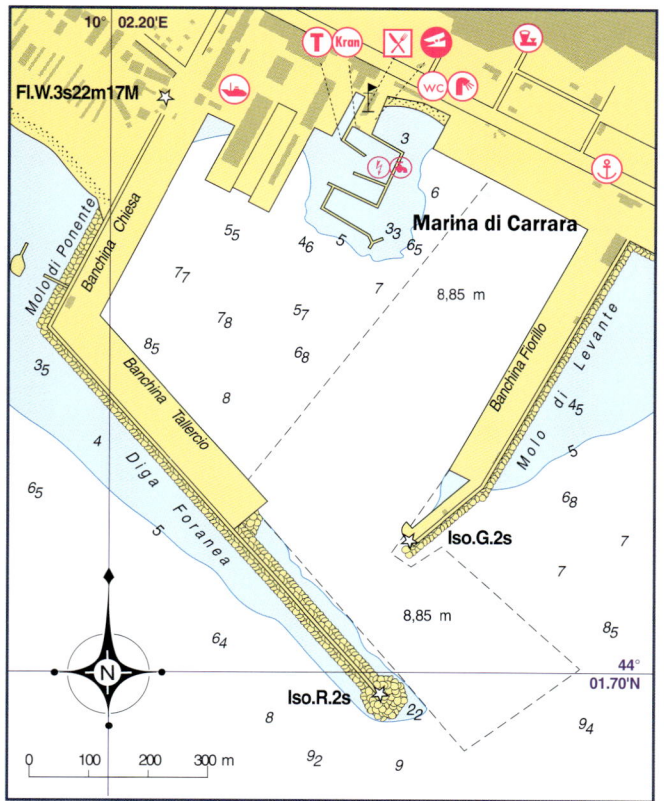

Marina di Carrara 44° 01,7' N | 010° 02,8' E

ein gegen alle Winde geschützter Handelshafen für Marmor mit einer privaten Steganlage für Sportboote. Er wird durch die Molo di Ponente (mit dem Kai Chiesa) und dem Diga Foreana (mit dem Kai Taliercio) auf der Südwestseite und der Molo di Levante (mit dem Kai Fiorillo) auf der Südostseite gebildet. Das viereckige Hafenbecken ist 8–5 m, an den Stegen 3–4 m und an der Tankstelle daneben 2,8 m tief. Der Hafeneingang ist 200 m breit, 8,8 m tief und öffnet sich nach Südosten. Die Kaianlagen sind ausschließlich der Berufsschifffahrt vorbehalten. Der Club Nautico Marina di Carrara bewirtschaftet im Norden des Hafens ein Gelände mit einer mäanderförmigen, eigenwilligen Steganlage, die 170 Liegeplätze für Sportboote bis 30 m Länge bietet, von denen 10 für Gäste vorgesehen sind. Bei starken,

süd- und südöstlichen Winden wird es an den Stegen ungemütlich.

Ansteuerung:

Der Hafen kann bei jedem Wetter angelaufen werden. Tagsüber weisen Punta Bianco und die weißen Steinbrüche von Carrara in den zurücktretenden Bergen von weitem den Weg.
Von Südosten kommend fällt das weiße, lang gestreckte Fiat-Gebäude mit seinem runden, 50 m hohen Büroturm auf, das 1,2 sm südlich von Marina di Carrara liegt. Beim Näherkommen sind die Hafenanlagen mit den Kränen und der 22 m hohe, viereckige, weiße Leuchtturm vor dem zunächst flachen Hinterland leicht auszumachen. Nachts ist dessen Feuer (Fl.W.3s 22m) 17 Meilen weit zu sehen. Der Hafeneingang wird von zwei Feuern (Iso.R.2s und Iso.G.2s) markiert. Von beiden Molenköpfen ist wegen der Steinschüttung ausrei-

Marina di Carrara – Hafenpanorama

chend Abstand (35 m) zu halten. Im Hafen ist auf unbeleuchtete Festmachertonnen zu achten.
Hafengebote: Eine Anmeldung beim Club ist erforderlich. Das Clubpersonal ist sehr freundlich und hilfsbereit. Die Geschwindigkeit im Hafen darf 3 kn nicht überschreiten.

Hafenmeister:
Capitaneria di Porto: Tel.: 05 85-63 09 27/78 08 80, VHF-Kanal 15, 16 ist im Sommer durchgehend besetzt. Direzione Nautico Marina di Carrara,
Tel.: 05 85-78 51 50, Fax: 05 85-78 53 64, VHF Kanal 06.
Wetterinformationen bekommt man im Clubbüro.

Hafenservice:
Am Steg wird mit Mooringleinen oder an Bojen festgemacht. Wasser- und Stromanschlüsse sind über den Steg in Abständen verteilt, Adapter für Elektrizität gibt es beim Hafenmeister. Sanitäreinrichtungen mit Toilet-

ten und Duschen sind in einem Gebäude neben dem Clubhaus untergebracht, Kartentelefon und Parkplätze sind auf dem Gelände vorhanden. Die Tankstelle (Öffnungszeiten von 08.00–18.30 Uhr) wird vom Club bewirtschaftet.
Die *Technische Zone* ist mit Winterlager, Slip, festem 15-t-Kran, Mobilkränen (25 und 100 t) ausgestattet, Werkstätten für Motoren, Elektrik, Elektronik und Segel (Tel.: 05 85-5 32 66) sowie mehrere Werften sind im Hafen tätig oder in der Nähe erreichbar. Nachts sind die Steganlage und das Clubgelände beleuchtet.

Versorgung:
Ein Restaurant mit Terrasse und Blick auf den Hafen sowie eine Bar befinden sich im Hauptgebäude des Clubs am Fuß der Steganlage. Supermarkt, Geschäfte, Wäscherei, Bank und Post sind im Ort nahebei zu finden.
Information: Azienda di Promozione Touristica Massa

Marina di Massa, Seebrücke

Carrara, Tel.: 05 85-84 44 03/63 22 18
Pronto Soccorso, Tel.: 05 82-5 22 22/7 02 33

Landgang, Sehenswürdigkeiten:

Porto di Marina di Carrara ist der weltgrößte Handelshafen für Marmor.
Der Ort hat wenig zu bieten. Bei gutem – für die Weiterfahrt aber zu windigem – Wetter empfiehlt sich ein Ausflug mit dem Bus oder einem Mietauto zu den Steinbrüchen von Carrara in den Bergen.

Sport:

Club Arci Porto, Tel.: 05 85-63 32 90
Circolo Velico Apuano, Tel.: 05 85-63 45 89
Club Nautico, Tel.: 05 85-78 51 50/63 16 42
Club Nautico Marina di Carrara,
Tel.: 05 85-78 51 50/78 53 64
Federazione Italiana Vela,
Tel.: 05 85-78 84 11/63 40 47

Auf dem Weg nach Viareggio, der an weiten Sandstränden entlang führt, passieren wir nach 3,2 sm die Landungsbrücke Marina di Massa.

Marina di Massa
44° 00,3' N | 010° 05,8' E

Die Brücke ist 200 m weit ins Meer hinaus gebaut. Bei ruhigem Wetter kann in der Umgebung über 4–5 m tiefem sandigem Grund geankert werden. Hier ist das Festmachen für Sportboote nicht gestattet. Nachts ist die Brücke beleuchtet und trägt am Kopf ein Feuer mit F.GR (vert).

Nach weiteren 2,5 sm an der Küste entlang kommt der Hafeneingang zum Canale di Cinquale in Sicht.

Cinquale

Cinquale
43° 58,6' N | 010° 08,4' E

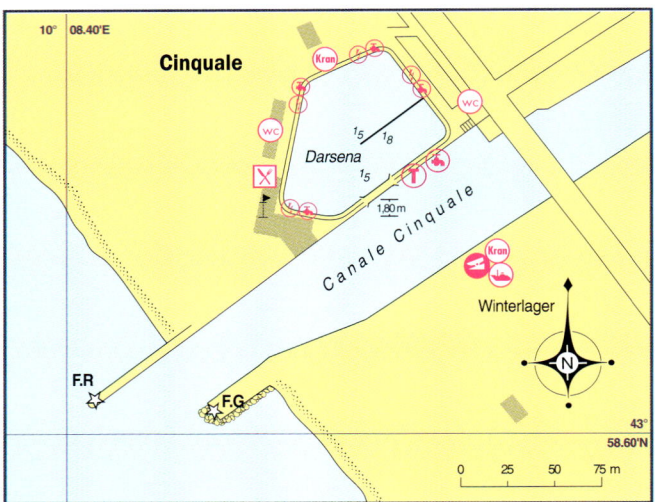

befestigte Hafenbecken ist 1,6–2 m tief und besitzt 80 Liegeplätze für Motorboote von 6 bis 12 m Länge; es wird vom Club Circolo Nautico bewirtschaftet.

Cinquale

Der Eingang zu dem winzigen, gut windgeschützten, privaten Hafenbecken von Cinquale öffnet sich unter einer Fußgängerbrücke an Bb. in der Mündung eines kleinen Flusses, 150 m hinter den Köpfen der beiden seewärtigen Molen.

Die Wassertiefe im Mündungsbereich wird in der Saison durch Baggern mindestens auf 1,8 m Tiefgang gehalten. Der Kanal zwischen den etwa 50 m langen Molen ist 30 m breit und nur von flachgehenden Motorbooten in der Saison zu befahren. Das rundum

Ansteuerung:
Der Hafen kann nur bei gutem Wetter oder schwachen, ablandigen Winden angelaufen werden. Tagsüber sind die Molen nur aus der Nähe zu erkennen, nachts sind die Feuer auf den Molenköpfen (F.R und F.G) in der Saison vom 15. Juni bis zum 30. September 3 Meilen weit zu sehen. Wenn tagsüber eine rote Fahne an der Flussmündung weht, ist die Zufahrt gesperrt. Meistens wird dann gebaggert.

Hafengebote: Anmeldung beim Club ist erforderlich.

Cinquale

Hafenmeister:

Direzione Circolo Nautico, Tel.: 05 85-30 80 32-80 74 11
Ein *Wetterbericht* ist im Clubbüro erhältlich.

Hafenservice:

Es wird mit Mooringleinen festgemacht, Wasser- und Stromanschlüsse sind an allen Liegeplätzen vorhanden. Sanitäreinrichtungen mit Toiletten und Duschen befinden sich im Hauptgebäude, ebenso ein Kartentelefon. Auch ein 7,5-t-Kran steht hier zur Verfügung. Hafen und Parkplätze sind nachts beleuchtet. Eine Tankstelle hat in der Saison von 08.30–12.30 Uhr und von 14.30–18.30 Uhr geöffnet.
Eine *Technische Zone* mit Winterlager, festem 15-t-Kran und verschiedenen Reparaturmöglichkeiten liegt auf dem Ufer gegenüber.

Versorgung:

Ein Restaurant direkt am Hafen ist in der Saison geöff-
net. Geschäfte, Bank und Post sind in der nahen Ortschaft zu erreichen.
Information: Azienda di Promozione Touristica, Tel.: 05 85-80 87 51
Pronto Soccorso, Tel.: 05 85-80 76 80

Landgang:

Ein Landgang beschränkt sich auf einen Bummel am Strand entlang, der in der Saison stark belebt ist.

Sport:

Circolo Nautico l'Ancora, Tel.: 05 85-80 78 00

Ankern ist nur bei gutem Wetter außerhalb der Badezonen vor dem Strand auf 4–7 m tiefem, sandigem Grund möglich.

Auf dem Weg nach Viareggio, der weiter an belebten, weißen Sandstränden entlang führt, passieren wir nach 1,7 sm die Landungsbrücke

Forte dei Marmi
43° 57,2' N | 010° 09,8' E,

die 300 m weit ins Meer hinaus gebaut ist. Forte dei Marmi ist ein beliebter Badeort und an einem weißen Glockenturm und einigen Hochhäusern gut zu erkennen. Bei ruhigem Wetter kann in der Umgebung der Landungsbrücke über 5–8 m sandigem Grund geankert werden. Für Sportboote ist das Festmachen an der Seebrücke nicht gestattet. Nachts ist die Brücke beleuchtet und trägt am Kopf ein Feuer (F.R)

Forte dei Marmi

Viareggio

In sicherem Abstand vom Sandstrand der Küste in südsüdöstlicher Richtung erreichen wir nach 6,5 sm

Viareggio 43° 51,7' N | 010° 14,1' E,

ein gegen alle Winde geschützter Hafen an der Mündung des Canale Burlamacca. Der große, überwiegend 4,5 m tiefe Vorhafen (Avamporto) wird von einem fast 2000 m langen Diga Foreana auf der Westseite und einer 500 m langen Nordmole gebildet. Der Hafeneingang ist nach Norden offen, 4,5 m tief und 150 m breit. Zum Hafen gehören eine Reihe von Hafenbecken:

- die 4,5 m tiefe Darsena Nuova im Süden, sie ist ausschließlich der Berufsschifffahrt vorbehalten,
- die 3,5 m tiefe Darsena Europa im Osten – hinter einer 20 m breiten Zufahrt liegen hier vornehmlich Sportboote –, dahinter, durch einen ebenfalls 20 m breiten Kanal getrennt,

- die 3 m tiefe Darsena Italia, – die überwiegend Sportboote und eine Werft beherbergt – dann, hinter einer weiteren, schmalen Durchfahrt
- die Darsena Toscana – für flachgehende Motorboote – und schließlich
- die Darsena Lucca für kleine Boote, auch erreichbar durch den Canale Burlamacca.

Der Hafen bietet insgesamt etwa 1500 Liegeplätze für Yachten bis maximal 60 m Länge, die von mehreren Gesellschaften und von der Gemeinde verwaltet werden.

Die meisten – allerdings bei starken südlichen Winden etwas ungemütlichen – Gastplätze gibt es im Nordosten des Vorhafens an den Stegen der Darsena della Madonnia, die unter kommunaler Verwaltung stehen. Hier gibt es etwa 400 Liegeplätze für Boote bis 12 m Länge, davon sind 80 für Gäste vorgesehen. Weitere Gastplätze sind in den hintereinander liegenden, durch

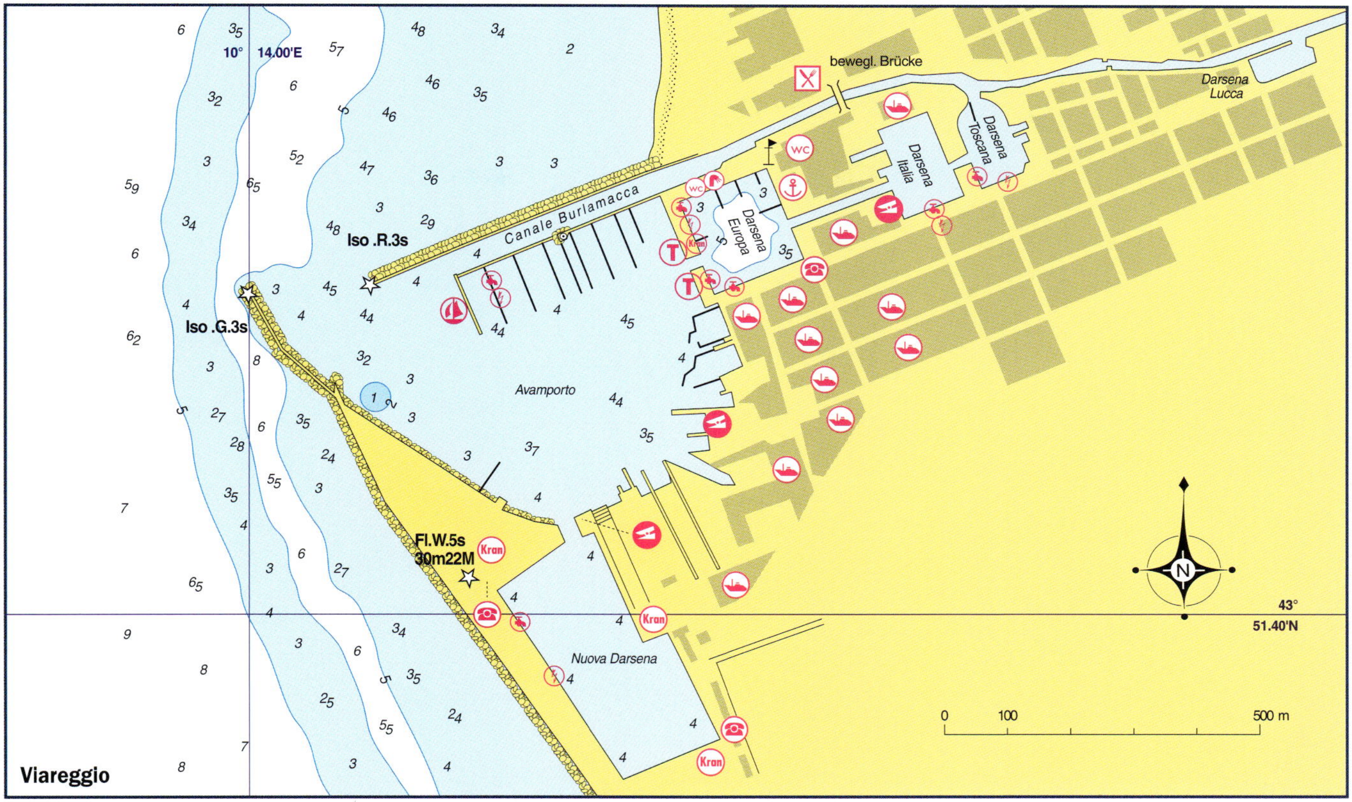

Viareggio

(nautical chart with depth soundings; labels include: Canale Burlamacca, Avamporto, Nuova Darsena, Darsena Europa, Darsena Italia, Darsena Toscana, Darsena Lucca, bewegl. Brücke, Iso.R.3s, Iso.G.3s, Fl.W.5s 30m22M, Kran, WC)

die schmalen Zufahrten erreichbaren Hafenbecken Darsena Europa und Darsena Italia zu finden.

Ansteuerung:

Der Hafen ist tagsüber und nachts leicht anzusteuern. Bei starken Winden aus dem III. und IV. Quadranten, die in der Saison allerdings selten auftreten, können Grundseen das Einlaufen gefährden, die durch eine sich in ca. 3 m Tiefe von Süden nach Norden nahe der Einfahrt erstreckende Sandbank ausgelöst werden. Tagsüber sind von weitem die Hafenanlagen und die Stadt mit ihren Kirchen und den zahlreichen Hotelbauten am Strand entlang leicht zu erkennen. Beim Näherkommen fällt der runde, 30 m hohe, weiße Leuchtturm auf dem Diga Foreana auf, dessen Feuer (Fl.W.5s 30m 22M) nachts bei günstigen Witterungsbedingungen bereits bei 14 sm Entfernung in der Kimm erscheint. Die Feuer am Hafeneingang (Iso.R.3s und Iso.G.3s)

Viareggio, Avamporto, Canale Burlamacco

Viareggio, Avamporto, Canale Burlamacca

heben sich nachts erst aus der Nähe gegen die bunten Hotelreklamen ab.

Der Canale Burlamacca mündet in das Hafenbecken und ist dort 30 m breit und 3 m tief, er führt schmaler und flacher werdend bis zum 8,5 km entfernten Lago di Massaciuccoli. Er wird meist in Konvois befahren, die nicht überholt werden dürfen. Die Drehbrücke über dem Kanal in der Nähe der Darsena Italia kann für durchfahrende Wasserfahrzeuge tagsüber geöffnet werden.

Hafengebote: Wasserfahrzeuge müssen im Umkreis einer Seemeile vom Hafeneingang mit verminderter Geschwindigkeit fahren und dürfen in diesem Bereich nicht ankern. Eine Anmeldung bei den jeweiligen Hafenbüros ist notwendig. Im Hafen gilt als Höchstgeschwindigkeit 3 kn. Das Ankern im Vorhafen und den übrigen Becken ist nicht gestattet.

Hafenmeister:

Capitaneria di Porto, Tel.: 05 84-38 83 88/38 85 74
Capitaneria Darsena della Madonnina:
Tel.: 05 84-3 20 33
Direzione di Cantiere Navale Lusben Craft,
Tel.: 05 84-38 41 11
Wetterberichte sind bei den jeweiligen Büros zu erhalten.

Hafenservice:

An den Liegeplätzen wird mit Mooringleinen festgemacht, fast überall sind Wasser- und Stromanschlüsse an den Liegeplätzen erreichbar. Sanitäreinrichtungen mit Toiletten und Duschen sind in der Nähe der jeweiligen Hafenbüros zu finden, ebenso Kartentelefone. Eine Tankstelle (von 08.00–19.00 Uhr geöffnet, Tel.: 05 84-38 39 23) befindet sich auf einem Steg an Bb. neben

der Zufahrt zur Darsena Europa. Alle Anlagen sind nachts beleuchtet. Zahlreiche Werften und Werkstätten mit Winterlager, festen und beweglichen Kränen bzw. Travellifts (bis 200 t) sind auf dem Gelände südlich der Darsena Europa angesiedelt. Es können alle Reparaturen ausgeführt werden.

Die Fa. Lusben (Tel.: 05 84-38 41 11/2, Fax: 39 64 58) unterhält eine der größten Yachtwerften Italiens im Westteil des Avamporto mit eigenem Hafenbecken, deren Stege und Anlagen sind mit allen erdenklichen Serviceeinrichtungen für Dauerlieger und Gäste ausgestattet. Eine weitere, bekannte Werft ist Benetti Azimut.

Versorgung:

Eine Vielzahl von Restaurants, Trattorias, Eisdielen, Cafés und Bars drängen sich an der Strandpromenade. Geschäfte, Banken und die Post liegen etwas abseits vom Touristenstrom im Ort. Es gibt hervorragende Fischgeschäfte in der Nähe des Hafens.

Information: Azienda di Promozione Touristica Versilia, Tel.: 05 84-96 22 33/3 10 21

Pronto Soccorso, Tel.: 05 84-38 36 22/39 13 45

Landgang, Sehenswürdigkeiten:

Viareggio hat heute 60 000 Einwohner und ist mit seinem weitläufigen Sandstrand ein beliebter Badeort. Wesentlichen Einfluss auf das heutige Stadtbild übte im 19. Jahrhundert die Herzogin von Bourbon-Parma aus, die für den Ausbau des kleinen Fischerorts sorgte und ihm Stadtrechte verlieh. Nobelhotels im Belle-Epoque-Stil, Jugendstilvillen und traditionsreiche Cafés, wie das Grand Caffè Margherita, säumen heute die Palmen bestandene Meerpromenade, laden zum Bummeln oder zum Besuch der obligatorischen Eisdielen ein, die in Viareggio besonders zu empfehlen sind.

Da die meisten Liegeplätze für Sportboote bewacht sind, ist es möglich, von Viareggio aus die etwa 20 km entfernten, sehenswerten Städte Lucca und Pisa zu besuchen.

Sport:

Assonautica della Versilia, Tel.: 05 84-96 90 03
Circolo Ancora, Tel.: 05 84-94 03 77
Club Nautico Versilia, Tel.: 05 84-3 14 44

Viareggio, Canale Burlamacca

Lega Navale Italiana, Tel.: 05 84-4 71 89
Societa Velica Viareggina, Tel.: 05 84-3 10 85

Ankern ist bei entsprechendem Wetter im Süden des Hafens auf mäßig haltendem Sandgrund außerhalb der Badezonen möglich.

Viareggio, Grand Café Margherita

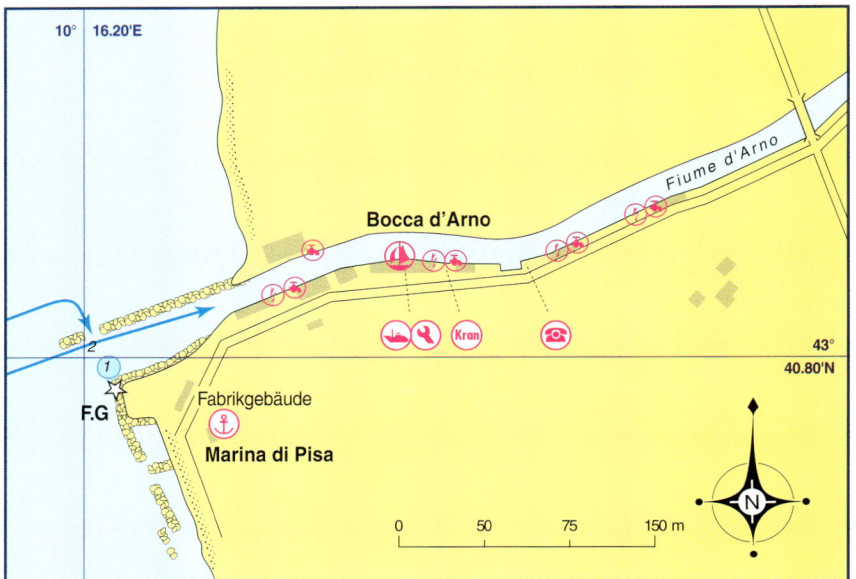

Bocca d'Arno, Marina di Pisa

Die weiten Strände südlich von Viareggio sind wenig belebt, bis zur Mündung des Flusses Arno gibt es weder nennenswerte Siedlungen noch Hotelbauten oder Ferienbungalows. Nach 11 Seemeilen erreichen wir die durch Steinwälle geschützte Mündung.

Bocca d'Arno
43° 40,8' N | 010° 16,2' E

Der untere Flussabschnitt stellt einen gegen alle Winde geschützten Flusshafen für Fischer- und Sportboote mit einem Tiefgang bis 3 m dar. Etwa 100 m hinter der 30 m breiten, nach Westen geöffneten Mündung befinden sich die ersten Steganlagen von Fischern, Clubs und kleinen Werften, die sich auf der Südseite des Flussufers flussaufwärts aneinander reihen und etwa 1000 Liegeplätze für Boote bis 27 m Länge bewirtschaften. Einige Clubs bieten Gastliegeplätze mit gutem Service an. Weiter flussaufwärts bis kurz vor Pisa können nur kleine Boote verkehren.

Ansteuerung:
Von Norden kommend ist die Mündung erst aus der Nähe auszumachen. Bei Ansteuerung aus Süden fällt zuerst der Badeort mit seinem Kirchturm auf. Unmittelbar vor der Mündung kommen dann ein gelbes Fabrikgebäude und die Steinwälle auf beiden Seiten der Flussmündung in Sicht. Charakteristisch sind hier die Pfahlbauten mit ihren hoch über dem Wasser hängenden Netzen. Eine veränderliche Sandbank direkt im Mündungsbereich lässt auf der Nordseite eine ca. 2,5–3 m tiefe Zufahrt frei. Der 100 m lange Wellenbrecher wird auf der Nordseite durch eine zusätzliche, 15 m breite Öffnung für flachgehende Boote unterbrochen.

Die Einsteuerung in den Flusshafen kann nur bei gutem Wetter bzw. ablandigen, nicht zu starken Winden erfolgen. Ortskundige orientieren sich nachts am Leuchtfeuer (F.G) auf der Südseite der Flussmündung. Die Fahrrinne führt nahe dem Nordufer entlang und sollte von Ortsfremden ebenfalls nur mit eingeschaltetem Echolot und mit möglichst geringer Geschwindigkeit befahren werden.

Hafengebote: Natürlich müssen sich Gäste bei den Betreibern der Stege melden, um einen freien Liegeplatz zugewiesen zu bekommen. Im gesamten Flussbereich muss mit geringster Geschwindigkeit manövriert werden. Ab etwa 200 m von der Mündung flussaufwärts hängen bewegliche Fischreusen von mehreren hoch über den Fluss gespannten Kabeln herab, sie sind im unteren Bereich aber auffällig gekennzeichnet.

Hafenmeister:
Capitaneria di Porto, Tel.: 0 50-3 65 31
Hafenbüros: Lega Navale Italiana, Tel.: 0 50-3 66 52
Marina Arnovecchio, Tel.: 0 50-3 50 30
Nautica Sandroni, Tel.: 0 50-3 64 18
Marinanova, Tel.: 0 50-3 51 19
Motonautica Pisana, Tel.: 0 50-96 00 02
Cantiere Fontani, Tel.: 0 50-96 00 75
Picola Darsena, Tel.: 0 50-3 54 37
Wetterberichte sind in den Büros zu erfragen.

Hafenservice:
Gäste sind an den Stegen stets willkommen, können aber nur aufgenommen werden, wenn Dauerlieger abwesend sind. Man muss sich daher zu einem geeigneten Platz durchfragen. Die meisten Liegeplätze sind mit Mooringleinen oder Bojen ausgerüstet, haben Wasser- und Stromanschlüsse in der Nähe. Sanitäreinrichtungen und die Möglichkeit, zu telefonieren, sind überall vorhanden. Meist gehören auch Parkplätze und kleine Winterlager zu den Anlagen. Kraftstoff ist vom 1. März bis zum 30. Oktober beim Club Lega Navale Italiana zu bekommen (geöffnet von 08:30–19:00 Uhr, Tel.: 0 50-3 66 52).

Mehrere Werften mit Winterlager und Hebeeinrichtungen für Boote bis 20 t (Mobilkran) sind am Ufer angesiedelt, Werkstätten für Motoren, Elektrik, Elektronik und Segel sind ebenfalls zu finden.

Bocca d'Arno, Clubhaus an der Picola Darsena

Bei der Picola Darsena von Mario Luporini, die direkt vor der ersten über den Fluss gespannten Einrichtung für Fischreusen liegt, kann man telefonisch einen Liegeplatz (bis 14 m Schiffslänge und 2,2 m Tiefgang) reservieren lassen. Wasser, Strom und Sanitäreinrichtung sind in der kleinen, gemütlichen Anlage vorhanden, die Vater und Sohn bewirtschaften. Es ist sogar möglich, für die Mannschaft ein komplettes Abendessen (rechtzeitig!) telefonisch vorzubestellen, das der ehemalige Rechtsanwalt mit seinem Sohn auf der Terrasse bei Kerzen und Fackelschein höchst persönlich serviert.

Versorgung:
Geschäfte, Restaurants, Banken und Post sind im etwas entfernten Ort zu finden.
Information: Azienda di Promozione Touristica,
Tel.: 0 50-3 25 10
Pronto Soccorso,
Tel.: 0 50-94 15 11 und 0 50-50 18 18

Landgang, Sehenswürdigkeiten:
Der Badeort selbst bietet wenig Sehenswertes. Wer in Pisa den Campo di Miracoli mit dem berühmten Schiefen Turm besuchen möchte, kann eine Busverbindung dorthin nutzen. Pisa liegt nur 11 km entfernt.

Bocca d'Arno, Marina di Pisa

Weniger als 100 m südsüdöstlich der Arno-Mündung gibt es mehrere Öffnungen des Wellenbrechers vor dem Strand von

Marina di Pisa
43° 40,8' N | 010° 16,2' E.

Hinter dem Windschutz dieser Steinwälle liegen windgeschützt vor dem Strand auf einer Wassertiefe von 2,0 bis 0,8 m eine Reihe von flachgehenden, lokalen Booten. Die Zugänge öffnen sich nach Süden und sind schmal. Gastliegeplätze sind nicht vorgesehen.

Hafenmeister:
Ufficio Locale Marittimo, Tel.: 0 50-3 59 22

Ansteuerung:
Die geschützten Bereiche können nur tagsüber und bei ruhiger See angelaufen werden. Als Landmarken gelten die Steinmolen der Arno-Mündung mit einem

Leuchtfeuer (F.G) auf einem 6 m hohen, grünen Mast, das gelbe Fabrikgebäude und ein Kirchturm.

Hafenservice:
Es gibt folgenden Service für kleine Sportboote: Eine Sanitäranlage, einige Wasseranschlüsse am Anleger, einen Slip, einen beweglichen Kran bis 10 t, einen Travellift, Werkstätten für Motoren, für elektrische und elektronische Probleme und für Segel, Müllentsorgung, Telefonzellen und Parkplätze.

Versorgung:
Einige Geschäfte und Restaurants sind im Ort zu finden.
Information: Azienda Promozione Turistica,
Tel.: 0 50-3 25 10

Von der Arno-Mündung bis zum nördlichen Hafeneingang von Livorno sind es 7,2 sm. Die 10 m Tiefenlinie verläuft etwa parallel zu der niedrigen, mit Buschwerk

Porto di Livorno

bestandenen Küste in etwa 1 sm Abstand vom Strand. Es gibt außerhalb der Untiefe Secche della Meloria westlich von Livorno keine weiteren Hindernisse.

Livorno 43° 33,4' N | 010° 17,4' E

ist ein bedeutender, gegen alle Winde geschützter, großer Handelshafen. Es gibt zwei Hafeneingänge zum Avamporto, von dem Bacino S. Stefano, Porto Industriale und Porto Mediceo abzweigen. Die nördliche Zufahrt ist etwa 300 m breit, in der Mitte über 5 m tief und öffnet sich nach Nordnordwesten, die südliche ist 600

m breit, fast 10 m tief und öffnet sich nach Westen. Nach Süden wird der Avamporto durch den 500 m langen Diga della Vegliaia geschützt, zwischen dem Land und dem Diga bleibt eine ebenso breite nach Süden offene Lücke, die aber wegen der Untiefe von 2,3 m nur bei ruhiger See von flachgehenden Booten passiert werden kann. Im 6–8 m tiefen, zentral gelegenem Hafenbecken Mediceo gibt es an Schwimmstegen und am gleichnamigen Kai auf 3–4 m Wassertiefe etwa 120 Liegeplätze für Sportboote bis 30 m Länge, davon 25 für Gäste. Verschiedene Gesellschaften mit unterschiedlichem Service bewirtschaften die Liegeplätze.

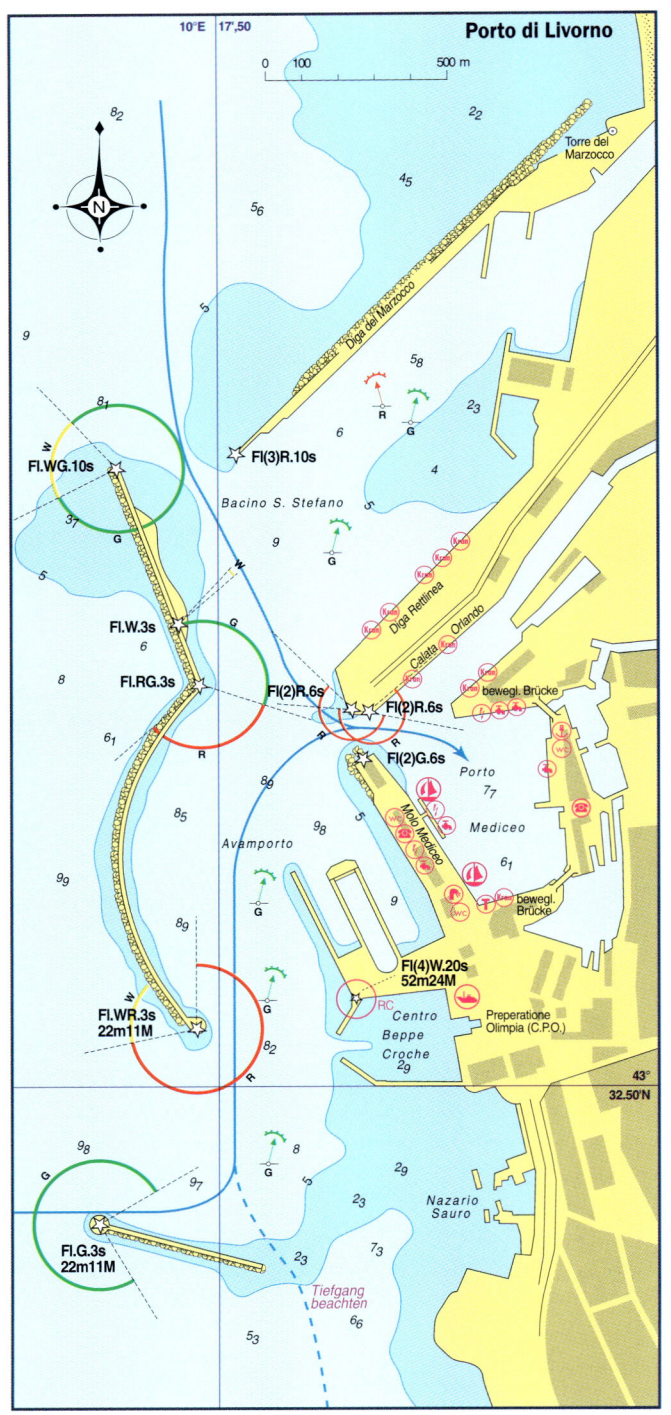

Porto di Livorno

Ansteuerung:

Wegen der 3 sm langen, quer vor den Hafeneingängen liegenden, 1–3 m flachen Untiefe der Secche della Meloria können die beiden Hafeneinfahrten von Livorno nur aus nördlichen bzw. aus süd- bis südwestlichen Richtungen angesteuert werden. Bei starken, südwestlichen Winden wird die Nordeinfahrt bevorzugt.

Tagsüber fallen schon von weitem die Hafenanlagen auf. Aus nördlicher Richtung sind bei der Annäherung die Seezeichen der Secche della Meloria, der Torre del Marzocco am Fuß des Diga Marzocco und der runde, weiße, 52 m hohe Leuchtturm im Hafen zu sehen. Wer sich aus Süden bzw. Südwesten nähert, macht zuerst die Hohen Hauser der Stadt aus, danach erst die Hafensilhouette mit dem Leuchtturm und schließlich die Seezeichen der Secche della Meloria.

Nachts kommt für Sportboote das Feuer des hohen Leuchtturms, Fl(4).W.10s 52m24M, schon in einer Entfernung von über 17 sm über die Kimm, etwas später die Feuer der Secche della Meloria im Norden, Fl(2).W.10s 18m10M, bzw. im Süden, Q(6) + LFl.W.15s 18m 12M. Die Nordeinfahrt ist durch zwei Feuer auf den Molen Meloria, Fl(3).WG.10s 12m9/7M 064°-W-138°-G-341°) und Marzocco, Fl(3).R.10s 12m7M – wobei der grüne Sektor den Weg anzeigt –, die Südeinfahrt durch die Feuer auf dem Südende des Diga Curvilinea, FL.WR.3s 22m11/9M 180°-R-078°-W-139°, und auf dem Diga della Vegliaia, Fl.G.3s 18m7M 330°-G-240°, gekennzeichnet – hier zeigt der rote Sektor den Bereich der sicheren Annäherung an.

Achtung: Der nördliche Hafeneingang ist nur in der Mitte tief, es ist ein Sicherheitsabstand zu den Molenköpfen hin einzuhalten, weil die Wassertiefe dort stark abnimmt.

Hafengebote: Im Bereich beider Hafeneinfahrten gilt das Rechtsfahrgebot. Im Hafen ist die Benutzung des Ankers untersagt. Von der Außenseite des Diga Meloria ist wegen Muschelkulturen ein Abstand von mindestens 800 m einzuhalten. Die Höchstgeschwindigkeit im Hafen beträgt 5 kn. Auslaufende Schiffe haben gegenüber einlaufenden Wegerecht. Schallsignale sind nur als Manöversignale zulässig.

Im südwestlichen Ansteuerungsbereich und in einem entsprechenden Bereich im Norden sind Ankern und Fischen verboten.

Porto di Livorno, Molo Mediceo

Hafenmeister:

Capitaneria di Porto: Sig. Luciano Dassatti,
Tel.: 05 86-89 33 62/89 44 93,
Fax: 05 86-88 45 78/89 44 93, VHF-Kanal 16, 13
Direzione Soc. Assonautica, Präsident Dott. Antonio Fulvi, Tel.: 05 86-89 82 42
Yacht Club L vorno (YCL), Lega Navale Italiana (LNI) und Club Nautico Livorno (CNL) sind unter
Tel.: 05 86-89 41 23, Fax: 05 86-89 53 55,
VHF-Kanal 09 zu erreichen.
Cantiere Navale Fratelli Orlando, Yacht Service Dept.,
Tel. 05 86-21 90 02
Wetterberichte sind in den Büros zu erhalten.

Hafenservice:

Die einzelnen Organisationen, die die Liegeplätze bewirtschaften, bieten unterschiedlichen Umfang im Service, aber alle Liegeplätze an den Stegen und am Kai sind mit Mooringleinen, Wasser- und Stromanschlüssen ausgestattet und nachts beleuchtet. Die Scala der Sanitäreinrichtungen reicht von spartanisch bis hervorragend gepflegt. Guter Service mit Parkplätzen, Bewachung, Telefonkabine und entsprechender Atmosphäre hat allerdings bei Orlando auch seinen Preis.
Eine Tankstelle am Fuß der Molo Mediceo, Tel.: 05 86-89 51 94, ist von 08.00–12.00 Uhr und von 14.00–19.00 Uhr geöffnet.

LIVORNO
400 m

N

Fortezza
Nuova

Fosso

Reale

Via Garibaldi

Piazza
della
Republlica

Municipio

Piazza
Municipo

Via Grande

Fortezza
Vecchia

Giovanni

Prefetture

Piazza
Grande

Duomo

Via Grande

Post

Reale

Via Cairon

Darsena

Mediceo

D'Azeglio

Fosso
Scali Manzoni

Verdi

G.

Via Ricasoli

Faro

Sacali Nova Lena

Via

Parco
Centro
Citta

Borgo del

Mazzini

Corso

Capuccini

Chiesa
del PP.
Cappucini

Livorno, Canale Fosso Reale

Mehrere Werften mit Werkstätten für Motoren, Elektrik, Elektronik, Segel sind im Hafen ansässig. Auf der Molo Mediceo stehen ein fester Kran bis 15 t, aber auch verschiedene Mobilkräne und ein Slip sowie eine Reihe von Winterlagerplätzen zur Verfügung.

Versorgung:
Geschäfte, Restaurants, Bank und Post sind nur in der etwa 2 km entfernten Stadtmitte zu finden, die zu Fuß oder mit einem Taxi erreichbar ist. Ein Supermarkt in der Via Grande ist aber nur ca. 200 m entfernt. In der Nähe des Piazza Cavour wird täglich Markt gehalten.
Information: Azienda di Promozione Touristica,
Tel.: 05 86-89 61 73/89 53 20/8 981 11
Pronto Soccorso, Tel.: 05 86-88 33 33
Taxi, Tel.: 05 86-21 00 00

Landgang, Sehenswürdigkeiten:
Livorno ist Provinzhauptstadt und wichtigster Hafen der Toscana.
Die Entwicklung der Stadt wurde durch den im 16. Jh. von den Medici ausgebauten Hafen ausgelöst.
Teile der damaligen Befestigungen, die Fortezza Vecchia, die Fortezza Nuova und der Porto Mediceo

sind bis heute erhalten. Ein besonderer Reiz geht von den Kanälen aus, die die Stadt durchziehen und nicht nur Liegeplätze für unzählige kleine Sport- und Fischerboote bieten.
Hauptgeschäftsstraße ist die arkadengesäumte Via Grande, die zur Piazza Grande mit dem im 16. Jh. erbauten Dom führt und das Zentrum der Altstadt bildet.
An der Darsena Vecchia befindet sich ein großes Denkmal, das Ferdinand I. als Befreier der Meere darstellt und wegen der Bronzefiguren auf dem Sockel auch „Denkmal der vier Mohren" genannt wird.
Die Küche Livorno's ist für ihre Vielfalt bekannt und die berühmte Fischsuppe Cacciucco sehr zu empfehlen.

Sport:
Assonautica Ente Morale, Tel.: 05 86-89 91 00
Circolo Nautico il Passatempo, Tel.: 05 86-89 53 64
Circolo Nautico il Molo, Tel.: 05 86-58 05 29
Circolo Nautico Livorno, Tel.: 05 86-89 30 50
Lega Navale Italiana, Tel.: 05 86-89 65 67
Yacht Club Livorno,
Tel.: 05 86-89 20 91/89 61 42
Club Nautico, Tel.: 05 86-80 73 54

C.P.O Beppe Croche

Nazario Sauro

Porto di Livorno

Im südlichen Hafenbereich vom Porto di Livorno liegt das kleine Hafenbecken von

C.P.O. Beppe Croche
43° 32,55' N | 010° 17,72' E

Es handelt sich hier um ein kleines, windgeschütztes, 1–2 m tiefes Becken zur Vorbereitung auf die Olympischen Spiele, das aber weder für den allgemeinen Wassersport noch für Gastyachten zugänglich ist.

Ebenfalls im südlichen Hafenbereich vom Porto di Livorno liegt das Hafenbecken Nazario Sauro.

Nazario Sauro
43° 32,3' N | 010° 18,1' E

Dieses gegen alle Winde geschützte, 0,5–1,5 m tiefe Becken bietet etwa 200 Liegeplätze für kleine, flachgehende Sportboote bis 9 m Länge. Es besitzt eine Anlegestelle, einen Slip und einige Einrichtungen für Sportboote, aber es ist praktisch unmöglich, einen Platz zu finden, weil der kleine Hafen von einheimischen Booten überfüllt ist.
Hafenmeister:
Circolo Nautico Livorno, Tel.: 05 86-80 73 54

Ardenza bis Punta del Molino

Italienische Seekarte 4

Am südlichen Stadrand von Livorno befinden sich die miltärische Ausbildungsstätte *Accademia Navale* und die kleinen Yachthäfen *Porticciolo di Ardenza* und *Porticciolo di Antignano*.

Noch weiter im Süden von Livorno wird die Landschaft von einer ziemlich hohen und felsigen, zum Teil zergliederten Küste mit vereinzelten Riffs bestimmt, die sich bis *Rossignano Solvay* hinzieht. Daher muss bei der Annäherung von weniger als 300 m an die Ufer dieser Region vorsichtig navigiert werden. Die früher an dieser Küste errichteten Wachtürme bilden gute Landmarken. An den *Torre del Boccale,* der sich 4 sm südlich vom Porto di Livorno auf einer Anhöhe erhebt, wurde später ein quadratisches Schloss mit runden Türmchen an den Ecken angebaut, dem heutigen *Castello Broccale.* 500 m weiter steht der baugleiche *Torre Calafuria* auf den Felsen am Rand einer kleinen Bucht mit Blick aufs Meer. Noch eine gute Seemeile weiter erhebt sich der Torre del Romito weithin sichtbar 90 m oberhalb vom *Porticciolo di Castel Sonnino.* Bis auf die für das Jahr 2002 geplante *Marina Cala dè Medici* gibt es an diesem Küstenabschnitt nur einige Ankerbuchten und winzige, ausschließlich für flachgehende Sportboote geeignete Häfen.

Hinter *Rossignano* wird die Küste flach und die ausgedehnte, nicht ungefährliche Untiefe der *Secche di Vada* erstreckt sich 4 sm von der Küste in die See mit dem Leuchtturm von Vada, Fl(2)W.10s18m12M, im Zentrum, einem schwarzen zylindrischen Turm mit einem roten Band in der Mitte. Hier müssen Kielyachten tagsüber einen großen Bogen schlagen und selbst bei ruhiger See mindestens 1,5 sm von der Uferlinie fernbleiben. Bei starken Seewinden oder nachts muss der Kurs weit draußen im tiefen Wasser vorbeiführen. Vor Vada fällt ein fast 2000 m weit ins Wasser gebauter Ölpier auf, der am Kopf mit Iso.G.2s und am Knie Fl.W.5s befeuert ist. Von hier bis zum felsigen Punta del Molino mit der Villa de Stefano auf der Spitze gibt es an der Küste nur wenige markante Landmarken an den endlos langen,

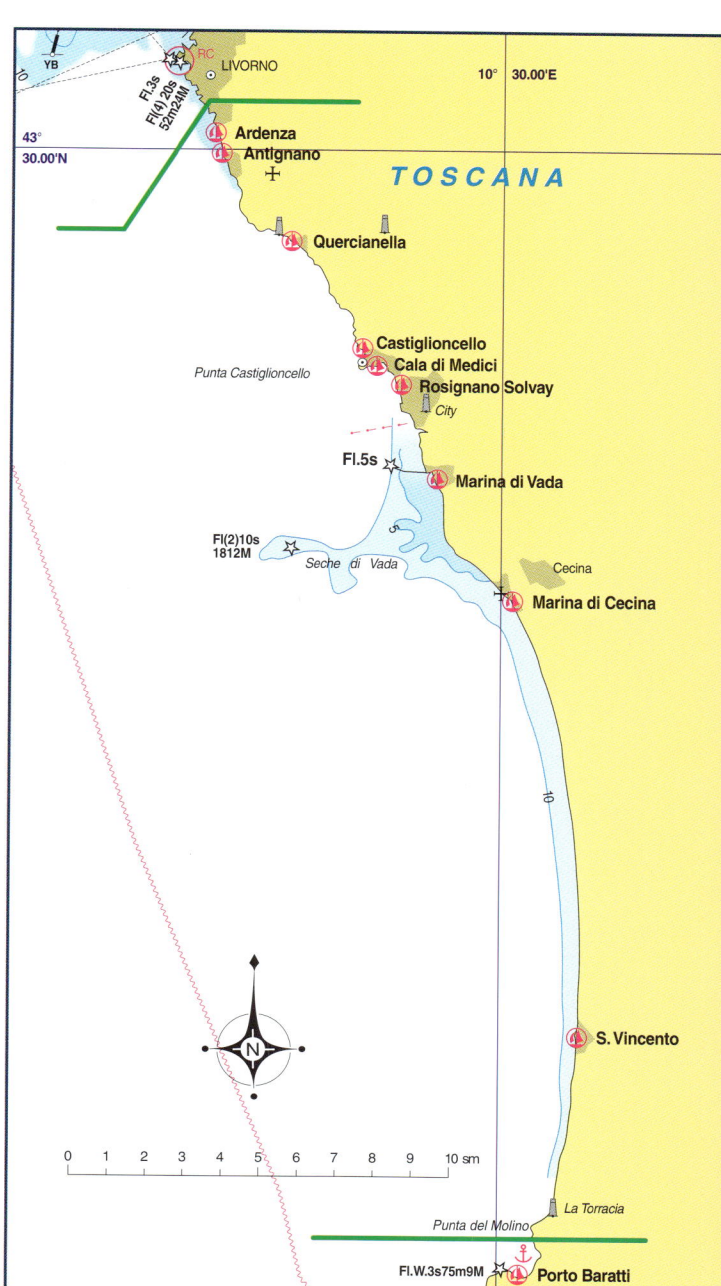

streckenweise unter Naturschutz stehenden Stränden, die nur von den kleinen Häfen für flachgehende Sportboote – Marina di Cecina und Porticciolo di San Vincenzo – unterbrochen werden.

Ganz in der Nähe, südlich des Porto di Livorno, liegen zwei kleine Hafenbecken der

Accademia Navale 43° 41,5' N | 010° 18,5' E.

Diese kleinen Häfen, San Lacopo und San Leopoldo, sind ausschließlich der Marine vorbehalten.

An der südlichen Peripherie von Livorno – etwa 2 sm vom Hafen entfernt - liegt der kleine Hafen

Ardenza
43° 31,0' N | 010° 18,9' E.

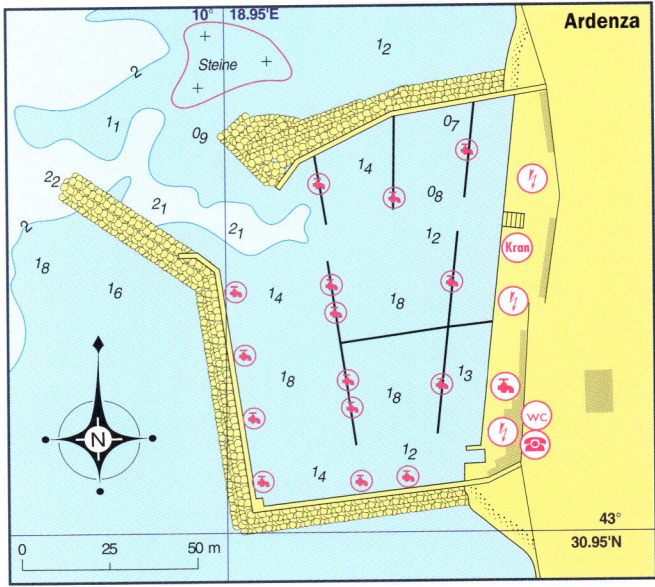

Ardenza

Ardenza

Der recht gut windgeschützte, kleine Sportboothafen wird durch zwei Steinmolen mit innen liegenden Kais gebildet. Der Hafeneingang öffnet sich nach Nordwesten, ist 25 m breit und nicht überall 2 m tief. Die Wassertiefe im Hafen liegt zwischen 1,8 und 0,3 m. Die Kais und Stege werden vom Circolo della Pesca und dem Club Nautica di Ardenza bewirtschaftet. Es stehen etwa 266 Liegeplätze für flachgehende Boote bis 10 m Länge zur Verfügung, davon sind 30 für Gäste vorgesehen.

Ansteuerung:

Der Hafen kann nur tagsüber am besten auf Ostkurs, aber nicht bei starken südwestlichen Winden angelaufen werden. Der Hafeneingang ist erst aus der Nähe zu erkennen.
Achtung: Die felsigen Untiefen nördlich vom Hafeneingang sind zu beachten.
Hafengebote: Besucher melden sich beim Hafenmeister. Im Hafen ist Ankern, Baden und Fischen verboten.

Hafenmeister:

Der Hafenmeister heißt Sig. Franco Niccoletti,
Tel.: 05 86-50 02 95

Hafenservice:

Mooringleinen sind an allen Liegeplätzen, Wasseranschlüsse fast überall erreichbar. Es gibt nur wenige Anschlüsse für Elektrizität am Ufer. Die Sanitäreinrichtungen mit Toiletten und Duschen, die Telefonkabine und das Hafenbüro befinden sich in den Gebäuden in der Südecke des Hafens. Zwei Slips, ein fester 10-t-Kran und ein kleiner Parkplatz sind vorhanden. Eine Tankstelle liegt 500 m vom Hafen entfernt.

Versorgung:

Geschäfte, Restaurants, Bank und Post sind in der nahen Ortschaft zu erreichen.
Information: Pronto Soccorso, Tel.: 05 86-88 33 33

Sport:

Circolo della Pesca, Tel.: 05 86-50 02 95
Club Nautica di Ardenza, Tel.: 05 86-50 02 95

Ankern: Es gibt in der Nähe keine Ankermöglichkeit.

Etwa 3,5 sm südlich vom Porto di Livorno liegt

Antignano
43° 29,7' N | 010° 19,3' E.

Der kleine windgeschützte, nur 1,6–0,8 m tiefe Hafen wird von zwei Steinmolen mit innen liegenden Kais gebildet. Der Hafeneingang öffnet sich nach Westen, ist 20 m breit, aber weniger als 2 m tief.
Er bietet 240 Liegeplätze für flachgehende Boote bis 9 m Länge, die aber überwiegend durch lokale Boote besetzt sind. Daher ist es im Sommer nicht immer möglich, einen Gastliegeplatz zu finden.

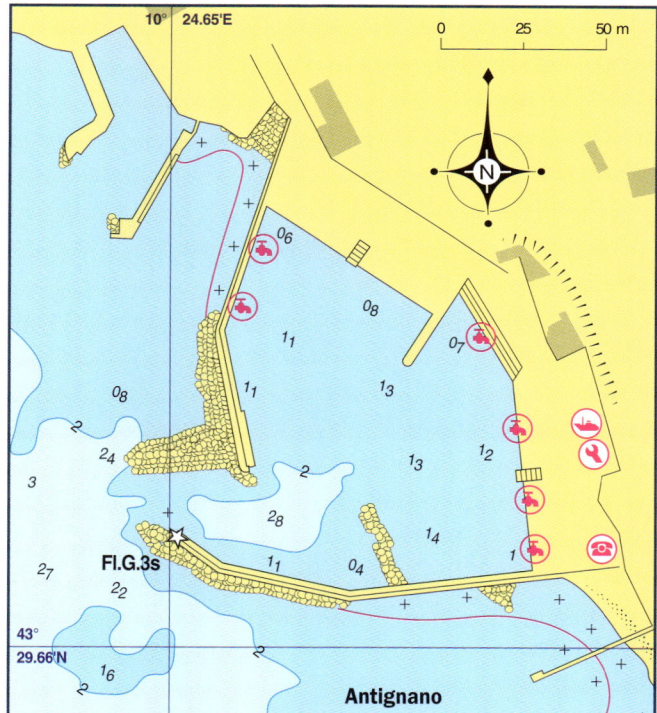

Ansteuerung:

Bei starkem Seegang aus süd- bis westlichen Richtungen kann der Hafen nicht angelaufen werden.
Die Hafeneinfahrt ist erst aus der Nähe zu erkennen, tagsüber kann man sich an einem blauen Haus mit weißen Fensterlaibungen nördlich des Hafens orientieren. Nachts ist die südliche Mole mit Fl.G.3s befeuert,

![Antignano]

Ortsunkundige sollten aber das Einlaufen unterlassen. *Achtung:* Gleich hinter dem Hafeneingang liegt rechts ein Wellenbrecher aus Steinen quer zur Fahrtrichtung. *Hafengebote:* Eine Anmeldung beim Hafenmeister ist erforderlich. Baden im Hafen ist verboten.

Hafenmeister:
Sig. Trinca vom Circolo della Pesca betreut den Hafen.

Hafenservice:
Festgemacht wird an Bojen vor den Kais. Es gibt einige Wasseranschlüsse und eine kleine Sanitäreinrichtung, nachts wird das Gelände beleuchtet. Im Hafenbüro gibt es ein Telefon, in der Nähe kleine Werkstätten für Motoren und Bootselektrik. Zwei Slips für kleine Boote und ein Mobilkran stehen zur Verfügung.

Antignano, Ansteuerung

Versorgung:
Geschäfte, Restaurants, Bank und Post findet man in der nahen Ortschaft.

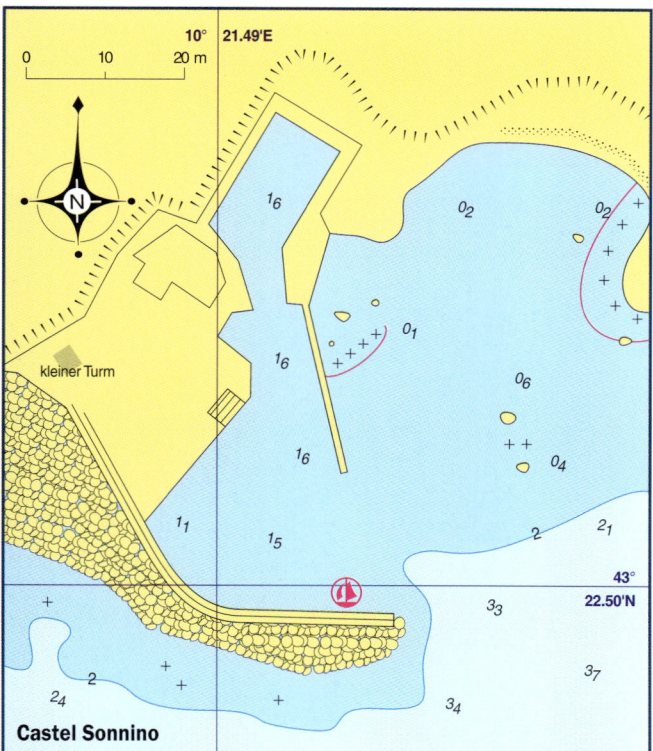

Castel Sonnino

Am Fuß einer Felswand auf der Westseite einer kleinen Bucht, 6 sm von Livorno entfernt, liegt der Hafen von

Castel Sonnino
43° 22,5' N | 010° 21,5' E.

Der winzige, private Hafen wird durch eine 360 m lange Steinmole mit innenliegendem Kai gebildet und ist bis auf Winde aus südöstlicher Richtung geschützt. Der 180 m breite Hafeneingang öffnet sich nach Osten und ist 1,5 m tief. An den Kais ist das Wasser 1,6–1,1 m tief.

Ansteuerung:
Aus der Ferne ist der Hafen am Torre Romito zu erkennen. Er kann nur tagsüber angelaufen werden, ist aber auf Grund von Unterwasserfelsen im Bereich der Zufahrt schwierig zu erreichen.

Hafenservice:
Es gibt weder Service noch Versorgungsmöglichkeiten. Meistens ist der kleine Hafen hoffnungslos überfüllt.
Ankern: Bei beständigem Wetter kann in der Bucht davor geankert werden.

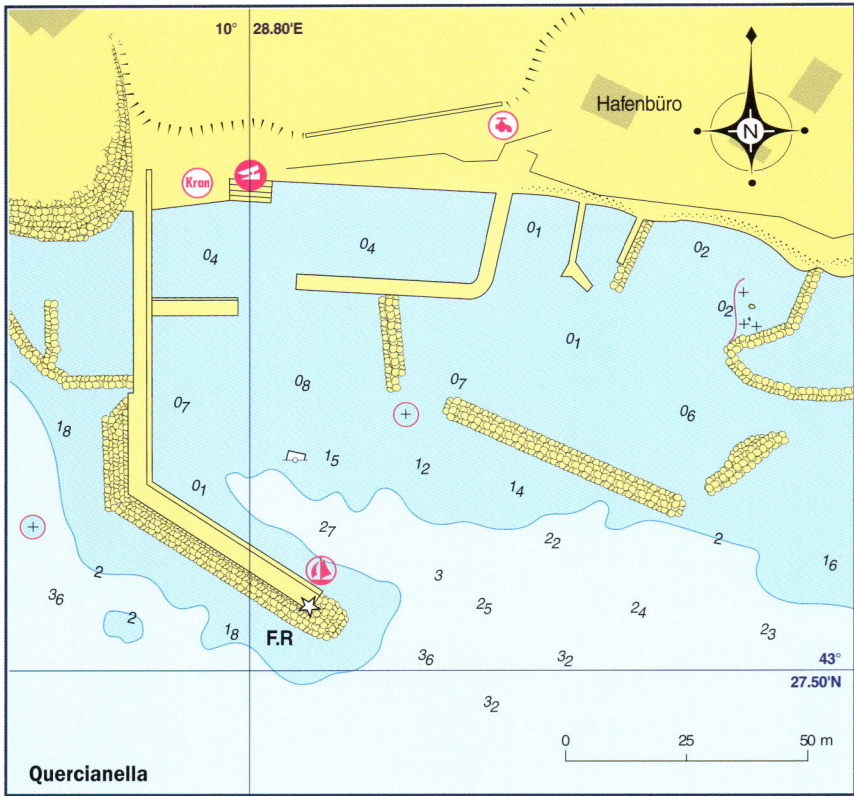

cher mit kleinen Öffnungen zur See bilden geschützte Bereiche vor den Sandstränden am Ufer. Es gibt 100 Liegeplätze für flachgehende Boote bis zu 6 m Länge, die vom Circolo Nautico Quercianella bewirtschaftet werden.

Ansteuerung:

Der Hafen ist nur aus der Nähe zu erkennen und kann nur tagsüber bei schönem Wetter angelaufen werden. Nachts brennt ein Feuer auf der Molenspitze (F.R), Ortsunkundigen wird aber abgeraten, den Hafen nachts anzulaufen, weil die im Sommer mit weißen Bojen gekennzeichnete Zufahrt dann kaum zu erkennen ist.

Achtung: Felsige Untiefen befinden sich auf der Bb.-Seite der Zufahrt.

Hafengebote: Eine Anmeldung beim Hafenmeister wird erwartet.

Hafenmeister:

Circolo Nautico Quercianella, Sig. Rodolfo, Tel.: 05 86-49 14 32

Etwa 0,5 sm südöstlich vom Torre Romito liegt der Bootshafen

Quercianella
42° 27,5' N | 010° 21,8' E.

Der kleine Hafen – nur zugänglich für Boote mit höchstens 1 m Tiefgang – wird von einer 150 m langen, zunächst vom Land nach Süden und dann nach Südosten abknickenden Steinmole mit innen liegendem Kai gebildet. Er ist nach Südosten offen, Seegang aus dem III. Quadranten trifft den Hafen ungeschützt. Im Inneren liegt zwischen zwei Molen ein kleines 0,4 m tiefes Becken. Weitere Wellenbre-

Quercianella

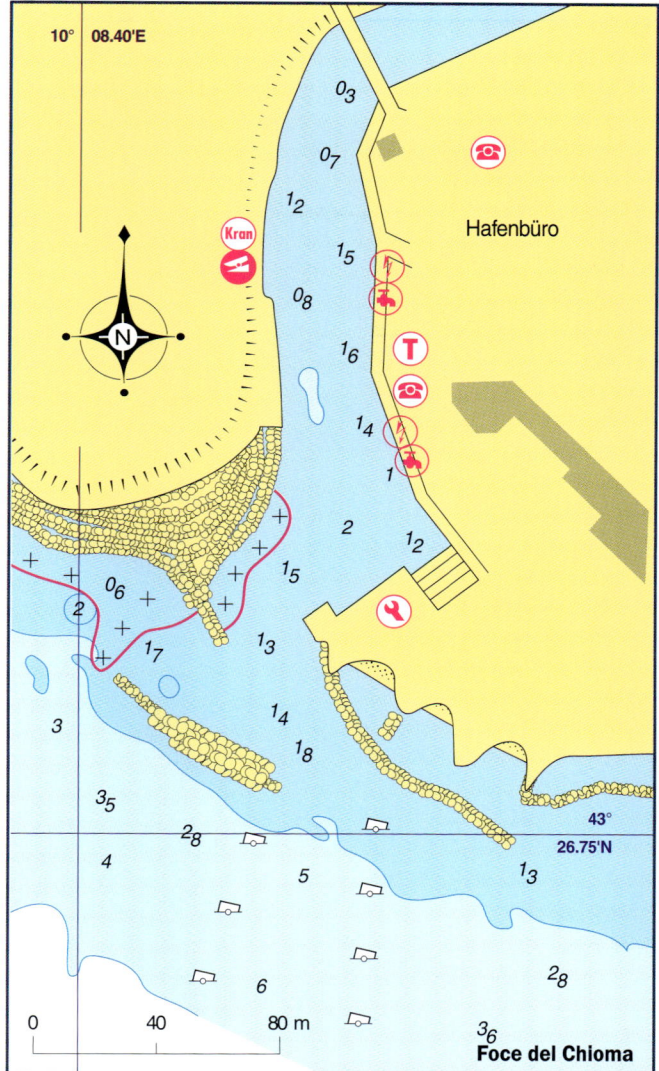
Foce del Chioma

Hafenservice:
Außer einem 15-t-Kran und einem Slip gibt es keinen nennenswerten Service für Sportboote.

Versorgung:
Geschäfte, Restaurants, Bank und Post sind im nahen Ort zu finden.

Sport:
Circolo Nautico Quercianella, Tel.: 05 86-49 14 32

Ankern:
Bei beständigem Wetter kann vor dem Hafen außerhalb der markierten Zufahrt der Anker fallen.

Etwa 7 sm südsüdöstlich vom Porto Livorno liegt der kleine Flusshafen

Foce del Chioma
43° 26,8' N | 010° 22,8' E.

Er liegt gegen alle Winde geschützt im Unterlauf eines 30 m breiten Flüsschens, dessen Mündung durch mehrere Wellenbrecher aus Stein befestigt ist. Die nördliche Öffnung ist wegen Unterwasserfelsen unzugänglich, der nach Südosten offene Zugang ist 1,5 m tief und wird im Sommer 200 m weit durch weiße Bojen gekennzeichnet. Vor den befestigten Ufern im Inneren beträgt die Wassertiefe 1,5–0,3 m. Es gibt 42 Liegeplätze für flachgehende Boote bis 14 m Länge, die vom Lido del Chioma und vom Circolo Pesca Sportiva Quercianella bewirtschaftet werden.

Ansteuerung:
Der Hafen kann nur tagsüber bei gutem Wetter angelaufen werden.
Achtung: Die außerhalb der markierten Zufahrt liegenden Unterwasserfelsen können gefährlich werden.

Foce del Chioma

Hafengebote: Eine Anmeldung beim Hafenmeister ist erforderlich.

Hafenmeister:
Das Hafenbüro wird durch Sig. Luciano, Tel.: 05 86-75 21 89 betreut.

Hafenservice:
Am Ostufer gibt es einige Wasser- und Stromanschlüsse, eine Sanitäranlage und eine Telefonzelle. Die Tankstelle ist von 08.30–12.30 Uhr und von 15.30–18.30 Uhr geöffnet. In der Nähe eines Slips für kleine Boote gibt es Reparaturmöglichkeiten für Motoren, Elektrik und Elektronik. Im Hafenbereich operiert ein 4-t-Mobilkran. Nachts ist das Gelände beleuchtet.

0,2 sm südlich von Foce del Chioma liegt der

Porto Vecchio di Rossana
43° 26,7' N | 010° 23,0' E.

Der kleine, windgeschützte Hafen wird von einer in nordwestlicher Richtung verlaufenden, 120 m langen Steinmole gebildet, die zwischen einer Klippe und der Mole nach Westen einen etwa 50 m breiten und 4 m tiefen Eingang offen lässt. Im Hafenbecken dahinter nimmt die Tiefe zum Kai auf 0,4 m ab. Im Hafenbereich liegen fast nur einheimische, flachgehende Boote.

Porto Vecchio di Rossana

Ansteuerung:
Der Hafen kann nur tagsüber außer bei starken Winden aus dem III. und IV. Quadranten angelaufen werden. Als Orientierung kann der Punta Castiglione dienen. *Achtung:* Die felsige Klippe nördlich der Molenspitze und Unterwasserfelsen vor der steinbewehrten Uferbefestigung nördlich des Kais sind zu beachten.

Castiglioncello Nord

Im Süden der felsigen Huk vom Punta Castiglioncello, auf dem sich zwischen üppiger Vegetation Häuser, Villen und der alte, zinnenbewehrte Turm vom Castello Pasquini erheben, gibt es zwei kleine Häfen. Der erste ist

Castiglioncello Nord
43° 24,2' N | 010° 25,3' E.

Dieser im Sommer bei schönem Wetter von vielen kleinen Sportbooten bevölkerte Ankerplatz im Schutz eines Wellenbrechers besitzt keinen Kai, sondern nur zwei private, kurze, hölzerne Stege mit 0,7 m Wassertiefe an den Köpfen. Hier dürfen Sportboote nur vorübergehend und mit Erlaubnis des Circolo Nautico Castiglioncello anlegen. Der Ankerplatz ist in der Mitte etwa 1,5 m, sonst 0,5 m tief. Auf der Ostseite der markierten Zufahrt in die Bucht liegen gefährliche Unterwasserfelsen.

Im geschützten Bereich gibt es etwa 70 Liegeplätze für flachgehende Boote bis zu einer Länge von 13 m, die vom Circolo Nautico Castiglioncello bewirtschaftet werden.

Ansteuerung:
Der kleine Hafen kann nur tagsüber bei gutem Wetter angelaufen werden.

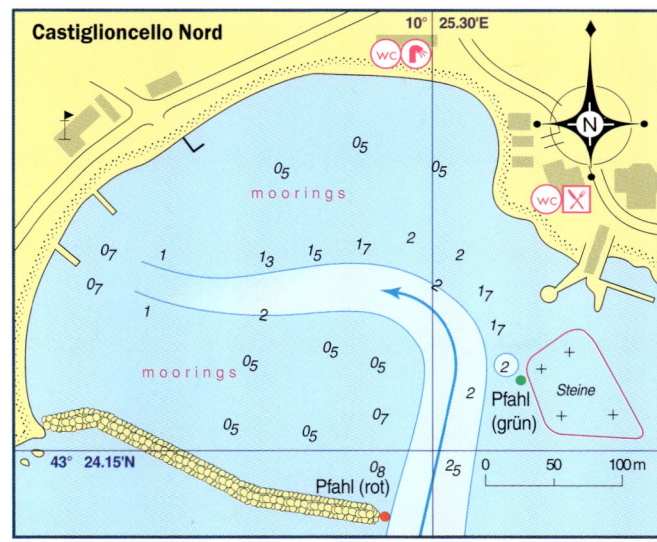

Achtung: Felsige Untiefen auf der Ostseite des Ankerplatzes. *Hafengebote:* Eine Anmeldung beim Hafenmeister ist erforderlich. Der Zufahrtskanal muss freigehalten werden.

Hafenmeister:
Das Büro des Circolo Nautico Castiglioncello wird von Sig. Giunchini Benito betreut, VHF-Kanal 67, Tel.: 05 86-75 23 10.

Castiglioncello Nord

Castiglioncello Sud

Castiglioncello Nord und Sud

Hafenservice:
Am Ufer gibt es eine Sanitäreinrichtung mit Toiletten und Duschen und ein Kartentelefon.

Versorgung:
Geschäfte, Restaurants, Bank und Post sind im Ort zu finden.

Sport:
Circolo Nautico Castiglioncello, Tel.: 05 86-75 23 10

Der zweite kleine Hafen im Süden der felsigen Huk vom Punta Castiglioncello ist

Castiglioncello Sud
43° 23,9' N | 010° 25,6' E.

Der kleine, windgeschützte Hafen wird von einem Steinwall und einem etwa 80 m langen Molenkai gebildet. Der Hafeneingang ist etwa 30 m breit, 2 m tief und öffnet sich nach Osten.

Castiglioncello Sud, Ansteuerung

Das Hafenbecken ist 1,8 bis 0,3 m tief. Es gibt 60 Liegeplätze für Boote bis 12 m Länge, die von örtlichen Wassersportvereinen bewirtschaftet werden.

Ansteuerung:
Der Hafen, der erst aus der Nähe zu erkennen ist, kann nur tagsüber bei gutem Wetter angelaufen werden. Die Zufahrt ist in der Saison durch Bojen gekennzeichnet.

Castiglioncello Sud

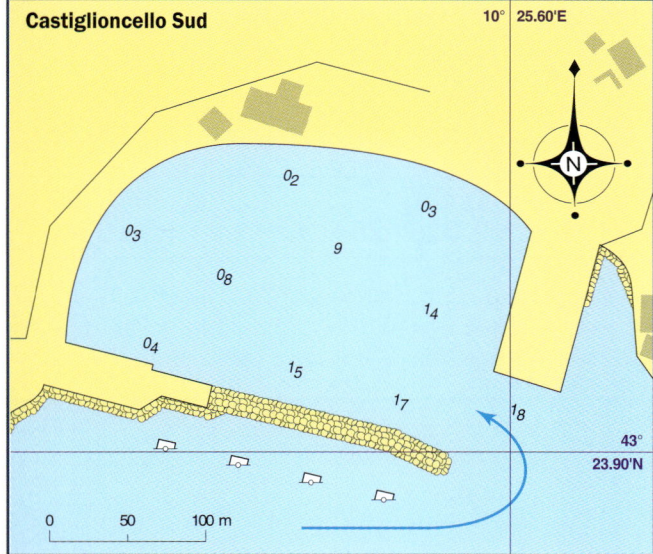

Castiglioncello Sud

Die Marina im Bau

Hafengebote: Eine Anmeldung beim Hafenmeister ist erforderlich. Wegen der Nähe einer Badeanstalt ist höchte Vorsicht beim Einlaufen geboten.

Hafenmeister:

Capitaneria Locamare Castiglioncello: VHF-Kanal 16, Sig. Maurizio Taffi, Tel.: 05 86-75 23 31, betreut.

Hafenservice:

Es gibt Sanitäreinrichtungen mit Toiletten und Duschen, ein Kartentelefon und kleine Werkstätten.

Versorgung:

Einige Geschäfte, Restaurants, Bank und Post sind im Ort zu finden.
Information: Pronto Soccorso, Tel.: 05 86-75 11 98

Sport:

Circolo Nautico, Tel.: 05 86-75 23 10,
Delegazione di Spaggia, Tel.: 05 86-75 31 04

In einer Entfernung von weniger als 1 sm südöstlich vom Punta Castiglioncello wird für die Saison 2002 die

Cala dè Medici   45° 23,5' N | 010° 25,9' E.

fertig gestellt sein. Die völlig windgeschützte Marina wird durch eine lange Mole und eine kurze Abschlußmole mit innen liegenden Kais gebildet. An sechs langen, zwei kurzen Stegen und an den Kais sollen 650 Liegeplätze für Sportboote von 8–40 m Länge entstehen, von denen auch eine Anzahl für Gastliegeplätze reserviert werden. Der Hafeneingang wird etwa 40 m breit, 4 m tief sein und sich nach Westnordwest öffnen. Das Hafenbecken ist 4–2 m tief, an den Stegen 3 m, am Kai 2 m.

Ansteuerung:

Der Hafen wird auf Grund seiner Lage bei jedem Wetter angelaufen werden können.
Tagsüber kann man sich von weitem an Punta Castiglioncello orientieren.

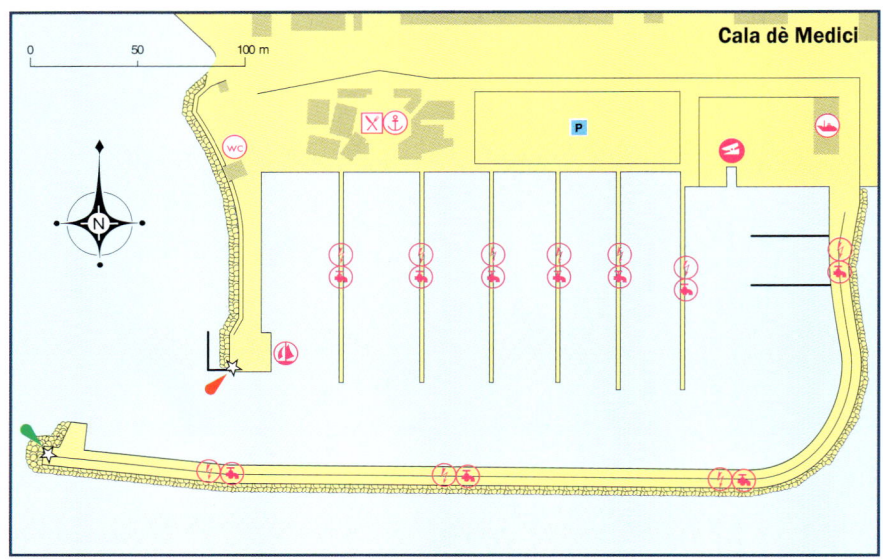

Cala dè Medici

Hafenservice:

An allen Liegeplätzen sind Mooringleinen, Wasser- und Stromanschlüsse vorgesehen. Neben Sanitäreinrichtungen, Kartentelefonen, Parkplätzen und einer Tankstelle wird eine *Technische Zone* mit Werft, Werkstätten, Winterlager, Travellift eingerichtet.

Versorgung:

Es werden Restaurant, Café und Supermarkt anzutreffen sein.
Information: Associazione Turistica Pro Loco Vada,
Tel.: 05 86-78 83 73
Commune di Rossignano Marittimo,
Tel.: 03 35-6 50 59 75

Nachts werden Feuer auf den Molenköpfen den Weg weisen.
Hafengebote: Am Ankunftskai im Hafeneingang einen Liegeplatz zuweisen lassen. Eine Geschwindigkeitsbegrenzung im Hafen sowie Anker-, Bade- und Angelverbot.

Ganz versteckt hinter Wellenbrechern aus Stein liegt

Rossignano Solvay
43° 22,9' N | 010° 25,9' E.

Dieser private, gut windgeschützte, kleine Hafen wird von der Società Solvay bewirtschaftet und kann außer in Notfällen nur von Mitgliedern angesteuert werden.

Rossignano Solvay – Hafeneinfahrt

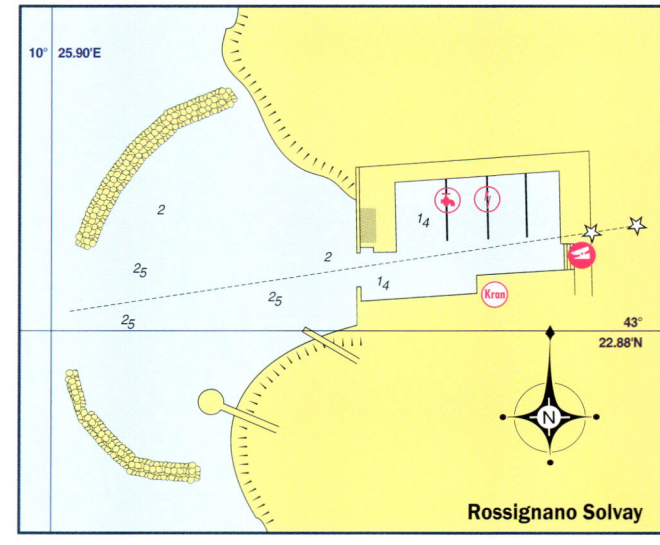

Rossignano Solvay

Rossignano Solvay

Das hinter Wellenbrechern geschützt liegende Hafenbecken bietet auf Wassertiefen um 1,5 m etwa 130 Liegeplätze für flachgehende Boote bis 9 m Länge.

Ansteuerung:
Der Hafen, der nur aus der Nähe zu erkennen ist, kann nur bei ablandigen Winden bzw. gutem Wetter angelaufen werden. Die Einsteuerung wird durch nachts befeuerte Richtmarken unterstützt.
Achtung: In der Nähe der Zufahrt ist auf flachen, steinigen Grund zu achten.

Hafenmeister:
Büro der Società Solvay, VHF-Kanal 16 und 09

Hafenservice:
Wasser- und Stromanschlüsse sind von allen Liegeplätzen erreichbar, eine Sanitäreinrichtung mit Toiletten und Duschen, Kartentelefon, Parkplätze und Werkstätten sind vorhanden.

Versorgung:
Im nahen Ort sind Geschäfte, Restaurants, Bank und Post zu erreichen.

12,5 sm vom Porto di Livorno trifft man auf einen weit ins Wasser gebauten

Pontile di Vada   43° 21,3' N | 10° 25,4' E

Dieser über eine Seemeile lange, bis in tiefe Wasser ragende Ölpier darf nur von Tankschiffen angelaufen werden. Sportboote dürfen hier weder festmachen noch sich in der Nähe aufhalten.
Auf dem Kopf des Piers brennt auf einem grünen Mast das Feuer Iso.G.2s 16m4M, etwa 500 m weiter zum Land hin auf dem Knie des Piers auf einem weißen Mast ein zweites Feuer mit Fl.W.5s 14m5M.

Etwa 3,3 sm südwestlich vom Kopf des Ölpiers von Vada wird die Untiefe

Secche di Vada 43° 19,2' N | 010° 21,9' E

von einem 18 m hohen, schwarzrot gestreiften Leuchtturm, Fl(2).W.10s 18m12M, markiert. Nachts erscheint Sportbootfahrern das Feuer bereits in einer Entfernung von etwa 12 sm über der Kimm.

Für Sportboote ist die sich bis zu 5 sm in die See erstreckende Secche di Vada nahezu ungefährlich, nur zum Land hin sollte ein Sicherheitsabstand eingehalten und die Wassertiefe am Echolot überwacht werden. Stellenweise verläuft die 5 m Tiefenlinie in einer Entfernung von etwa 1 sm zur Küste.

0,8 sm südlich vom Kopf der Ölpier von Vada ist die Zufahrt zum

Porto Commerciale di Vada
43° 20,9' N | 010° 27,2' E

durch Seezeichen markiert. Nachts weisen befeuerte Tonnen (Fl.G.3s und Fl.R 3s) auf den Eingang zum Zufahrtskanal hin, der auf 4 m ausgebaggert ist und durch schwarz-weiße Tonnen begrenzt wird. Sportbooten ist aber nur in Notfällen erlaubt, den Porto Commerciale di Vada anzulaufen.

Ansteuerung:
Auf einem Fahrwasser mit schwarz-weiß gestreiften Bojen, deren rote und grüne Ansteuerungstonnen nachts befeuert sind (Fl.G.3s und Fl.R.3s), gelangt man zum Hafeneingang, dessen Molen ebenfalls Feuer tragen (F.GR (vert) und Q.R).

Achtung: Außerhalb der markierten Zufahrt beträgt die Wassertiefe weniger als 2 m!

Hafengebote: Der Hafen darf nur in Notfällen angelaufen werden.

Unmittelbar südlich vom Porto Commerciale di Vada liegt die kleine

Marina di Vada 43° 20,7' N | 010° 27,3' E

Vada, Ölpier, Porto Commerciale, Marina di Vada

Marina di Vada

Hinter dem hochtrabenden Namen Ridosso di Marina di Vada verbirgt sich eine durch drei parallel zum Ufer verlaufende, gegeneinander versetzte Wellenbrecher geschützte Wasserfläche für fast 200 flachgehende Fischer- und Sportboote bis 10 m Länge, die hinter den Wellenbrecher vermurt sind oder dort vor Anker liegen.

10° 26.70'E

Vada, Ölpier, Werkhafen

Iso.G.2s

Anlegen für
Sportboote verboten !

Q.R

F.GR (vert)

Q.R

43°

21.10'N

Ansteuerung:

Die Liegeplätze können nur von flachgehenden Booten bei einigermaßen ruhiger See angelaufen werden. Tagsüber kann man sich am Ölpier von Vada orientieren. Nachts finden nur Ortskundige diese Zuflucht.

Versorgung:

Es gibt einen Hotelstand, eine Pizzeria und Verkaufsbuden für Frischfisch.

Marina di Cecina

Nach dem Passieren der Secche di Vada erreichen wir nach 3,5 sm in südöstlicher Richtung die

Marina di Cecina
43° 18,1' N | 010° 29,2' E.

Der kleine, windgeschützte Hafen in der Mündung des Flüsschens Cecina wurde durch ein Hafenbecken mit fünf Stegen erweitert. Am befestigten Flussufer und im Hafenbecken gibt es 650 Liegeplätze für flachgehende Boote bis 12 m Länge, die vom Circolo Nautico Foce Cecina bewirtschaftet werden. Der Hafeneingang zwischen zwei in die See gebauten, 40 m langen Kais ist

Einsteuerung in den Fiume Cecina

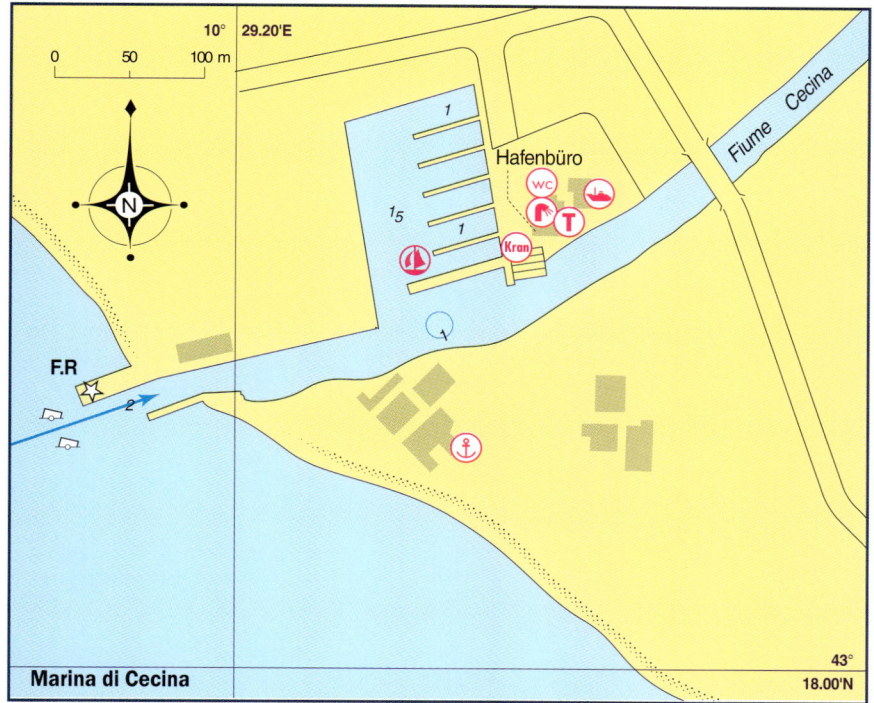

Marina di Cecina

Marina di Cecina, die Hafeneinfahrt

nur 15 m breit, 2 m tief und öffnet sich nach Westsüdwest. Die Wassertiefe nimmt zum Hafenbecken auf 1,5 m ab, zwischen den Stegen ist es nur noch 1 m tief.

Ansteuerung:

Der Hafen kann nur bei ruhiger See bzw. ablandigen Winden angelaufen werden.

Tagsüber ist die Einfahrt erst aus der Nähe zu erkennen, nachts brennt ein Feuer (F.R) auf dem Kopf des nördlichen Kais. Die Zufahrt ist durch Bojen markiert.

Achtung: Bei starken westlichen und südwestlichen Winden ist die Ansteuerung gefährlich.

Hafengebote: Eine Anmeldung im Hafenbüro ist erforderlich, die Höchstgeschwindigkeit beträgt 3 kn.

Hafenmeister:

Circolo Nautico Foce Cecina,
Tel.: 05 86-62 06 02,
-62 28 95, -22 27 63,
Fax: 05 86-62 27 65,
VHF-Kanal 16

Hafenservice:

Es gibt nur wenige Wasser- und Stromanschlüsse, aber eine Sanitäreinrichtung mit Toiletten und Duschen, Kartentelefone, Parkplätze und eine Tankstelle, die in der Saison von 07.30–20.00 Uhr geöffnet ist. Eine kleine *Technische Zone* mit Slip, festem 10-t-Kran, einem Mobilkran bis 30 t und einigen Werkstätten ist ebenfalls vorhanden.

Versorgung:

Geschäfte, Restaurants, Bank und Post sind im 1,5 km entfernten Ort zu erreichen.

An endlos langen, wenig belebten Stränden vor einer flachen Landschaft geht es von Marina di Cecina etwa 12,5 sm südwärts nach

San Vincenzo
43° 05,9' N | 010° 32,2' E

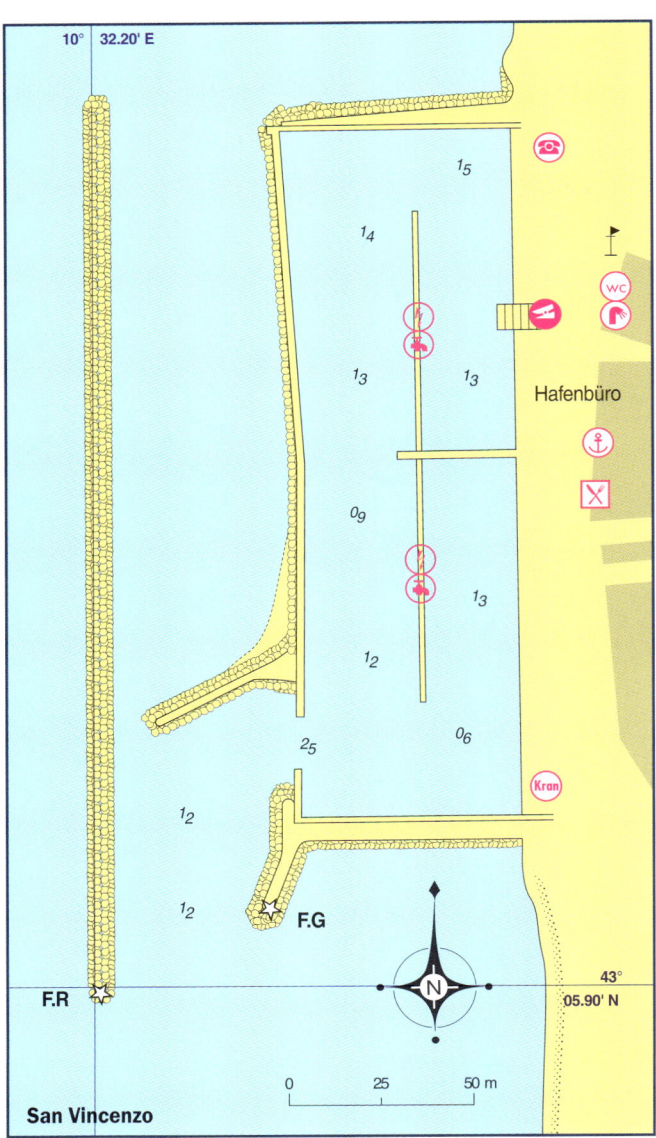

San Vincenzo

Das 200 x 60 m große, 1–1,5 m tiefe, gegen alle Winde geschützte Hafenbecken liegt hinter einem 250 m langen, parallel zum Ufer verlaufenden Wellenbrecher und bietet 272 Liegeplätze für Boote bis 13 m Länge und 1,3 m Tiefgang, die von der Gemeinde verwaltet werden. Der auf beiden Seiten mit Steinmolen bewehrte Eingang zu einer Art Vorhafen ist etwa 35 m breit, 1,5 m tief und öffnet sich nach Süden. Der eigentliche Zu-

San Vincenzo

gang zum inneren Becken auf der Bb.-Seite ist nur noch etwa 15 m breit und verhindert jeglichen Schwell.

Ansteuerung:
Der Hafen kann jederzeit außer bei starken Winden aus dem III. und IV. Quadranten angelaufen werden.
Tagsüber ist Porto di Vincenzo erst aus der Nähe zu erkennen, nachts weisen Feuer auf den Molenköpfen (F.R 210°-R-180° und F.G 195°-060°) den Weg.
Achtung: Ein- wie auslaufende Boote haben sich rechts zu halten.
Hafengebote: Eine Anmeldung beim Hafenbüro ist erforderlich.
Im Hafen herrscht Bade- und Angelverbot.

San Vincenzo

Hafenmeister:

Hafenbüro der Gemeinde San Vincenco,
Tel.: 05 65-70 38 03, VHF-Kanal 09.
Dort hängt auch ein *Wetterbericht* aus.

Hafenservice:

Es gibt einige Wasser- und Stromanschlüsse, eine Sanitäreinrichtung mit Toiletten und Duschen, Kartentelefon und Parkplätze. Es gibt auch eine kleine *Technische Zone* mit Slip, beweglichem Kran bis 25 t, Winterlager und einigen Werkstätten. Eine Tankstelle ist nur im Ort zu erreichen.

Versorgung:

Um Geschäfte, Restaurants, Bank und Post zu erreichen, muss man die Ortschaft von San Vincenzo aufsuchen.
Information: Azienda di Promozione Touristica,
Tel.: 05 65-70 15 33
Pronto Soccorso, Tel.: 05 65-70 63 55

Sport:

Circolo Nautico San Vincenzo, Tel.: 05 65-70 20 05

Ankern:

Auf der Rade di San Vincenzo kann bei gutem Wetter auf 5–8 m tiefem Sandboden geankert werden.

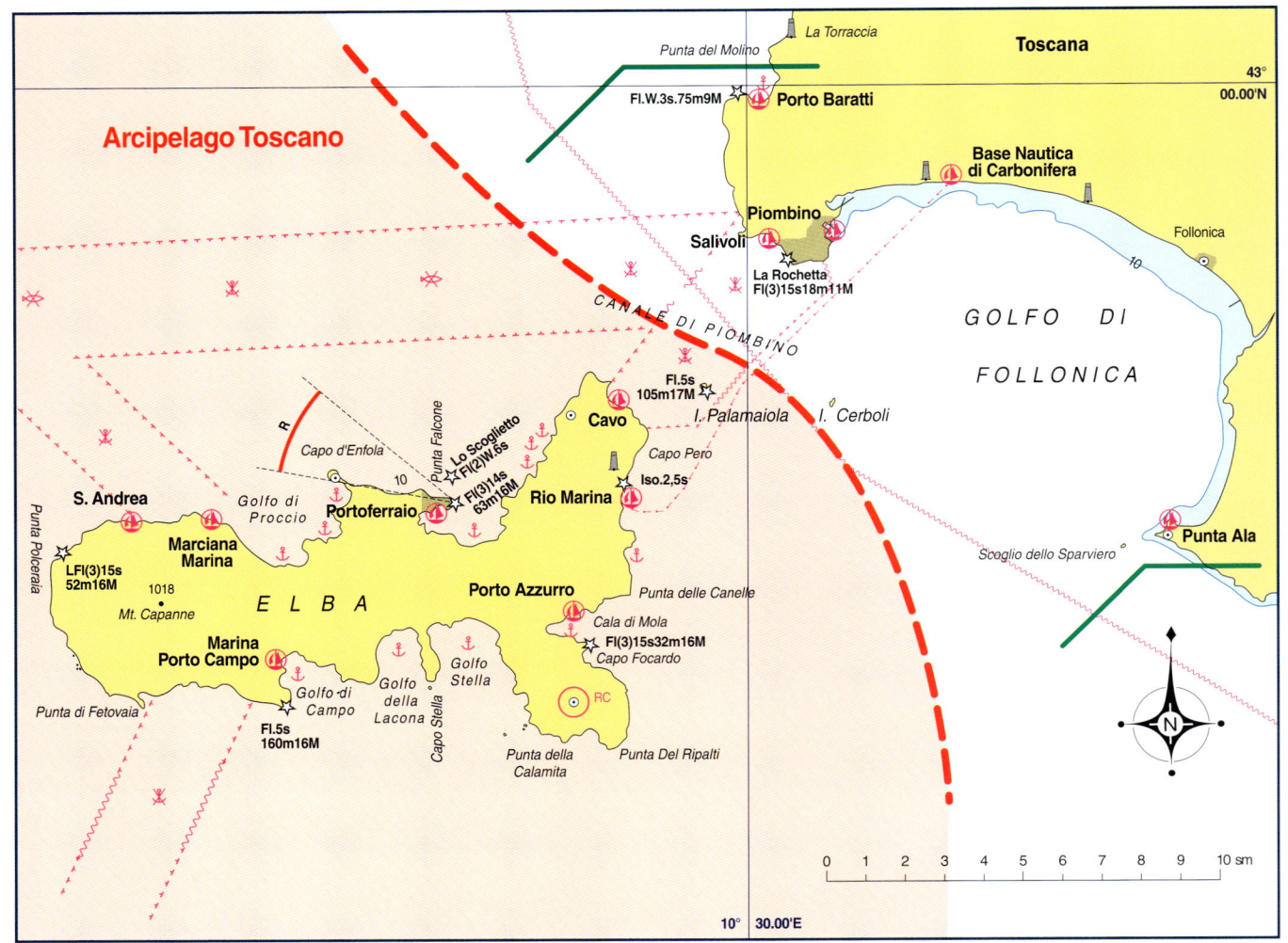

Arcipelago Toscano

La Torraccia

Punta del Molino

Fl.W.3s.75m9M

Porto Baratti

Toscana

43°
00.00'N

**Base Nautica
di Carbonifera**

Follonica

Piombino

Salivoli

La Rochetta
Fl(3)15s18m11M

CANALE DI PIOMBINO

G O L F O   D I

F O L L O N I C A

10

Fl.5s
105m17M

Cavo

I. Palamaiola   *I. Cerboli*

Punta Falcone

Lo Scoglietto
Fl(2)W.6s

Capo d'Enfola

R

10

Fl(3)14s
63m16M

Portoferraio

Capo Pero

Iso.2,5s

Rio Marina

S. Andrea

*Golfo di
Proccio*

Punta Polceraia

**Marciana
Marina**

LFl(3)15s
52m16M

1018
Mt. Capanne

E L B A

Porto Azzurro

Punta delle Canelle

Scoglio dello Sparviero

Punta Ala

**Marina
Porto Campo**

Cala di Mola
Fl(3)15s32m16M
Capo Focardo

Punta di Fetovaia

Fl.5s
160m16M

*Golfo di
Campo*

*Golfo
della
Lacona*

*Golfo
Stella*

Capo Stella

RC

*Punta della
Calamita*

Punta Del Ripalti

0   1   2   3   4   5   6   7   8   9   10 sm

N

10°   30.00'E

Porto Baratti bis Punta Ala

Italienische Seekarten 4 und 5

Das Promontorio di Piombino

Gleich hinter *Punta del Molino* schließt sich der *Golfo di Baratti* mit dem herrlichen Ankerplatz *Porto Baratti* an, der im Windschutz des *Promontorio di Piombino* liegt. Nur bei Winden aus dem IV. Quadranten wird es dort ungemütlich. Das Promontorio di Piombino gipfelt im *Monte Massoncello* mit 286 m und besitzt zwischen Porto Baratti und Piombino eine hohe, felsige Küste, an der auch nahe am Ufer keine Riffs drohen. Das Feuer des Leuchtturms (Fl.W.3s 75m9M), der aus einem Gittermast über einem weißen Holzhaus besteht, ist weithin sichtbar. Der äußerste nördliche Punkt des Promontorio di Piombino wird durch diesen, der südlichste Punkt der Halbinsel durch den Leuchtturm La Rochetta mit Fl(3)W.15s 18m11M markiert, einem quadratischen Turm aus zinnengesäumtem Mauerwerk auf einem mit dem Land künstlich durch eine Mole verbundenem Felsvorsprung.

In der Bucht davor wurde im Sommer 2000 der Yachthafen *Marina di Salivoli* eingeweiht.

Der Canale di Piombino

Im *Canale di Piombino,* der Meerenge zwischen Festland und der Isola d'Elba, liegen zwei kleine Felsinseln. Bei der größeren von beiden, der *Isolotto Palmaiola,* sind im Norden ein sichtbares Riff und im Abstand von 450 m im Nordnordosten eine Untiefe von etwa 4 m zu beachten. Auf dem Gipfel der Insel brennt auf einem viereckigen Turm über einem weißen Gebäude ein weit sichtbares Leuchtfeuer (Fl.W.5s 105m17M). Auf dem Gipfel der *Isolotto Cerboli* steht ebenfalls ein alter Turm, der aber kein Leuchtfeuer trägt.

Auf Grund der beständigen sommerlichen West- bis Nordwestwinde im *Mare Tirreno* setzt im *Canale di Piombino* gewöhnlich ein Strom in östlicher bis südöstlicher Richtung. Selbst südöstliche Winde können diese Strömung, die bis zu 2,5 kn betragen kann, nur abschwächen. Vor dem *Promontorio di Piombino* setzt die östliche Strömung am schwächsten, vor *Capo Vito* im Norden Elbas am stärksten.

Achtung: Im Canale di Piombino ist auf den Seekarten eine magnetische Missweisung von bis zu +2,5° vermerkt, die von unterirdischen, eisenhaltigen Felsen herrühren soll, außerdem sind wegen zahlreicher Unterwasserkabel und einer Pipeline das Ankern und Fischen verboten. Diese Kabel tragen ebenfalls zur Missweisung bei.

Der Golfo di Follonica

Im Nordwesten des sich anschließenden *Golfo di Follonica* – noch im Windschutz des Promontorio – liegt der Fährhafen *Piombino*. Die nördliche Küste dieser über 10 sm breiten Bucht ist flach, die vornehmlich einsamen Strände vor einem grünen, niedrigen Macchiastreifen sind mit wenigen markanten Gebäuden und ehemaligen Wachtürmen versehen. Die 5 m Tiefenlinie verläuft bis zur kleinen Base *Nautica di Carbonifera* etwa 500 m vom Ufer entfernt. Man muss danach die Untiefe von 2 m südlich des *Torre Mozza* und die Sandbänke der *Secca del Pino* westlich von Follonica beachten, die sich 1000 m vor dem Ufer erstrecken und an einer Stelle nur 1,5 m Wassertiefe aufweisen.

Auch vor Follonica gibt es ufernahe Untiefen zwischen 1,5–2 m. Der teilweise sumpfige Küstenstreifen zwischen Follonica und der Mündung des *Fiume Pecora* mit dem *Porto-Canale Fiumara della Puntone* ist als Naturschutzgebiet ausgewiesen. Hier entsteht zurzeit die *Etrusca Marina,* ein ab dem Jahr 2001 benutzbarer Yachthafen mit allen erdenklichen Einrichtungen.

Etwa 3 sm vor *Punta Ala* steigt die Küste wieder an. Außer den Sandbänken von *Barbiere* nordöstlich der Hafeneinfahrt müssen die Riffs der *Scogli Porchetti* und die *Felsinsel Scoglio dello Sparviero* mit einem Turm auf der Spitze beachtet werden, deren Unterwasserfelsen sich 100 m nach Westen ausbreiten. Dahinter ist die Passage zwischen diesen Riffs frei, aber nur kleine Boote mit Außenborder können zwischen den Scoglio Porchetti Riffs und der Küste durchfahren.

Porto Baratti

6 sm südlich vom Porto di San Vincenzo öffnet sich zwischen Punta del Molino und Colle di Populonia eine weit geschwungene Bucht mit einem Sandstrand und mit der Reede von

Porto Baratti 42° 59,9' N | 010° 30,2' E.

Dieser herrliche Ankerplatz ist gegen Winde aus dem II. und III. Quadranten geschützt. Der südwestliche, bis 4 m tiefe Teil der Bucht wird von einem privat bewirtschafteten Bojenfeld eingenommen, das etwa 300 Liegeplätze für Yachten bis 20 m Länge bietet. In der Saison werden Gäste vom Hafenmeister an geeignete Plätze geleitet und mit seiner Hilfe sicher vermurt.

Im nordöstlichen Teil der Bucht ist das Ankern auf teils sandigem, teils algenbewachsenem Grund frei, dagegen besteht um Punta Molino bis auf den halben Weg nach San Vincenzo Anker- und Fischereiverbot.

Ansteuerung:
Porto Baratti kann nur tagsüber bei entsprechenden Wetterlagen angelaufen werden. Die Einsteuerung mit Hilfe des Leuchtturms, Kennung Fl.W.3s75m9M, auf dem Punta delle Pianacce ist schwierig und sollte nur Ortskundigen vorbehalten sein.
Achtung: Im südwestlichen Teil der Bucht außerhalb des Bojenfeldes ist auf gefährliche Unterwasserfelsen zu achten.

Porto Baratti

Hafenmeister:

In der Saison ist der Hafenmeister ständig mit seinem Boot unterwegs und weist Gäste in entsprechende Liegeplätze ein. Er gibt gern Auskunft über die Wetterlage und deren Entwicklung.

Hafenservice:

An jedem Liegeplatz sind vier Mooringleinen an schweren Metallketten verankert. Der Schlüssel zur Sanitäreinrichtung wird vom Restaurant an der Straßenecke der Uferpromenade ausgegeben. Kartentelefone und Geschäfte findet man an der Uferstraße.

Landgang, Sehenswürdigkeiten:

Empfehlenswert ist ein Besuch der etruskischen Grabstätten von Populonia, hoch über dem Golf gelegen und nur etwa 2 km von Porto Baratti entfernt. Zur Zeit der Etrusker wurde hier Eisenerz verhüttet, das zum Teil von der Insel Elba stammte, und Grundlage einer blühenden Wirtschaft war. Die interessantesten Gräber befinden sich bei den Landgütern von Cerbone, Casone und Poggio della Porcareccia. Ein Besichtigungstermin der Nekropole S. Cerbone kann unter der Telefonnummer 05 65/2 95 45-2 93 39 vereinbart werden, das Museum Gasparri ist täglich von 9.00–12.30 Uhr und von 14.00–19.00 Uhr geöffnet.

Von der mittelalterlichen Burg mit dem großen Turm am Eingang von Populonia hat man einen herrlichen Blick auf die Bucht.

10° | 29.30'E

0   500   1000 m

N

Punta delle Pinanacce

Fl.W.3s 75m9M

Populonia

bewirtschaftetes Mooringfeld

P

wc

42°
59.10'N

Porto Baratti

Nach 6 sm rund um das Promontorio di Piombino, 0,5 sm östlich vom Punta Falcone erreichen wir die neue, im Sommer 2000 eröffnete

Marina di Salivoli 43° 56,0' N | 010° 30,6' E.

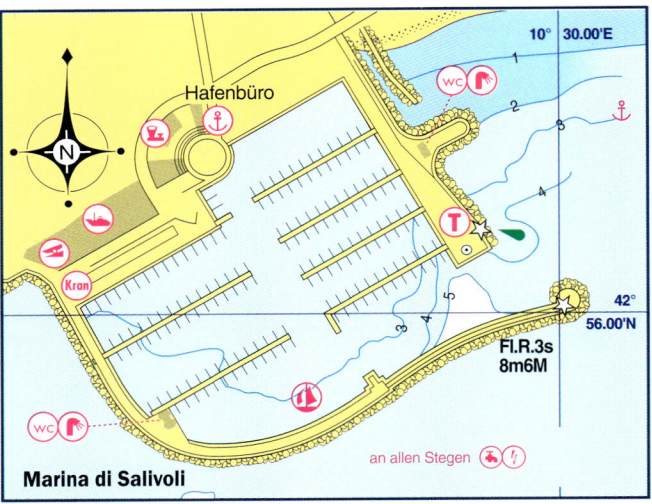

Marina di Salivoli

Marina di Salivoli

La Rochetta

Diese völlig windgeschützte Marina wird durch eine lange, geschwungene, nach Osten verlaufende Mole gebildet, die die kürzere Abschlussmole überlappt und dadurch die nach Osten weisende, 4,8 m tiefe und 40 m breite Hafeneinfahrt von Seegang aus Süden abdeckt. Am Kai der Außenmole und an den 6 Stegen beträgt die Wassertiefe etwa 3,5 m, zum Landkai nimmt sie ab. Es gibt insgesamt 424 Liegeplätze für Yachten zwischen 6 und 15 m Länge, von denen eine große Anzahl für Gäste vorgesehen ist.

Ansteuerung:
Der Hafen kann jederzeit und bei jedem Wetter angelaufen werden. Tagsüber bildet Punta Falcone eine weithin sichtbare Ansteuermarke, nachts der quadratische Leuchtturm La Rochetta mit Fl(3).W.15s 18m11M 1 sm südöstlich vom Hafeneingang und aus der Nähe der mit Fl.R.3s 8m6M befeuerte Außenmolenkopf.
Hafengebote: Anmeldung beim Hafenbüro ist erforderlich. Im Hafenbereich ist die Geschwindigkeit zu reduzieren, Angeln, Baden und Ankern sind nicht erlaubt.

Hafenmeister:
Direzione di Porto: Coop l'Ormeggio,
Tel. 05 65-22 18 63, Fax: 05 65-9 70 89,
Öffnungszeiten 08.00–20.00 Uhr
Wetterbericht im Hafenbüro.

Hafenservice:
Alle Liegeplätze sind mit Mooringleinen, Wasser- und Stromanschlüssen ausgestattet. Auf beiden Molenkais gibt es Sanitäreinrichtungen mit Toiletten und Duschen.

La Rochetta

Kartentelefone und Parkplätze sind in der Nähe der Verwaltungsgebäude. Am Ankunftskai neben dem Hafeneingang hat eine Tankstelle geöffnet. Eine *Technische Zone* mit Werften, Winterlager, festem Kran für kleine und Travellift für Boote bis 15 m Länge sowie Werkstätten für Reparaturen aller Art sind vorgesehen.

Versorgung:
Restaurant, Läden und Bar werden im Hafenbereich angesiedelt sein, durch eine Busverbindung zum 2 km entfernten Piombino sind weitere Geschäfte, Restaurants, Bank und Post erreichbar.

Information: Agenzia Valorizazione Touristica,
Tel.: 05 65-22 08 52
Pronto Soccorso, Tel.: 05 65-2 08 73

Ankern:
Ein kleiner Ankerplatz in der Bucht auf sandigem Boden wird von einheimischen Booten bereits genutzt.

Porto di Piombino

Etwa 2 sm entfernt vom Leuchtturm La Rochetta entfernt liegt

Porto di Piombino 42° 55,9' N | 010° 33,1' E.

Der gegen alle Winde geschützte, durch die Mole Batteria und die Pontile Italsider gebildete Fähr-, Fischer- und Industriehafen liegt im Nordwesten des Golfo di Fellonica. Von hier aus verkehren in der Saison im Stundenrhythmus Fähren nach Portoferraio auf Elba. Bei stürmischem Wetter und in Notfällen kann Porto di Piombino auch als Fluchthafen dienen. Der Hafeneingang ist 450 m breit, über 10 m tief und öffnet sich nach Nordosten. Das südliche Hafenbecken wird von den Fähren, das mittlere von den Fischern und das nördliche von Frachtschiffen benutzt. Yachten bis 18 m Länge dürfen am Kai Trieste neben den Fähren festmachen, dort ist es aber infolge des Fährverkehrs sehr unruhig. Daher ist es Sportbooten anzuraten, sich einen Platz bei den Fischern zu suchen.

Ansteuerung:
Der Hafen kann jederzeit und bei jedem Wetter angelaufen werden. Tagsüber sind von weitem die Antennen

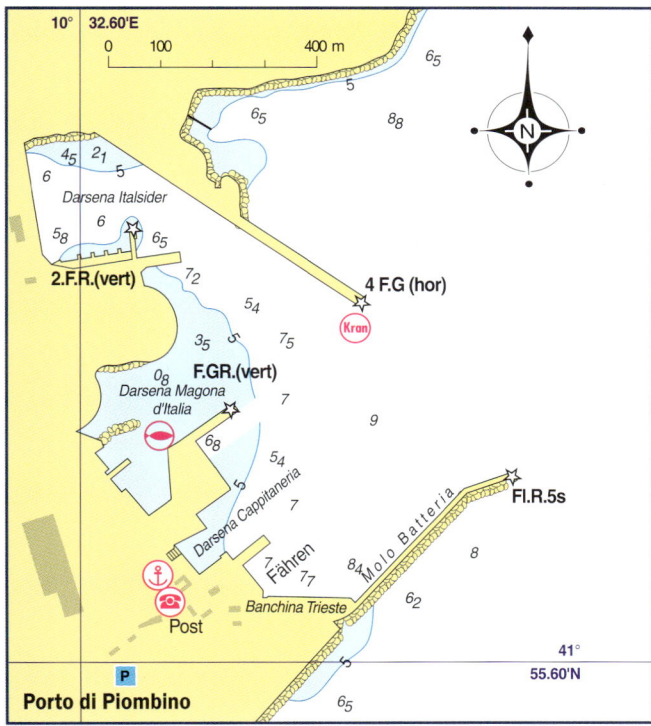

Piombino – Fährbecken

Porto di Piombino

auf einem Hügel westlich vom Hafeneingang zu sehen, nachts weisen der Leuchtturm La Rochetta mit Fl(3).W.15s 18m11M 1 sm südöstlich vom Hafeneingang und die mit Fl.R.5s und 4 F.G.(hor) befeuerten Molenköpfe den Weg. *Achtung*: Die Berufsschifffahrt im Bereich der Ansteuerung hat Vorrang, auslaufende Schiffe genießen Wegerecht vor einlaufenden.

Hafengebote: Eine Anmeldung beim Circomare Piombino, VHF-Kanal 13, ist erforderlich.

Hafenmeister:

Circomare Piombino, Tel.: 05 65-22 32 68, VHF-Kanal 13, 14, 16 von 07.00–19.00 Uhr

Versorgung:

Es gibt zwar Restaurants, Schnellimbisse und Wechselstuben im Hafenbereich, aber Geschäfte sind nur im 2 km entfernten Ort zu finden.

Ankern:

Auf der Rade di Piombino im Osten des Hafens kann auf 8–10 m sandigem, teils grasbewachsenem Grund geankert werden.

Base Nautica di Carbonifera

Im Golfo di Follonica 6 sm östlich vom Porto di Piombino liegt die

Carbonifera
43° 56,9' N | 010° 40,9' E

Die Base Nautica di Carbonifera ist ein kleiner Flusshafen, dessen Zugang an einem flachen Strand mit Steinmolen gesichert ist. Die nach Süden weisende, 12 m breite Öffnung ist nur 1,5 m tief, der Durchgang unter einer Brücke nur 2,97 m hoch, die Wassertiefe am Kai beträgt 1,2–0,5 m. Der kleine Hafen bietet 144 Liegeplätze für flachgehende Boote bis 7 m Länge, die von der Cooperative Pescatori Carbonifera bewirtschaftet werden.

Ansteuerung:
Der Hafen kann nur tagsüber von kleinen Booten bei gutem Wetter bzw. ablandigen Winden angelaufen werden. Ein alter Pumpenturm hinter einem charakteristischen Gebäude bildet eine gute Landmarke, aber der Hafeneingang ist erst aus der Nähe zu erkennen. Der Molenkopf der Zufahrt ist zwar befeuert (Fl.R.2s und Fl.G.2s), doch eine nächtliche Ansteuerung sollte Ortskundigen vorbehalten sein.
Achtung: Die 5 m Tiefenlinie verläuft in dieser Gegend etwa 0,5 sm vom Strand!
Hafengebote: Eine Anmeldung im Hafenbüro ist erforderlich.

Hafenmeister:
Hafenbüro der Cooperative Carbonifera wird von Sig. Bandini Alberto, Tel.: 05 65-2 02 38, betreut.

Hafenservice:
Es gibt einige Wasser- und Stromanschlüsse am 300 m langen Kai, eine Sanitäranlage, eine Telefonzelle, einen festen 5-t-Kran, einen Slip und ein Winterlager. Die Anlage ist nachts beleuchtet.

Versorgung:
Geschäfte, Restaurants, Bank und Post müssen im 2 km entfernten Ort aufgesucht werden.

Carbonifera

Weder an den Seebrücken direkt vor den riesigen Hotelbauten von Follonica noch an der langen

Pontile di Follonica 42° 55,3' N | 010° 45,2' E,

die 1,5 sm von der Stadt entfernt 600 m weit in die See gebaut ist, dürfen Sportboote festmachen.
Nachts brennen Feuer auf der langen Brücke in der Mitte und am Kopf mit F.RGR(vert) und F.RGR(vert).

Ansteuerung:

Der Hafen kann nur tagsüber und bei gutem Wetter oder ablandigen Winden angelaufen werden.
Achtung: Beim Einlaufen halte man sich frei von dem Flach im Südwesten des kurzen Steinwalls.
Hafengebote: Anmeldung im Hafenbüro ist erforderlich, die Geschwindigkeit im Hafen ist herabzusetzen.

Hafenmeister:

Hafenbüro der Commune di Scarlino, Tel.: 05 66-3 85 11

Scarlino, Fiumara del Puntone, Etruska Marina

10,5 sm ostsüdöstlich von Porto di Piombino und 3,3 sm von den Hochhäusern von Follonica entfernt liegt

Scarlino
42° 53,2' N | 010° 47,1' E

Es ist ein gegen alle Winde geschützter, kleiner kommunaler Flusshafen an der Mündung vom Fiume Pecora.
Der von einer 190 m langen Mole nach Norden geschützte, im Süden von einem kurzen Steinwall begrenzte Hafeneingang ist etwa 25 m breit, 1,5 m tief und öffnet sich nach Nordwesten.
An den Kais findet man Wassertiefen zwischen 1,8 und 0,8 m.
Der Hafen bietet etwa 500 Liegeplätze für Boote bis 12 m Länge und einem Tiefgang von höchstens 1 m.

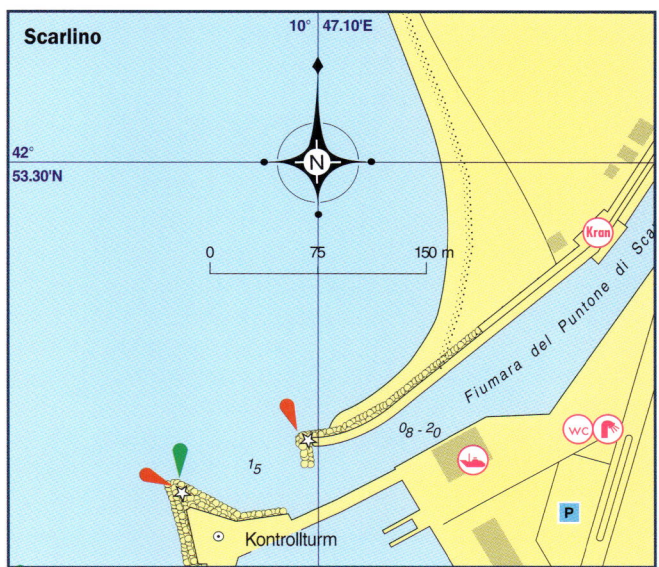

Scarlino, Hafenblick

Etrusca Marina

Hafenservice:

Es gibt einige Wasser- und Stromanschlüsse, eine Sanitäreinrichtung mit Toiletten und Duschen, ein Kartentelefon, einen Slip und einen Kran bis 20 t, Parkplätze, und ein Winterlager. Nachts ist die Anlage beleuchtet. Es gibt nur begrenzte Reparaturmöglichkeiten.

Versorgung:

Einige Geschäfte und Restaurants, Bank und Post sind in der nahen Ortschaft zu finden.
Information: Pronto Soccorso, Tel.: 05 66-3 74 16

Direkt neben der Hafeneinfahrt zum Porto-Canale Fiumara del Puntone liegt die

Etrusca Marina 42° 53,2' N | 010° 47,1' E.

Diese moderne Marina wird im Jahr 2002 fertiggestellt. Sie wird durch zwei lange Steinmolen mit innenliegenden Kais gebildet und ist gegen alle Winde geschützt. Der Hafeneingang hinter einem nach Nordwesten offenen Vorhafen, gegen Seegang aus westlicher Richtung geschützt, öffnet sich nach Norden, ist 4 m tief und 50 m breit. Das Hafenbecken ist 3–4 m an den Kais und 2–3 m zwischen den sieben Stegen tief. Es sind etwa 570 Liegeplätze für Yachten bis etwa 40 m vorgesehen.

Ansteuerung:

Der Hafen kann tagsüber und nachts bei jedem Wetter angelaufen werden.

Tagsüber sind von weitem die Hochhäuser von Follonika zu sehen, nachts brennen Feuer auf den Molenköpfen.
Hafengebote: Eine Anmeldung im Hafenbüro ist erforderlich, die Geschwindigkeit im Hafenbereich ist auf 3 kn begrenzt, Ankern, Baden und Fischen sind verboten.

Hafenservice:

Alle Liegeplätze sind mit Mooringleinen, Wasser- und Stromanschlüssen versehen. Es gibt vier Sanitär-

zentren mit Toiletten und Duschen, Kartentelefone, mehrere Parkplätze, Slips, Werft mit Travellifts und Winterlager, Werkstätten für alle Reparaturen und eine Tankstelle. Nachts ist die Anlage beleuchtet und bewacht. Gebäude für Verwaltung, Geschäfte und Restaurant sowie ein Schwimmbad sind vorhanden.

Versorgung:
Ist im Hafenbereich möglich.
Information: Pro. Mo. Mar. Spa, Tel.: 05 66-86 63 02, Fax: 05 66-86 62 52

Ankern:
Im Schutz der Bucht ist bei entsprechendem Wetter Ankern auf 3–5 m sandigem Grund möglich.

Am südöstlichen Ausgang des Golfo di Follonica liegt die

Marina Punta Ala 42° 48,5' N | 010° 44,2' E.

Diese moderne Marina, Zentrum einer riesigen Ferienanlage, wird durch eine 1200 m lange, in nordnordöstlicher Richtung verlaufende Mole und durch eine kurze Gegenmole – beide mit innen liegenden Kais – gebildet und ist gegen alle Winde geschützt. Der Hafeneingang im Schutz eines Wellenbrechers ist etwa 75 m breit, über 5 m tief und öffnet sich nach Norden. Das Hafenbecken an den Kais und an den Stegen ist 5–2 m tief und bietet 893 Liegeplätze für Yachten bis 32 m Länge, davon sind 90 für Gäste vorgesehen.

Marina di Punta Ala

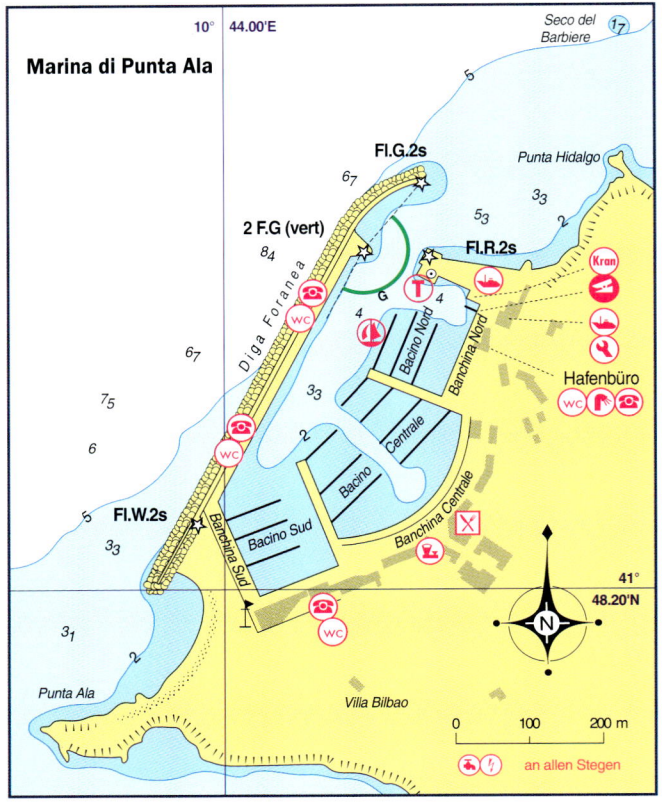

Marina di Punta Ala

10° 44.00'E

Seco del Barbiere

Fl.G.2s

67

2 F.G (vert)

84

Punta Hidalgo

53

33

Fl.R.2s

Diga Foranea

Kran

Bacino Nord

Banchina Nord

Hafenbüro

67

33

Bacino Centrale

75

6

Fl.W.2s

Banchina Sud

Bacino Sud

Bacino

Banchina Centrale

41°
48.20'N

5

33

N

31

2

Punta Ala

Villa Bilbao

0   100   200 m

an allen Stegen

Ansteuerung:

Der Hafen kann tagsüber und nachts bei jedem Wetter angelaufen werden. Tagsüber ist von weitem das Fort auf dem felsigen Punta Ala und die vorgelagerte Scalo delo Sparviero zu sehen, nachts schon von weitem das Feuer auf dem Knie der Außenmole der Marina auf einem weißen Turm (Fl.W.2s 12m7M). Bei der Ansteuerung aus Süden muss die felsige Scoglio dello Sparviero in der Nacht unbedingt außen gerundet werden, weil zwischen ihr und dem Punta Ala die Unterwasserfelsen von Porchetti drohen.

Die eigentliche Ansteuerung muss aus nordwestlicher Richtung erfolgen, weil nordnordöstlich der Einfahrt und 200 m nördlich vom Punta Hidalgo die mit einer befeuerten Kardinaltonne, Sc(9).15s, gekennzeichnete Untiefe Secca di Barbiere (1,7 m Wassertiefe) liegt. Die Molenköpfe sind mit Fl.G.2s und Fl.R.2s befeuert, ein weiteres Feuer direkt am Hafeneingang mit 2 F.G (vert) 220°-vis-027° ist nur innerhalb des Hafenbereichs zu sehen. Die Untiefe nördlich vom Punta Hildago liegt in Linie der Feuer auf dem Knie der Außenmole und dem östlichen Molenkopf (Fl.W.2s 12m7M und Fl.R.2s).

Achtung: Die Unterwasserfelsen Porchetti zwischen Punta Ala und dem Scoglio dello Sparviero sowie die Untiefe nördlich vom Punta Hildago sind zu beachten.

Hafengebote: Eine Anmeldung im Hafenbüro ist erforderlich. Schiffstyp, Größe und Name können auch über Funk an den Kontrollturm übermittelt werden, der seinerseits einen Liegeplatz zuweist und Hafenpersonal zur Anlegestelle schickt. Ein- und auslaufende Boote haben sich rechts zu halten, die Geschwindigkeit im Hafenbereich ist auf 3 kn beschränkt, der Anker darf im Hafen nicht benutzt werden.

Scoglio della Sparviero aus Süd

Marina di Punta Ala mit Ferienanlage

Hafenmeister:

Das Hafenbüro betreut Dott. Marco Corti mit seiner Mannschaft, VHF-Kanal 09, 16,
Tel. 05 64-92 22 17, Fax: 05 64-92 10 86,
Torre di Controllo, Tel.: 05 64-92 27 84, -92 27 83.
Den *Wetterbericht* erhält man im Hafenbüro.

Hafenservice:

Alle Liegeplätze sind mit Mooringleinen, Brauchwasser- und Stromanschlüssen ausgestattet. In größeren Abständen sind *markierte Trinkwasseranschlüsse* installiert.
Sanitäreinrichtungen (Dusche und WC) sind im Hauptgebäude nahe der Werft zu finden. Dort gibt es auch Kartentelefone, Parkplätze. Das Gelände ist nachts beleuchtet und bewacht.
Eine Tankstelle (Tel.: 05 64-92 27 82) ist im Sommer von 08.00–13.00 Uhr und von 14:00–19.00 Uhr geöffnet.
Die *Technische Zone* mit Werft, Werkstätten für alle Reparaturen, Winterlager, Mobilkran bis 15 t, Travellift bis 90 t und Slip ist auf dem Kai der Gegenmole im Norden des Hafens angesiedelt.

Versorgung:

Ein Supermarkt, Restaurants, Eisdielen, Cafés, Bars und Geschäfte sind am Banchina Centrale zu finden.
Information: Azienda di Promozione Touristica,
Tel.: 05 64-92 32 43
Pronto Soccorso, Tel.: 05 64-92 21 54

Landgang, Sehenswürdigkeiten:

Ein Landgang wird sich auf den Besuch der Restaurant- und Ladenzeile am Banchina Centrale beschränken müssen.

Ankern:

Ist bei gutem Wetter in der Bucht nordöstlich vom Hafeneingang auf 3–5 m sandigem Grund denkbar. Dabei muss auf die oben beschriebene Untiefe geachtet werden. Ein weiterer, schöner Ankerplatz auf 3–6 m sandigem Grund liegt etwa 4 sm ostsüdöstlich vom Scalo della Sparviero in einer kleinen Bucht neben einem steil abfallenden Landvorsprung vor einem einsamen Sandstrand in der Nähe des verfallenen Forte della Rochetta. Wegen verstreuter Unterwasserfelsen sollte man sich dem Steilabhang aber nicht mehr als 30 m nähern.

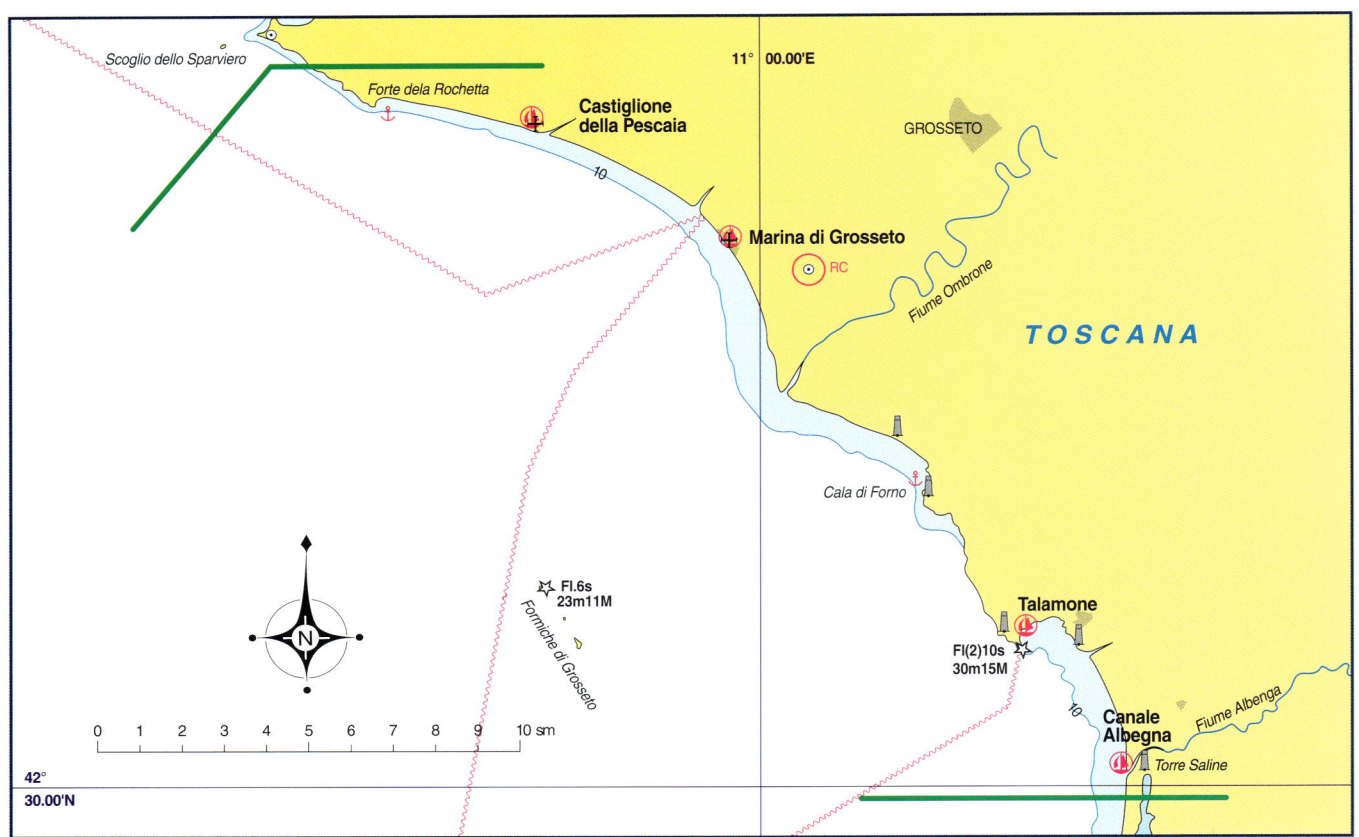

Scoglio dello Sparviero

Forte dela Rochetta

Castiglione della Pescaia

11° 00.00'E

GROSSETO

Marina di Grosseto

RC

Fiume Ombrone

T O S C A N A

10

Cala di Forno

Fl.6s
23m11M

Formiche di Grosseto

Talamone

Fl(2)10s
30m15M

10

Canale Albegna

Fiume Albenga

Torre Saline

N

| 0 | 1 | 2 | 3 | 4 | 5 | 6 | 7 | 8 | 9 | 10 sm |

42°
30.00'N

Castiglione della Pescaia bis Canale Albegna

Italienische Seekarte 5

Nicht weit hinter Punta Ala lädt bei *Forte della Rochetta* eine schöne Ankerbucht ein. Von da ab ist die Küste wieder flach und ein lang gestreckter Pinienwald – Pineta del Tombolo – zieht sich vom *Porto-Canale della Castiglione* über *Marina di Grosseto* dicht hinter dem Strand entlang. Der *Fiume Ombrone* führt ständig Schlamm mit sich und trübt vor seiner Mündung das Seewasser.

Zwischen seiner Mündung und der windgeschützten Ankerbucht *Cala di Forno* weiter im Südosten erstreckt sich wieder ein sehr langer Strand. Eingebettet in grüne Vegetation liegt die nach Norden offene, windgeschützte Cala di Forno mit dem gleichnamigen Turm auf der westlichen Anhöhe. Die felsige und senkrecht abfallende Küste der *Monti dell'Ucellina* setzt sich von hier bis in die Nähe von *Talamone* mit einigen Sandbänken und kleinen Riffs in Ufernähe fort.

Die *Formiche di Grosseto,* etwa 10,5 sm westlich von *Capo d'Uomo* bestehen aus drei niedrigen, mittelgroßen Felsinseln, die senkrecht aus einer Wassertiefe von über 100 m aufsteigen. *Scoglio Formica Maggiore* – die größte unter ihnen – ist mit einem Leuchtfeuer (Fl.W.6s 23m11M) auf einem zylindrischen Turm neben einem weißen Gebäude ausgestattet. Bei ruhiger See kann man auf dieser Insel landen, man beachte aber im Südosten eine felsige Untiefe. Die kleinste Insel liegt im Süden. Dazwischen befindet sich *Formica Minore,* deren nördlich Untiefe mit Wracks übersät sein soll.

Südlich der *Baia von Talamone,* hinter der Mündung des *Fiume Osa* und dem gleichnamigen Turm, zieht ein langer Strand südwärts, der im nördlichen Teil im Sommer viele Badegäste anzieht, die hauptsächlich von den nahen Campingplätzen kommen. Eine schmale Landzunge – die *Tombolo di Gianella* – trennt die Lagune *Ponente di Orbetello* mit Wassertiefen bis maximal 3 m von der See ab. Der *Canale S. Liberata* mündet kurz vor der bergigen Halbinsel des *Promontorio Argentario* und erlaubt kleinen, flachgehenden Motoryachten den Besuch der Ortschaft *Obetello* mitten in der Lagune.

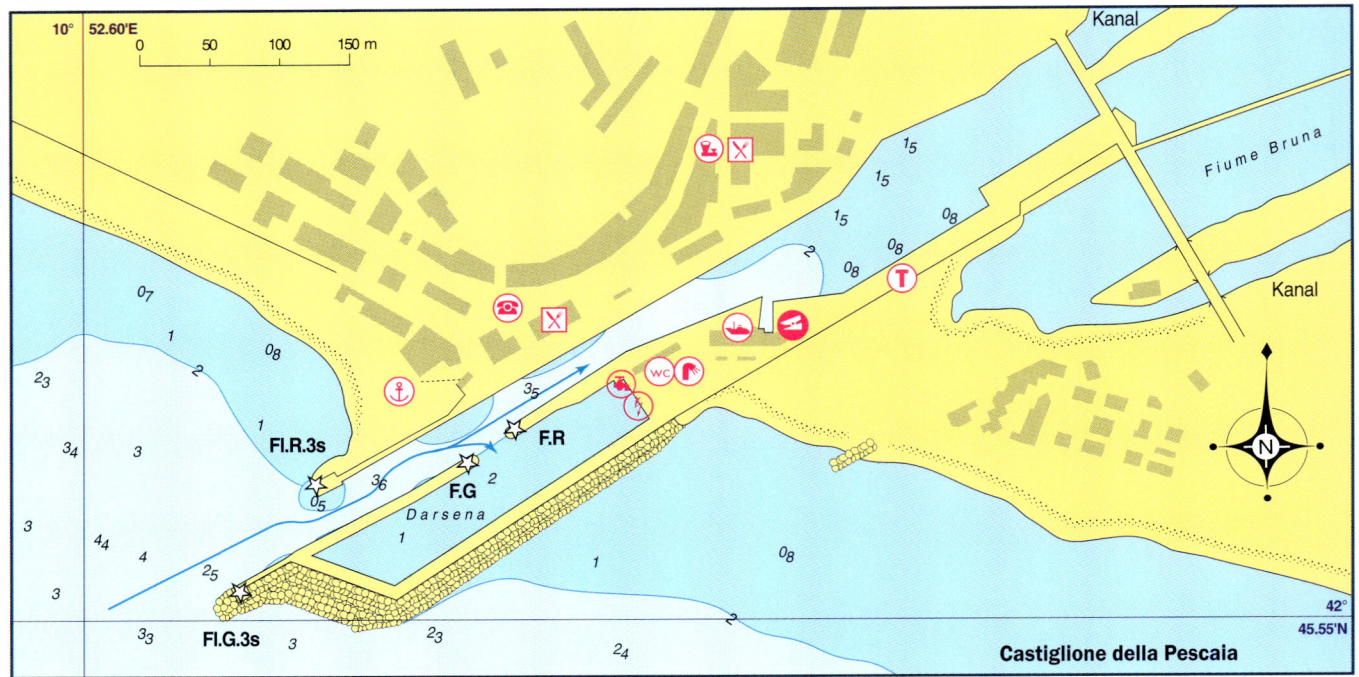

Castiglione della Pescaia

8 sm in östlicher Richtung vom Scalo dello Sparviero entfernt liegt der in die Kanalmündung gebaute

Castiglione della Pescaia
42° 45,6' N | 010° 52,7' E.

Es ist ein gegen alle Winde geschützter Hafen für Fischer- und Sportboote im unteren, auf beiden Seiten befestigten Flusslauf des Fiume Bruna. Die 30 m breite und nur 2,5 m tiefe, zur Versandung neigende, nach Südwesten offene Flussmündung wird auf beiden Seiten durch Molen gebildet. Am Nordkai machen auf 3–3,5 m Wassertiefe Fischerboote fest, weiter flussaufwärts gibt es am Südufer flache Stellen. Etwa 100 m hinter dem Hafeneingang öffnet sich auf der rechten Seite der 25 m breite Eingang zu einem 1–2 m tiefen Yachthafen, der vom Club Velico Castiglione della Pescaia und von der Soc. Motonautica Tirrena bewirtschaftet wird.

Insgesamt bietet der Hafen etwa 500 Liegeplätze für Boote bis 13 m, davon etwa 40 für Gäste. Er ist im Sommer oft überfüllt.

Ansteuerung:
Der Hafen kann nur bei ablandigen Winden oder bei gutem Wetter angelaufen werden.

Tagsüber sind von weitem die Stadt und das Castello mit dem Campanile zu sehen, nachts sind der südliche Molenkopf und der Hafeneingang befeuert (Fl.G.3s und Fl.R.3s), die Hafenanlagen sind beleuchtet.

An der Spitze der kürzeren Nordmole bildet sich immer wieder eine 1 – 0,5 m flache, in die Mündung hineinragende Sandbank, danach wird es auf dieser Seite wieder tiefer, während die gegenüberliegende Seite wegen steinigem Untergrund gemieden werden sollte. Ein- und auslaufende Boote halten sich daher im Bereich der Einfahrt zunächst dicht an die Südmole, etwas weiter im Innern dagegen mehr zur Mitte des Fahrwassers.

Achtung: Die Sandbank am Eingang und der steinige Untergrund vor dem südlichen Kai, der das Yachtbassin abtrennt, sind zu beachten.

Hafengebote: Anmeldung im Clubbüro ist erforderlich. Die Geschwindigkeit im Hafenbereich ist herabzusetzen, auslaufende Boote genießen Wegerecht vor

Castiglione della Pescaia

einlaufenden. Das Anlegen am Kai im Bereich vor dem Yachtbassin ist verboten.

Hafenmeister:

Capitaneria, Tel.: 05 64-93 34 89
Hafenbüro, Tel.: 05 64-93 46 68
Die Soc. Motonautica Tirrena wird von Sig. Boldi-Fisca-letti betreut.
Büro vom Club Velico Castiglione della Pescaia, Tel.: 05 64-93 70 98
Der *Wetterbericht* kann im Clubbüro erfragt werden.

Hafenservice:

In der Darsena Nuova, dem Yachthafen, wird mit Moo-ringleinen festgemacht, Wasser- und Stromanschlüsse sind an den Piers erreichbar. Die Anlage wird nachts beleuchtet. Eine Sanitäreinrichtung mit Toiletten und Duschen sowie ein Kartentelefon sind in der Nähe der Werft zu finden. Eine Tankstelle am Südufer, Tel.: 05 64-93 54 72, ist von 07.30–13.00 Uhr und von 15.00–19.30 Uhr geöffnet. Dort gibt es weitere Liegeplätze. Die Werft am Südufer erledigt fast alle Reparaturen. Dafür stehen ein Slip, ein fester 15-t-Kran und ein 25-t-Mobil-kran zur Verfügung. Ein Winterlager im Freien und in Hangars, ein Yachtausrüster sowie Parkplätze sind ebenfalls vorhanden.

Versorgung:

Es gibt einen Supermarkt, zahlreiche Lebensmittelge-schäfte, gute Restaurants, Trattorias und Pizzerien im

Castiglione della Pescaia

Ort, ebenso Bankfilialen und eine Post. Abends kann man am Kai frischen Fisch kaufen.
Information: Azienda di Promozione Touristica,
Tel.: 05 64-93 36 78
Pronto Soccorso, Tel.: 05 64-93 30 50

Landgang:

Der Ort wird im Sommer nur von italienischen Urlaubern besucht und lädt zu einem Bummel ein, auch der Strand zieht viele Badefreunde an. Leider ist das Kastell oberhalb der Ortschaft in Privatbesitz und Besuchern nicht zugänglich. Von der Anhöhe ergibt sich aber eine herrliche Aussicht.

Sport:

Club Velico Castiglione della Pescaia:
Tel.: 05 64-93 70 98

3 sm ostsüdöstlich von Castiglione della Pescaia treffen wir auf den Kanalhafen

Grosseto
42° 42,8' N | 010° 59,1' E.

Es ist ein gegen alle Winde geschützter Kanalhafen für Fischerboote und Yachten mit geringem Tiefgang. Der

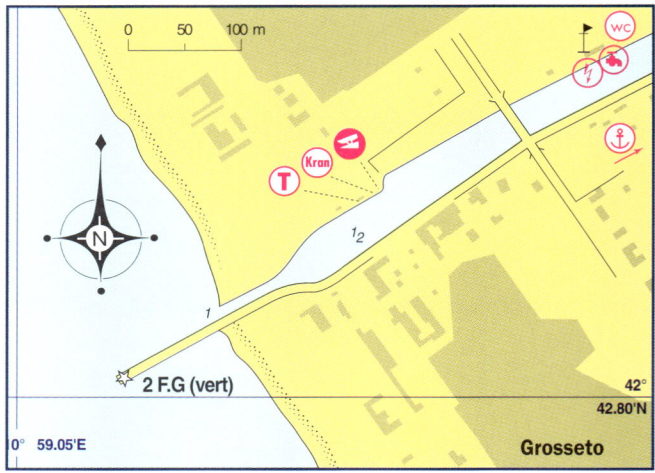
Grosseto

Hafeneingang wird von einer 100 m langen Mole auf der Südseite und einem befestigten Ufer auf der gegenüber liegenden Seite gebildet, ist nur 9 m breit, maximal 1,3 m tief und öffnet sich nach Südwesten. Er versandet leicht. Weiter im Inneren verbreitert sich der auf beiden Seiten befestigte Kanal auf 50 m mit Tiefen zwischen 0,9–1,5 m. Er bietet an den Kais auf 0,8–1,3 m Wassertiefe etwa 400 Liegeplätze für Boote bis 11 m Länge, die Plätze für Sportboote in der Nähe der Tankstelle werden vom Circolo Nautico Maremma verwaltet.

Grosseto

Ansteuerung:

Der Hafen kann nur bei ablandigen Winden oder schönem Wetter angelaufen werden. Der Hafeneingang ist am Tag erst aus der Nähe zu erkennen, nachts brennt ein Feuer mit 2F.G (vert) auf dem Kopf der Südmole. *Hafengebote:* Wegen der engen Zufahrt kann jeweils nur ein Boot passieren, daher haben auslaufende Boote Wegerecht und das Anlegen in diesem Bereich ist verboten. Die Geschwindigkeit wird im Hafenbereich beschränkt, Baden und Fischen sind untersagt. Eine Anmeldung im Clubbüro ist erforderlich.

Hafenmeister:

Büro des Circolo Nautico Maremma, VHF-Kanal 09, Tel.: 05 64-33 00 00, Fax: 05 64-3 72 76
Der *Wetterbericht* ist im Clubbüro zu erfragen.

Grosseto, Ansteuerung

Grosseto, Hafenpanorama

Hafenservice:

Festgemacht wird mit Mooringleinen, die Wasser- und Stromanschlüsse an den Kais sind von den meisten Liegeplätzen erreichbar, eine Sanitäreinrichtung mit Toiletten und Duschen gibt es hinter der Brücke auf dem Nordufer. Die Tankstelle ist von 07.30–13.00 Uhr und von 15.30–19.00 Uhr geöffnet.

Es gibt keine Werft, aber zahlreiche Werkstätten für alle möglichen Reparaturen, ein Winterlager, einen beweglichen 20-t-Kran, einen Slip und Parkplätze. Die Anlagen sind nachts beleuchtet

Versorgung:

Supermarkt, Geschäfte, Restaurants, Bank und Post sind im nahen Ort zu finden.
Information: Azienda di Promozione Touristica,
Tel.: 05 64-45 45 27
Pronto Soccorso,
Tel.: 05 64-4 176 99, -2 20 24, -41 71 70

Landgang:

Marina di Grosseto ist ein Urlaubsort, vornehmlich der Badeort für die Bewohner der Provinzhauptstadt Grosseto.

Sport:

Ass. Prov. per la Nautica da Diporto,
Tel.: 05 64-41 54 26
Circolo Nautico Maremma, Tel.: 05 64-33 00 00

Hinter Grosseto liegt der große Parco Regionale della Maremma, an dessen Küste wir in südsüdöstlicher Richtung entlangfahren.

Cala di Forno

Etwa 8,5 sm südöstlich von Grosseto bietet sich in der

Cala di Forno 42° 47,0' N | 011° 05' E.

ein sehr schöner, weitgehend windgeschützter Ankerplatz auf 4–6 m sandigem Grund an. Der kleine Strand am Ende eines kleinen Tals wird an beiden Seiten von Abhängen eingeschlossen, die steil ins Meer fallen.

Zwischen schattigen Pinien stehen einige Häuser und auf dem Promontorio Bosco auf der Westseite der Bucht steht ein quadratischer, alter Wachturm.

Talamone

23,5 sm südöstlich von Punta Ala bzw. 5 sm von Cala di Forno entfernt liegt

Talamone
42° 33,3' N | 011° 08,3' E.

Der kleine Fähr- und Yachthafen liegt im Norden des Golfo di Talamone gleich östlich hinter einem Gebirgsausläufer südlich vom Capo d'Uomo. Durch eine nach Ostnordost verlaufende, 200 m lange Mole werden auf 2–5 m Wassertiefe fünf Schwimmstege gegen Seegang und Winde aus südlichen Richtungen geschützt, die für die Mitglieder mehrerer Vereinigungen reserviert sind. Es gibt etwa 250 Liegeplätze für Yachten bis 14 m Länge, Besucher können hier nur mit Zustimmung der Clubverwalter festmachen, wenn die Eigner der Liegeplätze für längere Zeit abwesend sind.

Im Norden der Steganlage machen an der kurzen Mole Militärfahrzeuge fest und die Kais vor dem fast 5 m tiefem Becken dienen Fischern, Fähren und Gästen als Anleger.

Der Hafen ist nach Norden und Osten völlig offen. Bei Winden aus diesen Richtungen steht erheblicher Schwell im Hafen.

Im Norden der Hafenanlage am Ufer entlang gibt es sechs weitere Schwimmstege auf Wassertiefen von 1–2 m, die von örtlichen Booten belegt sind. Etwa 20–25 m östlich der Stegköpfe, wo viele Mooringbojen ausgelegt sind, wird es sehr flach, an manchen Stellen beträgt die Wassertiefe nur 0,3 m.

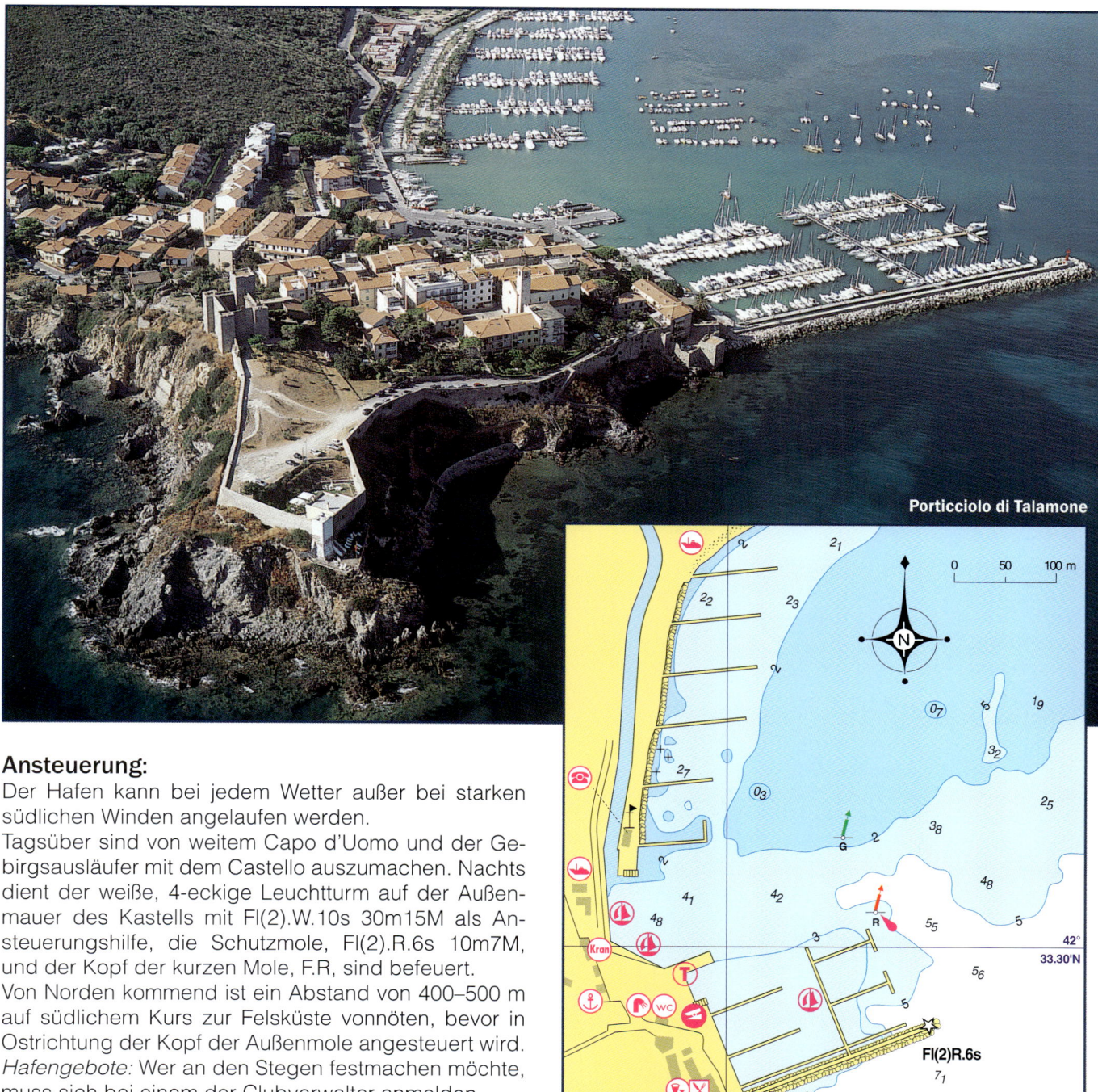

Porticciolo di Talamone

Ansteuerung:

Der Hafen kann bei jedem Wetter außer bei starken südlichen Winden angelaufen werden.

Tagsüber sind von weitem Capo d'Uomo und der Gebirgsausläufer mit dem Castello auszumachen. Nachts dient der weiße, 4-eckige Leuchtturm auf der Außenmauer des Kastells mit Fl(2).W.10s 30m15M als Ansteuerungshilfe, die Schutzmole, Fl(2).R.6s 10m7M, und der Kopf der kurzen Mole, F.R, sind befeuert.

Von Norden kommend ist ein Abstand von 400–500 m auf südlichem Kurs zur Felsküste vonnöten, bevor in Ostrichtung der Kopf der Außenmole angesteuert wird.

Hafengebote: Wer an den Stegen festmachen möchte, muss sich bei einem der Clubverwalter anmelden.

Talamone, Stege weiter innen

Talamone, Stege vor dem nördlichen Ufer

Hafenmeister:

Autorita Marittima: Tel.: 05 64-88 70 03
Büro S. Stefano: 05 64-81 25 29 Fax: 05 64-81 33 25
lokaler Experte: Sig. Cardosa Leonardo
Tel.: 05 64-88 63 38
Wetterbericht am Hafenbüro

Hafenservice:

Alle Liegeplätze an den Stegen sind mit Wasser- und Stromanschlüssen ausgestattet.
Eine gepflegte Sanitäreinrichtung am Fuß der Stege wird von einem Wärter betreut. Dort gibt es auch Parkplätze. Die Anlagen sind nachts beleuchtet. Ein Kartentelefon findet man am Aufgang zum Ort. Eine Tankstelle, Tel.: 05 64-88 70 05, befindet sich am Kopf der kurzen Mole und ist von 08.00–12.30 Uhr und von 15.00–19.30 Uhr geöffnet. Eine etwas entfernt liegende Werft ist mit fast allen Reparaturen vertraut und betreibt einen 24-t-Kran.
Vor dem nördlichen Ufer gibt es eine ausgedehnte Anlage mit sechs Stegen auf Wassertiefen um 2,5–4 m.

Versorgung:

Zum 500 m entfernten Ort auf dem Berg führt eine Straße hinauf. Dort sind Supermarkt, Geschäfte, Boutiquen, Restaurants, Bank und Post zu finden.
Information: Azienda di Promozione Touristica, Pronto Soccorso, Tel.: 05 64-88 72 12

Landgang:

Die Ortschaft ist von mittelalterlichen Mauern umgeben und besteht aus einem Gewirr kleiner Gassen.
Trotz vieler auf Urlauber eingestellter Geschäfte und Restaurants strahlt der Ort Ruhe und Charme aus.
Ankern ist bei gutem Wetter in der Nähe möglich.

Im Osten der Baia di Talamone liegt

Talamonaccio
42° 33,6' N – 011° 09,4' E.

An diesem befeuerten Molenkai (F.G) dürfen Sportboote weder festmachen noch in der Nähe ankern. Hier werden gefährliche Güter umgeschlagen. Im Notfall sollte man Talamone oder Albenga anlaufen!

Nur 4 sm südöstlich von Talamone liegt der winzige Flussanleger

Porticciolo-Canale Albegna

Albegna
42° 30,0' N | 011° 11,5' E

gegen alle Winde geschützt in der Flussmündung des Fiume Albegna. Die geringe Tiefe von 0,5 m erlaubt nur kleinen, flachgehenden Booten tagsüber und bei gutem Wetter das Einlaufen in die nach Westen offene, unbefestigte Mündung. An den beiden Schlengeln sind hauptsächlich einheimische Boote festgemacht.

Mehrere niedrige Brücken landeinwärts verhindern für Boote mit Aufbauten die Weiterfahrt.

Ansteuerung:

Es gibt keine auffälligen Landmarken außer dem Torre Saline. Die Flussmündung ist erst aus der Nähe zu erkennen.

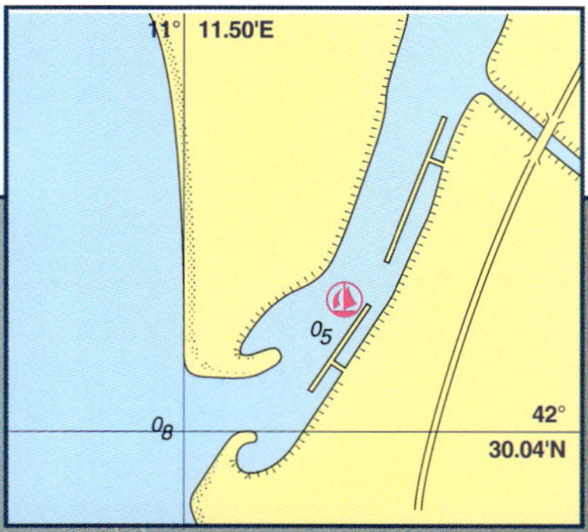

Albegna, Ansteuerung

245

Promontorio Argentario

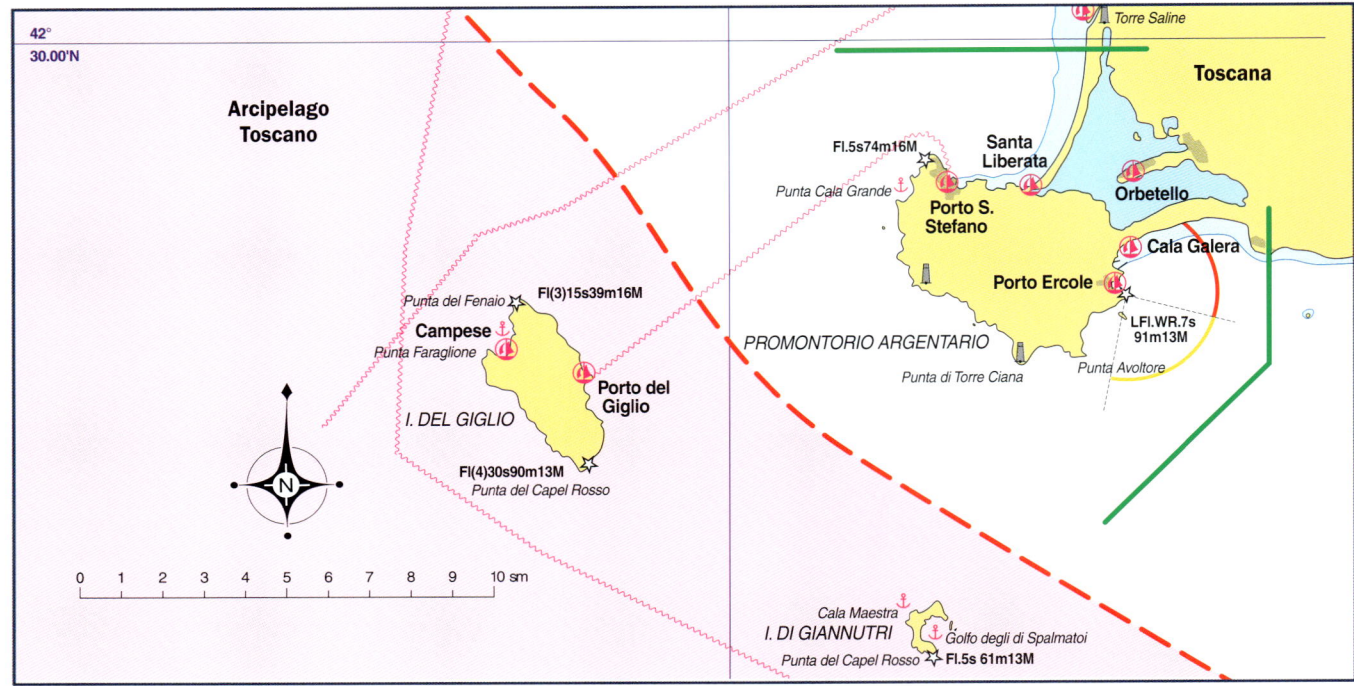

Italienische Seekarte 5

1,5 sm westlich von der Mündung des Canale S. Liberata liegen am Fuß hoher Berge die Häfen von San Stefano. Der Leuchtturm mit seinem weit tragenden Feuer (Fl.W.5s 47m 16M) auf dem *Punta Lividonia* – ein weißer, runder Turm auf einem roten, zweistöckigen Gebäude – markiert den nördlichsten Punkt der Halbinsel. *Achtung:* Wichtige Hinweise für die Rundung des Promontorio Argentario!

Südlich vom Punta del Bove befindet sich in der Nähe des kleinen, aber gefährlichen, bis an die Oberfläche ragenden Riffs *Scalo del Corallo* die kleine, private Bucht Cala Piccola. Das *Capo d'Uomo* ist bekannt durch eine Kreuzsee, die Wind und Strömung hier erzeugen können. Die felsige *Isola Rossa* ist die Fortsetzung einer Reihe vom Land ausgehender Unterwasserfelsen; sie muss außen umfahren werden. *Vom Punta di Torre Ciana,* dem südlichsten Gebirgsausläufer,

müssen Yachten wegen Untiefen vor dem Steilufer ausreichenden Abstand halten. Auch weiter östlich davon, am *Punta Avoltore* ragen unerwartet Riffs bis an die Oberfläche. In der auf Punta Avoltore folgenden Bucht sind Landung und Annäherung in der Nähe eines manchmal von bewaffnetem Personal bewachten, weißen Hauses verboten. Weiter östlich, im Schutz der *L'Isolotto* ankern im Sommer tagsüber häufig Yachten, die Passage nach Südosten hinter dieser kleinen Felsinsel ist aber wegen Unterwasserfelsen zu meiden. Unmittelbar dahinter öffnet sich der Hafeneingang zum Porto Ercole, kurz darauf folgt die Marina di Cala Galera. Dahinter beginnt der Strand von Feniglia, der bis nach Ansedonia reicht.

Bei schwachen Winden können sich Freizeitskipper rund um die Halbinsel fast überall den steilen Anhängen nähern und die Landschaft genießen, bei starkem Wind ist allen angeraten, goßen Abstand zum Steilufer wegen der Kreuzseen zu halten.

Canale Santa Liberata und Canale della Peschiera

0,3 sm südöstlich des auffälligen Torre S. Liberata im Nordosten der bergigen Halbinsel des Promontorio Argentario münden die

Canale Santa Liberata und Canale della Peschiera 42° 25,1' N | 011° 09,3' E,

die die Verbindung zur Lagune di Orbetello herstellen, an der auch der gleichnamige Ort liegt. Nur der westliche Kanal ist für kleine Sportboote schiffbar.

Ein Stückchen landeinwärts hinter einer 3 m hohen Brückendurchfahrt liegt ein gegen alle Winde geschützter, kleiner Kanalhafen, der im Wesentlichen aus privaten Stegen entlang der Ufer besteht.

Die 8 m breite, 1,5 m tiefe, im Osten durch eine Mole befestigte Einfahrt des Canale Santa Liberata öffnet sich nach Nordosten. Der Kanal bietet etwa 600 Liegeplätze für Boote bis 8 m Länge.

Bis Orbetello ist ein etwa 1,5 m tiefes und 10 m breites Fahrwasser durch die Lagune Stagno di Orbetello durch Pfähle markiert. Die Brückenhöhe am Kanaleingang beträgt 3 m.

Laguna di Orbetello

Ansteuerung:

Der Kanalhafen liegt ein Stückchen landeinwärts hinter der westlichen der beiden Kanalmündungen. Der Hafen kann nur tagsüber und bei gutem Wetter angelaufen werden. Die Wassertiefe im Kanal kann stellenweise unter 1,5 m liegen. *Achtung:* Beim Einlaufen muss man sich in der westlichen Kanalmündung dicht an die Mole halten, vor dem gegenüberliegenden Ufer liegen große Steine dicht unter der Wasseroberfläche.

Hafengebote: Auslaufende Boote haben Wegerecht. In der schwachen Strömung des Kanals ist die Ge-

schwindigkeit auf ein Mindestmaß zu beschränken. Besucher müssen sich beim entsprechenden Verwalter der Stege oder beim Hafenmeister melden.

Hafenmeister:

Direzione Porto: Sig. Costanzo Giancardo, Tel.: 05 64-82 01 16, Fax: 05 64-82 00 93

Hafenservice:

Wasser- und Stromanschlüsse sind auf den meisten Stegen eingerichtet. Eine Sanitäreinrichtung befindet

sich in der Nähe der Brücke auf dem Landstreifen zwischen beiden Kanälen. Dort gibt es auch ein Kartentelefon, Wasser- und Stromanschlüsse. Eine Tankstelle gibt es nur 400 m nördlich der Brücke an der Straße. Eine kleine Werft mit Winterlager, 10-t-Mobilkran und 20-t-Travellift liegt am Westufer 100 m hinter der Brücke.

Versorgung:

Es gibt kaum Versorgungsmöglichkeiten außer einigen Restaurants in der Umgebung.
Information: Pronto Soccorso, Tel.: 05 64-81 85 85

Der Ort San Stefano liegt 1,4 sm westlich der Mündung des Canale Santa Liberata und 1 sm östlich vom Punta Lividonia, der nördlichen Spitze des Promontorio Argentario, und besitzt zwei Häfen.

Canale Santa Liberata

San Stefano, Porto del Valle
42° 26,3' N | 011° 07,5' E

Der östlich gelegene Hafen ist ein gegen alle Winde geschützter Fischer- und Frachthafen, in dem auch Sportboote Platz finden.
Er wird durch zwei Molen mit Innenkais gebildet, die eine mehr als 10 m tiefe, über 100 m breite Einfahrt nach Nordosten freilassen. Die Wassertiefen im Hafen liegen zwischen 2 und 5 m. Bei starken Nordwinden steht unangenehmer Schwell im Hafen. Die Molenkais sind Fähren und Fischern vorbehalten, Yachten können an mehreren Steganlagen festmachen, die von verschiedenen Gesellschaften bewirtschaftet werden. Es gibt etwa 204 Liegeplätze für Yachten bis 30 m Länge, von denen 20 für Gäste vorgesehen sind.

Ansteuerung:

Der Hafen kann bei jedem Wetter tagsüber und nachts angelaufen werden. Tagsüber ist von weitem Punta Li-vidonia mit dem weißen Leuchtturm auf einem zweistöckigen Gebäude zu sehen, nachts helfen das Feuer des Leuchtturms mit Fl.W.5s 47m16M 035°-vis-228° und die Molenfeuer mit Fl.G.3s und Fl.R.3s bei der Ansteuerung.
Achtung: Fischereifahrzeuge und Fähren haben beim Anlegen Vorrang.
Hafengebote: Auslaufende Fahrzeuge genießen Wegerecht. Die Geschwindigkeit im Hafen ist herabzusetzen. Eine Anmeldung bei den betreffenden Betreibern der Steganlagen ist erforderlich.

Hafenmeister:

Autorita Marittima, Tel.: 05 64-81 04 00, VHF-Kanal 14 und 16, in der Saison von 07.00–23.00 Uhr besetzt
Büro der Soc. Domiziano, Tel.: 05 64-81 29 46/81 22 59

Hafenservice:

Die Liegeplätze an den Stegen sind mit Mooringleinen, Wasser- und Stromanschlüssen ausgestattet.

Porto San Stefano, Porto del Valle

Eine Sanitäreinrichtung mit Toiletten und Duschen gibt es nur beim Yachtclub im Nordosten des Hafens. Kartentelefone und Parkplätze sind über den Hafen verteilt. Eine Tankstelle am Südpier (Tel.: 05 64-81 25 65) ist in der Saison von 07:00–19:00 Uhr geöffnet. Im Hafen sind mehrere Werften und viele Werkstätten ansässig, die fast alle Reparaturen durchführen können. Das Südostufer des Hafens wird von der Werft Cantiere Navale del'Argentario eingenommen, die zu den bekanntesten Werften Italiens gehört. Hier können Yachten bis 400 t aus dem Wasser gezogen und überholt werden. Die Arbeiten werden äußerst sorgfältig ausgeführt.

Versorgung:

Supermarkt, Geschäfte, sehr gute Restaurants, Bank und Post sind in der Nähe. Täglich gibt es frischen Fisch an Marktständen im Hafen.
Information: Azienda di Promozione Touristica,
Tel.: 05 64-81 42 08
Pronto Soccorso, Tel.: 05 64-81 85 85

Landgang:

Wer zu der erhöht gelegenen Festung aus dem 17. Jh. hinaufsteigt, genießt einen herrlichen Blick auf die Stadt und den Hafen.

Sport:

Circolo Navale Italiana,
Tel.: 05 64-83 32 46
Yacht Club,
Tel.: 05 64-81 40 02, -81 32 13
Yacht Club San Stefano,
Tel.: 05 64-81 84 33

Ankern:

Im Porto del Valle und im Bereich des Porto Vecchio ist Ankern untersagt.

San Stefano, Porto Vecchio, Porto del Valle

Nur 600 m weiter östlich vom Eingang zum Porto del Valle treffen wir auf den zweiten Hafen von Santo Stefano

San Stefano, Porto Vecchio
42° 26,4' N | 011° 07,1' E,

Der Hafen ist rundum mit Kaianlagen befestigt aber zur See nach Nordosten hin völlig offen und daher den Winden aus dem I. Quadranten voll ausgesetzt. Das Hafenbecken an den Kais ist 2–5 m tief und bietet 130 Liegeplätze für Yachten bis 40 m Länge am Kai Pilarella, der von der Gemeinde verwaltet wird. Für kleine Boote existiert ein Mooringfeld.

Ansteuerung: Der Hafen kann tagsüber und nachts bei jedem Wetter außer bei starken Winden aus dem I. Quadranten angelaufen werden. Tagsüber ist von weitem Punta Lividonia mit dem weißen Leuchtturm auf einen zweistöckigem Gebäude zu sehen, nachts helfen sein Feuer (Fl.W.5s 47m16M 035°-vis-228°) und das Feuer auf dem Kopf der kurzen Nordmole Sanitá mit 2 F.G (vert) bei der Ansteuerung.

Achtung: Im Südteil des Hafens vor dem breiten Slip nimmt die Wassertiefe ab.

Hafengebote: Anmeldung bei der Capitaneria ist erforderlich. Die Geschwindigkeit beim Einsteuern ist auf das zum Manövrieren notwendigste Maß zu reduzieren.

San Stefano

Hafenmeister:
Die Capitaneria am Fuß der Mole Sanitá, VHF-Kanal 14 und 16, ist in der Saison von 07.00–23.00 Uhr besetzt.

Hafenservice:
Am etwa 80 m langen Kai Pilarella wird mit dem Heck zum Kai vor Buganker festgemacht, der Grund ist schlammig und hält gut. Wasser- und Stromanschlüsse sind von allen Liegeplätzen erreichbar.

Die renommierte, äußerst sorgfältig arbeitende Werft Cantiere Navale del'Argentario, weitere Werkstätten und eine Tankstelle sind im Porto del Valle zu finden.

Versorgung:
Die meisten Geschäfte sind in der Nähe des Porto del Valle zu finden. Restaurants, Bankfiliale und Post an der Promenade zwischen den Häfen.
Information:
Azienda di Promozione Touristica,
Tel.: 05 64-81 42 08
Pronto Soccorso,
Tel.: 05 64-81 85 85

Landgang, Sehenswürdigkeiten:
Siehe Porto del Valle auf Seite 250

San Stefano, Porto Vecchio, Hafenpanorama

San Stefano, Porto del Valle

Sport:
Circolo Navale Italiana,
Tel.: 05 64-83 32 46
Yacht Club,
Tel.: 05 64-81 40 02, -81 32 13
Yacht Club San Stefano,
Tel.: 05 64-81 84 33

Von San Stefano führt ein nord-westlicher Kurs zum Punta Lividonia mit seinem weißen Leuchtturm auf einem zweistöckigen Gebäude (Fl.W 5s 47m 16M 035°-vis-228°).

Auf südwestichem Kurs erreichen wir die Ankerbucht

Ankerbucht Cala Grande

Cala Grande 42° 26,0' N | 011° 05,4' E.

Diese von Felsen umgebene Bucht wird im Sommer von vielen Sportbooten besucht, die dort tagsüber bei ruhiger See ankern. Allerdings kann Dünung an den steil abfallenden Klippen die See zum Schäumen bringen. Der Ausgang der Bucht wird durch den Punta Cala Grande abgeschlossen.
Bei der Rundung des Promontorio Argentario sollten die Hinweise von Seite 246 beachtet werden.

Rund um den Felsen Scoglio Argentarola 1 sm weiter südlich gibt es keine gefährlichen Untiefen.
Auf südlichem Kurs passieren wir Punta del Bove und Punta d'Uomo, wenden uns danach nach Südosten in Richtung auf die Felsspitze von Punta di Torre Chiana, nach ihrem Wachturm auf der Spitze benannt.

Nach weiteren 1,6 sm auf östlichem Kurs erreichen wir Punta Avoltore, der ebenfalls einen Wachturm auf seiner Spitze trägt.

Porto Ercole und Marina Cala Galera

Auf anschließendem Nordostkurs passieren wir nach 1,5 sm seewärts den Felsen L'Isolotto und nähern uns schließlich auf Nordkurs dem versteckt in einer natürlichen Bucht liegenden Hafen

Porto Ercole 42° 23,6' N | 011° 12,7' E.

Dieser ehemalige, windgeschützte Fischerhafen bietet etwa 800 Liegeplätze für Sportboote bis 24 m Länge, von denen auch eine Anzahl für Gäste vorgesehen sind. Trotzdem ist es nicht leicht, einen passenden Liegeplatz zu finden, weil sehr viele verschiedene Gesellschaften die Plätze am Kai, an den Stegen und den Mooringbojen bewirtschaften.

Der Hafeneingang zwischen Punta dello Scoglione auf der Nordseite und der 315 m langen Außenmole Santa Barbara ist etwa 140 m breit, in der Mitte 10 m tief und öffnet sich nach Nordosten. Die Tiefen im Hafenbecken sind äußerst unterschiedlich und liegen zwischen 7 und 1 m, an den Kais zwischen 1,5 und 3,5 m. Der nördliche Teil des Hafens ist flach, dort liegen mehrere bewirtschaftete Mooringfelder. Nur am Kai der Mole Santa Barbara direkt neben dem Hafeneingang gibt es einige gebührenfreie Liegeplätze. Hier wird das Festmachen aber durch Felsbrocken dicht vor dem Kai erheblich erschwert.

Ansteuerung:

Der Hafen kann tagsüber und nachts bei jedem Wetter angelaufen werden. Der Hafeneingang und die Ortschaft sind tagsüber erst aus der Nähe zu sehen, weil hohe Berge mit steilen Hängen an beiden Seiten die

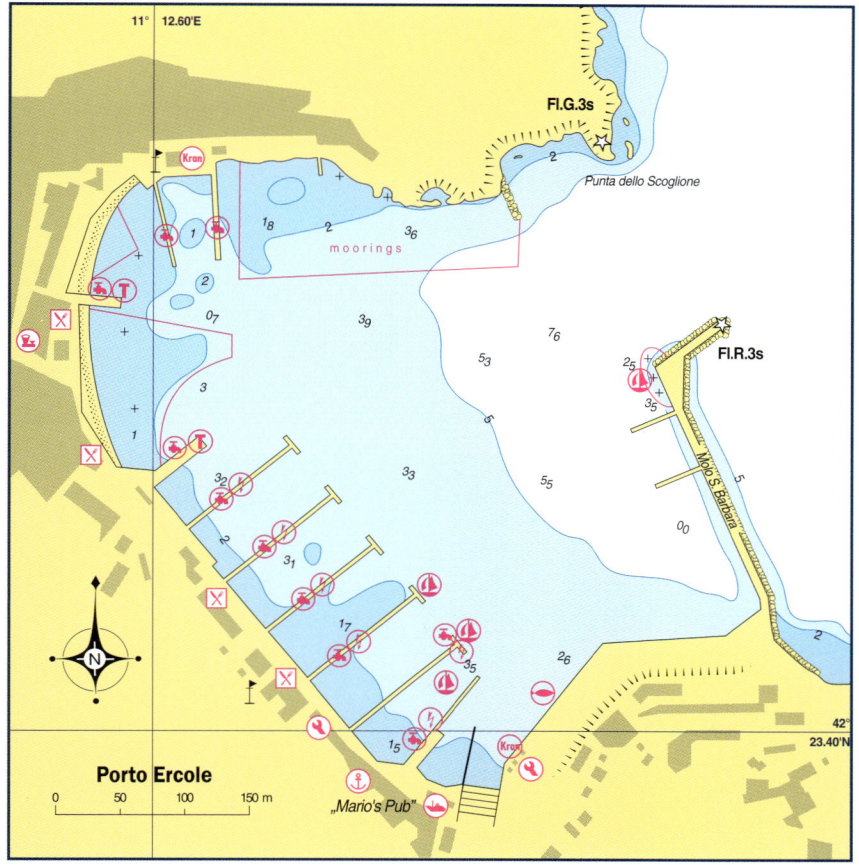

Porto Ercole

0   50   100   150 m

Porto Ercole

Sicht versperren. Dafür fallen aber schon von weitem die beiden alten, spanischen Befestigungsanlagen auf den Bergen oberhalb der steilen Hänge auf: Auf der Südseite liegt das Forte La Rocca mit dem weißen Leuchtturm (LFl.WR.7s 91m 16/13M 177°-R-285°-W-010°), der nachts die Ansteuerung erleichtert, auf der Nordseite das Forte San Filippo. Bei der Ansteuerung aus südöstlicher Richtung darf der rechtweisende Kurs auf dieses Feuer nicht unter 335° liegen, damit die unbefeuerte Isolotto gefahrlos umschifft werden kann. Der später in Sicht kommende Hafeneingang ist befeuert (Fl.R.3s und Fl.G.3s). Der rote Sektor des Feuers von Forte La Rocca deckt übrigens das nur wenig über der Wasseroberfläche ragende, gefährliche Riff Formiche di Burano, 4,5 sm östlich von Porto Ercole ab.

Achtung: Man halte im Hafeneingang ausreichenden Abstand zur Steinschüttung der Mole Santa Barbara und auf der Nordseite sowohl zum Punta dello Scoglione als auch zu einem kurzen Wellenbrecher, an den sich das Mooringfeld anschließt. Am Kai vor der nördlichen Tankstelle ist die Wassertiefe nur für flachgehende Boote ausreichend.

Hafengebote: Eine Anmeldung bei den Betreibern der Liegeplätze ist erforderlich. Die Geschwindigkeit im Hafen ist herabzusetzen, Segelboote müssen vor dem Einlaufen die Segel bergen.

Hafenmeister:
Autorita Marittima, Tel.: 05 64-83 39 23
Die Liegeplätze
- an der Molo Santa Barbara (Commune di Monte Argentario),
- an der Molo Sanità (Reali d'Olanda),

- an den Schwimmstegen vor der Promenade (verschiedene Yachtclubs),
- an der Molo delle Grotte und
- an den Schwimmstegen der ehemaligen Ciro-Werken

werden von unterschiedlichen Gesellschaften verwaltet.

Auskünfte erteilt CP P. S. Stefano,
Tel.: 05 64-81 25 29 Fax: 05 64-81 33 85

Hafenservice:

An den meisten Liegeplätzen wird mit Mooringleinen festgemacht, Wasser- und Stromanschlüsse sind fast immer erreichbar. Zur einzigen, schwer zu findenden

Pub von Enzo Mario

Porto Ercole, Molo Sanità

Porto Ercole bei Nacht

Sanitäreinrichtung an der Promenade haben eigentlich nur die Mitglieder des betreffenden Yachtclubs Zutritt. Sonst sind außer den Toiletten der Restaurants keine öffentlichen Einrichtungen vorhanden! An der Promenade gibt es Kartentelefone, aber nur wenige Parkplätze. Die Tankstelle am Pier mit ausreichender Wassertiefe ist in der Saison von 07.30–20.00 Uhr geöffnet.
Eine Werft mit einen 500-t-Slip und festem 4-t-Kran nimmt den Südteil des Hafens ein, dort gibt es auch weitere Werkstätten, u. a. für Motoren und Elektrik.

Versorgung:

Es gibt viele Restaurants, Bars und Boutiquen an der abends in bunte Lichter getauchten Hafenpromenade. Hier entwickelt sich schon am späten Nachmittag ein

lustiges Treiben. Besonders gemütlich wird es abends im Pub von Enzo Mario am südlichen Ende der Promenade, der seine Gäste selbst bewirtet und zwischendurch am Keyboard mit eigenen Kompositionen für Stimmung sorgt.
Supermarkt, Geschäfte, Banken und Post erreicht man im Ort nördlich oberhalb der Promenade. In den Fischläden an der nördlichen Strandpromenade werden ab dem frühen Nachmittag frische Fische und Meeresfrüchte angeboten. Wer sich nicht selbst in die Pantry begeben will, kann sich ein herrliches Menü zu köstlichem Wein der Region in einem der zahlreichen Restaurants zusammenstellen lassen.
Information: Pronto Soccorso,
Tel.: 05 64-83 30 52

Marina di Cala Galera

Landgang, Sehenswürdigkeiten:
Die Ortschaft ist aus zwei Teilen zusammengewachsen. An den nördlichen Berghängen des Stadtteils Grotte haben sich hauptsächlich Geschäfte angesiedelt, während sich an den Südhängen vornehmlich die Wohnhäuser von Porto Ercole drängen. Der mühsame Aufstieg zum Fort Rocca wird mit herrlicher Aussicht auf das Meer und das Hinterland belohnt.

Sport:
Circolo Nautico e della Vela Argentario,
Tel.: 05 64-83 22 00, -83 23 72

Wer den Hafen von Porto Ercole verlässt, sieht in östlicher Richtung die 0,5 sm entfernte

Cala Galera
42° 24,2' N | 011° 12,8' E.

Diese, durch zwei über 400 m lange Molen mit innenliegenden Kais gebildete Marina ist gegen alle Winde geschützt und perfekt ausgerüstet. Der Hafeneingang ist etwa 70 m breit, 3,5 m tief und öffnet sich nach Norden. Das Hafenbecken ist zwischen 3,5 und 6 m tief. Der Hafen bietet an den Kais, den 11 festen Stegen und einem Schwimmsteg 700 Liegeplätze für Yachten bis 50 m Länge, von denen 80 für Gäste bestimmt sind.

Ansteuerung:
Der Hafen kann Tag und Nacht bei fast jedem Wetter angelaufen werden, starke Süd- bis Südostwinde kön-

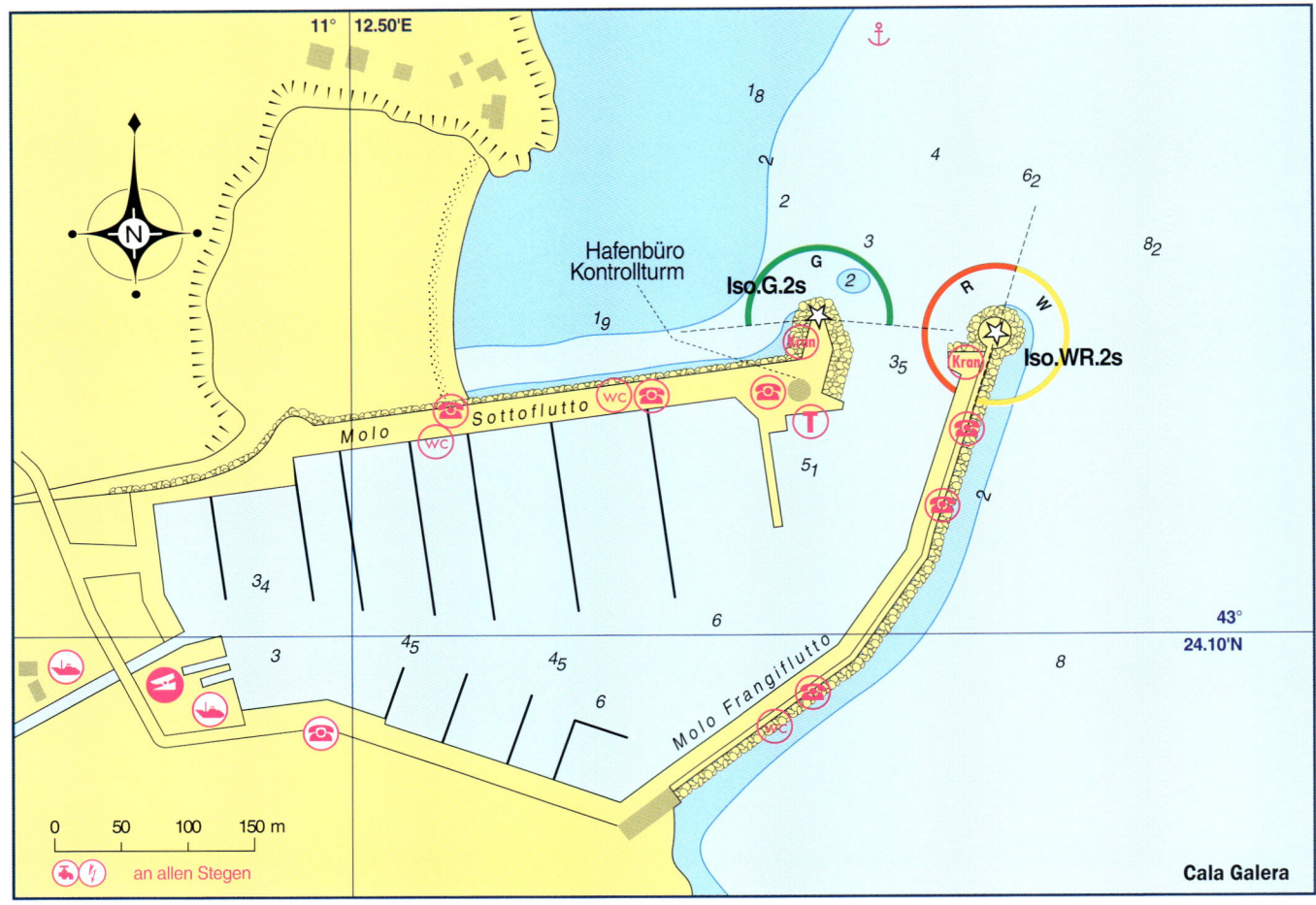

Cala Galera

nen allerdings das Einlaufen gefährden. Der Hafeneingang ist tagsüber von Süden erst aus der Nähe zu sehen, weil hohe Berge mit steilen Hängen die Sicht versperren.

Dafür fallen aber schon von weitem die alten, spanischen Befestigungsanlagen auf den Bergen oberhalb
der steilen Hänge auf: Zuerst kommt das Forte La Rocca mit dem weißen Leuchtturm (LFl.WR.7s 91m16/13M
177°-R-285°-W-010°) in Sicht, der nachts die Ansteuerung erleichtert, später das Forte San Filippo oberhalb
der Marina di Cala Galera.

Bei nächtlicher Ansteuerung mit Hilfe des Leuchtturms
La Rocca aus südöstlicher Richtung darf der rechtweisende Kurs auf dieses Feuer nicht unter 335° liegen,
damit die unbefeuerte Isolotto gefahrlos umschifft werden kann. Der später in Sicht kommende Hafeneingang der Marina ist befeuert (Iso.G.2s 10m 6M 085°-G-
275° und Iso.WR.2s 10m10/7M 197°-W-017°-R-197°),
der rote Sektor warnt vor einer Untiefe direkt vor der
Nordmole und vor dem 4 sm in östlicher Richtung entfernten Riff Formica di Burano.

Achtung: Untiefe vor der Nordmole

Hafengebote: Eine Anmeldung mit Angabe der Länge
und Breite der Yacht sowie ihres Namen muss vor dem
Einlaufen über VHF-Kanal 09 erfolgen, weil die Mannschaft im Kontrollturm selbst bei versehentlicher Unter-
lassung äußerst unfreundlich reagiert und Gäste sogar
aus dem Hafen weist.

Marina di Cala Galera, Torre Controllo

Sie achtet außerdem peinlich darauf, dass
* Segelyachten die Segel vor dem Einlaufen bergen,
* die Höchstgeschwindigkeit von 3 kn nicht überschritten und
* der Anker im Hafen nicht benutzt werden.

Hafenmeister:
Direzione di Porto: Sig. Baldo Pagliant, VHF-Kanal 09, Tel.: 05 64-83 30 10, Fax: 05 64-83 11 86.
Der *Wetterbericht* kann im Hafenbüro erfragt werden.

Hafenservice:
Alle Liegeplätze sind mit Mooringleinen, Brauchwasser- (salzig) und Stromanschlüssen ausgestattet. Gekennzeichnete Trinkwasseranschlüsse sind überall erreichbar (Das Brauchwasser ist klar, schmeckt aber salzig und ist nicht für die Trinkwassertanks der Yacht geeignet. Es dauert ganz schön lange, bis die versehentlich mit Brauchwasser gefüllten Tanks geleert, gespült und mit der richtigen Wassersorte wieder gefüllt sind, ganz abgesehen von der schmunzelnden Schadenfreude der Nachbarn!). Auf den Kais sind mehrere Sanitäreinrichtungen sowie Kartentelefone verteilt.

Die Tankstelle am Hafeneingang (Tel.: 05 64-83 24 41) ist von 07.00–19.30 Uhr geöffnet. Eine *Technische Zone* am Westufer beherbergt eine Werft mit 300-t-Slip, 40-t-Mobilkran, zwei Travellifts bis 80 t und Werkstätten für fast alle Reparaturen. Restaurant, Bar, Parkplätze sowie Supermarkt (Tel.: 05 64-83 24 50) zählen ebenfalls zur Einrichtung. Die Anlage wird rund um die Uhr bewacht und nachts beleuchtet.

Versorgung:
Weitere Geschäfte, Restaurants, Bank und Post müssen im über 1 km entfernten Porto Ercole aufgesucht werden.

Information: Pronto Soccorso, Tel.: 05 64-83 30 52

Sport:
Circolo Nautico della Vela Argentario,
Tel.: 05 64-83 39 04, -83 89 78

Ankern:
In der Bucht, östlich des Hafeneingangs von Cala Galera kann bei beständigem Wetter der Anker fallen.

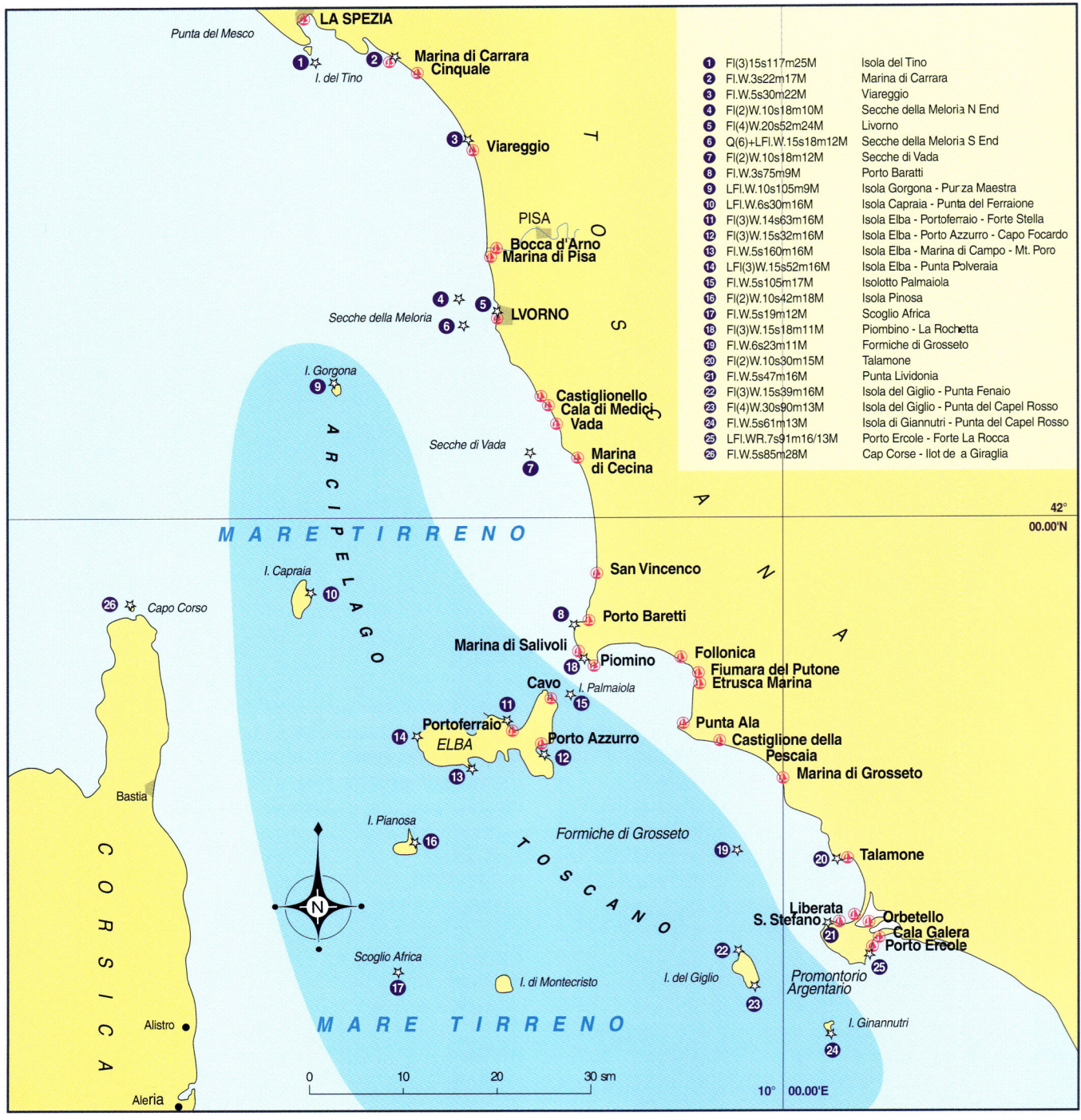

LA SPEZIA

Punta del Mesco

I. del Tino

Marina di Carrara
Cinquale

Viareggio

PISA

Bocca d'Arno
Marina di Pisa

Secche della Meloria

LVORNO

I. Gorgona

Castiglionello
Cala di Medici
Vada

Secche di Vada

Marina di Cecina

MARE TIRRENO

Capo Corso

I. Capraia

San Vincenco

Porto Baretti

Marina di Salivoli
Piomino

Follonica
Fiumara del Putone
Etrusca Marina

I. Palmaiola

Cavo

Portoferraio
ELBA

Porto Azzurro

Punta Ala
Castiglione della
Pescaia

Bastia

Marina di Grosseto

I. Pianosa

Formiche di Grosseto

Talamone

Liberata
S. Stefano

Orbetello
Cala Galera
Porto Ercole

A R C I P E L A G O   T O S C A N O

Scoglio Africa

I. di Montecristo

I. del Giglio

Promontorio
Argentario

I. Ginannutri

MARE TIRRENO

C O R S I C A

Alistro

Aleria

①	Fl(3)15s117m25M	Isola del Tino
②	Fl.W.3s22m17M	Marina di Carrara
③	Fl.W.5s30m22M	Viareggio
④	Fl(2)W.10s18m10M	Secche della Meloria N End
⑤	Fl(4)W.20s52m24M	Livorno
⑥	Q(6)+LFl.W.15s18m12M	Secche della Meloria S End
⑦	Fl(2)W.10s18m12M	Secche di Vada
⑧	Fl.W.3s75m9M	Porto Baratti
⑨	LFl.W.10s105m9M	Isola Gorgona - Punza Maestra
⑩	LFl.W.6s30m16M	Isola Capraia - Punta del Ferraione
⑪	Fl(3)W.14s63m16M	Isola Elba - Portoferraio - Forte Stella
⑫	Fl(3)15s32m16M	Isola Elba - Porto Azzurro - Capo Focardo
⑬	Fl.W.5s160m16M	Isola Elba - Marina di Campo - Mt. Poro
⑭	LFl(3)W.15s52m16M	Isola Elba - Punta Polveraia
⑮	Fl.W.5s105m17M	Isolotto Palmaiola
⑯	Fl(2)W.10s42m18M	Isola Pinosa
⑰	Fl.W.5s19m12M	Scoglio Africa
⑱	Fl(3)W.15s18m11M	Piombino - La Rochetta
⑲	Fl.W.6s23m11M	Formiche di Grosseto
⑳	Fl(2)W.10s30m15M	Talamone
㉑	Fl.W.5s47m16M	Punta Lividonia
㉒	Fl(3)W.15s39m16M	Isola del Giglio - Punta Fenaio
㉓	Fl(4)W.30s90m13M	Isola del Giglio - Punta del Capel Rosso
㉔	Fl.W.5s61m13M	Isola di Giannutri - Punta del Capel Rosso
㉕	LFl.WR.7s91m16/13M	Porto Ercole - Forte La Rocca
㉖	Fl.W.5s85m28M	Cap Corse - Ilot de a Giraglia

42°
00.00'N

0   10   20   30 sm

10°   00.00'E

Arcipelago Toscano

Der Arcipelago Toscano besteht aus sieben größeren und einer Reihe von kleinen Inseln und Riffen, verstreut zwischen der italienischen Festlandküste und den Inseln *Corsica* und *Sardegna* auf einer Wasserfläche von etwa 80 x 50 Seemeilen. Von Norden nach Süden sind es die Inseln *Gorgona, Capraia,* E*lba, Pianosa, Montecristo, Giglio* und *Giannutri.*

Ein Blick auf die Seekarte genügt, um die besondere Eigenschaft des Arcipelago Toscano für die Sportschifffahrt zu entdecken: Die Inseln bilden Sprungbretter zwischen dem Festland und den großen Inseln *Corsica* und *Sardegna.* Das ist für die begrenzte Reichweite kleiner Sportboote von Bedeutung. Doch auch als Reiseziele selbst besitzen alle Inseln ihre eigenen Reize. Insbesondere haben die zahlreichen Ortschaften und die Landschaften ihren einzigartigen Charakter behalten und sind nicht der baulichen Zersiedlung – wie es an der Festlandküste zum Teil der Fall ist – zum Opfer gefallen. Das wird auch weiterhin so bleiben, denn weite Gebiete dieser Inselwelt wurden unter Naturschutz gestellt.

Parco Nationale dell'Arcipelago Toscano

Das Naturschutzgebiet Parco Nationale dell'Arcipelago Toscano wurde am 11. Dezember 1996 mit dem Sitz der Parkverwaltung unter dem Vorsitzenden Giuseppe Tanelli in Portoferraio auf Elba (Tel.: 0565-916059) ausgerufen.
Die gesamte Fläche des Nationalparks beträgt ca. 18000 Hektar und umfasst neben Riffen und kleineren Felsen die Inseln und die Umgebung von *Elba, Giglio, Capraia, Gorgona, Pianosa, Giannutri* und *Montecristo,* in denen der Naturschutz in den sog. Zonen **A, B, C** und **D** durch besondere Vorschriften geregelt wird. In den Bereichen **A** und **B** sind alle Veränderungen durch den Menschen untersagt – der Umweltschutz ist tiefgreifend –, während es in den Gebieten **C** und **D**, abgesehen von den üblichen Vorschriften, weniger Einschränkungen gibt.

Neben breiter Zustimmung zur Errichtung des Nationalparks gab und gibt es auch heftige Widerstände gegen die einschränkenden Umweltvorschriften, die angeblich die freie Entfaltung einzelner Bürger und deren Verfügung über Grund und Boden zu weit einschränken, z. B. in Bezug auf Bautätigkeit. Mancher Waldbrand wird daher Gegnern dieser Vorschriften zugeschrieben.
Den Wassersportler interessieren jedoch mehr die Vorschriften des Umweltschutzes im Bereich der Inselküsten. In besonderen Kartenausschnitten sind daher die betreffenden Zonen dargestellt. Außerdem ist im Anhang eine Tabelle mit den Begrenzungs-Koordinaten zu finden. So liegt z. B. jeweils um Pianosa und Montecristo die 1 sm breite **„Zone 1"**, die den o. g. Gebieten **A** und **B** entspricht, in denen u. a. die Durchfahrt von Sportbooten, deren Aufenthalt und das Ankern absolut untersagt ist. Auch *Capraia, Gorgona* und *Giannutri* weisen an ihren Küsten begrenzte Gebiete dieser Art aus und jeder Wassersportler ist gut beraten, wenn er diese Bereiche meidet. Die angedrohten Strafen bei Übertretungen sind erheblich.

Zum Nationalpark gehören die folgenden großen, mittleren und kleinen Inseln sowie einige Riffs:
Isola d'Elba, Formiche della Zanca, Ogliera, Scoglio della Triglia, Isola Corbella, Isole Gemini, Isolotto d'Ortano, Isola dei Topi, Scoglietto di Portoferraio
Isola del Giglio, Le Scole, Scoglio del Corvo, Isole della Cappa
Isola di Pianosa, La Scarpa, La Scola
Isola di Capraia, La Praiola, Lo Scoglione, Scoglio del Gatto, Scoglio della Manza
Lo Scoglio d'Africa
Palmaiola
Cerboli

In der jeweilig ausgewiesenen Zone 1 muss alles unterlassen werden, was die natürlichen Verhältnisse beeinflusst oder gar verändert. Daher gelten folgende Vorschriften:

- Der Tourismus wird zu Land und zu Wasser beschränkt, teilweise auch ausgeschlossen.
- Die sportliche und berufliche Fischerei ist verboten.
- Das Tauchen mit oder ohne Gerät, außer zu wissenschaftlichen Zwecken, ist verboten.
- Die Verschmutzung durch Abfälle, Abwässer, Treibstoffe, Öle oder Chemikalien ist verboten.
- Die Schifffahrt wird eingeschränkt: Durchfahren, Aufenthalt und Ankern sind verboten.
- Das Baden an den Ufern von Montecristo und Pianosa ist verboten.

Da die Vorschriften sich mit der Zeit ändern können und auch unterschiedlich gehandhabt werden, ist es ratsam, sich bei den Hafenämtern oder den Büros der Parks den aktuellen Stand zu besorgen.

Isola di Capraia

Italienische Seekarten 4, 116

Allgemeines

Capraia ist die drittgrößte Insel des Arcipelago Toscano. Sie liegt 17 Meilen östlich von Corsica und 20 Meilen nordwestlich von Elba, misst vier Meilen in Nord-Süd-Richtung und zwei Meilen von Osten nach Westen, ist vulkanischen Urspungs und wird von einer Gebirgs-

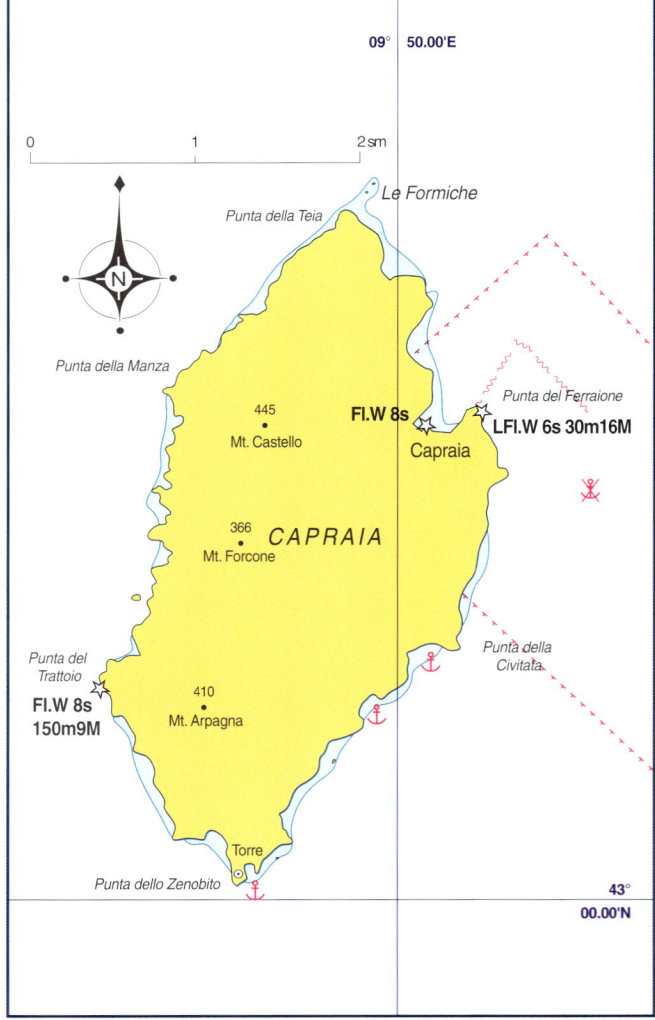

kette durchzogen, die in ihrem nördlichen Teil im Monte Castello mit 445 m und im südlichen im Monte Arpagna mit 410 m Höhe gipfelt. Die Insel ist sehr zerklüftet. Die Westküste ist kahl und besteht fast überall aus hohen Klippen mit einigen abgelegenen Buchten.

Die Ostküste fällt allmählicher ab, hier befinden sich die meisten Siedlungen, der kleine, geschützte Hafen und ebenfalls eine Reihe von herrlichen Buchten.

Bei beständigem Wetter laden die meisten zum Ankern ein.

Im Winter wehen starke Winde aus dem ersten Quadranten, im Frühling dominieren Winde aus dem zweiten und dritten. Der Südwestwind ist besonders störend, da er zwischen den Hügeln hindurch weht und im Hafen und in einigen Buchten mit starken Fallböen überrascht. Im Sommer herrschen aber gewöhnlich schwache bis mittlere Nordwestwinde.

Ansteuerung:

Tagsüber ist die Ansteuerung von Capraia aus allen Richtungen einfach, weil die Gebirgskette, die sich durch die Insel zieht, schon von weitem zu sehen ist. Auf der Bergspitze vom Monte Arpagna, dem höchsten Berg im Südteil der Insel, sind bei klarem Wetter die Ruinen einer alten Signalstelle zu erkennen.

An der Nordspitze, dem Punta Teglia, kann ein verfallenes Fort mit einem kleinen Turm ausgemacht werden. Hier ist besondere Aufmerksamkeit auch am Tage gefordert, weil sich eine Untiefe nordöstlich des Punta della Teglia bis zu dem Felsen La Formiche etwa 500 m weit in die See erstreckt. Hier gibt es kein Leuchtfeuer, das nachts auf diesen gefährlichen Bereich hinweist, der unbedingt selbst tagsüber seewärts umschifft werden muss.

Auch Punta dello Zenobito, die Südspitze der Insel, ist nicht mit einem Leuchtfeuer markiert.

Weit reichende Leuchtfeuer gibt es nur im Südwesten auf
- Punta del Trattoio (Fl.W 8s 150m9M) auf einem weißen, runden Haus
und im Nordosten auf
- Punta del Ferraione (LFl.W 6s 30m16M), einem rechteckigem Turm auf einem weißen, zweistöckigen Gebäude.

Besondere Vorschriften:

Früher wurde der nördliche Teil der Insel von einer Haftanstalt beherrscht, die aber 1986 geschlossen wurde. Die damit zusammenhängenden Beschränkungen wurden daher aufgehoben.

1990 wurde die Schutzzone des Parco Nazionale dell'Arcipelago um Bereiche der Isola di Capraia erweitert, was nun andere Einschränkungen bedeutet:

- In der bis 1000 m in die See reichenden Zone von Punta del Trattoio bis Punta della Manza sind die Durchfahrt mit Motor (Yachten unter Segel sind ausgenommen!), das Anlegen, das Fischen und das Sammeln von Tieren, Pflanzen und Mineralien verboten (siehe Übersichtskarte: „Zone 1").
- In einer 3 sm breiten, zwischen Punta delle Barbice und Punta della Civitata sich nach Südosten erstreckenden Zone sind Ankern und Fischen verboten. Nur mit ausdrücklicher Genehmigung der örtlichen Autorità Marittima ist dort die Sportfischerei mit Angelschnur von Land oder unbewegtem Boot gestattet.
- Rund um die Insel ist innerhalb von 3 Meilen von der Küste die Unterwasserjagd verboten.

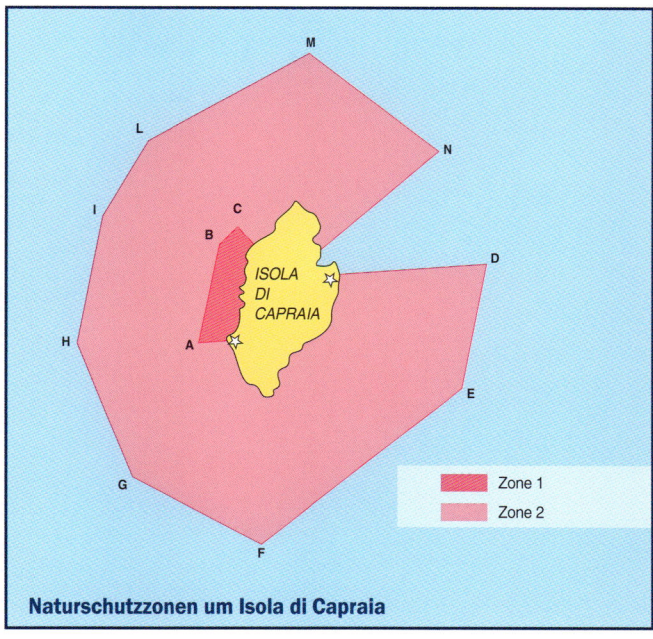

Naturschutzzonen um Isola di Capraia

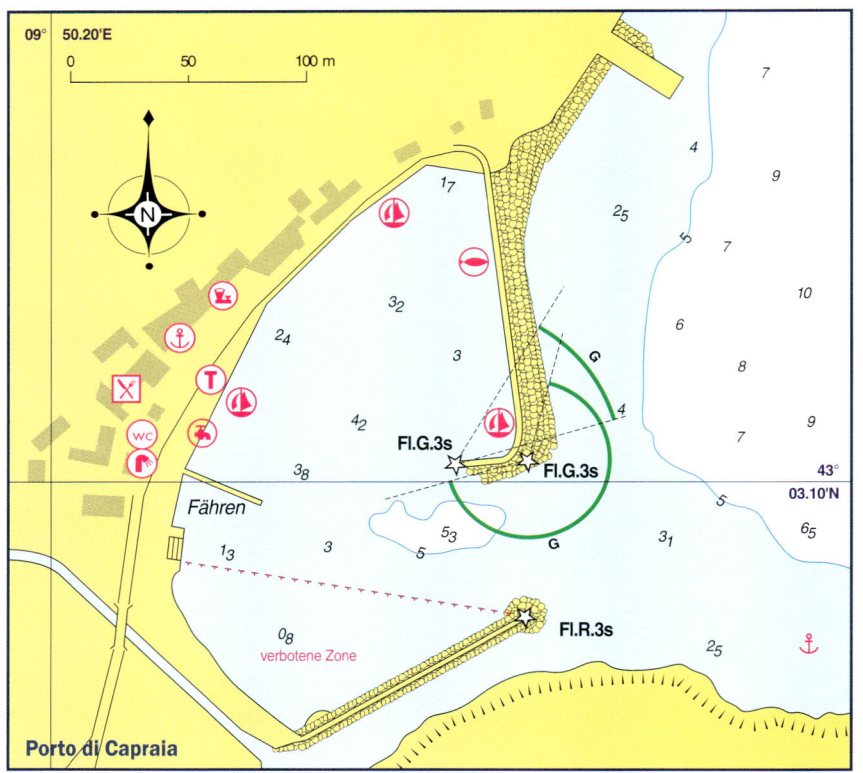

Porto di Capraia

Porto di Capraia, Hafen und Ankerplatz

Die Ostküste von Capraia

Im Nordosten der Insel, 0,5 sm südlich des Felsens La Formiche finden wir die Ankerbucht

Cala della Mortola
43° 04,0' N | 009° 50,0' E,

die rundum von einem felsigen Steilufer eingeschlossen ist.

Etwas weiter südlich, zwischen Punta delle Barbice und Punta di Porto Vecchio liegt

Cala di Mola
43° 03,5' N | 009° 50,2' E,

auch Anse di Porto Vecchio genannt. In dieser Bucht gibt es den einzigen Strand der Insel.

Der Hafen der Insel liegt 1,5 sm südlich vom Felsen La Formiche an der Nordspitze.

Porto Capraia
43° 03' N | 009° 50' E

Dieser kleine Hafen liegt an der Nordostküste der Insel. Das Hafenbecken in einer natürlichen Bucht zwischen hohen Bergen wird vom Meer durch zwei Molen abgetrennt und ist weitgehend windgeschützt. Die 140 m lange Nordmole hat einen innen liegenden Kai, die Südmole ist ein etwa 100 m langer Wellenbrecher aus Stein und bildet das linke Ufer eines kleinen, aus den Bergen kommenden Flüsschens mit einigen Liegeplätzen für kleine, einheimische

Porto Capraia, Fährpier und Ankerplatz

Giorgio und der zylindrische, alte Wachturm – der Torre Genovese – auszumachen. Beim Näherkommen tritt dann das weiße Gebäude mit dem Leuchtturm auf dem Punta Ferraione deutlich hervor, der Hafen wird aber erst nach dem Runden dieser Huk sichtbar. Segler sollten weit vor der Hafeneinfahrt die Segel bergen und den Hafen wegen möglicher Fallböen unter Motor anlaufen.

Wer aus Westen kommt, muss an der Nordspitze der Insel das Riff Le Formiche weitläufig umschiffen, bevor der Kurs auf den Hafen abgesteckt wird.

Nachts zeigt nur bei der Ansteuerung aus östlichen Richtun-

Boote. Der Hafeneingang öffnet sich nach Osten, ist etwa 50 m breit und etwa 3 m tief. Der südlichen Teil des Hafenbeckens ist nur 0,8 m tief, in der Nähe des Kais etwa 1,3 m. Der feste Steg neben der Tankstelle ist Ausflugsbooten vorbehalten. Die Wassertiefe in der nördlichen Beckenmitte beträgt 4 m und nimmt zum Kai auf etwa 2,5 m ab. Im Sommer ist der Hafen oft von heimischen Fischerbooten und einer großen Zahl von Gastyachten überfüllt, die in mehreren Reihen – meist mit dem Heck zum Kai – ankern. Der nördlich vom Hafeneingang gelegene, feste Landungssteg ist ausschließlich für Fähren reserviert.

Ansteuerung:

Das Anlaufen des Hafens ist im Allgemeinen weder tagsüber noch nachts besonders schwierig. Bei schwerem Seegang aus Nordosten, der allerdings im Sommer selten auftritt, kann es gefährlich werden. Bei starken Südost- und Südwestwinden treten starke Fallböen aus unterschiedlichen Richtungen im Hafenbereich auf und können das Anlege- bzw. Ankermanöver behindern.

Bei der Ansteuerung aus Osten sind tagsüber schon aus der Ferne oberhalb der Ortschaft das Fort San

Wachturm Torre Genovese

gen der Leuchtturm auf Punta Ferraione von weitem den Weg (LFl.W.6s 30m16M). Bei der Ansteuerung aus westlichen Richtungen hilft zwar der weitreichende Leuchtturm auf Punta del Trattoio (Fl.W.8s 150m9M), die Rundung der Nord- bzw. Südspitze der Insel wird aber nicht durch Leuchtfeuer unterstützt, hier helfen nur klassische Navigation oder GPS. Bei der Rundung der nördlichen Inselspitze ist zudem wegen des Riffs Le Formiche besondere navigatorische Sorgfalt vonnöten.

Der Hafeneingang wird durch Leuchtfeuer auf den Molen angezeigt. Sowohl auf dem Knie als auch auf dem Kopf der Nordmole brennen die als unzuverlässig geltenden grünen Feuer gleicher Kennung (Knie: Fl.G.3s 195°-G-074°, Kopf: Fl.G.3s 254°-G-210°), der Kopf der Südmole ist rot befeuert (Fl.R.3s).

Hafengebote: Im Hafenbereich beträgt die Höchstgeschwindigkeit 3 kn. Gäste müssen sich beim Hafenmeister melden.

Hafenservice:

Ein Wasseranschluss ist am Kai in der Nähe der Tankstelle eingerichtet, im Sommer ist das Wasser knapp. Toiletten, Duschen und eine Telefonzelle sind nahe der Tankstelle in der Häuserreihe am Kai zu finden. Müllbehälter sind ebenfalls in der Nähe. Der Hafen wird nachts beleuchtet. Es gibt einen Slip, einen mobilen 5 t Kran und eine Motorenwerkstatt.

Versorgung:

In der Häuserreihe am Kai gibt es einige Restaurants, Eisdielen, Boutiquen und mehrere kleine Lebensmittelgeschäfte. Im Dorf auf dem Berg, zu dem alle 30 Minuten ein Bus hinauffährt, sind weitere Restaurants, aber nur wenige Geschäfte und eine kleiner Supermarkt zu finden.

Information: Azienda Promozione Touristica (Im Gebäude neben der Sanitäranlage)

Landgang, Sehenswürdigkeiten:

Die ursprüngliche Siedlung liegt erhöht auf dem Berg Ferraione und wird von den wehrhaften Wällen des alten Forts San Giorgio beherrscht. Seit 1873 diente die Insel bis vor einigen Jahrzehnten als Strafkolonie. Nachdem die Strafanstalt vor einigen Jahren geschlos-

Capraia, Dorfstraße

sen und die Insel dadurch auch für Gäste geöffnet wurde, hat sich ein gewisser Tourismus entwickelt, der aber dem besonderen, ruhigen Reiz dieser alten Ansiedlung noch nicht schadet.

Ein Ausflug hinauf zum 1 km entfernten Dorf mit dem Bus oder zu Fuß ist zu empfehlen, die Mühe wird durch herrliche Ausblicke auf den Hafen und die Umgebung belohnt. Das baufällige Fort kann allerdings nur von außen bewundert werden. Am Weg vom Hafen zur Ortschaft liegt die alte Chiesa della Assunta, die mit ihren hohen Fenstern in früherer Zeit als Fluchtstätte vor Seeräubern diente.

Ankern:

Wenn der Hafen im Sommer überfüllt ist, kann in der Nähe des Punta Ferraione bei ruhigem Wetter auf 5–7 m normal haltendem Grund geankert werden.

An der südöstlichen Küste von Capraia zwischen Punta Civitata und Punta Zenobito gibt es einige zerklüftete Buchten mit glasklarem Wasser, die bei gutem Wetter ebenfalls zum Ankern geeignet sind.

Der Küstenbereich nördlich davon gehört zum Nationalpark. Daher müssen die ab Seite 261 beschriebenen Vorschriften eingehalten werden. Diese Vorschriften können auch im Tourismus-Büro im Hafen von Capraia angefordert werden.

Südlich vom Punta Civitata, etwa 1,8 sm südlich vom Porto di Capraia, liegt die Ankerbucht

Cala del Ceppo 43° 01,5' N | 009° 50,3' E.

Sie wird rundum und im Norden durch besonders hohe Klippen eingerahmt. Im Westen mündet eine Schlucht voller felsigem Geröll.

Beim Einlaufen in die Bucht muss Punta Civitata wegen vorgelagerter Unterwasserfelsen in weitem Bogen gerundet werden.

Auch dicht unter dem West- und Südufer befinden sich Riffs, zu denen man ausreichend Abstand halten sollte. Die Wassertiefe beträgt 4–6 m, der Grund im Norden der Bucht ist sandig, weiter südlich felsig und mit Algen bewachsen. Auch wenn die Bucht im Windschatten liegt, können Fallböen auftreten.

Eine halbe Seemeile weiter südwestlich liegt

Cala delle Carbicina 43° 01,2' N | 009° 49,8' E.

Sie ist weniger attraktiv. Der Anker muss in Ufernähe fallen, weil die Wassertiefe in der Mitte der Bucht stark zunimmt.

Weniger als eine halbe Meile entfernt bietet im Süden nahe bei der winzigen Felsinsel Lo Scoglione

Cala dei Porcili 43° 01,5' N | 009° 50,3' E

einen angenehmen Ankerplatz vor einem kleinen Tal auf 7–8 m Wassertiefe, allerdings wechselt der Grund zwischen Sand, Algen und Geröll.

Punta Zenobito ist der südlichste Zipfel der Insel, erkennbar an einem großen Turm auf einer Bergspitze. In der

Cala Rossa 43° 00,2' N | 009° 48,8' E

direkt nordöstlich davon können nur ein bis zwei Sportboote ankern, wegen der engen Bucht empfiehlt es sich, Leinen zum Ufer auszubringen.

Die Westküste von Capraia

Etwa 500 m nordwestlich vom Punta Zenobito auf der Westseite der Insel liegt

Cala di Moreto 43° 00,3' N | 009° 48,4' E.

Diese Bucht – eingeschlossen von vulkanischen Felsen – wird von vielen Seevögeln, darunter auch Kormoranen, bevölkert. Die Wassertiefe im nördlichen Teil der Bucht beträgt 8–12 m, der Grund ist unregelmäßig, Sand, Algen und Geröll wechseln sich ab.

Achtung: Die sich nach Norden anschließenden Buchten an der Westküste von Capraia zwischen Punta del Trattoio und Punta Manza gehören zum Parco Nazionale dell'Arcipelago (siehe S. 261). Nur im Notfall dürfen Sportboote hier Schutz suchen.

400 m nordöstlich von Punta del Trattoio, erkennbar an einem weißen Leuchtturm, 150 m hoch am Berghang liegt die

Cala del Rogo oder Cala del Vetriolo
43° 01,6' N | 009° 47,8' E.

Sie wird von eindrucksvollen, dunklen Klippen einge-rahmt. Die zunächst breite Bucht verjüngt sich zum In-neren und wird flacher. Auf 10–14 m Wassertiefe im Südteil ist der Grund sandig, im nördlichen Teil felsig.

Etwa 1000 m nordnordöstlich von Punta del Trattoio liegt der pyramidenförmige Fels La Praiola della Gab-biani dicht vor der Küste. Südlich vom Felsen in der Bucht

Ansa La Praiola 43° 01,9' N | 009° 47,8' E

etwa 80 m vom Ufer ist der Grund auf etwa 14 m Was-sertiefe sandig und zum Ankern geeignet. Auf der Nordseite ist der Grund dicht unter Land 6–12 m tief, aber felsig und weniger gut zum Ankern geeignet, et-was weiter seewärts dagegen ist der Grund sandig, aber 14–15 m tief. Die Passage ist nur flachgehenden Booten bei ruhiger See zu empfehlen.

Der Küstenabschnitt gehört auch zum Parco Nazionale dell'Arcipelago. Es kann in dieser und in den weiter nördlich liegenden Buchten, also nur in Notfällen, Zu-flucht gesucht werden.

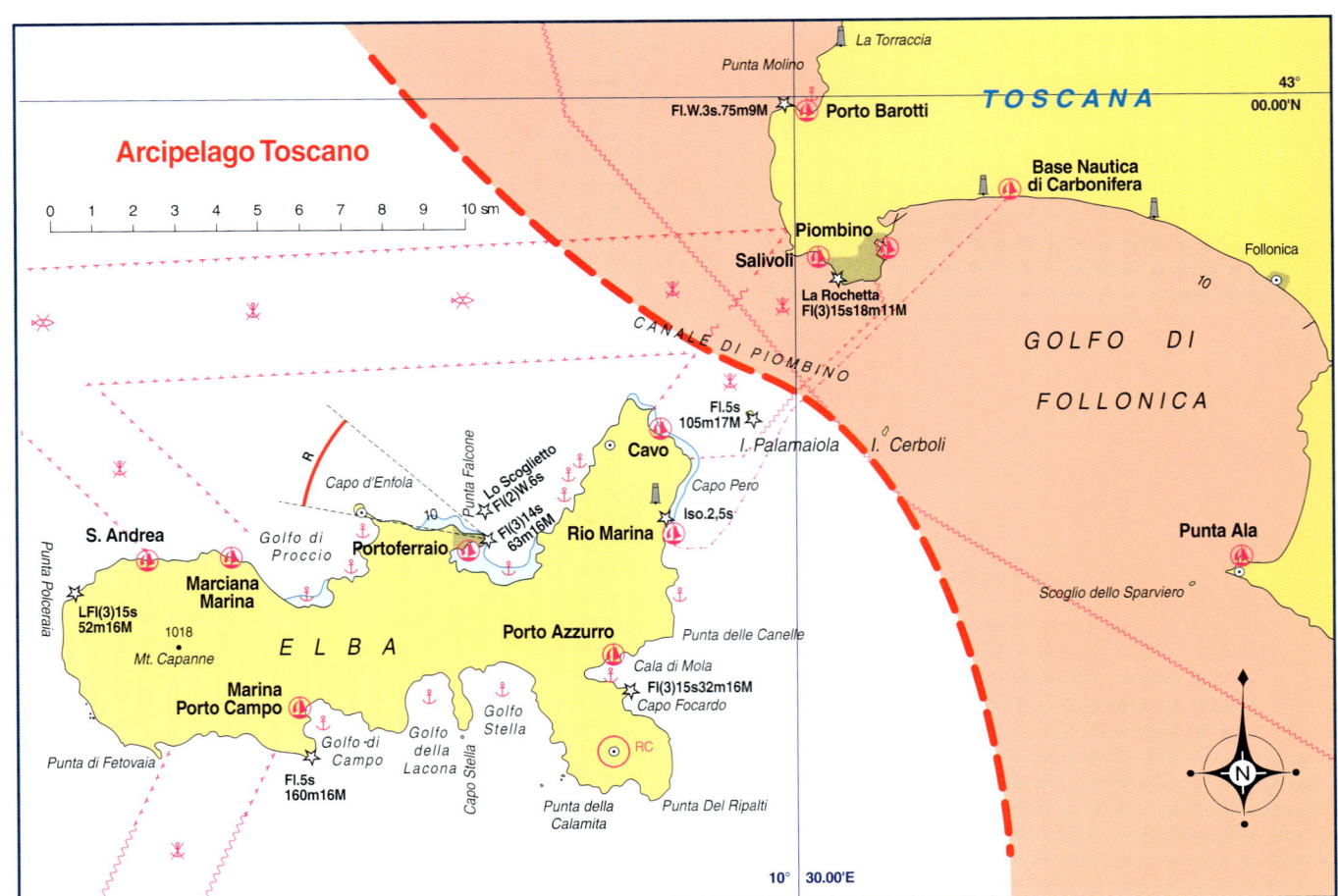

Isola d'Elba

Italienische Seekarten 5 und 117

Allgemeines

Elba ist die größte Insel des *Arcipelago Toscano*. Leicht anzusteuern sind ihre zwei größeren Häfen – *Portoferraio* und *Porto Azzurro* – und die vier kleineren – *Porticciolo di Cavo, Porticciolo di Rio Marina, Porticciolo di Marina di Campo* und *Porticciolo di Marciana Marina* – ein beliebtes Ziel für Kreuzfahrer. Die Küste bietet in der Saison unter guten Wetterbedingungen eine unvergleichbare Fülle von Ankerplätzen vor unterschiedlichen Landschaften – in Buchten, eingeschlossen von steilen Felswänden, die senkrecht ins Meer stürzen – vor Stränden im Inneren großer, weit ausladender, tiefer Einschnitte – an idyllischen Plätzen mit Wald rundum – in einsamen, von Land unerreichbaren Winkeln.

Die Insel liegt 5 Meilen von der Festlandsküste, weniger als 30 Meilen von Corsica entfernt und erstreckt sich über 15 Meilen von Westen nach Osten. Die Landschaft ist überwiegend gebirgig und gipfelt im Westteil im 1019 m hohen *Monte Mar di Capanna*. Obwohl es im Sommer wenig regnet, ist die Insel überwiegend grün und teilweise mit üppiger Vegetation bedeckt. Aller-

dings führt die sommerliche Trockenheit auch zu Waldbränden, die in letzter Zeit manchmal sogar von radikalen Naturschutzgegnern gelegt wurden, weil die Einschränkungen durch die für große Teile der Insel verhängten Naturschutzauflagen die freie wirtschaftliche Nutzung begrenzen und dem Raubbau an den natürlichen Resourcen Grenzen setzen.

Schon seit urgeschichtlicher Zeit bewohnt, wurde *Elba* von den Etruskern besetzt. Sie waren die ersten, die Eisen schürften, von dem die Insel reich ist. Sie nannten daher die Insel *Ilva*, das ist das etruskische Wort für Eisen, daraus entstand der heutige Name *Elba*.

Später wechselte der Besitz zu den Römern, im Mittelalter zu den Pisanern, den Genuesen und den Spaniern. Der erste Großherzog der Medici von Toscana gründete 1548 die Stadt *Cosmopoli*, die heutige Hauptstadt *Portoferraio* – übersetzt heißt das Eisenhafen. Später wurde Elba zum Zankapfel zwischen den Spaniern, den Türken und den Franzosen, denen es schließlich 1802 zugeteilt wurde.

Napoleon wurde 1814 auf die Insel verbannt, behielt trotzdem den Titel König. Aber er blieb nur ein Jahr, um dann nach Frankreich zurückzukehren und die Macht für kurze Zeit wieder an sich zu reißen. Nach seiner Niederlage bei Waterloo im Juni 1815 fiel *Elba* endgültig an Italien zurück.

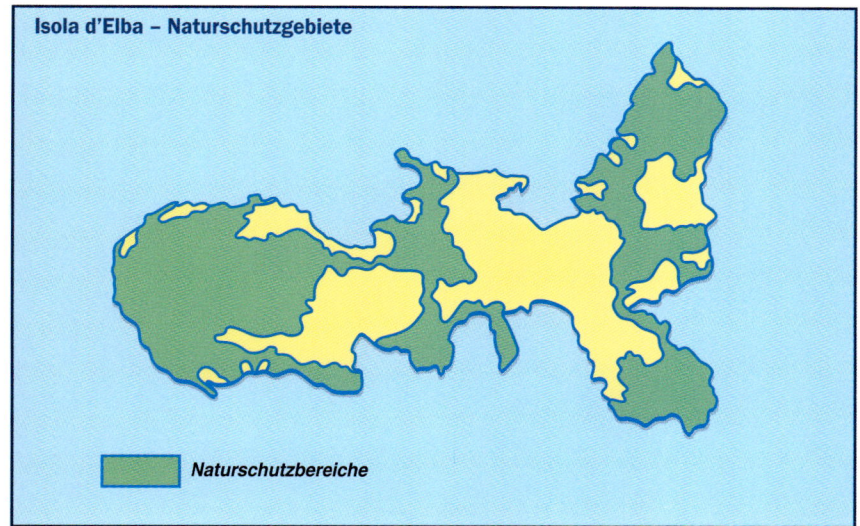

Isola d'Elba – Naturschutzgebiete

Naturschutzbereiche

Um die Insel *Elba* schätzen zu lernen, muss man Zeit zum Ankern, zum Anlaufen der Häfen und für Landausflüge haben, entweder zu Fuß, mit den öffentlichen Bussen oder mit einem gemieteten Motorrad oder Auto, was fast überall möglich ist. Ob man vier Tage, eine Woche oder noch längere Zeit an den Küsten der Insel kreuzt, es wird bestimmt nicht langweilig.

Wir umrunden die Insel im Uhrzeigersinn, ausgehend von der Nordostspitze der Insel, und beginnen mit dem Besuch der Häfen und Buchten nach einer jeweils allgemeinen Beschreibung der Küstenbereiche im Osten, Süden, Westen und Norden.

Isola d'Elba, Ostküste – Capo della Vita, Isolotto dei Topi und Cavo

Die Ostküste von Elba

Allgemeine Beschreibung

An der gesamten Ostküste gibt es außerhalb von 150 m zum Ufer keine gefährlichen Untiefen oder Riffs. *Capo della Vita* ist die nordöstliche Spitze von Elba. Etwa 1200 m nördlich davon gibt es eine Untiefe von 6 m, die aber für Yachten ungefährlich ist. Südlich der felsigen Landzunge türmt sich das Gebirge zum *Monte Grosso* mit 346 m Höhe auf. Bei gutem Wetter ist die 0,5 sm östlich der Spitze gelegene, kegelförmige *Isolotto dei Topi* (Mäuseinsel) gut auszumachen. Etwas weiter südlich, am Ende einer geschwungenen Bucht, liegt der *Porticciolo di Cavo* mit seinen beiden Schutzmolen und einer langen zusätzlichen Mole für die Fähren in der offenen See. Im Süden von *Cavo* wird die Küste bis zum Eingang des *Golfo di Porto Azzurro* von steilen Abhängen beherrscht.

An den Berghängen nördlich von *Rio Marina* sieht man von fern große, ockerfarbene Flecken, die von den ehemaligen Eisenbergwerken herrühren. Der Hafen von *Rio Marina* ist an einem roten Uhrenturm mitten auf der Mole zu erkennen. Beim *Punta delle Cannelle* ändert die steile Küste ihren Verlauf nach Westsüdwest und bildet den Eingang zum *Golfo di Porto Azzurro,* der hier 2 sm breit ist. Der tief in die Insel eingeschnittene Golf ist von überwiegend steilen, grünen Ufern eingeschlossen und bildet gegen Winde aus dem III. und IV. Quadranten einen hervorragend geschützten, großen Ankerplatz in der *Cala di Mola.* Im Norden dieser Bucht liegt *Porto Azzurro.* Im Süden vom Golf ist die Küste gebirgig und wird vom *Monte Calvo* mit 341 m und vom *Monte Calamita* mit 413 m beherrscht.

Vorschriften: Zwischen *Capo Castello* und *Capo Pero* ist Ankern und Fischen wegen Unterwasserkabeln verboten.
Das gleiche gilt für ein Gebiet vom Molenkopf von *Marciana Marina* bis *Capo Ortano* wegen Unterwasserpipelines.

Porticciolo di Cavo

Häfen und Buchten

Dicht südlich vom Capo della Vita können wir bei gutem Wetter einen Badestop vor einem feinen Sandstrand in der schwach geschwungenen Bucht

Ansa di Frugoso 42° 52,2' N | 010° 25,1' E

südwestlich der Isolotto dei Topi (Mäuseinsel) auf gut haltendem, 5–10 m tiefem Sandgrund einlegen. Bei der Weiterfahrt können wir die in der Mitte etwa 6 m tiefe Passage zwischen der Insel und dem Capo Castello nutzen.

Wer diesen Badestop überspringt oder nachts unterwegs ist, wählt einen Kurs, der von der Nordspitze

Elbas, dem Capo della Vita, eine halbe Seemeile nach Westen an der Isolotto dei Topi seewärts vorbeiführt und wendet sich dann nach Süden; hinter dem Capo Castello liegt an Stb. querab

Cavo 42° 51,7' N | 010° 25,5' E.

Es ist ein gegen fast alle Winde geschützter, kleiner Fischer-, Fähr- und Sportboothafen. Bei Nordostwinden steht allerdings erheblicher Schwell im Hafen. Das Hafenbecken wird durch eine 160 m lange, in der Mitte nach Nordwesten abknickende Ostmole mit innen liegendem Kai gebildet, an die sich ein 90 m langer, nach Norden verlaufender Wellenbrecher anschließt. Vom Knick geht ein nach Nordosten ins tiefe Wasser verlaufender, 150 m langer Pier für Fähren aus. Eine zweite

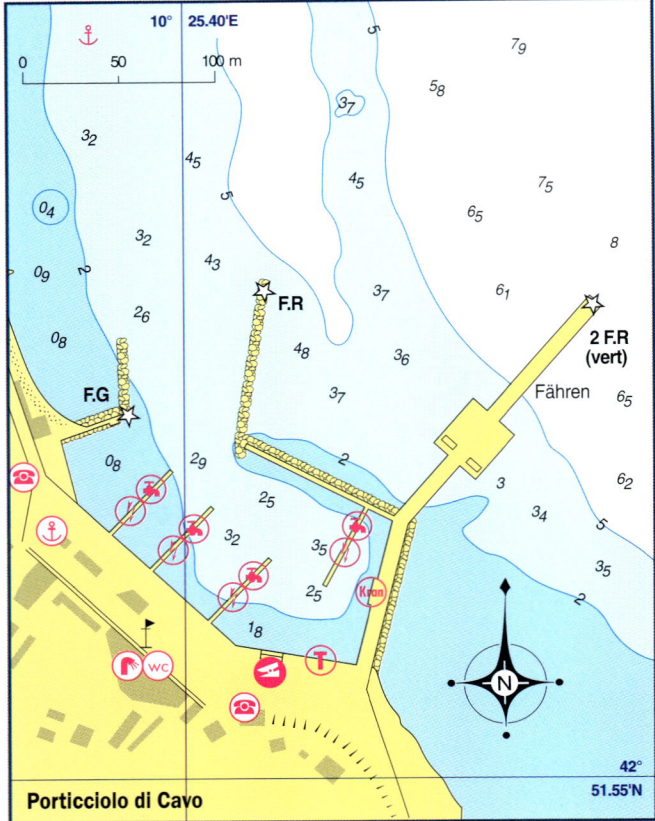

Porticciolo di Cavo

und F.G) in Sicht kommen. Auf dem Fährpier brennt ein rotes Festfeuer mit 2F.R (vert).
Achtung: Auch im Sommer kann ein Strom nach Süden setzen. Die Missweisung wird durch Unterwasser-stromkabel beeinflusst.
Hafengebote: Sportboote dürfen am Fährpier nicht anlegen. Sie müssen sich im Hafenbüro melden, um sich einen Liegeplatz zuweisen zu lassen.

Hafenmeister:
Capitaneria: Delegazione di Spaggia, „Delmare Cavo", VHF-Kanal 16, Tel.: 05 65-94 99 10
Direzione Porto: Circolo Nautico Cavo,
Tel.: 05 65-94 96 34, Fax: 05 65-94 99 86
Gruppo Ormeggiatori: Tel.: 05 65-93 10 56,
Commune di Rio Marina
Den *Wetterbericht* erhält man im Hafenbüro.

Hafenservice:
An den meisten Liegeplätzen liegen Mooringleinen aus, Wasser und Stromanschlüsse sind vorhanden, aber nicht von allen Liegeplätzen erreichbar. Eine saubere, gepflegte Sanitäreinrichtung wird in der Nähe vom Friseur betreut. Die Wassertiefe am Kai vor der Tankstelle (von 08.30–19.30 Uhr geöffnet) beträgt höchstens 1,8 m! Es gibt einige Werkstätten, ein Winterlager, einen 5-t-Mobilkran und einen Slip für kleine Boote. Nachts sind die Hafenanlagen beleuchtet.

Versorgung:
Geschäfte, Restaurants, Bank und Post findet man an der Hafenpromenade und in den anliegenden Gassen.
Information: Pronto Soccorso, Tel.: 05 65-96 24 25

Landgang:
Cavo ist ein hübscher, etwas verschlafen wirkender Ort in einer herrlicher Bucht, an deren Hängen sich schöne alte Villen ehemaliger Direktoren der Erzminen in üppiger Vegetation befinden. Ein großer Badestrand, unterbrochen durch das Capo Castello, erstreckt sich von einem Pinienwald am Ortsausgang bis zum Capo Vita.

Sport:
Circolo Nautico Cavo,
Tel.: 05 65-94 96 34, Fax: 05 65-94 99 86

kurze Mole mit einem sich nach Norden anschließenden Wellenbrecher bildet den nach Norden offenen, etwa 3 m tiefen und 60 m breiten Hafeneingang.
An den Köpfen der vier Schwimmstege ist das Hafenbecken 2,5–3,2 m tief, zu den Kais wird es flacher.
Es gibt 292 Liegeplätze für Boote bis 12 m Länge und 2,5 m Tiefgang, die von zwei Gesellschaften bewirtschaftet werden mit etwa 20 Gastliegeplätzen.

Ansteuerung:
Der Hafen kann bei jedem Wetter, außer bei starken nordöstlichen Winden, angelaufen werden.
Tagsüber sind von weitem das Capo della Vita, die Isolotto dei Topi und das Capo Castello zu sehen, erst aus der Nähe ist die Hafeneinfahrt zu erkennen.
Nachts orientiert man sich am Leuchtfeuer der Isolotto Palmaiola (Fl.W.5s 105m17M) bis die Hafenfeuer (F.R

Rio Marina

Ankern:

Nach den Schifffahrtsvorschriften ist im Gebiet um Cavo wegen Unterwasserkabel das Ankern verboten, in der Bucht nördlich des Hafeneingangs sieht man im Sommer bei beständigem Wetter aber immer einige Yachten vor Anker.

Ein südwestlicher Kurs führt nach etwa 1,2 sm zum Capo Pero, von da ab gelangt man nach 2 sm auf südsüdwestlichem Kurs zum Hafen

Rio Marina
42° 48,9' N | 010° 25,9' E.

Dies ist ein kleiner Fähr-, Fischer- und Sportboothafen, der gegen Winde aus den II. III. und IV. Quadranten gut geschützt ist, aber Seegang aus Nord bis Nordost erzeugt Schwell im Hafen. Ein schwimmender Wellenbrecher schützt ein wenig die Steganlage. Eine von Land ausgehende, mehrmals geknickte Mole mit innen liegendem Kai und eine Gegenmole lassen einen nach Norden offenen, 120 m breiten, in der Mitte 5 m tiefen Hafeneingang frei.
Die Wassertiefen in der Nähe des Kais der Außenmole betragen 3,5–5 m, nehmen zum Strand am Westufer ab. Am Kai und an den neuen Schwimmstegen gibt es ca. 100 Liegeplätze für Yachten bis zu 15 m Länge. Seit kurzem liegt vor den Schwimmstegen ein Ponton zum Schutz gegen den Schwell aus dem offenen Hafeneingang.

Ansteuerung:

Der Hafen kann bei jedem Wetter außer bei starkem nordöstlichen Wind angelaufen werden. Der Ort ist von weitem, die Hafenanlagen tagsüber aber erst aus der Nähe zu erkennen, nachts brennt ein Feuer auf dem Kopf der Außenmole (F.R). Nördlich vom Hafen brennt auf der Pontile Vigneria ein Feuer (Iso.W.2s 10m5M). *Hafengebote:* Anmeldung im Hafenbüro ist notwendig. Geschwindigkeitsbegrenzung im Hafen. Das Ende der Außenmole ist für Fähren reserviert. Festmacheverbot.

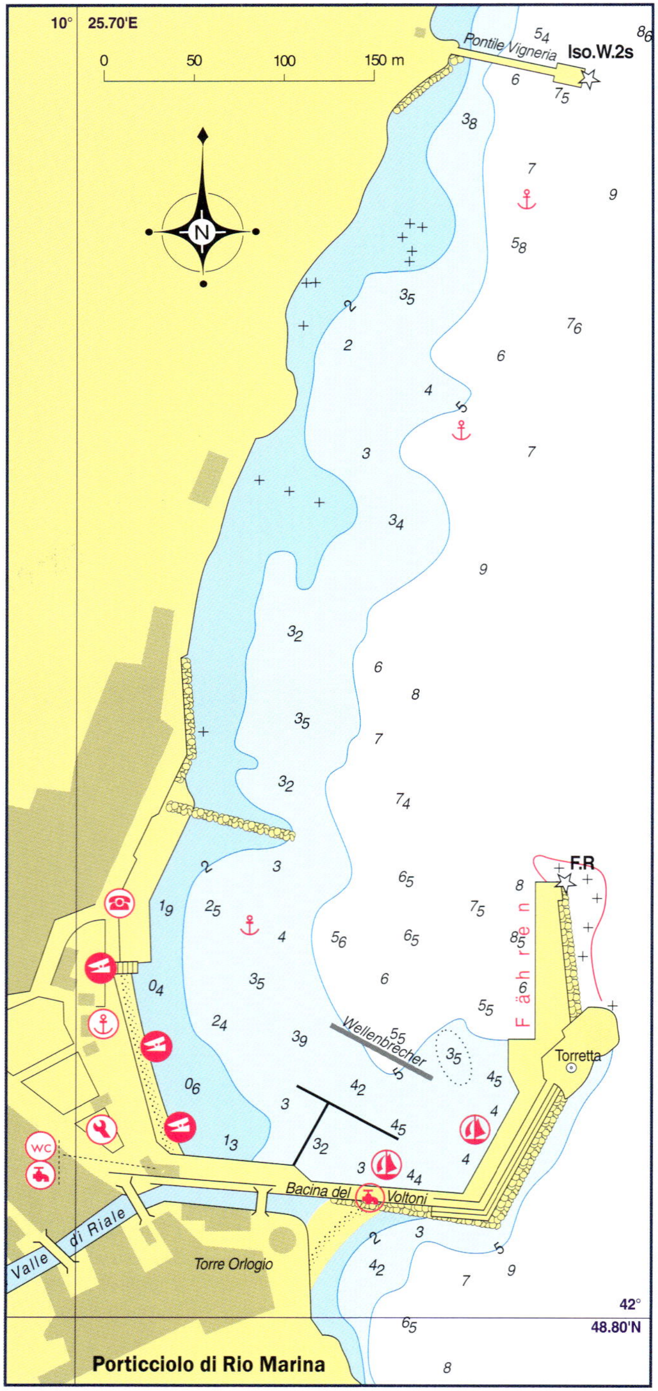
10° 25.70'E
0 50 100 150 m
N
Pontile Vigneria
Iso.W.2s
F.R
Fährrinne
Wellenbrecher
Torretta
Bacina del Voltoni
Valle di Riale
Torre Orlogio
42° 48.80'N
Porticciolo di Rio Marina

Hafenmeister:

Autorità Marittima: Tel.: 05 65-96 21 09

Hafenservice:

Die Liegeplätze an den Pontons sind mit Mooringleinen, Wasser- und Stromanschlüssen ausgestattet.
Am Kai liegt man vor Buganker über gut haltendem Schlickgrund mit Heckleinen zum Ufer.
Eine Sanitäreinrichtung mit Toiletten und Duschen sowie Kartentelefone und Parkplätze sind in der Nähe. Nachts ist der Hafen beleuchtet. Kleine Boote können geslippt oder auf den Strand gezogen werden, aber eine *Technische Zone* fehlt. Kleine Reparaturen führen Werkstätten des Ortes durch.

Versorgung:

Geschäfte, Restaurants, Bank und Post sind an der Hafenpromenade und in den Nebenstraßen zu finden.
Information: Pronto Soccorso, Tel.: 05 65-96 24 25

Rio Marina

Landgang, Sehenswürdigkeiten:

Rio Marina, bis 1982 Erzverladehafen, von dem eine verrostende Verladebrücke im Norden des Hafeneingangs zeugt, ist heute ein kleiner, hübscher Hafenort. Um den Hafen und an der mit Platanen gesäumten Hauptstraße liegen zahlreiche Geschäfte und Restaurants. Es gibt keine besonderen Sehenswürdigkeiten, auffällig ist jedoch der Torre Appiani, ein achteckiger Turm am Kopfende der Hafenmole, der 1534 von Jakob V. von Aragon Appiani errichtet wurde. Das aufgesetzte Türmchen mit der Uhr stammt aus dem Jahr 1882.
Im Rathaus (Palazzo Comunale) befindet sich ein

Rio Marina

Rio Marina – Erzverladebrücke

Rio Marina – Uhrenturm

Museum (Museo dei Minerali Elbani) mit einer sehenswerten Mineraliensammlung (geöffnet von Mai bis September werktags von 09.00–12.00 und 15.00–18.00, sonn- und feiertags von 09.00–12.30 Uhr). Interessierte Hobby-Geologen erhalten hier eine Genehmigung, um in den Fundstätten nach Mineralien zu suchen.

Sport:
Rio Marina Diving Club, Tel.: 05 65-92 41 44

Ankern:
Nördlich vor dem Hafeneingang ankern bei beständigem Wetter in der Saison meist einige Yachten.

Seno d'Ortano

Isolotto d'Ortano,

Isola d'Elba, Seno d'Ortano

1,5 sm südlich von Rio Marina kann bei beständigem Wetter geschützt gegen Winde aus dem III. und IV. Quadranten hinter dem Capo Ortano in der sich anschließenden Bucht

Seno d'Ortano 42° 47' N | 010° 26' E

im Schutz der Isolotto d'Ortano oder vor dem kleinen Strand zwischen den Felsufern auf 4–7 m sandigem Grund der Anker fallen. Im Südteil der Bucht und im

Bereich der kleinen Felsinsel muss wegen Unterwasserfelsen, die sich bis zu 100 m vom Ufer erstrecken, äußerst vorsichtig navigiert werden. Eine Passage zwischen Insel und Ufer ist nicht möglich. Eine Ferienhotel-Anlage in der Nähe bietet Restaurant, Supermarkt und Café.

Von hier ist es nicht mehr weit bis zum Golfo di Porto Azzurro, der sich hinter Punta delle Canelle nach Westen in die Landschaft einschneidet, viele weitgehend geschützte Ankerplätze bietet und zum herrlichen, alten Hafen von Porto Azurro.

Porto Azzurro

Porto Azzurro 42° 45,7' N | 010° 23,8' E

Der Hafen liegt geschützt gegen alle Winde aus nördlichen Richtungen in einer nach Süden offenen, natürlichen Bucht, die im Ostteil hinter einer 90 m langen Mole rundum mit Kaianlagen für Fähren, Fischer- und Sportboote befestigt ist. Winde aus südlichen Richtungen erzeugen erheblichen Schwell im Hafen und machen bei Sturm die freien Liegeplätze für Gastyachten in der Nordostecke des Hafenbeckens unsicher. In den letz-

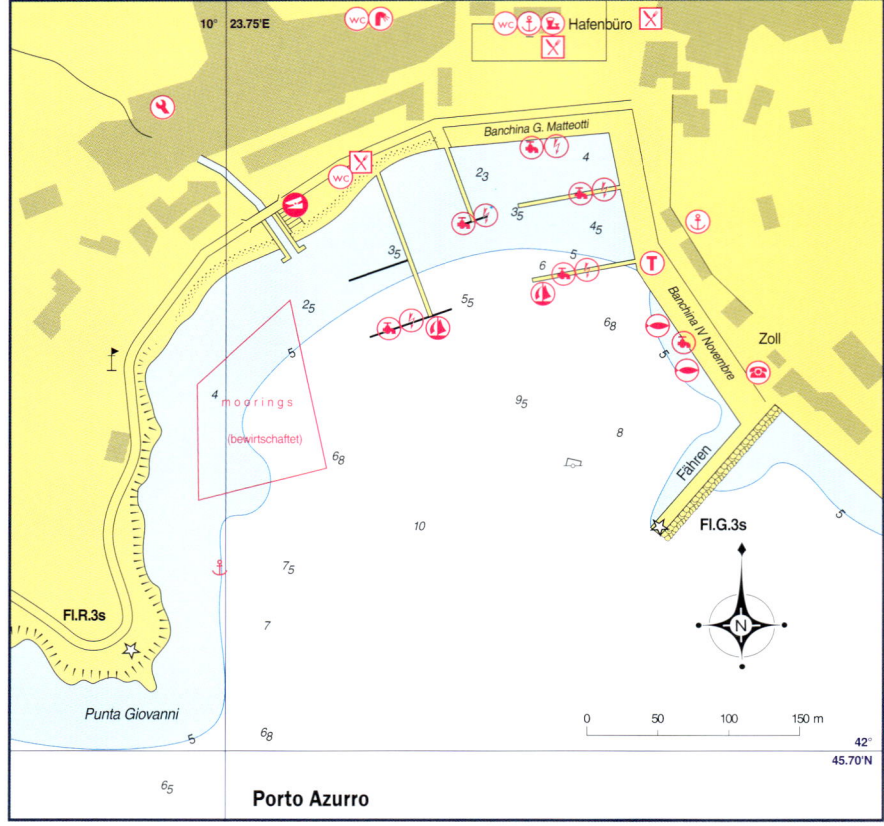

Porto Azurro

16M, Punta San Giovanni (Fl.R.3s) und die Hafenmole befeuert (Fl.G. 3s).

Achtung: Zum Punta San Giovanni ist ein Sicherheitsabstand von 25 m einzuhalten.

Hafengebote: Wer an einem freien Platz am Steg anlegen möchte, muss sich beim Stegwart anmelden. Im Hafen ist die Geschwindigkeit herabzusetzen. Die Mole ist ausschließlich Fähren vorbehalten. Der „Banchina IV. Novembre" ist den Fischern reserviert, kenntlich gemacht durch einen gelben Streifen am Kai. Yachten dürfen nur vorübergehend zum Tanken festmachen.

Hafenmeister:

Autorità Marittima: Tel.: 05 65-9 51 95
Capitaneria di Porto: VHF-Kanal 16, 24-h-Bereitschaft
Soc. Brokers Porto Luna: Große Steganlage, Tel. 05 65-95 82 67
Delegazione di Spiaggia: zuständig für Banchina G. Matteotti, Banchina Roma, Banchina IV. Novembre

ten Jahren sind eine große und eine kleine Schwimmsteganlage für Yachten bis 20 m Länge und für kleine lokale Sport- und Fischerboote dazugekommen.
Der Hafeneingang zwischen Punta San Giovanni und der Mole ist etwa 250 m breit und in der Mitte 12 m tief. An den Kais und am großen Steg betragen die Wassertiefen 3–5 m. Im Westteil gibt es neben den beiden Restaurants auf Pfählen einen Kiesstrand, auf dem viele kleine, einheimische Boote liegen.

Ansteuerung:

Der Hafen kann tagsüber und nachts bei jedem Wetter angelaufen werden. Tagsüber ist von weitem der Monte Mar di Capanna mit einem Kreuz auf der Spitze zu sehen, der Hafen selbst ist vom Forte di Longone verdeckt und wird erst sichtbar, wenn er an Stb. querab liegt. Nachts sind das Capo Focardo, Fl(3).W.15s 32m

Hafenservice:

Die Liegeplätze der Steganlage von der Soc. Brokers Porto Luna sind mit Mooringleinen, Wasser- und Stromanschlüssen ausgestattet, eine zugehörige Sanitäranlage liegt am Fuß des Stegs.
Gastyachten können auch vor Buganker auf schlammigem, aber gut haltendem Grund mit Heckleinen zum Banchina Matteotti neben dem Banchina Roma an den neuen Stegen festmachen. Eine gepflegte Sanitäreinrichtung mit Toiletten und Duschen ist tagsüber in der Parallelstraße zur Piazza Matteotti zu erreichen. Ein Kartentelefon steht am Fuß der Mole, Parkplätze sind rar und nur vorübergehend benutzbar. Eine Tankstelle, Tel.: 05 65-92 00 10, hat am Banchina IV. Novembre von 08.00–20.00 Uhr geöffnet. Nachts sind die Hafenanlagen beleuchtet. Am Südufer der Cala di Mola liegt eine Werft, die fast alle Reparaturen ausführen kann.

Porto Azurro

Versorgung:

Es gibt eine große Anzahl von Geschäften in den verwinkelten Gassen rund um den Hafen. Backwaren, Fleisch, Gemüse, Obst und Getränke werden in großer Auswahl angeboten. Empfehlenswert sind mehrere Weinhandlungen, bei denen ein reichhaltiges Sortiment preiswerter, lokaler Weine in den Regalen steht. Fangfrischer Fisch ist direkt bei den heimkehrenden Fischern zu haben. Zwei Wäschereien sind vertreten (Tel.: 05 65-92 00 31 und 05 65-9 50 47). Auch ein Schiffsausrüster fehlt nicht.

Porto Azurro, Fischer

Information: Enti Touristici,
Tel.: 05 65-95 78 70
Pronto Soccorso, Tel.: 05 85-92 02 02

Landgang, Sehenswürdigkeiten:

Porto Azzuro ist nach Portoferraio zweitgrößter Hafen der Insel und liegt wunderschön in der Bucht von Longone am Fuß hoher Berge. Der Ort hieß früher Porto Longone und erhielt erst 1947 auf Wunsch der Bevölkerung seinen jetzigen Namen, da das auf einem Hügel gelegene Forte di Longone seit langer Zeit und auch noch heute als Strafanstalt dient, was dem Ansehen des Ortes nicht gerade förderlich war. Der reizvolle Ort mit seinen malerisch um den Hafen liegenden alten Häusern hat seinen ursprünglichen Charme bewahrt. An der schönen, belebten Piazza Matteotti direkt am Hafen gibt es zahlreiche Restaurants, Pizzerien, Eisdielen und Cafés, abends trifft sich hier alle Welt.
Gleich neben der Piazza Matteotti liegt die alte Pfarrkirche Cappella del Sacro Cuore di Marina.
In den hübschen, verwinkelten Gassen bieten Souvenirläden neben den üblichen Touristenartikeln auch Schmuck und Edelsteine aus den Mineralienvorkommen der Insel an.
Was freundliche, italienische Atmosphäre bedeutet, kann man ganz besonders bei einem Besuch des Sanitärgebäudes in der Altstadt erleben, wo „Mama" jeden Besucher mit herzlichem und gestenreichen Redeschwall empfängt, egal ob nun der Sprachunkundige auch den Sinn ihrer Worte versteht.

Sport:

Circolo Velico Porto Azzurro, Tel.: 05 65-95 78 67

Ankern:

Der Golfo di Porto Azzurro bietet gleich mehrere Ankermöglichkeiten:
- Vor dem westlichen Steilufer noch im Hafenbereich ist auf 4–6 m schlammigem Grund Ankern möglich.
- In der Cala di Mola liegen Yachten vor Winden aus allen westlichen Richtungen geschützt auf sandigem, teilweise algenbewachsenem Grund auf Wassertiefen von 4–10 m. Im hinteren Teil der Cala di Mola befindet sich eine Muschelzucht. Dieser Bereich ist gesperrt.

- In der Ansa Barbarossa östlich unterhalb des Forte di Longone können Yachten auf 5–10 m sandigem Grund geschützt gegen Winde aus dem I. und IV. Quadranten vor einem kleinen Kiesstrand liegen.
- Im Süden davon bietet sich bei beständigem Wetter ein weiterer Ankerplatz vor dem belebten Strand Naregno in der Bucht westlich von Capo Focardo an.
- Im Süden von Capo Focardo vor dem Strand der Ansa Perla und
- vor den einsameren Stränden der Ansa Ferrato mit einem Pinienwäldchen dahinter kann es bei beständigem Wetter abends vor Anker sehr gemütlich werden. Beim Ansteuern dieser Buchten muss man sich von den Felsvorsprüngen freihalten, die die einzelnen Strandabschnitte voneinander trennen.

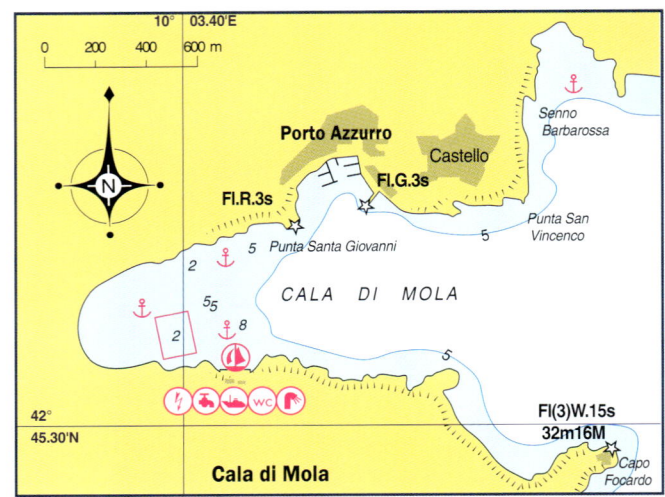

Cala di Mola

Isola d'Elba, Cala di Mola

Die Südküste von Elba

Beschreibung

Die Ufer der gebirgigen Südküste zwischen *Punta dei Ripalti* und *Punta Fetovaia* steigen überwiegend steil aus dem Wasser auf, nur in den großen Einbuchtungen – im *Golfo Stella, Golfo di Lacona* und *Golfo di Campo* treten die Berge zurück und geben mehr oder weniger großen, flachen Ebenen Raum.

Im südöstlichen Teil der Insel überragt der *Monte Calamita* mit 413 m die gebirgige Landschaft. Von den felsigen Ufern sollten Sportschiffer hier einen Mindestabstand von 200 m wegen der zahlreichen Unterwasserfelsen einhalten.

Bei *Punta Calamita* sind auch hier schon von weitem die ehemaligen Bergwerke an den bräunlichen Flecken und an den rostigen Metallbauwerken zu erkennen. Früher wurde hier Pyrit (Schwefelkies) abgebaut. Im Osten des Eingangs zum *Golfo Stella* liegen die beiden markanten *Riffs Gemini*, 42 m bzw. 23 m hoch.

Achtung: Die Wassertiefe der Passage zwischen diesen Riffs und dem Land beträgt höchsten 1–1,5 m, auch seewärts ist ein Mindestabstand von 300 m erforderlich, weil im Südsüdwesten der beiden *Riffs Gemini* unsichtbare Felsen 2 m unter der Wasseroberfläche lauern.

Das *Riff Corbelli,* 0,5 sm seewärts mit seinen dunklen, niedrigen Felsen, die sich unter der Wasseroberfläche fortsetzen, ist ebenfalls weiträumig zu umschiffen. Die Passage zwischen den *Riffen Gemini* und *Corbelli* ist mit einer Wassertiefe von mindestens 30 m im mittleren Bereich tagsüber sicher zu durchfahren.

Die weite und tiefe Bucht von *Golfo Stella* bietet zahlreiche Ankermöglichkeiten; ihre Ufer werden aber von einigen dicht unter Land liegenden Riffen eingesäumt, daher ist entsprechende Umsicht geboten.

Im Osten des Golfes fällt schon von weitem das 186 m hoch in den Bergen liegende Dorf *Capoliveri* auf.

Vor den steilen Abhängen des *Capo Stella* im Westen des Golfs liegt die felsige *Isoletta Corbella.* Sie muss in sicherem Abstand gerundet werden.

Achtung: Die Passage zwischen der Insel und dem Land ist gefährlich.

Die nächste Bucht – der *Golfo della Lacona* – ist wesentlich kleiner als die von Stella, besitzt im Inneren einen langen Strandstrand.

Achtung: Vor den steilen Ufern auf beiden Seiten des Golfo della Lacona sind viele Über- und Unterwasserfelsen zu beachten. *Capo di Fonza* auf der Westseite des Golfo della Lacona ist weiträumig zu umschiffen, weil etwa 200 m seewärts eine Untiefe mit 3 m Wassertiefe liegt.

Der nach Südosten weit offene *Golfo di Campo* bietet Sportbooten bei ungünstiger Witterung im Hafen von *Marina di Campo* und an den Ankerplätzen nur mäßigen Schutz. Trotzdem lockt der lange, herrliche Sandstrand und die kleine, hübsche Ortschaft im Sommer viele Wassersportler an. Wahrscheinlich, weil so viele Yachten diesen attraktiven Ort aufsuchen, ist hier die Statistik der mehr oder weniger schweren Havarien bei plötzlichen Wetterumschwüngen so ungünstig.

Achtung: Die höchstens 3 m tiefe Passage zwischen *Punta di Mele* und seinem 400 m weit vorgelagerten, gut sichtbaren *Riff Scloglio dela Triglia* bleibt nur tagsüber und bei gutem Wetter flachgehenden Booten vorbehalten.

Im Westen vom Golfo di Campo wird die Küste 2–3 Meilen von hohen Klippen und einigen gefährlichen Riffen dicht unter Land beherrscht. Zwei Buchten, in denen aber das Ankern wegen Unterwasserkabeln untersagt ist, liegen 2,4 bzw. 2,7 sm westlich vom *Capo di Poro.* In den Bergen hinter der zweiten Bucht ist das Dörfchen *Secchero* auszumachen.

Die nach Südosten vorspringende, felsige Landzunge mit *Punta Fetovaia* am Ende bildet den *Golfo di Barbatoia.* Diese nach Südosten offene Bucht bietet durch die hohen Felsen rundum guten Schutz gegen Winde aus dem I., II. und IV. Quadranten. Das Ankern auf dem 4–7 m tiefen, sandigen, teils mit Algen bewachsenem Grund ist außerhalb der mit weiße Bojen gekennzeichneten Badezone gestattet.

Vorschriften: Im Gebiet von 2 sm westlich von Capo di Poro bis zum Punta di Fetovaia ist Ankern und Fischen wegen Unterwasserkabeln untersagt.

Häfen und Buchten

Von Porto Azzurro führt der Kurs am Capo Focardo vorbei und in südöstlicher Richtung zum 2,5 sm entfernten Capo Calco, von da in südlicher Richtung in sicherem Abstand vom Ufer nach weiteren 1,7 sm zum Punta del Ripalti. Hier beginnt die Südküste von Elba.

Auf dem Kurs nach Westen kann ein Badestop in der Bucht westlich von Punta Rossa eingelegt werden.

Punta Rossa 42° 42,7' N | 010° 24,3' E

An der felsigen Küste passieren wir auf westlichem Kurs nach 1,3 sm Capo Calamita, kenntlich an einer verlassenen Pyrit-Verladestelle.

Capo Calamita

Nach weiteren 1,2 sm im sicheren Abstand an der Felsküste entlang öffnet sich der

Golfo Stella 42° 45' N | 010° 20' E.

Isola d'Elba, Golfo Stella aus Nord

Golfo Stella, Ansa di Maggidore

Auf unserem Kurs in die weit ausladende Bucht mit ihren zahlreichen Ankermöglichkeiten in Felsschluchten vor einsamen Stränden lassen wir die Felsinseln Gemini an Stb. und passieren in der Mitte zwischen den Felsen Scogli Gemini und den weiter westsüdwestlich liegenden Scogli Corbelli.

Auf der Ostseite des Golfo Stella liegen zwei Ankerbuchten mit angrenzender Besiedlung südlich der Gemini-Felsen. Die erste hinter Punta delle Ciarpe – die Cala dell'Innamorata – bietet auf 4–7 m sandigem Grund Schutz gegen Winde aus Nordost bis Südost. Am Ufer zieht sich eine Ferienanlage am Hang hinauf, deren Pizzeria oder das Restaurant im Hotel Gemini eine Alternative zur Bordverpflegung darstellen.

Eine halbe Meile weiter südlich liegt Spiaggia Morcone zwischen Punta Pareti und Punta Morcone, eine breite, in der Mitte durch Felsen geteilte Bucht, in der Yachten

sowohl im Südteil – hier sogar gegen nördliche Winde etwas geschützt – als auch in der Nordostecke auf sandigem, 4–8 m tiefem Grund vor östlichen Winden geschützt ankern können. Im Hang liegen einige Villen, am Ufer Restaurants und Trattorias.

Zu den schönsten Ankerplätzen dürfte die gegen nördliche Winde geschützte Ansa di Maggidore zählen, wo vor einem Pinienwäldchen mit Strand auf 7–12 m sandigem Grund der Anker fallen kann.

Die Campingplätze auf der Landenge zum Golfo della Lacona sind mit Lebensmittelgeschäften und Restaurants ausgerüstet.

Wer auch die kleinen Ankerplätze in den Schluchten der Felsküste anlaufen will, muss insbesondere an der Nordostküste mit Unterwasserfelsen rechnen.

In der ganzen Bucht gibt es sonst kaum Versorgungsmöglichkeiten.

Isola d'Elba, Capo Stella

Beim Passieren von Capo Stella am Westausgang des Golfo Stella ist die Felsinsel Scoglio Corbella wegen Unterwasserfelsen zwischen Ufer und Felsinsel seewärts zu umschiffen, danach laufen wir in den etwa 1 sm breiten

Golfo di Lacona 42° 45' N | 010° 18' E

Von den Steilufern auf beiden Seiten muß ein Sicherheitsabstand von mindestens 100 m wegen felsigem Untergrund eingehalten werden. Vor dem nördlichen Ufer mit dem ausgedehnten, feinen Sandstrand kann in sicherem Abstand von den Badegästen (300 m) der Anker auf den gut haltenden, 4–12 m tiefen Sandgrund geworfen werden. Man liegt hier vor Winden aus dem I. und III. Quadranten geschützt. Von dem Felsen Punta

della Contessa halte man sich fern. Es gibt im Bereich der Campingplätze hinter dem Strand einige Restaurants, aber sonst nur geringe Versorgungsmöglichkeiten.

Am Westausgang der Bucht ist der nur 3,5 m tiefen Secca di Fonza und den Felsen vor dem Felsufer des Capo di Fonza Aufmerksamkeit zu schenken.

Wer von hier in den

Golfo di Campo 42° 44' N | 010° 15' E

einlaufen will, muss die Felsinsel Scoglio della Triglia vor dem Punta di Mele mindestens 100 m weit an Stb. lassen.

Isola d'Elba, Golfo di Lacona

Zwei nordostwärts verlaufende, 100 m und 40 m lange Molen und ein 20 m langer nach Norden verlaufender Pier mit Kais dazwischen bilden den nach Nordosten völlig offenen Hafen.

Das kleinere, westliche Becken wird vollständig von Fischerbooten belegt, während sich im östlichen, 6–2 m tiefen Becken in der Saison oft viele Gastyachten drängen. Um einen Liegeplatz zu finden, muss daher der Hafen schon am frühen Nachmittag angelaufen werden.

Man liegt vor Buganker mit Leinen zum Pier auf schlecht haltendem Grund! Bei aufkommenden südlichen Winden sollte man den Hafen umgehend verlassen, weil die Anker bei dem entstehenden starken Schwell nicht ausreichend halten.

Ansteuerung:

Der Hafen kann bei beständigem Wetter tagsüber und nachts angelaufen werden. Von weitem ist ein runder Wachturm oberhalb des Hafens zu erkennen. Nachts hilft das weit tragende Feuer auf dem Monte Poro (Fl.W.5s 160m16M) bei der Einsteuerung in den Golfo di Campo. In Hafennähe brennt neben dem Wachturm ein Feuer (Fl.W.3s 34m10M), außerdem sind Außen- (Fl.R.5s) und Innenmole (F.R 180°-R-293°) befeuert.

Achtung: Man halte sich vom felsigen Ufer mindestens 40 m wegen überspülter Felsen frei.

Hafengebote: Das mittlere Stück der Ostmole ist für die Küstenwacht reserviert.

Im Westteil der flachen, weit geschwungenen Bucht liegt Porticciolo di Marina di Campo.

Marina di Campo
42° 44,5 ' N | 010° 14,4' E,

ein nur gegen Winde aus dem I. und IV. Quadranten geschützter, kommunaler Fischer- und Sportboothafen.

Hafenmeister:

Delegazione di Spiaggia: 05 65-97 79 80

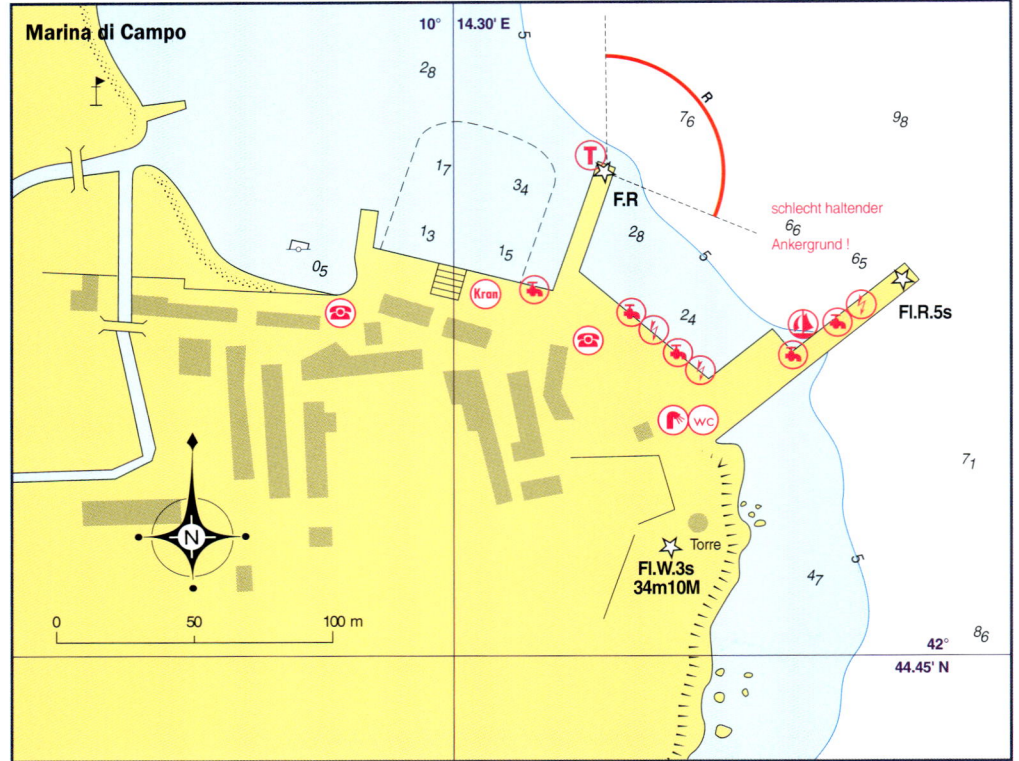

einzige Flugplatz der Insel.

Information: Azienda di Promozione Touristica,
Tel.: 05 65-97 79 69
Pronto Soccorso,
Tel.: 05 65-97 76 63

Landgang:

Marina di Campo ist ein hübscher kleiner Hafen in herrlicher Lage am Golfo di Campo, den im Sommer Scharen von Touristen und Sportbootfahrern bevölkern. Schon um die Jahrhundertwende verbrachten reiche Italiener ihre Ferien hier, wovon noch einige prächtige alte Villen zeugen, die verborgen in Grünanlagen zwischen Strand und Hauptstraße liegen.
Am Ende der Bucht erhebt sich auf einem Vorgebirge der alte Torre della Marina, den man vom Fischerviertel aus über die malerische, mit vielen Treppenstufen versehene Via Bellavista erreicht.
Marina di Campo verfügt über den wohl breitesten Sandstrand von Elba.

Veranstaltungen:

In Marina di Campo ist die älteste deutschsprachige Segelschule der Insel ansässig, außerdem gibt es hier Surf- und Tauchschulen.

Sport:

Club del Mare, Tel.: 05 65-97 69 42

Ankern:

Nördlich des Hafens, vor dem langen Sandstrand kann bei beständigem Wetter und bei nördlichen Winden auf gut haltendem, 4–7 m tiefem Sandgrund der Anker fallen.

Hafenservice:

Wasser- und Stromanschlüsse sind rar und nicht von allen Plätzen erreichbar. Eine öffentliche Sanitäreinrichtung mit Toiletten und Duschen ist tagsüber in der Via Bologna im Westteil des Hafens geöffnet, in der Nähe ist auch ein Kartentelefon zu finden.
Eine Tankstelle am Kai des Fischerbeckens ist von 08.00–17.00 Uhr geöffnet (Tel.: 03 38-2 94 47 92). Die Wassertiefe beträgt dort aber nur wenig mehr als 1 m. Nachts sind die Hafenanlagen beleuchtet.
Es gibt einen Slip für kleine Boote, einen festen 5-t-Kran.
Eine Werft und verschiedene Werkstätten für kleine bis mittlere Reparaturen sind auch vorhanden.

Versorgung:

Die Geschäfte im Ort sind gut sortiert, es gibt zahlreiche Restaurants und Pizzerien, Bankfilialen und eine Post. In der Nähe liegt bei dem Dörfchen La Pila der

Marina di Campo

In der vom Capo di Poro in westlicher Richtung 2,5 sm entfernten

Anse di Cavoli 42°44' N | 010° 11,5' E

ist wegen Unterwasserkabeln das Ankern verboten. Anlegemöglichkeiten gibt es in dieser schönen Bucht mit dem Sandstrand und dem Ort dahinter leider nicht.

Auch in der etwa 750 m weiter westlichen

Anse di Seccheto

ist das Ankern aus den gleichen Gründen, wie oben beschrieben, verboten. Kleine, flachgehende Boote können im Schutz einer Mauer in einem winzigen Hafen im Südwestteil der Bucht festmachen. In der Ortschaft gibt es einige Geschäfte und Restaurants.

Eine knappe Seemeile westlich liegt der nach Osten offene, an den Seiten von steilen Felsen eingerahmte

Golfo di Barbatoia/Fetovaia
42° 43,5' N | 010° 09,5' E.

Die Einsteuerung ist nur tagsüber möglich, weil jegliche Befeuerung fehlt. Die Felsspitze von Punta di Fetovia ist am Tag gut zu erkennen. Vor dem mit Bojen abgetrennten Badebereich am Sandstrand können Yachten auf gut haltendem, teilweise mit Algen bewachsenem Sandgrund ankern. Die Wassertiefen nehmen von 20 m am Eingang der Bucht zum Inneren stetig ab. Die Bucht ist recht gut gegen Winde aus dem I., III. und IV. Quadranten geschützt. Wer mit dem Beiboot am Strand landet, findet am Ufer einen Kiosk mit einer Toilettenanlage und ein Restaurant mit Selbstbedienung. Im Ort Fetovia und am Campingplatz in der Nähe gibt es Einkaufsmöglichkeiten.

Die Westküste von Elba, Punta Polveraia

Isola d'Elba, Punta Polveraia mit Anleger in der Felsbucht

Beschreibung

Die Westküste mit ihrem etwa 6 sm langen, steilen Ufer zwischen Punta le Tombe bis Punta della Zanca besteht aus einer felsigen und ungastlichen, gebirgigen Küste, deren höchster Berg im Hinterland – der Monte Mar di Capanna – mit 1019 m Höhe bei gutem Wetter schon aus 35 sm Entfernung von der offene See her auszumachen ist. Die Bergspitze verschwindet im Sommer allerdings oft in den Wolken, ist aber bei leichtem Dunst immer noch aus etwa 10 sm zu sehen.
Yachten sollten sich wegen vieler Unterwasserfelsen mindestens 200 m vom Ufer freihalten. Bei starkem Seegang werden viele Sportschiffer einen noch größeren Abstand wählen, weil die vom Steilufer zurückgeworfenen Wellen eine unangenehme Kreuzsee verursachen.
Der einzige markante Punkt an der Westküste ist der weit tragende Leuchtturm (LFl(3).W.15s 52m16M 036°-W-225°-Invis-036°) von Punta Polveraia, der aus einem 10 m hohen, 8-eckigen Turm auf einem weißen Gebäude besteht.
Südlich vom Leuchtturm gibt es in der Nähe einen winzigen Anleger auf 1,2 m tiefem Wasser in einer kleinen felsigen Bucht.

Die Nordküste von Elba

Beschreibung

Die Nordküste Elbas ist ebenfalls überwiegend felsig, sie bietet zwei Häfen und zwei große Buchten.

Der Hafen von *Marciana Marina* ist an einem großen, runden Turm am Fuß seiner 250 m langen Mole zu erkennen. Zwischen *Marciana Marina* und *Capo d'Enfola* spannt sich eine 3 sm breite, geschwungene, nach Norden offene Bucht, die sich ihrerseits in drei kleinere, gegen südliche Winde geschützte, zum Ankern geeignete Buchten aufteilt: *Golfo di Procchio, Golfo della Biodola* und *Golfo di Viticcio.*

Capo d'Enfola ist die Spitze einer kegelförmigen Halbinsel mit grüner Vegetation bis zum 135 m hohen *Monte d'Enfola.*

Achtung: Zu den zwei kleinen Felsinseln im Südwesten und im Norden ist ausreichend Abstand zu halten.

2,5 Meilen weiter östlich springt *Punta di Capo Bianco* mit seinen charakteristischen weißen Klippen vor.

Achtung: Vor der felsigen Untiefe von der *Secca di Capo Bianco,* die sich bis zu 400 m in nordnordöstlicher Richtung erstreckt, warnt tagsüber eine Kardinaltonne, nachts der rote Sektor des Leuchtfeuers von Forte Stella, Fl(3).W.14s 63m16M 104°-W-014° und F.R 60m 7M 100°-R-131°. Die Passage zwischen der Kardinaltonne und der weiter draußen liegenden, kleinen Felsinsel *Lo Scoglietto* mit dem Leuchtturm, Fl(2).W.6s, ist gefahrlos.

Das Betreten dieser Felseninsel ist ohne Genehmigung der Autorità Marittima nicht erlaubt.

Der *Golfo di Portoferraio* bietet zahlreiche, mehr oder weniger windgeschützte Ankerplätze. Auf der *Rade di Portoferraio* liegen im Sommer viele Yachten vor Anker. Völlig geschützt im Inneren liegt *Portoferraio* mit dem Haupthafen der Insel.

Von See her ist die Stadt Portoferraio nicht zu sehen. Dagegen fallen die mächtigen Mauern der sie beherrschenden Forts auf: Castello Inglese, Forte Falcone und schließlich Forte Stella mit dem oben beschriebenen Leuchtturm, auf dem zwei Feuer brennen.

Die Ostküste zwischen der *Rade di Portoferraio* und *Capo della Vita* ist felsig und steil. Man muss auf einige Untiefen innerhalb von 100 m zum Ufer achten. Verschiedene Buchten laden an diesem Küstenabschnitt zum Ankern ein. Weiter im Inneren des Golfo di Portoferraio sind die deutschen Segelschulen – die DHH Yachtschule und das Segelzentrum Elba – in reizvoller Landschaft angesiedelt.

Vorschriften: Im Bereich vor Capo Bianco bis zur Felsinsel Lo Scoglietto ist jegliches Fischen untersagt. In der Zufahrt zum Hafen von Portoferraio sind im Abstand von 0,25 sm vom Ufer Ankern und Aufenthalt verboten, dieser Bereich gilt quasi als Verkehrstrennungsgebiet: Einlaufende Schiffe haben sich in 150 m Abstand zum Ufer zu halten, auslaufende Schiffe müssen sich wesentlich weiter seewärts halten.

Häfen und Buchten

Von Westen kommend müssen die Felsen Formiche della Zanca nordöstlich vom Punta della Zanca seewärts in sicherem Abstand umschifft werden. Nach weiteren 0,7 sm in östlicher Richtung liegt hinter dem Capo S. Andrea die kleine Bucht

---

Sant' Andrea
42° 48,2' N | 010° 08,5' E.

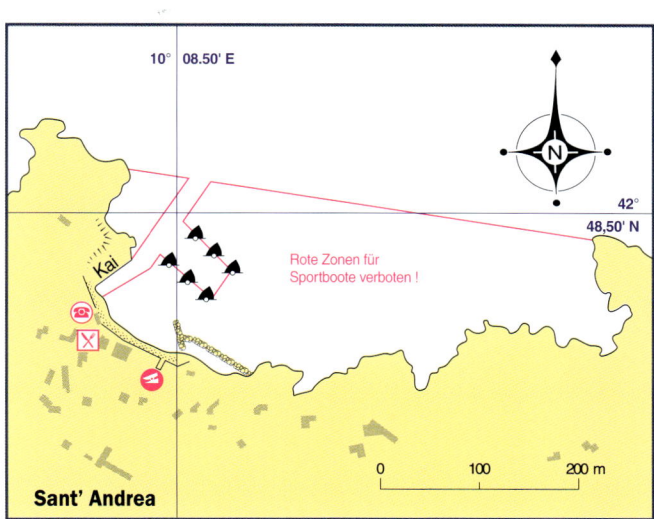

289

Seno di Sant' Andrea

Im Westteil dieser Bucht befindet sich am Ende des Steilufers ein etwa 40 m langer, in nordöstlicher Richtung verlaufender Anleger, dessen Wassertiefe am Kopf mit etwa 2 m sich auf weniger als 1 m zum Strand hin verringert.

Hier können kleine Yachten vor westlichen Winden geschützt festmachen und der kleinen Ortschaft Sant'Andrea einen Besuch abstatten. In der Nähe des Anlegers gibt es Restaurants und im Ort, der sich in die Berge hinaufzieht, einige Geschäfte.

Achtung: Die Ansteuerung des Anlegers muss auf direktem Kurs in südwestlicher Richtung erfolgen, weil der übrige Teil der Bucht Badeurlaubern und Tauchsportlern vorbehalten und für Wassersportfahrzeuge gesperrt ist.
Achtung: Unmittelbar vor dem Kopf des Anlegers ist der Grund unrein.

Vom Capo Sant' Andrea ausgehend erreichen wir nach 3 sm in östlicher Richtung den Fischer- und Yachthafen

Marciana Marina
42° 48,5' N | 010° 11,9' E.

Der kleine, gegen Winde aus dem II. und III. Quadranten gut geschützte Fischer- und Sportboothafen für Schiffe bis 20 m Länge wird von einer über 200 m langen, in südöstlicher Richtung verlaufenden Außenmole mit innen liegendem Kai gebildet. Heftige Winde aus den übrigen Richtungen erzeugen erheblichen Schwell im nach Westen offenen Hafen, der in der Mitte 5–7 m tief ist. 100 m vor dem Kopf knickt die Außenmole in östliche Richtung ab, davor liegt ein vom Circolo della Vela bewirtschafteter Schwimmsteg. Am Kai liegen die Wassertiefen zwischen 9 und 2 m. Das Ufer vor der Hafenpromenade besteht aus kiesigem Strand, vor dem ein größerer Schwimmsteg im tieferem Wasser (5 m außen, 2,5 m innen) liegt, der ebenfalls vom Circolo della Vela verwaltet wird. Im Sommer sind die Liegeplätze am Kai und an den Schwimmstegen häufig besetzt, aber einige Yachten können bei entsprechendem Wetter südlich des Hafeneingangs auf gut haltendem, 5–10 m tiefem Grund noch einen Ankerplatz finden.

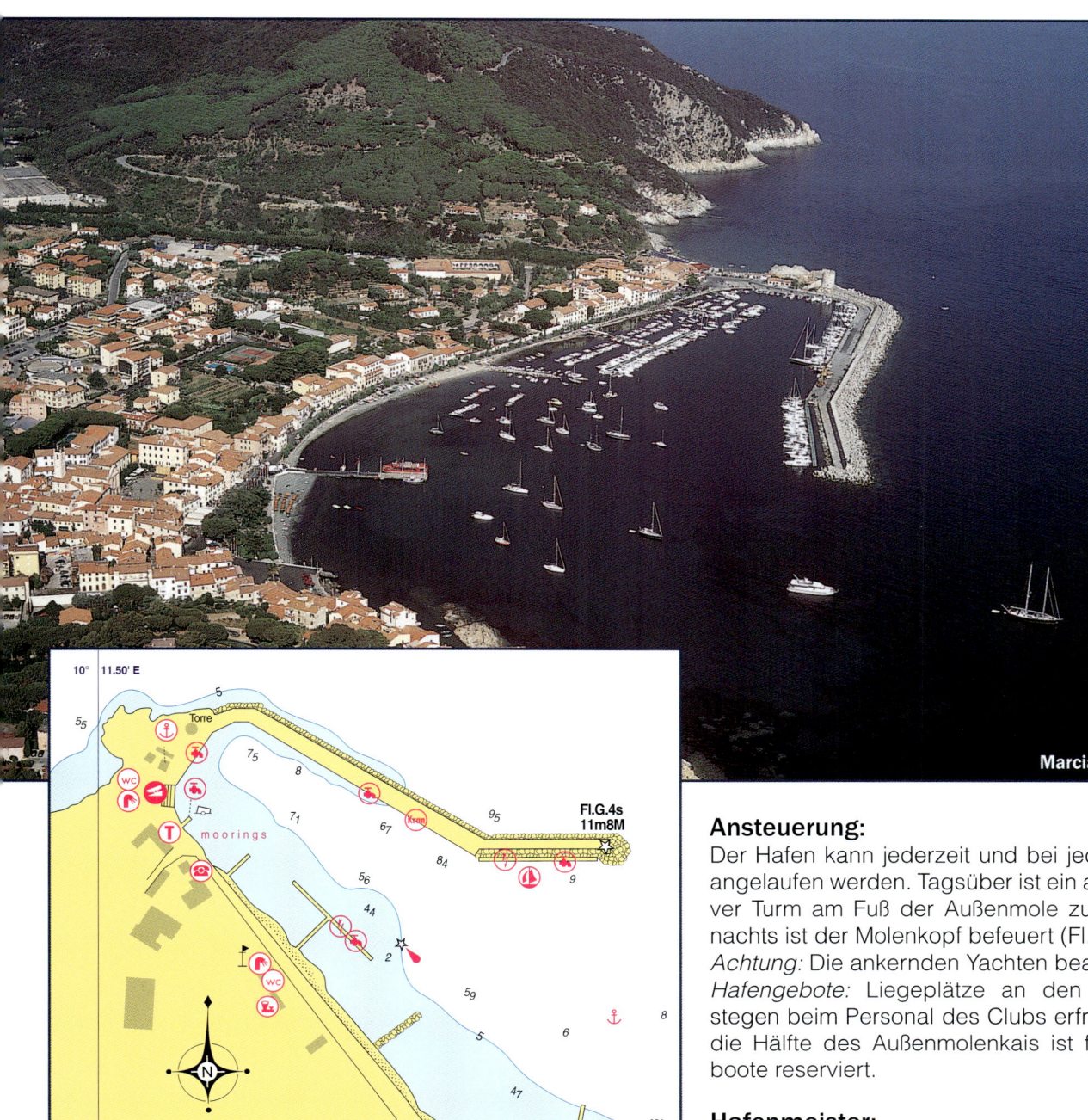

Marciana Marina

Marciana Marina

10° 11.50' E

55

Torre

5

75

8

95

Fl.G.4s
11m8M

WC

moorings

71

67

84

9

56

44

2

59

5

6

8

47

42°
48.40' N

0   50   100 m

N

Marciana Marina

Ansteuerung:

Der Hafen kann jederzeit und bei jedem Wetter angelaufen werden. Tagsüber ist ein alter, massiver Turm am Fuß der Außenmole zu erkennen, nachts ist der Molenkopf befeuert (Fl.G.4s).
Achtung: Die ankernden Yachten beachten.
Hafengebote: Liegeplätze an den Schwimmstegen beim Personal des Clubs erfragen. Etwa die Hälfte des Außenmolenkais ist für Fischerboote reserviert.

Hafenmeister:

Capitaneria: 05 65-9 91 69
Circolo della Vela, Tel. : 05 65-9 90 27,
Fax: 05 65-90 43 25,

Hafenservice:

Die Liegeplätze am Schwimmsteg vor dem Strand sind mit Mooringleinen, Wasser- und Stromanschlüssen ausgestattet. Am Kai und am Ponton in der Nähe des Molenkopfes liegt man vor Buganker mit Heckleinen zum Ufer, hier sind Wasser- und Stromanschlüsse rar und nicht von allen Plätzen erreichbar. Eine Sanitäreinrichtung mit Toiletten und Duschen liegt am Kai südlich des Turms neben der Capitaneria, eine zweite gibt es im Clubhaus an der Hafenpromenade in der Nähe des Stegs. Kartentelefone sind über die Hafenpromenade verteilt. Eine Tankstelle auf einem kurzen Steg in der Nordwestecke des Hafens ist von 08.00–20.00 Uhr geöffnet. Die Hafenanlagen sind nachts beleuchtet.
Eine kleine *Technische Zone* mit zwei festen 15-t-Kränen und einem Slip liegt in der Nähe des Turms.
Die im Hafen ansässigen Werkstätten führen Reparaturen an Rumpf, Motoren und an der Bordelektrik aus.

Versorgung:

An der Hafenpromenade und in den Gassen dahinter gibt es mehrere Supermärkte, Boutiquen, Restaurants, Pizzerien, Cafés, eine Bankfiliale und Post. Am Kai bei den Fischern kann man fangfrischen Fisch erstehen.
Information: Pronto Soccorso, Tel.: 05 65-99 68 67

Landgang, Sehenswürdigkeiten:

Marciana Marina ist ein alter Fischerhafen, der trotz zunehmender touristischer Beliebtheit etwas von seiner Ursprünglichkeit bewahrt hat. An der Hafenpromenade, die bis zum *Sarazenenturm*, dem Wahrzeichen von Marciana Marina, auf der Außenmole führt, laden zahlreiche Restaurants und Cafés zu einem Bummel ein. Gemütliche Atmosphäre herrscht auch auf der großen, von Platanen gesäumten Piazza mit der barocken Pfarrkirche *Santa Chiara*.
Die Fischerei ist neben dem Tourismus auch heute noch eine wichtige Einnahmequelle, sie beliefert die Restaurants täglich mit frischem Fisch und verarbeitet in einer Konservenfabrik Sardinen und Sardellen zu „Pesce Azzurro".
Feste: Jedes Jahr am 12. August wird das Fest der Hl. Chiara mit einer Prozession und großen Feierlichkeiten begangen, die sich mit Musik und buntem Feuerwerk bis in die Nacht erstrecken.

Sport:

Circolo della Vela, Tel. : 05 65-9 90 27

Ankern:

Auf gut haltendem, 5–10 m tiefem Grund neben dem Hafeneingang können Yachten ankern. Einige 100 m östlich vom Hafeneingang findet man vor einem Kiesstrand in einer wenig besuchten, kleinen Bucht einen Ankerplatz für einen Badestop.

Zwischen Marciana Marina und dem 3 sm nordöstlich entfernten Capo d'Enfola tritt die Küste in einem großen Bogen 1,5 sm weit zurück.

Das vorwiegend felsige Ufer wird von drei größeren Buchten unterbrochen, in denen im Sommer viele Yachten vor Anker gehen. Das Capo d'Enfola, die Spitze einer mit üppiger Vegetation bedeckten bergigen Halbinsel, ist aus allen Richtungen gut auszumachen.

Golfo di Procchio 42° 47,5' N | 010° 14,5' E

ist die südlichste, nach Nordwesten offene Bucht. Ein 1000 m langer, weißer Sandstrand wird auf beiden Seiten von einer steilen Felsenküste eingerahmt. Hinter dem nordöstlichen Felsvorsprung bietet die im Sommer von vielen Badegästen besuchte Bucht mit ihrem glasklaren Wasser sogar etwas Schutz gegen nördliche Winde. Hier liegen eine Reihe von Bojen für kleine Boote. Yachten ankern im Abstand von 200–300 m vom Strand auf 5–8 m tiefem, gut haltendem, sandigem Grund. Im Westen dieser belebten Bucht gibt es zwei weitere, schmale Einbuchtungen mit Sandstränden. Hinter dem Windschutz der kleinen Isolotto Paolina ankern im Sommer immer einige Sportboote.

Veranstaltungen:

In der Ortschaft Procchio direkt hinter dem Sandstrand hat die Segelschule „Elba Charter" ihren Sitz, deren Schüler in Clubhaus oder umliegenden Bungalows untergebracht sind, vermittelt in ein- oder mehrwöchigen Ferienkursen die notwendigen Kenntnisse in Theorie und Praxis, die für den Erwerb der verschiedenen

Golfo di Procchio, Golfo della Biodola, Golfo di Viticcio

Segelscheine in Prüfungen vor Ort nachgewiesen werden können.

Mehr zum Golfo della Biodola hin liegt eine winzige,
vom Land nicht erreichbare Felsschlucht mit sandigem, 2–5 m tiefem Grund. Vor den seitlichen Steilufern
stören keine Felsbrocken unter Wasser. Diese kleine
Bucht eignet sich vorzüglich zum Ankern.

Golfo della Biodola 42° 48,2' N | 010° 15,7' E

Diese ebenfalls nach Nordwesten offene, mehrfach ge-
gliederte Bucht ist etwas breiter und tiefer in die Felsenküste eingeschnitten, als die vorangegangene und
besitzt ebenfalls einen herrlichen Sandstrand. In die
grüne Vegetation dahinter sind eine Reihe von Hotels
und Villen eingebettet, an die sich im Norden die Ortschaft Forno hinter einer mit Palmen bestandenen
Bucht anschließt. In der Mitte der Bucht ist der 5–8 m
tiefe Grund sandig und hält gut, am westlichen Rand

Elba, Lo Scoglietto

und vor der Ortschaft Forno ist er dagegen mit Algen bewachsen. Auch an diesem herrlichen Ankerplatz halten Yachten einen Abstand von 300 m zum Ufer wegen der zahlreichen Badegäste ein, an manchen Stellen ist übrigens in diesem Abstand das Wasser zum Ankern nicht tief genug!

Golfo di Viticcio 42° 48,8' N | 010° 16,1' E

Diese nach Westen offene Bucht ist am größten und besitzt eine überwiegend felsige Küste, die von einigen kleinen, weniger besuchten kiesigen Strandabschnitten unterbrochen wird. Sie ist aber weitgehend gegen nördliche Winde geschützt. Im südlichen Teil können Yachten auf sandigem, mit Steinen durchsetztem, gut haltendem Grund auf Wassertiefen von 8–5 m ankern, während man im nördlichen Teil überwiegend algenbewachsenen Grund vorfindet. Am Strand vor der fla-

chen Landenge zur Halbinsel gibt es eine kurze Steinmole, an der die Beiboote der ankernden Yachten festmachen können. In der Nähe kann man in ein Restaurant einkehren oder im Café dicht dabei einen Espresso schlürfen. Die hügelige Landschaft ist mit üppigem Grün bedeckt, hier sind in Ginster, Macchia, Fichten und Pinien einige Villen eingebettet.
Auf der gegenüberliegenden Seite der Landenge gibt eine winzige Bucht flachgehenden Sportbooten Schutz gegen westliche und südliche Winde.

Vom Capo d'Enfola steuert man am besten auf westlichem Kurs auf den Felsen Lo Scoglietto zu und lässt ihn an Stb. liegen, bevor man in den

Golfo di Portoferraio

einläuft. Im Inneren liegt der Ort

Golfo di Portoferraio, Esaom Cesa, Fährhafen und Darsena Mediceo

Portoferraio 42° 48,7' N – 010° 19,8' E,

mit dem Haupthafen der Isola d'Elba. Die Darsena Mediceo, das U-förmige alte Hafenbecken, liegt in einer natürlichen Bucht mitten in der Stadt, ist rundum mit Kaianlagen befestigt, gegen alle Winde geschützt und kann bei jedem Wetter tagsüber und nachts angelaufen werden. Hier liegen Gastyachten bis 50 m Länge neben Zoll-, Wasserpolizei- und Fischerbooten, für die bestimmte Bereiche reserviert sind. Der Eingang zur Darsena Mediceo ist 100 m breit, in der Mitte 14 m tief und nach Südwesten offen, was bei südwestlichen Winden einigen Schwell in den Hafen bringt. Am Kai betragen die Wassertiefen zwischen 3 und 5 m, man liegt vor Buganker mit dem Heck zum Ufer, der Ankergrund ist schlammig, hält aber gut. Im Sommer ist es schwierig, hier einen freien Platz zu finden, obwohl die 300 Liegeplätze überwiegend für Gastyachten gedacht sind.

Nach Westen schließen sich weitere Kais und die Piers Pontile G. Massimo, Pontile n.3 sowie Pontile n.1 für die Fähren an, die Elba mit dem Festland und den Inseln in

Portoferraio, Darsena Mediceo

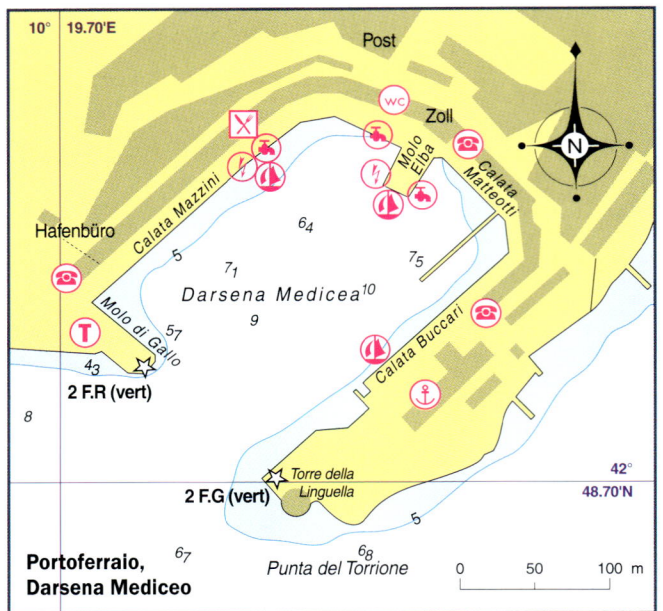

der Umgebung verbinden. Dazwischen, an der Calata Italia, finden Gastyachten noch einige, allerdings unruhige Liegeplätze. Weitere Plätze für Gäste und Dauerlieger gibt es in den etwas entfernten Marinas der ansässigen Werften Esaom Cesa und der ehemaligen Werft Edil Nautica – jetzt ebenfalls zu Esaom Cesa gehörend; im kleinen Hafenbecken von Edil Nautica ist die Charterfirma von Patrice Büchi beheimatet. Hier spricht der Chef deutsch.

Ansteuerung:

Der Hafen kann bei jedem Wetter tagsüber und nachts problemlos angelaufen werden.

Von Westen kommend muss die Secca di Capo Bianco 650 m nördlich des gleichnamigen Kaps beachtet werden, kenntlich an einer Nord-Kardinaltonne. Nachts muss der Kurs außerhalb des roten Gefahrensektors des Leuchtfeuers Forte Stella, Fl(3).W.14s 63m16M 104°-W-014° und F.R 60m7M 100°-R-131°, verlaufen, d. h., das rote Festfeuer des Leuchtturms darf nicht

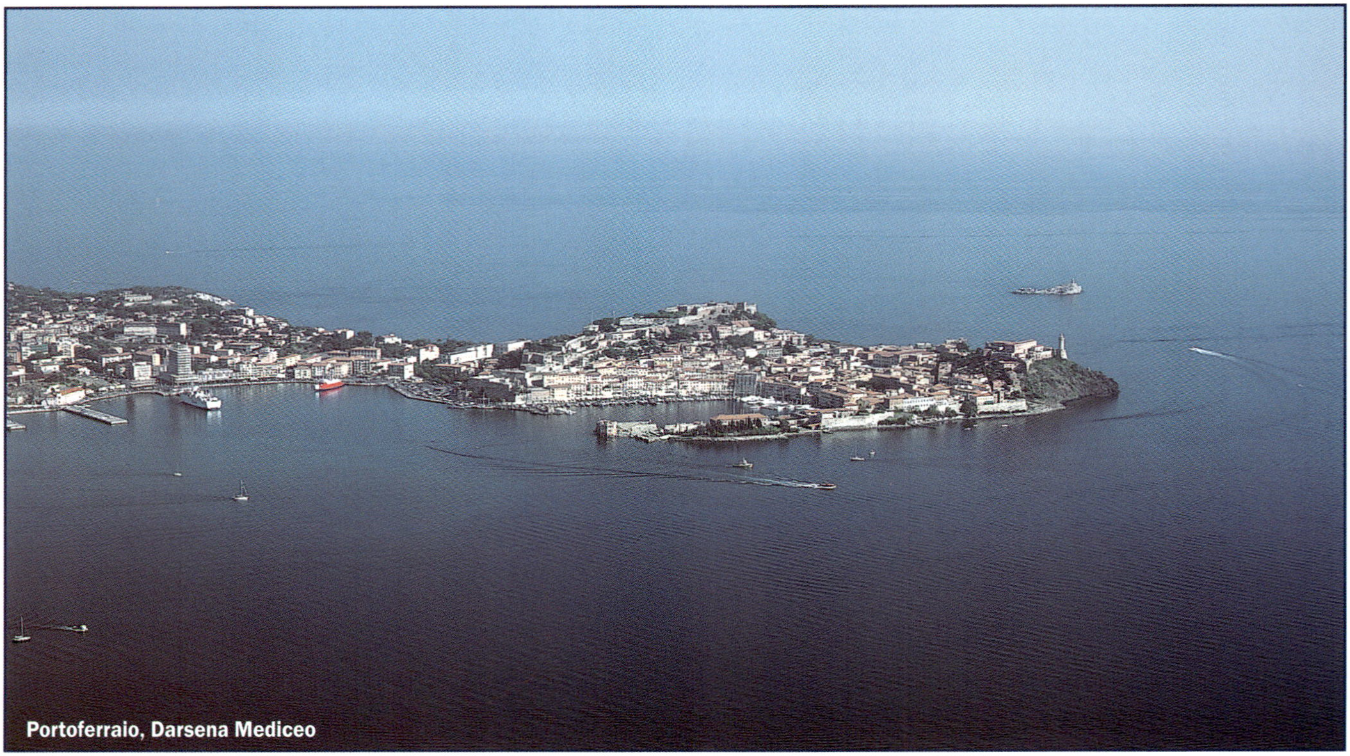

Portoferraio, Darsena Mediceo

Portofrraio, Punta della Madonnina mit dem Forte Stella und dem Leuchtturm

Achtung: Entlang der Steilküste zwischen Punta Falcone und Punta del Torrione gibt es eine Art Verkehrstrennungsgebiet: Einlaufende Schiffe müssen sich innerhalb eines Abstands von etwa 150–300 m zum Ufer halten, auslaufende außerhalb von 450 m Abstand zum Ufer.

Hafengebote: Fähren genießen Wegerecht im Hafenbereich, Ankern und Aufenthalt im Ansteuerungsbereich sind verboten.

Hafenmeister:
Capitaneria di Porto:
Tel.: 05 65-93 09 68,
-93 06 07,
-91 85 98
Direzione Porto: 05 65-91 65 70,
VHF-Kanal 16, 11, besetzt
vom 16/09-15/06 von 07.00–19.00 Uhr,
vom 16/06-15/09 07.00–23.00 Uhr.

sichtbar werden, die Ansteuerung von Punta Falcone darf nur im weißen Bereich des Feuers erfolgen. Die Passage zwischen der Kardinaltonne und dem markanten Felsen Lo Scoglietto, Fl(2).W.6s 24m5M, in Richtung auf Punta Falcone ist gefahrlos bis auf die felsigen Untiefen Fratelli, 200 m vor der Küste bei Punta Falcone. Wer ganz sicher gehen will, rundet Lo Scoglietto seewärts und Punta Falcone in weitem Abstand. Von Osten kommend ist die Ansteuerung tagsüber einfach, zuerst wird Capo Vita – die Nordspitze von Elba – in sicherem Abstand gerundet und dann auf Punta Falcone zugehalten. Nachts helfen das Feuer La Rocchetta, Fl(3).W.15s 18m 11M, auf dem Festland und das Feuer auf der Felsinsel Palmaiola (Fl.W.5s 105m 17M) bei der Ansteuerung von Capo Vita, später das Feuer Forte Stella auf dem Punta della Madonnina mit Fl(3).W. 14s 63m16M 104°-W-014° und F.R 60m7M 100°-R-131°. Der Hafeneingang zur Darsena Mediceo, der nachts mit 2 F.G (vert) und 2 F.R (vert) befeuert ist, wird erst sichtbar, wenn Punta del Torrione querab liegt. Hier muss wegen auslaufender Fähren vorsichtig navigiert werden.

Hafenservice:
In der Darsena Mediceo und an der Calata Italia liegt man neuerdings nicht mehr kostenfrei vor eigenem Anker mit dem Heck zum Kai. Auch die manchmal selbsternannten „Ormegiatori" nehmen nicht mehr die Leinen an und verlangen Gebühren. Jetzt kassiert das Hafenbüro und sorgt für Strom- und Wasseranschlüsse sowie für die sanitären Einrichtungen. Eine Toiletten- und Duschanlage befindet sich im öffentlichen Municipio, der Eingang liegt an der Via P. Gori, 5 Min. von der Porta Mediceo entfernt und ist mit der Aufschrift „Diurno" gekennzeichnet. Kartentelefone sind in erreichbarer Nähe. Freie Parkplätze sind in der Saison rar. Eine Tankstelle an der Molo del Gallo am Eingang zur Darsena Mediceo ist von 08.00–20.00 Uhr geöffnet.
Zwei Werften mit *Technischen Zonen* sind in eigenen Hafenbecken im Südwesten von der Darsena Mediceo zu finden.

Versorgung:
In der Stadt findet man jede Art von Geschäften, Supermärkten, Restaurants, Trattorias, Pizzerien, Bars,

PORTOFERRAIO

250 m

Viale A. Manzoni

Forte Falcone

Villa Mulin

Ch. d. Misericordia

Forte Stella

SS. Sacramento

Via della Regina

Via Elbano Casperi

Municipio

Via Giuseppe Garibaldi

Piazza della Repubblica

Piazza Cavour

Piazza del Popolo

Piazza A. Citi

Viale Pietro Serno

Via degli Altesi

Via S. Lambati

Via del Camine

Via Guerazzi

Molo Medicea

Gisoué Gaducci

Calata Italia

Calata Matteotti

Via Vittorio Emanuele

Darsena Vecchio

Calata Buccari

Via Porta Nuova

Calata Italia

Molo del Gallo

Torre della Linguella

Portoferraio, Torre della Linguella

Banken und die Post. An der Calata Mazzini gibt es mehrere gut sortierte Schiffsausrüster.

Information: Enti Touristici, an der Calata Italia am Fuß der Pontile G. Massima, Tel.: 05 65-91 63 50, -93 07 27
Pronto Soccorso, Tel.: 05 65-91 70 70

Landgang, Sehenswürdigkeiten:

Portoferraio ist die Hauptstadt von Elba und dem gesamten Toscanischen Archipel. Der geschützt an einer felsigen Landzunge gelegene Naturhafen war schon in der Antike bekannt, von hier wurde von den Etruskern, Griechen und Römern das auf Elba vorkommende Eisenerz zum Festland verschifft. Daher auch der Name Portoferraio, was übersetzt „Eisenhafen" heißt. Heute dient Portoferraio vor allem als wichtiger Fährhafen zwischen den Inseln und dem Festland.

Die Altstadt von Portoferraio hat trotz des großen touristischen Andrangs ihre behagliche Atmosphäre bewahrt.

Zwischen der Molo del Gallo und dem Torre della Linguella, einem markanten, achteckigen Wehrturm, liegt die Darsena Mediceo, um die sich zahlreiche Restaurants, Straßencafés, Boutiquen und Souvenirläden drängen.

Durch die Porta del Mare gelangt man zu der belebten Piazza Cavour, von dort über die Treppengassen der Via Garibaldi und der Salita Napoleone hinauf zum Forte Stella, einer im 16. Jh. auf einem Felsvorsprung von Cosimo de Medici errichteten Festung mit einem schönen Ausblick auf den Hafen und die Bucht. Von hier führt der Weg zur Villa dei Mulini, Napoleons Stadtresidenz, und von dort weiter zum Forte Falcone, dem höchst gelegenen Bauwerk der Stadt, das heute als Sitz der Marine dient.

Die Villa dei Mulini – Palast der Mühlen – wurde von Napoleon nach seiner Verbannung wegen ihrer Lage an einem Felshang zwischen Forte Stella und Forte Falcone gewählt und nach seinen Wünschen umgebaut. Heute dient das Gebäude als Museum (geöffnet dienstags bis samstags 09.00–17.00 Uhr, sonntags und feiertags 09.00–12.30 Uhr). Von der ursprünglichen Einrichtung ist wenig vorhanden, die jetzt ausgestellten Möbel stammen zum Teil aus Florenz und Pisa, von den Gemälden sind häufig Kopien ausgestellt. Der schöne Garten hoch über dem Meer bietet einen herrlichen Ausblick bis hin zur toscanischen Küste.

In der Chiesa della Misericordia an der Via Garibaldi findet jährlich am 5. Mai eine Totenmesse zu Ehren Napoleons statt.

Weitere Sehenswürdigkeiten der Stadt sind das Municipio (Rathaus), das Centro Comte de Laugier mit der Bildersammlung Pinacoteca Foresiana, das Teatro dei Vigilanti in der Via del Carmine und das Archäologische Museum nördlich vom Torre della Linguella.

Unterhalb des Forte Falcone erstreckt sich der wegen seiner weißen Kieselsteine Le Ghiaie genannte Strand von Portoferraio.

Sport:

Ass. Marinai Anmi, Tel.: 05 65-93 01 79
Casa di Vela Elba, Tel.: 05 65-93 32 65
Circolo Nautico S. Giovanni, Tel.: 05 65-91 71 65
Lega Navale Italiana, Tel.: 05 65-91 72 43

Ankern

ist bei beständigem Wetter auf der Rada di Portoferraio möglich.

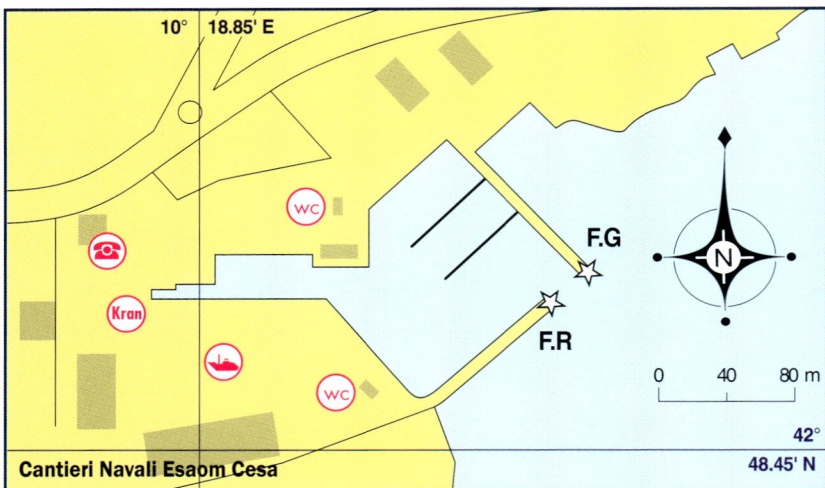

Cantieri Navali Esaom Cesa

Tel.: 05 65-91 66 65, Fax: 05 65-91 73 97, Öffnungszeiten: von 06.00–22.00 Uhr

Hafenservice:

Die Liegeplätze sind mit Mooringleinen, Wasser- und Stromanschlüssen ausgestattet. Es gibt zwei Sanitäreinrichtungen mit Toiletten und Duschen sowie ein Kartentelefon auf dem eingezäunten und bewachten Gelände. Die Hafenanlagen und die Parkplätze sind nachts beleuchtet.
Die Werft, zu der auch ein Winterlager gehört, führt alle Reparaturen aus. Dazu stehen Travel Lifts von 50 und 260 t zur Verfügung.

Versorgung:

Auf dem Gelände befindet sich „La Saccheria" di Giorgio Rossi, eine Bar mit Restaurant und Einkaufsmöglichkeiten (tel.: 05 65-91 57 13). Zum Groß-Einkauf muss man die 1 km entfernte Stadt aufsuchen.

Im Westen der Rada di Portoferraio und südwestlich der Fähren-Piers des Hafens Portoferraio liegt

Esaom Cesa
42° 48,5' N | 010° 19,1' E.

Das völlig windgeschützte Hafenbecken dieser Schiffswerft ist eine halbe Seemeile südwestlich der Hafeneinfahrt vom Porto Vecchio di Portoferraio zu erreichen. Das viereckige, 5–2 m tiefe Becken wird durch zwei Molen gebildet, die einen 5 m tiefen, 20 m breiten Eingang nach Südosten freilassen. An den Kais der Anlage und an zwei Schwimmstegen können 140 Yachten bis zu 22 m Länge festmachen, 20 Liegeplätze sind für Gäste reserviert.

Ansteuerung:
Der Hafen kann jederzeit angelaufen werden. Der Hafeneingang ist auch nachts erst aus der Nähe zu erkennen. Die Feuer auf den Molenköpfen (F.R und F.G) sind nur schwer unter den übrigen Lichtern des Hafens auszumachen. *Hafengebote:* Eine Anmeldung im Hafenbüro ist erforderlich. Im Hafenbecken ist die Geschwindigkeit auf das geringste Maß herabzusetzen. Der Anker darf nicht verwendet werden.

Hafenmeister:
Büro der Werft Esaom Cesa: VHF-Kanal 09,

In unmittelbarer Nähe im Süden liegt

Edil Nautica*)
42° 48,4'N | 010° 19,0' E,

ein windgeschütztes Hafenbecken (von Esaom Cesa kürzlich übernommen), dessen nach Nordosten weisender Eingang durch eine 50 m lange Mole gebildet wird. Während die Werft den westlichen Bereich des angrenzenden Geländes mit einem großen Winterlager und den Werkhallen belegt, wird der Schwimmsteg gegenüber vom Hafeneingang von der Charterfirma des hilfsbereiten, deutsch sprechenden Patrice Büchi bewirtschaftet, der in der Woche an seinen freien Liegeplätzen auch Gastyachten beherbergt.
Wer hier gechartert hat, bekommt einen kostenfreien, eingezäunten Parkplatz für die Zeit seiner Ferien. Vor dem flachen Westufer liegen Ruder- und kleine Motorboote.
Die Untiefe in der Mitte des Hafenbeckens wurde beseitigt. Die Ufer des sich anschließenden Kanals bieten eine große Zahl fester Liegeplätze für Sportboote.

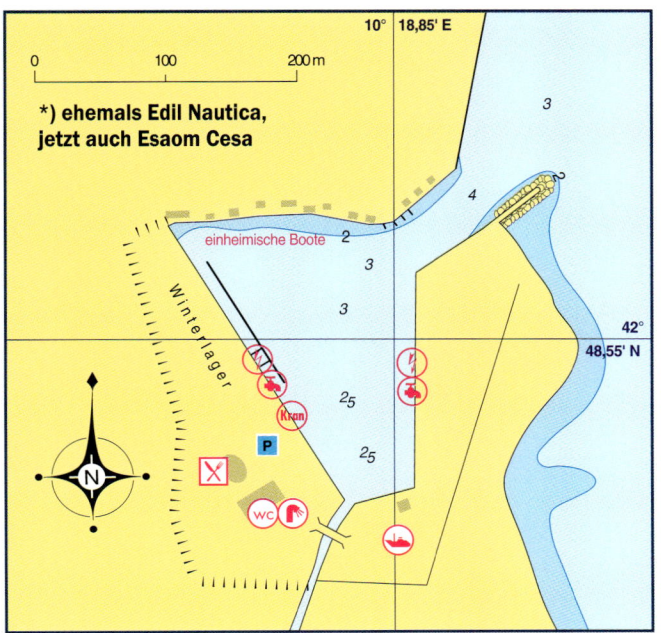

Darsena dei Cantieri Navali Esaom Cesa und Darsena Edil Nautica*)

Esaom Cesa, ehem. Edil Nautica

Esaom Cesa

*) ehemals Edil Nautica, jetzt auch Esaom Cesa

einheimische Boote

Winterlager

10° 18,85' E

42° 48,55' N

Ansteuerung:

Der Hafen kann jederzeit angelaufen werden. Der Hafeneingang ist auch nachts erst aus der Nähe zu erkennen. Das Sektorenfeuer auf dem Molenkopf (F.RG) ist nur schwer unter den übrigen Lichtern des Hafens auszumachen.

Hafengebote: Eine Anmeldung im Hafenbüro ist erforderlich. Im Hafenbecken ist die Geschwindigkeit zu reduzieren.

Hafenmeister:

Büro der Werft Esaom Cesa:
Tel.: 05 65-91 66 65, Fax: 05 65-91 73 97
Büro Patrice Büchi: Tel. & Fax: 05 65-91 67 42,
Handy: 00 39-3 35-31 50 87, Öffnungszeiten in der Saison von 08.00 bis 19.00 Uhr

Hafenservice:

Die meisten Liegeplätze sind mit Moorings ausgestattet, Wasser- und Stromanschlüsse sind erreichbar.

Yachten am Schwimmsteg werden an Schwengeln in Boxen festgemacht, auf dem Steg gibt es Wasser- und Stromanschlüsse. Auf dem dazugehörigen, eingezäunten Gelände gibt es eine Sanitäreinrichtung mit Toiletten und Duschen. Die eingezäunten Hafenanlagen und die Parkplätze sind nachts beleuchtet.

Die Werft, zu der auch ein großes Winterlager gehört, führt diverse Reparaturen aus. Dazu steht ein 50-t-Travellift zur Verfügung.

Versorgung:

Zum Einkauf muss man die 1 km entfernte Stadt aufsuchen. Eine Pizzeria ist in der Nähe.

Etwa 1 sm östlich der Darsena dei Cantieri Edil Nautica liegt die

Grotte del Paradiso 42° 48,0' N | 010° 20,0' E.

Eine kleine, befestigte Steganlage der Yachtschule Elba vom Deutschen Hochseesportverband Hansa e. V., deren Schulungsräume, Unterkünfte und Terrasse rundum von Wald umgeben sind. Hier werden Theorie und Praxis für alle Sportbootführerscheine in herrlicher Umgebung unterrichtet und die entsprechenden Prüfungen abgenommen.

Im Südosten der Rade di Portoferraio liegt der winzige Sportbootanleger

Magazzini   42° 48,0' N | 010° 21,5' E

Hinter einem 60 m langen, südwestwärts gerichteten Wellenbrecher mit einem Kai auf der Innenseite können Boote mit einem Tiefgang von 1,5 m anlegen. In der Nähe ankernde Yachten finden hier einen Anleger für ihre Beiboote. Der lange Strand Schioparello der Bucht vor der Ortschaft Magazzini lockt im Sommer viele Badegäste an. In der Bucht liegt man geschützt vor Winden aus dem II. und III. Quadranten.

Ansteuerung:

Die kleine Mole kann nur tagsüber angesteuert werden

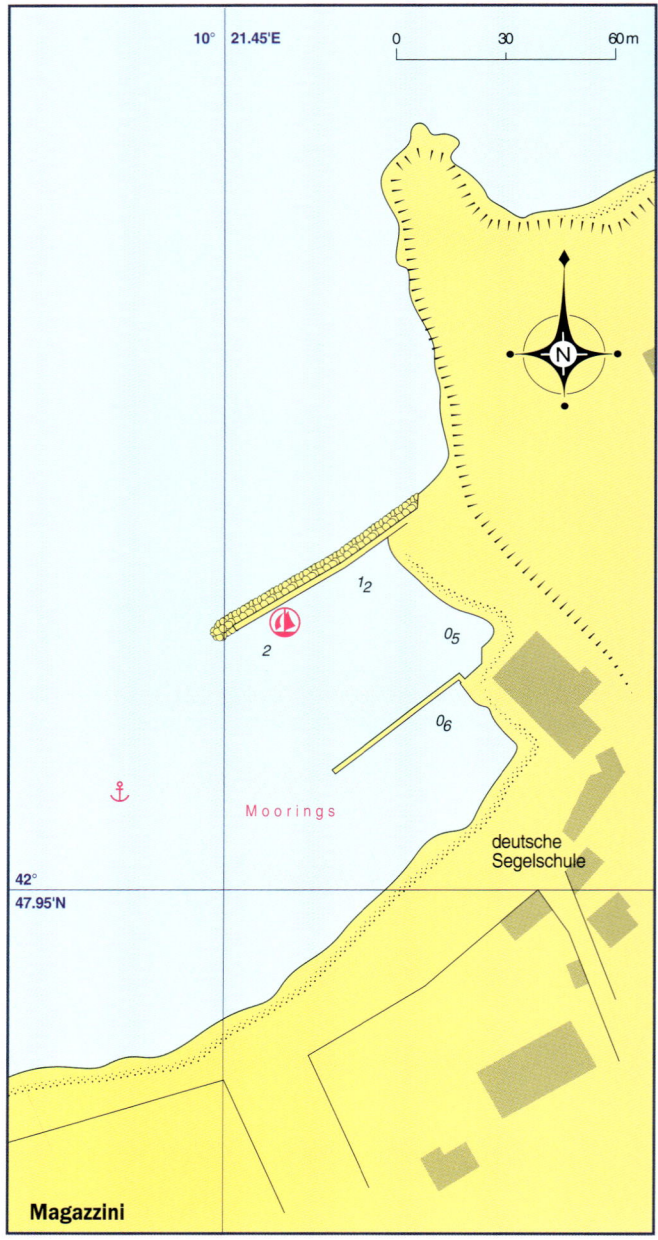

und ist erst aus der Nähe zu erkennen. Von weitem kann man sich an den Häusern der Ortschaft Magazzini vor den üppig bewaldeten Hügeln der Umgebung orientieren.

Magazzini

Achtung: Am Kopf der Mole ist der Grund unrein, es ist notwendig, einen Sicherheitsabstand einzuhalten.

Veranstaltungen:

Der deutsche Segelclub Elba, deren Schüler in umliegenden Bungalows, Pensionen oder Hotels untergebracht sind, vermittelt in ein- oder mehrwöchigen Ferienkursen die notwendigen Kenntnisse in Theorie und Praxis, die für den Erwerb der verschiedenen Segelscheine in Prüfungen vor Ort nachgewiesen werden können.

Versorgung:

In der nahen Ortschaft Schioparello gibt es einen kleinen Supermarkt, einige Restaurants und Pizzerien, die im Sommer die zahlreichen Feriengäste versorgen.

Ankern:

Im Windschutz der Bucht oder auf der Rade di Portoferraio können Yachten aller Größen auf 5–15 m tiefem, sandigem, aber teilweise mit Algen bewachsenem Grund ankern.

Ankerplätze an der Nordostküste des Golfo di Portoferraio

Im Osten der Rade di Portoferraio liegt die

Cala Bagnaia
42° 48,6' N | 010° 21,8' E

In einer nach Westen offenen, knapp 400 m breiten, von Felsen eingeschlossenen Bucht mit kiesigem Sandstrand liegt mitten im Grünen die Ortschaft Bagnaia, ein altes Fischerdorf, das heute von einem bescheidenen Tourismus belebt wird.
Ankernde Yachten finden in der Mitte der Bucht einen Anleger für ihre Beiboote.

Ansteuerung:
Die kleine Bucht, zu erkennen an den Masten einer Strom-Freileitung am Südhang der Bucht, kann nur tagsüber angesteuert werden. Sie bietet Schutz gegen Wind aus dem I., II. und III. Quadranten.
Achtung: Vor dem Punta Pina am Südeingang der Bucht liegen Felsbrocken.
Gebote: Beim Fahren unter Motor muss vom Strand ein Abstand von 300 m eingehalten werden.

Versorgung:
In der nahen Ortschaft Bagnaia gibt es einen Supermarkt, einige Restaurants und Pizzerien.

Isola d'Elba, Cala Bagnaia, Rada di Portoferraio

Veranstaltungen:
Das Segelzentrum Elba, deren Schüler in umliegenden Bungalows, Pensionen oder Hotels untergebracht sind, vermittelt in Ferienkursen die Kenntnisse in Theorie und Praxis, die für den Erwerb der verschiedenen Segelscheine in Prüfungen vor Ort nötig sind.

Cala Bagnaia, Portoferraio

Ankern: Im Windschutz der Bucht oder auf der Rade di Portoferraio können Yachten aller Größen auf 5 bis 15 m tiefem, mit Algen bewachsenem Grund ankern.

0,4 sm weiter nordöstlich lädt die 200 m breite Bucht

Cala Nisporto 42° 49,7' N | 010° 22,6' E,

die sich hinter dem Punta Nisporto nach Nordwesten öffnet, zum Ankern ein. Hier liegt man geschützt vor Winden aus dem II. und III. Quadranten auf 6–8 m tiefem, gut haltendem Ankergrund. Der Kiesstrand im Inneren ist im Sommer von vielen Badegästen besucht. Außer einer Pizzeria gibt es keine Versorgungsmöglichkeiten.

Eine halbe Seemeile weiter nach Nordosten, in der 250 m breiten, nach Westen offenen

Cala Nisportino 42° 50,0' N | 23,0' E,

findet man ebenfalls einen herrlichen, gegen Winde aus dem II. und III. Quadranten geschützten Ankerplatz vor belebtem Strand am Fuß der Bucht. Auch hier ist vom Strand zum Schutz des Badebetriebs ein Abstand von 300 m einzuhalten.

Hinter Punta dei Mangani öffnet sich nach Nordwesten die

Cala dell' Inferno 42° 50,7' N | 010° 23,5' E,

eine etwa 250 m breite, auf beiden Seiten von Felsen eingeschlossene Bucht mit einem kleinen, völlig einsamen Strand, denn die Bucht ist von Land her ohne Zugang. Wer im Schutz vor Winden aus dem II. und III. Quadranten in dieser herrlichen Bucht vor Anker gehen möchte, sollte sich von den Felsbrocken vor dem Punta dei Mangani freihalten.
Achtung: Bei aufkommenden westlichen Winden sollten alle genannten Buchten an der Nordostküste des Golfo di Portoferraio, die einen nordwestlichen Küstenverlauf aufweist, umgehend verlassen werden. Wer über Nacht in diesen Buchten bleiben will, muss sich einer stabilen Wetterlage ganz sicher sein.

Isola del Giglio

Italienische Seekarten 119, 5, 6

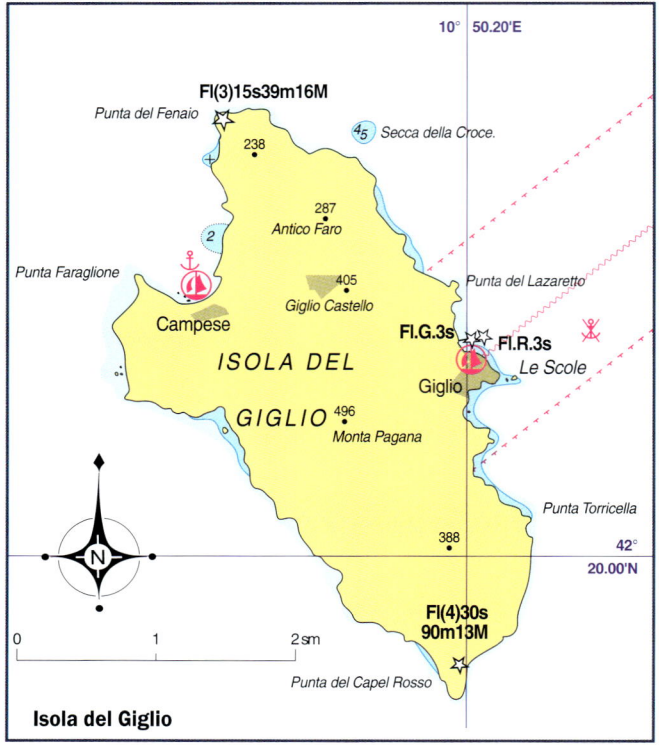

Isola del Giglio

Allgemeines

Giglio ist die zweitgrößte Insel des Arcipelago Toscano. Sie liegt 25 sm südöstlich von *Elba* und 8 sm westlich vom *Promontorio Argentario*, misst fast 5 Meilen in Nord-Süd-Richtung und zwei Meilen von Osten nach Westen und wird von einer Gebirgskette in ihrer Längsachse durchzogen, die in der Mitte im *Poggio della Pagana* mit 496 m Höhe gipfelt.

Die Insel ist sehr zerklüftet, die Klippen fallen fast überall steil ins Meer und schließen zahlreiche Buchten ein. Wegen vieler Unterwasserfelsen und Kreuzseen bei bewegtem Meer sollte ein Sicherheitsabstand von mindestens 200 m zum Ufer eingehalten werden. Es gibt nur einen einzigen Strand in der *Seno del Campese*. In dieser großen Bucht muss vorsichtig navigiert werden, weil am nördlichen Eingang die Untiefen am *Punta delle Secche* und die *Seccha Pignocchi* weiter südlich Gefahren bergen.

Tagsüber sind die Berge der Insel bei klarem Wetter schon von weitem zu sehen. Beim Näherkommen ist dann auch das auf einer Höhe von etwa 400 m befindliche, von Felsen umgebene Dorf *Giglio Castello* zu erkennen, das nur aus südlicher Sicht von den Bergen verdeckt wird.

Nachts brennen auf dem *Punta del Fenaio* im Norden auf einem weißen, achteckigen Turm mit rotem Band über einem roten Gebäude mit weißem Band das Leuchtfeuer, Fl(3).W.15s 39m16M 026°-vis-249°, und oben auf dem Punta del Capel Rosso im Süden das Leuchtfeuer, Fl(4).W.30s 90m23M 232°-vis 134°, welches sich auf einem weißen Turm über einem rotweiß gestreiften Gebäude befindet.

Achtung: Der Leuchtturm auf Punta del Capel Rosso der Isola del Giglio ist dem Leuchtturm auf Punta del Capel Rosso der Isola di Giannutri zum Verwechseln ähnlich.

Etwa in der Mitte der Westküste liegt am Fuß der Berghänge die Siedlung von Giglio Porto mit dem gegen alle Winde geschützten Hafen. Etwas weiter südlich eignen sich die beiden Buchten *Cala delle Cannelle* und *Cala delle Caldane* genau südlich der *Riffe Le Scole* als Ankerplätze, weil sie vor Winden aus dem III. und IV. Quadranten geschützt sind. Bei Winden aus dem I. und II. Quadranten kann man in der *Seno del Campese* geschützt ankern. Nur hier, in *Giglio Castello* und um *Giglio Porto* ist die Insel besiedelt, sonst ist sie mit Wald und niedriger Macchia bewachsen.

Auf der Ostseite der Insel liegt

Giglio 42° 21,6' N | 010° 55,2' E.

Es ist der einzige Fähr-, Fischer- und Sportboothafen der Isola del Giglio; er wird von zwei Molen mit innen-

Isola del Giglio, Leuchtturm auf dem Punta del Fenaio und Eingang zur Seno del Campese

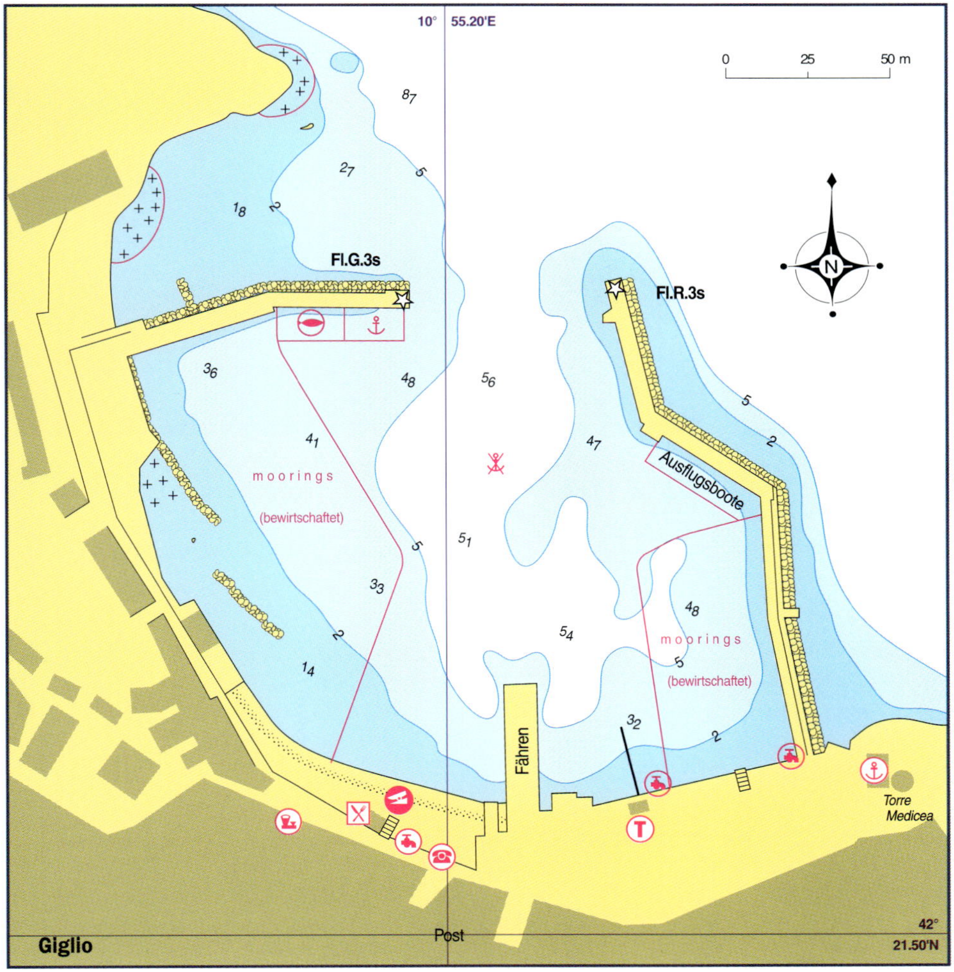

10° 55.20'E

0   25   50 m

Fl.G.3s

Fl.R.3s

N

moorings
(bewirtschaftet)

Ausflugsboote

moorings
(bewirtschaftet)

Fähren

Torre
Medicea

Giglio

Post

42°
21.50'N

liegenden Kais gegen alle Winde geschützt, die einen 50 m breiten, 6 m tiefen, nach Norden offenen Hafeneingang frei lassen.

Die Wassertiefen in Hafenmitte betragen 5 m, an den Kais 4–3 m. Bis auf den Betonpier im Süden, an dem nur Fähren festmachen dürfen, besteht das Ufer aus einem kiesigen Strand. Viele kleine Sport- und Fischerboote liegen hier oder dümpeln in mehreren Reihen im flachen Wasser davor.

Yachten mit höchstens 15 m Länge machen in mehreren Reihen mit Buganker vor dem äußeren Ende vom Nordkai fest, weitere Liegeplätze vor Buganker gibt es am Ostkai, hier haben aber Fischer und kleine Ausflugsboote Vorrang. Im Sommer ist es wegen Überfüllung oft nicht möglich, abends noch einen Liegeplatz im Hafen zu ergattern, man muss daher frühzeitig den Hafen aufsuchen.

Liegeplätze werden nur für wenige Tage gewährt.

Giglio, Hafenpanorama mit Fähre

Ansteuerung:

Der Hafen kann tagsüber und nachts außer bei Sturm aus Nord bis Nordost angelaufen werden.

Tagsüber ist schon von weitem die Bergspitze des Poggio della Pagana zu sehen, der Hafen wird erst aus der Nähe sichtbar. Nachts helfen die Leuchtfeuer an der Nordspitze mit Fl(3).W.15s 39m16M sowie an der Südspitze mit Fl(4).W.30s 90m23M der Insel. Der Hafeneingang ist ebenfalls befeuert, Fl.R.3s und Fl.G.3s. Kurse zwischen 190°–300° auf das rote Hafenfeuer zu sind frei von Untiefen.

Achtung: Von den steinigen Böschungen vor beiden Molen im Bereich des Hafeneingangs ist ein sicherer Abstand einzuhalten. Im Hafen können alte Ketten das Aufholen der Anker komplizieren.

Hafengebote: Auslaufende Schiffe genießen Wegerecht, Fähren ist immer auszuweichen. In Hafennähe ist die Geschwindigkeit auf 6 kn, im Hafen auf 3 kn herabzusetzen. Eine Anmeldung beim Hafenpersonal ist vorgeschrieben.

Hafenmeister:

Autorità Marittima: Tel. & Fax: 05 64-80 94 80
Das Hafenbüro am Fuß des Ostkais, VHF-Kanal 16-14, ist von 07:00–13:00 Uhr besetzt.,
Tel. & Fax: 06 54-80 94 69, -80 93 09

Hafenservice:

Man ankert im Hafen vor Buganker mit Leinen zu den Kais, im Sommer meist gestaffelt in mehreren Reihen. Es gibt praktisch keine Stromanschlüsse. Es gibt auch keine öffentliche Sanitäreinrichtung, man muss die

Giglio, Hafenpromenade

Information: Azienda di Promozione Touristica,
Tel.: 05 64-80 94 00
Pronto Soccorso, Tel.: 05 64-80 91 11

Landgang, Sehenswürdigkeiten:

Ein Bummel entlang der Hafenpromenade und durch die Gassen führt durch einen malerischen Ort, der sich wie ein Amphitheater an die Berge um den Hafen schmiegt.

Zu empfehlen ist ein Ausflug mit einem der stündlich verkehrenden Busse zur Ortschaft Giglio Castello oben in den Bergen, dessen alte Häuser sich im Schutz der starken mittelalterlichen Befestigungen aus dem XIII. und XIV. Jh. zusammenkauern. Die engen Gassen und winzigen Plätze, der weite Ausblick von den Schutzmauern auf die Insel und das Meer bleiben unvergesslich.

Ankern:

Obwohl laut Schifffahrtsordnung das Ankern in Bereich um Gilio Porto untersagt ist, sieht man im Sommer bei beständigem Wetter viele Yachten in den Buchten unmittelbar nördlich und südlich des Hafens ankern. Wegen der großen Wassertiefen liegen die meisten dicht vor den steilen Ufern.

An der Ostküste finden wir mehrere schöne Ankerbuchten. 0,6 sm nördlich von Giglio Porto liegt die Ankerbucht

Cala dell'Arenella 42° 21' N | 010° 44' E

mit einem kleinen Strand hinter den Granitklippen des Punta del Lazzaretto, geschützt vor Winden aus den II., III. und IV. Quadranten. Die Felsinsel Le Scole mit ihren Klippen in der Umgebung sollte bei der Ansteuerung weiträumig umfahren werden. Im Sommer ist die Bucht tagsüber stark besucht, aber abends tritt Ruhe ein. Der Grund zwischen 2 und 9 m Tiefe ist teils sandig, teils mit Algen bewachsen. Beim Ankern dicht vor dem Felsufer können Leinen zum Ufer das Schwojen begrenzen.

Im Süden vom Giglio Porto liegt die von steilen Abhängen eingeschlossene Ankerbucht Cala delle Canelle.

Toiletten der zahlreichen Restaurants oder Trattorien benutzen. Ein Kartentelefon steht in der Nähe des Fähranlegers.

Die Tankstelle auf einem Ponton neben dem Fähranleger, Tel.: 05 64-80 91 99, ist im Sommer von 07.00–19.30 Uhr geöffnet, in der Nähe gibt es eine Wasserzapfstelle. Es gibt nur *Werkstätten* für Reparaturen an Motoren und Bordelektrik.

Versorgung:

Lebensmittel, Getränke, Gemüse, Fleisch und Backwaren werden in den Geschäften an der Hafenpromenade in reichlicher Auswahl angeboten, dort gibt es auch Restaurants, Pizzerien und Trattorien. Post und Bank sind in den Gassen hinter der Hafenpromenade zu finden.

Cala delle Canelle 42° 21,0' N | 010° 55,5' E

hat einen kleinen stark besuchten Strand. An den Hängen liegen einige Villen im Grünen. Im Süden der Bucht schützt eine Mole von Felsblöcken mehrere Liegeplätze für kleine Boote. Tagsüber ist die Ansteuerung problemlos. Die Tiefe von 50 m in der Mitte der Bucht nimmt zum Land hin ab. Sie beträgt in 60 m Abstand vom felsigen Ufer bzw. in 120 m Abstand vom Strand etwa 8–12 m über sandigem, teilweise mit Algen bewachsenem Grund.

Noch weiter südlich von Giglio Porto liegt die Ankerbucht

Cala delle Caldane 42° 20,7' N | 010° 55,5' E.

Kleiner und wilder als ihre Nachbarin wird diese Bucht von hohen Abhängen beherrscht und von Felsen über und unter Wasser auf beiden Seiten eingeschlossen. Ein kleiner Sandstrand liegt dazwischen. In der Mitte über 20 m tief wird die Bucht zum Ufer flacher. 100 m vor dem Strand kann auf 5–9 m Tiefe der Anker auf sandigen, teilweise mit Algen bewachsenen Grund geworfen werden.

Eine Seemeile südlich vom Punta del Fenaio – der Nordspitze der Isola del Giglio – öffnet sich auf der Nordwestseite der Insel die

Seno del Campese 42° 22,2' N | 010° 52,8' E.

Es ist eine große, vor südlichen Winden gut geschützte Bucht, die im Westen von Punta Faraglione begrenzt wird. Eine kleine Anlegestelle ermöglicht das Landen mit dem Beiboot. Am Fuß eines alten Wehrturms befindet sich ein winziger Naturhafen im Schutz eines Wellenbrechers.

Ansteuerung:

Die Ansteuerung ist problemlos, wenn man, vom Punta del Fenaio kommend, sich mindestens 300 m von der

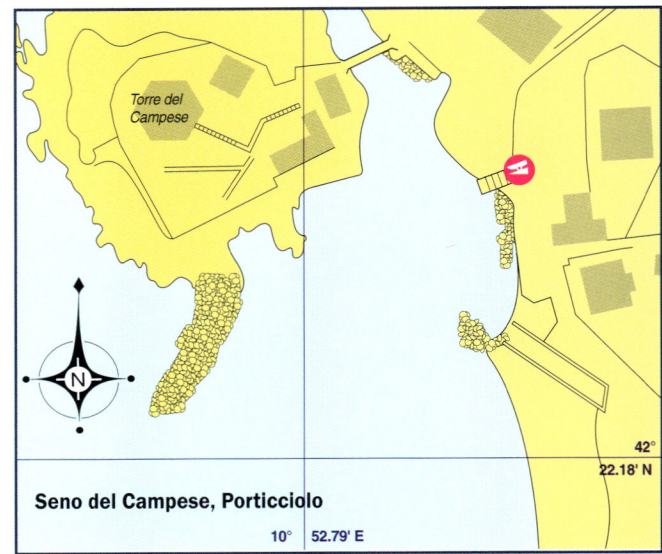

Seno del Campese, Porticciolo

Steilküste freihält, um die Untiefe von 1,6 m im Nordwesten der Punta delle Secche und die Untiefe Secca Pignocchi 1000 m weiter südlich zu vermeiden.
Tagsüber ist von weitem der große, sarazenische Wehrturm auf einer flachen, felsigen Halbinsel zu sehen, nachts hilft das Feuer vom Punta del Fenaio mit Fl(3)W.15s 39m16M 026°-vis-249° bei der Ansteuerung, das aber im Innern der Bucht nicht mehr zu sehen ist. Die Tiefen nehmen zum Strand hin ab; im Abstand von 200 m zum Ufer beträgt die Wassertiefe noch 5–6 m über sandigem Grund.

Gebote: Innerhalb 350 m davor ist das Fahren unter Motor nur in der gekennzeichneten Zufahrt zum kleinen Schutzhafen mit verminderter Geschwindigkeit gestattet.

Hafenmeister:

Die Capitaneria ist unter VHF-Kanal 16 und 14 erreichbar und im Sommer von 07.00–13.00 Uhr besetzt.

Versorgung:

Im Dorf gibt es Cafés, Restaurants, einen Tabakwarenladen und einige Geschäfte, darunter einen kleinen Yachtausrüster.
Information: Enti Touristici, Tel.: 05 64-80 94 00

Torre del Campese, sarazenischer Wehrturm

Isola di Giannutri

Italienische Seekarten 118, 6

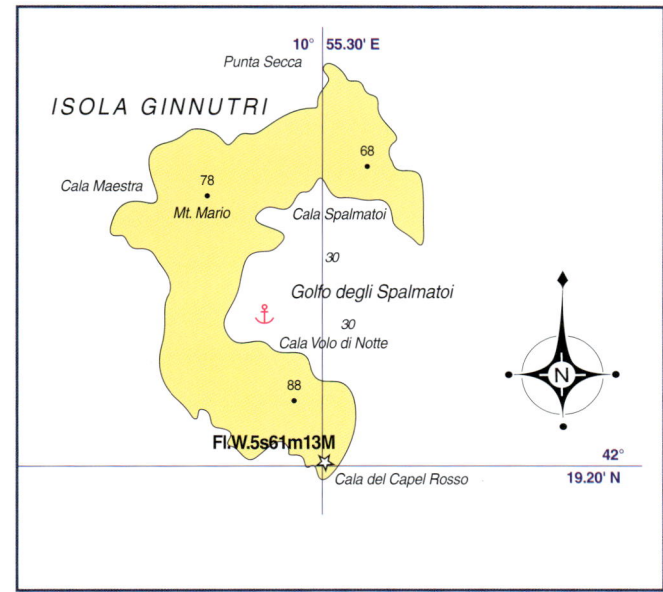

Isola di Giannutri 42° 15' N | 011° 06' E

Landgang, Sehenswürdigkeiten:

Im Zentrum der Seno del Campese, die sich im Osten von Punta Faraglione öffnet, steht ein alter, sarazenischer Wehrturm auf einer felsigen Halbinsel.

Der lange Sandstrand am glasklaren Wasser wird auf beiden Seiten von Klippen eingerahmt und bildet das Zentrum dieser schönen Bucht. Zahlreiche Villen und Bungalows sind in die Hänge hinter dem Wachturm gebaut, während sich auf den Hügeln hinter dem Strand die Gebäude des Dorfs und einer Feriensiedlungen drängen. Oben in den Bergen sind die alten Befestigungsmauern von Giglio Castello zu erkennen. In dem westlichen, felsigen Teil der Bucht sind noch die Pfeiler einer alten Schwebebahn für die Beförderung von Eisenerz zu sehen.

Allgemeines

Die Isola di Giannutri liegt 8,5 Meilen südlich vom *Promontorio dell' Argentario* und 7 Meilen südöstlich von *Giglio* entfernt. Es ist die südlichste Insel des Arcipelago Toscano. Sie misst 1,5 Meilen an der breitesten Stelle und gipfelt im Süden in einem 83 m hohen Monte Mario. Weil sie so flach ist, ist sie im Sommer bei Dunst erst aus einer Entfernung von 5–6 Seemeilen auszumachen.

Auf Giannutri hat sich ein bescheidener Tourismus entwickelt: Es gibt einige Gebäude im Westen um die *Cala Maestra* und im Osten um die *Cala Spalmatoi*. Auf der Insel zeugen noch einige Spuren von römischer Besatzung.

Im Süden auf den Klippen des Punta del Capel Rosso steht auf einem roten Gebäude mit weißem Band ein

Isola di Giannutri, Punta del Capel Rosso mit Leuchtturm

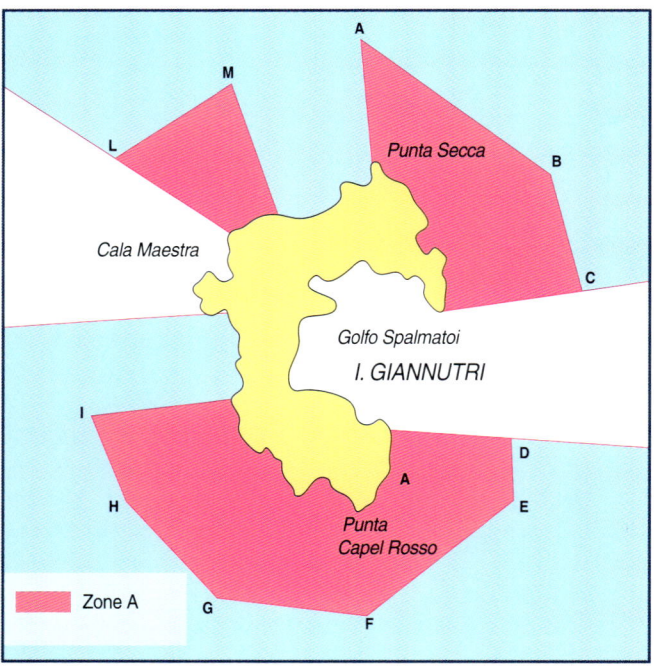

Zone A

achteckiger, weißer Leuchtturm, ebenfalls mit rotem Band (Fl.W.5s 61m13M 195°-vis-106°).

Außerhalb der Schutzzonen des *Parco Nazionale dell'-Arcipelago* gibt es im Westteil der Insel zwei einigermaßen windgeschützte Ankerplätze.

Im Norden die Cala Maestra und im Osten den sichelförmigen Golfo degli Spalmatoi, eine weite, nur an den Rändern zum Ankern geeignete Bucht, die gegen alle Winde außer vor denen aus dem II. Quadranten geschützt ist. An Land herrscht von wenigen Ausnahmen völlige Ruhe.

Giannutri gehört zum *Parco Nazionale dell'Arcipelago*. Drei *Schutzzonen* sind an der Küste ausgewiesen, in denen ein Abstand von 1000 m zur Küste eingehalten werden muss:

- im Nordosten des Punta Scaletta auf einer Länge von 500 m längs des Ufers,
- an der Nordostküste zwischen Punta Secca und Punta S. Francesco und
- an der Südküste ab dem Punta del Calettino

Auf der Westseite der Insel im Schutz der

Cala Ischiaiola 42° 15,0' N | 011° 05,6' E

darf nicht geankert werden.

Hinter der sich nördlich anschließenden Huk liegt die nach Nordwesten offene

Cala Maestra 42° 15,3' N | 011° 05,7' E

Diese gegen südliche und östliche Winde geschützte Bucht ist klein und von einheimischen Booten belegt. Im Sommer herrscht reges Treiben vor dem kleinen Kai im Inneren, es bleibt wenig Raum für Gastyachten. Wenn möglich, sollten Leinen zum Land ausgebracht werden. Auf dem sandigen Grund liegen vereinzelt Steinbrocken. In der Umgebung stehen einige Villen und ein Restaurant. Es gibt sonst keine weiteren Versorgungsmöglichkeiten. Von der Ruine einer römischen Villa auf dem Nordufer, die der Familie von Kaiser Nero gehört haben soll, hat man einen herrlichen Blick auf das Meer und die Umgebung.

Südwestlich von Punta Secca, der nördlichen Spitze der Insel, liegt der herrliche Strand

Spiaggia di Punta Secca 42° 015,7' N | 011° 06,4' E

in der zwar die Durchfahrt und der Aufenthalt erlaubt, aber das Ankern verboten ist.

Im Osten der Insel liegt der

Golfo degli Spalmatoi 42° 15,0' N | 011° 06,5' E

Die große Bucht ist vor Winden aus südlichen, westlichen und nördlichen Winden hervorragend geschützt, aber die Wassertiefen von 30–50 m und der unreine, felsige Grund in der Mitte ergeben keine guten Bedingungen für das Ankern. Dennoch ist der schmale, nicht so tiefe sandige Streifen der Cala Volo di Notte im Südwesten des Golfo von vielen Yachten besucht, die im Sommer bei schönem Wetter dicht vor den Felsufern ankern.

Isola di Giannutri, Golfo degli Spalmatoi

Giannutri, Cala Spalmatoi

In der engen

Cala Spalmatoi 42° 15,2' N | 011° 06,4' E,

im Nordwesten des Golfo Spalmatoi liegen eine Anzahl kleiner, einheimischer Sportboote an verstreuten Bojen. Der kurze Kai mit 4 m Wassertiefe auf der Nordseite ist Ausflugsbooten vorbehalten, Yachten können kurzzeitig festmachen, dürfen aber die Fähren nicht behindern. Für Gastyachten bleibt zum Ankern nur wenig Raum in der Nähe des Eingangs.

Rund um diese Bucht hat sich in den letzten Jahren ein kleines Ferienzentrum entwickelt. Es gibt einige Bungalows und einen großen, runden, efeubewachsenen Turm, aber nur begrenzte Versorgungsmöglichkeiten und ein kleines Restaurant. Lokaler Experte ist Sig. Morbidelli.

Die „Verbotenen Inseln"

Isola Gorgona 43° 26' N | 009° 54' E,

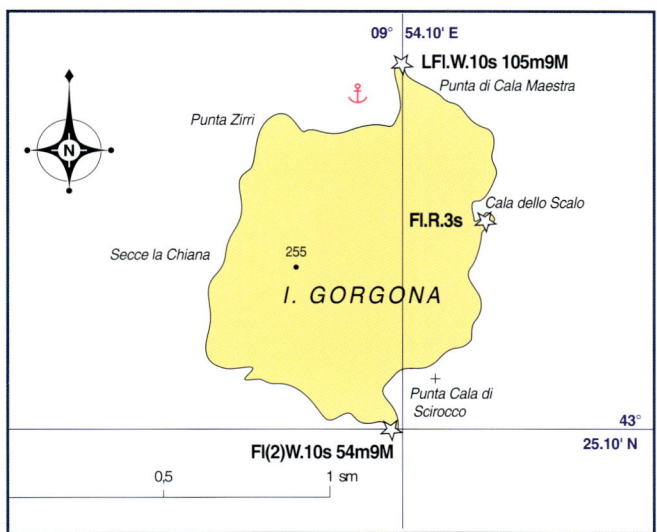

die nördlichste Insel des Arcipelago Toscano, liegt 18 Meilen westlich von Livorno, ist klein und rund mit einem Durchmesser von knapp einer Seemeile. Der

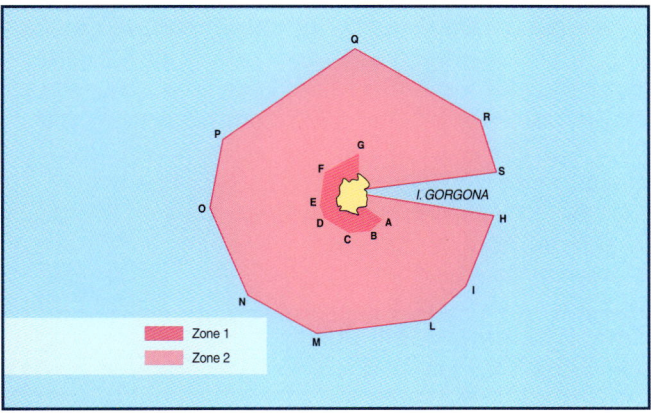

höchste Berg ist 255 m hoch, grün am Osthang und kahl auf der gegenüberliegende Seite. Die Küste ist felsig und fast überall steil mit großen Wassertiefen dicht

unter der Küste. Die Insel und ihre Umgebung sind zur Schutzzone des Parco Nazionale dell'Arcipelago erklärt.

Die Insel ist mit einer Haftanstalt bebaut, deren Gebäude auf der Ostseite sichtbar sind. Diese ist Betrieb. Man darf sich der Insel höchstens bis auf 1 sm nähern.

Der kleine, flache Hafen an der Ostküste bei Cala dello Scalo besteht aus einer kurzen geknickten Mole mit Pollern und Ringen zur Vertäuung und einem Feuer auf dem Molenkopf (Fl.R 3s 8m 2M).

Ansteuerung:

Nachts wird die Insel von zwei Leuchttürmen im Norden und im Süden gekennzeichnet. Die Leuchtfeuer stehen bei Punta Maestra (LFl.W.10s 105m9M) und bei Punta Cala Scirocco (Fl.W.10s 45m9M). Cala Scirocco und Cala Maestra können nur eine zeitweilige Zuflucht sein. Der Aufenthalt in den Buchten oder im kleinen Hafen ist nur in Notfällen oder bei Gefahr und mit Genehmigung der Direktion der Strafkolonie gestattet (VHF-Kanal 16 Casa Penale). Die Yacht darf dann nicht unbeaufsichtigt bleiben und, im Falle einer Landung mit dem Beiboot, dürfen z. B. die Ruder nicht im Boot zurückgelassen werden. Motorboote dürfen sich nur vom Besitzer starten lassen. Bei Nordostwind ist es gefährlich, sich hier aufzuhalten, ferner tritt bei Südostwind eine erhebliche Brandung auf.

Lokale Informationen beim Aufsichtspersonal:
Tel. 05 86-86 10 21

Isola Pianosa 42° 35' N | 010° 05' E

liegt 8 Meilen südlich der Westseite Elbas und unterscheidet sich völlig von den anderen Inseln. Sie ist niedrig und flach, keine Erhebung ist höher als 30 m. Ihre größte Ausdehnung von Norden nach Süden beträgt etwa 3 Meilen. Auf der Insel existiert eine Haftanstalt, die ebenfalls noch in Betrieb ist. Es ist daher auch hier verboten, sich der Insel auf mehr als eine Seemeile zu nähern, zu landen oder den Hafen anzulaufen. Außerdem wurde die Insel und ihre Umgebung zur Schutzzone des Parco Nazionale dell'Arcipelago erklärt. Die fischreiche, an der nordöstlichen Steilküste aber flache Uferzone ist keine Naturschutzzone. Hier darf man sich dem Ufer nähern und fischen, aber nicht

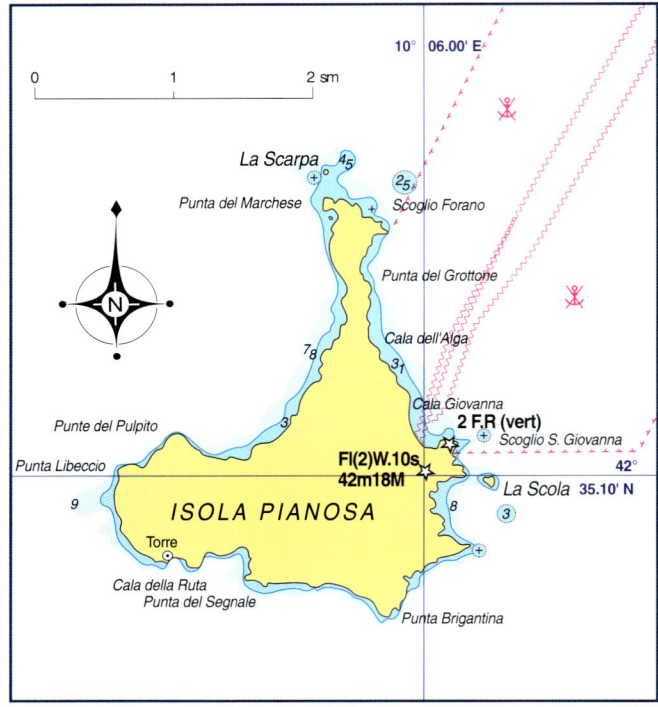

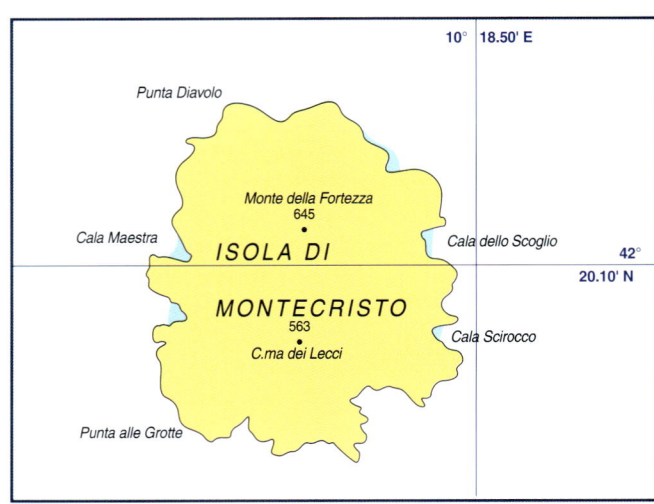

landen.

Auf dem höchsten Punkt der Ostküste steht ein weißer, runder Leuchtturm auf einem zweistöckigen, weißen Gebäude, Fl(2).W.10s 42m18M.

Der gegen alle Winde geschützte, 2–3 m tiefe Hafen von Pianosa wird von einer natürlichen Bucht gebildet und im Südosten von einer etwa 50 m Langen Mole begrenzt, die mit Vertäuungsringen ausgestattet und mit 2F.R (vert) befeuert ist.

Ansteuerung:

Die Ansteuerung bei starken Nord- und Nordostwinden ist gefährlich, in der Nähe der Zufahrt liegen Unterwasserriffs. Nachts ist der Leuchtturm von Pianosa von allen Seiten weithin sichtbar.

Isola di Montecristo 42° 20' N | 010° 19' E

liegt 22 Meilen entfernt im Süden von Elba. Sie besteht aus einem riesigen Granitfelsen, der im Monte della Fortezza eine Höhe von 648 m erreicht, mit verschie-

denen Schluchten und kleinen Buchten. Die Insel ist durch kein Leuchtfeuer markiert. Die Wassertiefe nimmt dicht unter der Küste schnell zu.

Eine Schutzzone des Parco Nazionale dell'Arcipelago ist innerhalb von 1000 m von der Küste eingerichtet, die Durchfahrt und das Festmachen bzw. Ankern rund um die Insel sind streng verboten. Nur in Notfällen und bei Gefahr ist das Ankern im Schutz der Insel erlaubt. Es ist beschränkt auf die Gebiete zwischen Punta del Diavolo und Punta delle Grotte, auf die Cala Maestra im Westen mit Wassertiefen von 4–6 m auf sandigem Grund und auf die Cala Scirocco im Osten mit tieferem Wasser. Nur in Cala Maestra existiert ein kleiner, 10 m langer Betonpier als Anleger für kleine Boote, von wo ein mit Treppen versehener Weg zum Büro der Aufsicht führt.

Die Legende vom sagenhaften Schatz eines im 13. Jh. auf dieser Insel lebenden reichen Klosterordens soll Alexandre Dumas zu seinem Roman „Der Graf von Monte Christo" angeregt haben.

Formiche di Montecristo
42° 21,4' N | 010° 03,9' E

Die Formiche di Montecristo besteht aus einem einzigen Riff, dem Scoglio Africa, das mit einem Leuchtturm versehen ist (Fl.W.5s 19m12M), einem zylindrischen Turm auf einer abgestumpften, steinernen Basis.

Büros der Küstenwachen

UFFICI DELLA GUARDIA COSTIERA
Costa Ligure 30, Costa Toscana 26

Co	= Compamare	= Capitaneria di Porto
Ci	= Circomare	= Ufficio Marittimo Locale
Lo	= Locamare	= Ufficio Circondariale Marittimo
De	= Delemare	= Delegazione di Spiaggia

Liguria

Imperia	**Co**	**0183-666333**
Ventimiglia	Lo	0184-231444
Bordighera	De	0184-265656
Sanremo	Ci	0184-504603
Arma di Taggia	De	0184-42538
Riva S. Stefano	De	0184-481006
Diano Marina	De	0183-494567
Andora	De	0182-88899
Alassio	Ci	0182-640861
Savona	**Co**	**019-856666**
Loano	Lo	019-666131
Spotorno	De	019-743174
Varazze	Lo	019-97271
Arenzano	Lo	010-9124537
Genova	**Co**	**010-27771**
Recco	De	0185-722520
Camogli	Lo	0185-770032
Portofino	Lo	0185-269040
Margherita Ligure	Ci	0185-287029
Rapallo	Lo	0185-50583
Chiavari	Lo	0185-308240
Lavagna	Lo	0185-321732
Sestri Levante	Lo	0185-41295
Riva Trigoso	Lo	0185-41602
Levanto	Lo	0187-808150
Foce del Magra	Lo	0187-648066
La Spezia	**Co**	**0187-778015**
Portovenere	Lo	0187-790768
Lerici	Lo	0187-964545

Toscana

Marina di Carara	**Co**	**0585-780880**
Marina di Massa	De	0585-869977
Viareggio	**Co**	**0584-388388**
Forte die Marmi	Lo	0584-89826
Livorno	**Co**	**0586-894493**
Marina di Pisa	Lo	050-35922
Castiglioncello.	Lo	0586-753104
Vada	Lo	0586-788121
Cecina	Lo	0586-621064
Capreia	Lo	0586-905290
Pianosa	De	0565-989025
Piombino	Ci	0565-221000
Marina di Campo	De	0565-977980
Follonica	Lo	0566-45240
Castiglione della Pescaia	Lo	0564-933489
Talamone	Lo	0564-887003
San Stefano	Ci	0564-812529
Orbetello	Lo	0564-867629
Porto Ercole	Lo	0564-833923

Toscanischer Archipel

Portoferraio	**Co**	**0565-914000**
Cavo	De	0565-949910
Rio Marina	Lo	0565-962109
Porto Azzurro	Lo	0565-91195
Marciana Marina	Le	0565-99169
Mar.di Grosseto	De	0564-34434
Giglio	Lo	0564-809480

Wetterdienste VHF-Kanal 68 (italienisch)

**Bulletino Meteo de l'Aeronautica Militare,
VHF-Canale 68 (italienisch)**

Bullettino Meteo
emisso de l'Aeronautica Militare
de la nauto de la statione radiotelefone
in Ministere Degrustarti e de la Navigatione
Capitaneria di Porto

Bullettino del tempo sul Mediterraneo
emisso alle ore 12 UTC delle giorno 8 8 1999
e valido fino alle ore 6 UTC di domani
1 Avisi
temporali in Corso mille temporali previsti
su Mediterraneo Occidentale burrace in Corso
mille burrace
2 Situazione
pressione nivellata di 1008 millibar su Mari Centro
Meridionali Italiani
systema frontale su Germania si muove verso est
depressione a carattere pagionale su Mediterraneo
Orientale
plusso di area calda e umida su Mari ad Ovest
de la Peninsula Italiana
3 Previsione
Valida fino alle 6 UTC di domani e tendenza mille 12 ore
successive

Mar di Corsica – Mar Ligure
vento da sudovest forza 3 locali rinforzi
sereno o poco nuvoloso locali addensamente
visibilita discreta in diminuzione durante la notte
mare poco mosso localmente mosso
tendenza
vento da sud forza 3
nuvolosita variabile

Mar di Sardenia – Canale di Sardenia
vento da sudovest forza 4 locali rinforzi
sereno o poco nuvoloso nuvolosita
in aumento addocchiata ad isolati provecci
visibilita discreta in diminuzione durante la notte
mare mosso
tendenza
vento da sudeste forza 4
nuvolosita variabile isolati provecci

**Tirreno Settentrionale – Tirreno Centrale – Tirreno
Meridionale settore Ovest**
vento da sudovest forza 4 locali rinforzi
sereno o poco nuvoloso nuvolosita in aumento
visibilita discreta in diminuzione durante la notte
mare mosso
tendenza
vento da sudeste forza 4
nuvolosita variabile isolati provecci

Tirreno Meridionale settore Este
vento da ovest forza 3 locali rinforzi
sereno o poco nuvoloso
visibilita discreta in diminuzione durante la notte
mare poco mosso localmente mosso
tendenza
vento da sudeste forza 3
sereno o poco nuvoloso

Stretto di Sicilia
vento da sud forza 4 locali rinforzi
parzialmente nuvoloso locali addensamente
visibilita discreta in diminuzione durante la notte
mare poco mosso localmente mosso
tendenza
vento da sudovest forza 4
parzialmente nuvoloso

Mar Ionio
vento da sudovest forza 3 locali rinforzi
sereno o poco nuvoloso
visibilita discreta in diminuzione durante la notte
mare poco mosso
tendenza
vento da nordovest forza 4
sereno o poco nuvoloso

Adriatico Meridionale – Adriatico Centrale
vento da sudeste forza 4 locali rinforzi
sereno o poco nuvoloso locali addensamenti
visibilita discreta in diminuzione durante la notte
mare poco mosso localmente mosso molto ondoso in
aumento
tendenza
vento da sudeste forza 3
sereno o poco nuvoloso

Adriatico Settentrionale
vento da sudovest forza 3
parzialmente nuvoloso nuvolosita in aumento addocchiata ad isolati provecci
visibilita discreta in diminuzione durante la notte
mare poco mosso
tendenza
vento da sud forza 3
nuvolosita variabile

Mediterraneo Occidentale
vento da sudovest forza 5 locali rinforzi
parzialmente nuvoloso nuvolosita
in aumento addocchiata a isolati temporali
visibilita discreta localmente carza
mare mosso localmente molto mosso
tendenza
vento da sudovest forza 5
nuvolosita variabile isolati provecci

Mar Libico
vento da sudeste forza 5 locali rinforzi
sereno o poco nuvoloso locali addensamente
visibilita discreta localmente carza
mare poco mosso localmente mosso
tendenza
vento da nordovest forza 4
sereno o poco nuvoloso

Mediterraneo Orientale settore Egeo e Sud di Creta
vento da nordovest forza 5 in identificazione
sereno o poco nuvoloso locali addensamente
visibilita discreta localmente carza
mare mosso molto ondoso
poco nuvoloso in aumento
tendenza
vento da nordovest forza 6
sereno o poco nuvoloso

Mediterraneo Orientale settore Mar di Levante
vento da sudovest forza 4 locali rinforzi
sereno o poco nuvoloso locali adensamenti
visibilita discreta
mare mosso
tendenza
vento da sudovest forza 4
parzialmente nuvoloso

Wetterdienste VHF-Kanal 68 (englisch)

Bulletino Meteo de l'Aeronautica Militare, VHF-Canale 68 (englisch)

Wheather Forecast over Mediterranean
of 12 UTC 8. 8. 1999 and
valid up to 6 UTC of tomorrow
1 Warning
Thunderstorm under Coarse
strong thunderstorm
forecast over Western Mediterranean Sea
gale under coarse strong gale
2 Wheather Situation
a flat field of 1008 millibar over Central
and Southern Italian Sea
a front of system over Germany
is moving towards the East
a seasonal low pressure
over Eastern Mediterranean Sea
a warm and moist air scene
over Sea West Italian Peninsula
3 Forecast
to 6 UTC of tomorrow and 12 hours

Outlook

Coarsican Sea - Ligurian Sea
wind southwesterly force 4 3 increasing localy
clear or mainly clear partly cloudy
moderate visibility and weakening in the night
smooth sea localy light sea
outlook
wind southerly 4 3
changeable cloudiness

Sardinian Sea – Sardinian Channel
wind southwesterly 4 4 increasing localy
clear or mainly clear and increasing cloudiness
with isolated showers
moderate visibility and weakening in the night
light sea

outlook
wind southeasterly 4 4 changeable
cloudiness with isolated showers
Northern Tirrenean Sea – Central Tirrenean Sea – Southern Tirrenean Sea West side
wind southwesterly 4 4 increasing
localy clear or mainly clear and increasing cloudiness
moderate visibility and weakening in the night
light sea
outlook
wind southeasterly 4 4 changeable
cloudiness with isolated showers

Southern Tirrenean Sea East side
wind westerly 4 3 increasing localy
clear or mainly clear
moderate visibility and weakening in the night
smooth sea localy light sea
outlook
wind southeasterly 4 3
clear or mainly clear

Sicilia Street
wind southerly 4 4 increasing localy
scattered partly cloudy
moderate visibility and weakning in the night
smooth sea localy light sea
outlook
wind southwesterly 4 4
scattered

Ionean Sea
wind southwesterly 4 4 increasing localy
clear or mainly clear
moderate visibility and weakening in the night
smooth sea
outlook
wind northwesterly 4 4
clear or mainly clear

Southern Adiatic Sea - Central Adriatic Sea
wind southeasterly 4 4 increasing localy
clear or mainly clear partly cloudy
moderate visibility and weakening in the night
smooth sea localy light sea and increasing
outlook
wind southeasterly 4 3
clear or mainly clear

Northern Adriatic Sea
wind southwesterly 4 3 scattered and
increasing cloudiness with isolated showers
moderate visibility and weakening in the night
smooth sea
outlook
wind southerly 4 3 changeable
cloudiness

Western Mediterranean Sea
wind southwesterly 4 5 increasing localy
scattered and increasing cloudiness
with isolated thunderstorms
moderate visibility localy poor visibility
light sea localy moderate sea
outlook
wind southwesterly 4 5 changeable
cloudiness with isolated showers

Libian Sea
wind southeasterly 4 5 increasing localy
clear or mainly clear partly cloudy
moderate visibility localy poor visibility
smooth sea localy light sea
outlook
wind northwesterly 4 4
clear or mainly clear

Eastern Mediterranean Sea and Egean and South of Greek sector
wind northwesterly 4 5 increasing
clear or mainly clear partly cloudy
moderate visibility localy poor visibility
light sea
outlook
wind northwesterly 4
clear or mainly clear

Meteorologische Begriffe

Windstärken

kn	Bft	Italienisch forca del vento	Deutsch Windstärke	Englisch wind force
0	0	calma	still	calm
1–3	1	bava di vento	leiser Zug	light air
4–6	2	brezza leggera	leichte Brise	light breeze
7–10	3	brezza tesa	schwache Brise	gentle breeze
11–15	4	vento moderato	mäßige Brise	moderate breeze
16–21	5	vento testo	frische Brise	fresh breeze
22–27	6	vento fresco	starker Wind	strong breeze
28–33	7	vento forte	steifer Wind	near gale
34–40	8	burrasca	stürmischer Wind	gale
41–47	9	burrasca forte	Sturm	strong gale
48–55	10	tempesta	schwerer Sturm	storm
56–63	11	tempesta víolenta	orkanartiger Sturm	violent storm
<64	12	uragano	Orkan	hurricane

Seegang

	m	Italienisch stato del mare	Deutsch Seegang	Englisch state of sea
0	0	mare calmo	ruhige, spiegelglatte See	calm glassy sea
1	0–0,1	mare quasi calmo	ruhige, gekräuselte See	calm rippled sea
2	0,1–0,5	mare poco mosso	schwach bewegte See	smooth wavelets
3	0,5–1,25	mare mosso	leicht bewegte See	slight sea
4	1,25–2,5	mare molto mosso	mäßig bewegte See	moderate sea
5	2,5–4	mare agitato	grobe See	rough sea
6	4–6	mare molto agitato	sehr grobe See	very rough sea
7	6–9	mare grosso	hohe See	good visibility
8	9–14	mare molto grosso	sehr hohe See	high sea
9	<14	mare tempesto	außergewöhnl. hohe See	phenomenal sea

Sicht

	sm/m	Italienisch visibilità	Deutsch Sicht	Englisch visibility
0	<50 m	molto cattima o pessima	dicker Nebel	dense fog
1	50 m	molto cattima o pessima	starker Nebel	thick fog
2	200 m	cattiva	mäßiger Nebel	fog
3	500 m	cattiva	dünner Nebel	moderate fog
4	0,5 sm	scrasa	diesig	very poor visibility
5	1 sm	scrasa	schwach diesig	poor visibility
6	2 sm	discreta	mäßige Sicht	moderate visibility
7	5 sm	buona	gute Sicht	good visibility
8	10 sm	molto buona	sehr gute Sicht	very good visibility
9	25 sm	ottima	außergewöhnlich gute Sicht	excellent visibility

Wettervokabeln

acquazzone	Schauer
allargentesi	sich ausbreitend
alta pressione	Hochdruckgebiet
anticyclone	Hoch
approfondirsi	sich vertiefen
area di alta pressione	Hochdruckgebiet
area di bassa pressione	Tiefdruckgebiet
attenuazione	abflauend
bava di vento	leiser Zug (1 Bft)
bello	schön, heiter
bollentino meteo	Wetterbericht
bollettino meteorologico	Wetterbericht
bonaccia	Windstille
brezza di mare	Seewind
brezza di terra	Landwind
brezza leggera	leichte Brise (2 Bft)
brezza testa	schwache Brise (3 Bft)
brina	Reif
burrasca	stürmischer Wind (8 Bft)
burrasca forte	Sturm (9 Bft)
caduta	abflauend
caligine	diesig
calma	windstill (0 Bft)
che aumenta	zunehmend auffrischend
che cala	abnehmend, nachlassend
che diminuisce	abnehmend, nachlassend
che si sparge	sich ausbreitend
ciclone	Tiefdruckgebiet
ciclone secondario	Teiltief
cielo	Himmel
cielo chiaro	wolkenlos
colmarsi	auffüllen
constante	gleich bleibend
coperto	bedeckt
cresta	Rücken, Wellenkamm
cuneo	Hochkeil (schmal)
depressione	Tief, Depression
depressione secondaria	Teiltief
discendere	fallen
famiglia di ciclone	Zyklonenfamilie
foschia	Dunst
frangenti	brechende See
fronte	Front
fronte caldo	Warmfront
fronte freddo	Kaltfront
girare del vento in senso antorario	zurückdrehen, krimpen
girare del vento in senso orario	rechtdrehend, ausschießend
gola	Wellental
gradiente barico	Druckgefälle, Druckgradient
gragnuola	Graupel
grandine	Hagel
groppo	Bö, Windstoß
in aumento	zunehmend, auffrischend
isobare	Isobaren
lentamente	langsam
mare	See
mare agitato	grobe See
mare alta	steile See
mare calmo	ruhige, spiegelglatte See
mare corta	kurze See
mare grosso	hohe See
mare increspato	gekräuselte See
mare molto agitato	sehr grobe See
mare molto grosso	sehr hohe See
mare molto mosso	mäßig bewegte See
mare molto o lungo	Dünung
mare mosso	leicht bewegte See
mare ondulato	gekräuselte See
mare poco mosso	schwach bewegte See
mare quasi calmo	ruhige, gekräuselte See
mare tempesto	außergewöhnlich hohe See
maretta	kabbelig
massa d'aria	Luftmasse
migioramento	aufklarend
nebbia	Nebel
nebbia bagnata	nässender Nebel
nebbia mattutina	Frühnebel
neve	Schneeregen
nubi alte	hohe Wolken
nubi basse	niedrige Wolken
nuvoloso	wolkig, bewölkt
occlusione	Okklusion
onda	Wellen, Seen
onda alta	steile See

Italienisch	Deutsch
parte posteriore della depressione	Rückseite des Tiefs
peggioramento	Verschlechterung
perturbazione	Störung
pioggerella	Nieseln, Sprühregen
pioggia	Regen
pioggia e neve	Schneeregen
pioviggine	Nieseln, Sprühregen
precipitazione	Niederschlag
pressione	Luftdruck
previsione	Vorhersage
previsione ulteriore	Aussichten
previsioni meteo	Wettevorhersage
promontorio	Hochkeil (breit)
quasi calmo	ruhige, gekräuselte See
raffica	Bö, Windstoß
rapidamento	schnell, rasch
regione	Gebiet
revoca (dei signale tempesta)	Entwarnung
rotatione brusca del vento	umspringender Wind
rotatione del vento	Drehen des Windes
rovescio	Schauer
rugiada	Tau
saccatura	Ausläufer
saccatura di bassa pressione	Tiefausläufer, Tiefdruck-Trog
salire	steigen
secco	trocken
segnale di tempesta	Sturmwarnung
sereno	wolkenlos
servizio meteorologico	Wetterdienst
situatione da ponente	Westwetter
situatione occidentale	Westwetter
situazione generale del tempo	allgemeine Wetterlage
solco	Wellental
stabile	beständig
stazionario	stationär
systema di ciclone	Tiefdrucksystem
tempesta	schwerer Sturm (10 Bft)
tempesta violenta	orkanartiger Sturm (11 Bft)
tempesta vorticosa	Wirbelsturm
tempo da ponente	Westwetter
tempo rovesci	Schauerwetter
temporale	Gewitter
temporalesco	gewittrig
tendenca a rovesci	Schauerwetter
traiettoria	Kurslinie, Zugrichtung
uragano	Orkan (12 Bft)
variabile	wechselhaft
velocità	Geschwindigkeit
vento	Wind
vento caduta	abflauender Wind
vento debole variabile	umlaufender Wind
vento di tempesta	Sturmstärke
vento forte	steifer Wind (7 Bft)
vento fresco	starker Wind (6 Bft)
vento moderato	mäßige Brise (4 Bft)
vento predominante	vorherrschender Wind
vento testo	frische Brise (5 Bft)
visibilità	Sichtweite
visibilità buona	gute Sicht
visibilità cattiva	mäßiger o. dünner Nebel
visibilità discreta	mäßige Sicht
visibilità molto buona	sehr gute Sicht
visibilità molto cattima o pessima	dicker o. starker Nebel
visibilità ottima	außergewöhnlich gute Sicht
visibilità scrasa	diesig o. schwach diesig
zona	Gebiet
zone di cattivo tempo	Schlechtwettergebiet

325

**Bullettino Meteo del tempo sul Mediterraneo de l'Aeronautica Militare
VHF-Can. 68**

emisso alle ore   UTC delle giono   e valido fino alle ore   UTC di domani

1 Avisi

2 Situazione

3 Previsione

4 Mar Ligure	**7 Tirreno Centrale settore Est**
vento	vento
cielo	cielo
visibilita	visibilita
mare	mare
tendenza	*tendenza*
vento	vento
cielo	cielo
5 Tirreno Settentrionale	**8 Tirreno Meridionale settore Ovest**
vento	vento
cielo	cielo
visibilita	visibilita
mare	mare
tendenza	*tendenza*
vento	vento
cielo	cielo
6 Tirreno Centrale settore Ovest	**9 Tirreno Meridionale settore Est**
vento	vento
cielo	cielo
visibilita	visibilita
mare	mare
tendenza	*tendenza*
vento	vento
cielo	cielo

Leuchtfeuer

Abkürzungen – international – deutsch – italienisch

Class of Lights	Int. Abbrev.	Deutschland	Italien	italienisch
fixed	F	F.	F. / fissa	faro/fanale a luce fissa
single-occulting	Oc	Ubr.	Int. / Intermittente	faro/fanale a luce intermittente
group-occulting	Oc(..)	Urb.(..)	Int. Grp. / Intermittente. (..)	
composite group-occulting	Oc(..+..)	Urb(.. + ..)	Int(..+..)	
isophase	Iso	Glt.	Iso. / Isofase	faro/fanale isofase a luce
single-flashing	Fl	Blz.	Lam. / Lampi	faro/fanale a lampi
group-flashing	Fl(..)	Blz.(..)	Grp. Lam. / Lam. (..)	faro/fanale a lampi, grp3
composite group-flashing	Fl(..+..)	Blz.(.. + ..)	Lam(..)	
long-flashing	LFl	Blk.	Lam. Lun. / Lampi Lunghi	faro/fanale a lampi lunghi
continous quick	Q	Fkl.	Icint.	
group quick	Q(..)	Fkl.(..)		
interrupted quick	IQ	Fkl. unt.	Icint.int.	
continous very quick	VQ	SFkl.		
group very quick	VQ(..)	SFkl.(..)		
interrupted very quick	IVQ	SFkl.unt.		
continous ultra quick	UQ	UFkl.		
interrupted ultra quick	IUQ	UFkl.		
morse coded	Mo(..)	Mo.(..)	mo	
fixed and flashing	FFl	Mi.		
alternating	Al	Wchs.	alt.	
white	W	w.	b	bianco
red	R	r.	r	rosso
green	G	gn.	v	verde
yellow	Y	g.	giallio	gialli
orange	Y / Or	g. / or.	ar	
bernstein	Y / Am	g. / or.		
blue	Bu	bl.	azzurro	
violet	Vi	viol.	violetto	
			faro Leuchtturm	
			fanale Leuchtfeuer	

Weit tragende Leuchtfeuer

Spalte 1: Admitalty Tables, Spalte 2: Italian Tables

848	884	Menton, Porto di – S-Molenkopf 43° 46,5' N 007° 30,7' E weißer Turm mit roter Spitze VQ(4)R.3s16m10M
852		Corse, Cap – Ilot de la Giraglia 43° 01,0' N 009° 24,4' E weißer Turm, schwarze Spitze Fl.W.5s85m28M
849		Menton-Garavan, Marina di – S-Molenkopf 43° 47,0' N 007° 31,4' E weißer Turm, rote Spitze Fl(2)R.6s11m10M
1149	1465	Sanremo, Porto di – S-Außenmolenkopf 43° 48,9' N 007° 47,3' E rote Säule auf Sockel LFl.R.5s11m8M
1152		Arma, Capo dell' 43° 49,0' N 007° 49,9' E runder, w. Turm auf w. Gebäude m. s. Streifen Fl(2)W.15s50m24M
1156	1478	Imperia; Porto Mauritio – S-Mole, 150 m vom Kopf 43° 52,5' N 008° 01,7' E weißer Turm Iso.W.4s11m16M 210°-vis-090° (240°)
1157	1483	Imperia; Porto Mauritio – S-Molenkopf 43° 52,4' N 008° 01,8' E rote Metallsäule auf Sockel Fl.R.3s9m8M
1158	1488	Imperia; Porto Mauritio – N-Molenkopf 43° 52,6' N 008° 01,4' E grüner Turm Fl.G.3s8m8M 252°-vis-044° (152°)
1162	1498	Imperia; Porto Oneglia – E-Molenkopf 43° 53,0' N 008° 02,5' E grüner Turm Fl(2)G.7s10m8M
1164	1502	Imperia; Porto Oneglia – W-Molenkopf 43° 53,1' N 008° 02,5' E roter, konischer Turm Fl(2)R.7s8m8M
1168	1506	Mele, Capo delle 43° 57,7' N 008° 09,6' E ws., 8-eck. Turm an hohem, roten Gebäude Fl(3)W.15s94m24M 196°-vis-056° (220°)
1172	1514	Vado, Capo di 44° 15,4' N 008° 27,2' E ws., 8-eckiger Turm neben Gebäude Fl(4)W.15s43m15M
1172.8	1519	Vado Ligure, Porto Mercantile – Außenmolenkopf 44° 16,0' N 008° 27,2' E roter Mast Fl.R.4s10m8M
1202	1580	Genova, Porto di Voltri – Außenmole W-Seite 44° 24,9' N 008° 46,2' E runder, weißer Turm mit grüner Spitze Iso.WG.2s16m11/8M 282°-W-077°- G-282° (155°, 205°)

1206	1569	Genova, Porto di – Laterna, Capo del Faro 44° 24,2' N 008° 54,3' E viereckiger Turm auf Gebäude Fl(2)W.20s117m25M & Oc.R.1,5s119m10M
1208		Genova, Porto di – Diga Aeroporto, W-Außenmolenkopf 44° 24,8' N 008° 49,1' E weißer Turm auf Sockel Oc.W.3s10m12M
1219	1634	Genova, Porto di – Duca degli Galliera, E-Außenmolenkopf 44° 23,3' N 008° 56,3' E roter Gittermast Fl.R.4s18m15M
1221	1645	Genova, Porto di – W-Molenkopf Landseite vor Duca degli Abruzzi 44° 23,8' N 008° 55,6' E grüne Säule auf Sockel Fl.G.3s10m8M
1230		Genova – Punta Vagno 44° 23,5' N 008° 57,2' E runder, weißer Turm LFl(3)W.15s26m16M
1236	1671	Camogli, Porto di – Außenmolenkopf 44° 21,1' N 009° 09,0' E weißer Turm Fl.W.3s11m9M
1244	1675	Portofino, Punta di 44° 17,9' N 009° 13,1' E Turm an weißem Haus Fl.W.5s40m16M 155°-vis-098° (303°)
1254	1692	Santa Margherita Ligure, Porto di – Molenkopf 44° 19,8' N 009° 13,1' E rote Metallsäule auf Sockel Fl.R.4s10m8M
1255	1696	Rapallo, Porto di Carlo Riva – Außenmolenknie E 44° 20,6' N 009° 14,1' E weißer Turm Fl.W.3s9m9M
1262	1708	La Spezia, Golfo di – Tino, Isola del – S Venerio 44° 01,6' N 009° 51,0' E runder, weißer Turm auf Burg Fl(3)W.15s117m25MRC
1263	1716	La Spezia, Golfo di – Scuola, Torre della – Baia Portovenere 44° 03,1' N 009° 51,6' E weißer Gittermast auf SE-Turmecke Fl(2)W.6s16m10M
1268	1725	La Spezia, Golfo di – Santa Maria, Punta 44° 04,0' N 009° 51,1' E roter Turm Fl.R.4s11m9M 335°-obsc-347° (012°) within 0,7 sm
1269	1730	La Spezia, Golfo di – Wellenbrecher W-Kopf 44° 04,1' N 009° 51,4' E grüner Turm Fl.G.4s11m9M
1270	1740	La Spezia, Golfo di – Wellenbrecher E-Kopf 44° 04,8' N 009° 52,8' E roter Turm Fl(2)R.6s10m8M

1274	1745	La Spezia, Golfo di – Santa Teresa, Punta 44° 04,8' N 009° 52,9' E grüner, gemauerter Turm Fl(2)G.6s10m8M
1288		La Spezia, Porto Mercantile – Molenkopf Garibaldi 44° 06,2' N 009° 50,3' E grüne Säule auf Sockel Fl.G.4s7m8M
1290	1820	La Spezia, Porto Mercantile – Molenkopf Italia 44° 06,2' N 009° 50,1' E roter Turm Fl.R.4s8m8M
1304	1780	La Spezia, Darsena Duca degli Abruzzi, Darsena - NE-Molenknie Cadimare 44° 05,6' N 009° 50,1' E weiße Metallsäule auf Sockel Fl.W.3s7m11M
1312		La Spezia, Darsena Duca degli Abruzzi, Leitfeuer 44° 05,8' N 009° 48,9' E schwarzweißer Gitterturm Fl.WRG.3s21m8/6/6M 297°-G-305,3°-W-306,8°-R-315° (008.3°, 001.5°, 008.2°)
1312.1		La Spezia, Darsena Duca degli Abruzzi, Pegazzano 44° 06,1' N 009° 48,3' E rotweißer, 5-eckiger Turm Iso.W.4s48m16M 302°-vis-310° (008°)
1328	1846	Carara, Marina di – Molo di Ponente 44° 02,1' N 010° 02,2' E weißer, viereckig. Turm a. Gebäude Fl.W.3s22m17M
1340	1868	Viareggio – Diga Foreanea 43° 51,4' N 010° 14,2' E weißer, runder Turm Fl.W.5s30m22M
1342	1876	Viareggio – Außenmole Südlich 43° 51,7' N 010° 14,1' E grüne Säule auf Pfosten Iso.G.3s9m9M
1347.8	1884	Meloria, Secche della – N Seite 43° 35,5' N 010° 12,7' E weißer, runder Turm Fl(2)W.10s18m10M
1348	1888	Meloria, Secche della – S Seite 43° 32,8' N 010° 13,2' E schw., runder Turm m. gelb. Dach Q(6) + LFl.W.15s18m12M
1356	1896	Livorno, Porto di 43° 32,7' N 010° 17,8' E runder, gemauerter Turm Fl(4)W.20s52m24M
1358	1901	Livorno, Porto di – Diga Meloria, Molenkopf N 43° 33,5' N 010° 17,3' E grüne Säule auf Pfosten Fl(3)WG.10s12m9/7M 064°-W-138°-G-341° (074°, 203°)
1368	1911	Livorno, Porto di – Diga Curvilinea, Molenkopf S 43° 32,6' N 010° 17,4' E 8-eckiger Turm Fl.WR.3s22m11/9M 180°-R-078°-W-139° (258°, 061°)
1384	1975	Secche di Vada 43° 19,2' N 010° 21,9' E runder, schwarz-rot-schw. Turm Fl(2)W.10s18m12M

1390	2012	Porto Baratti 43° 59,6' N 010° 29,7' E Gitterturm auf weißer Baracke Fl.W.3s75m9M
1392	1983	Gorgona, Isola – Punta Paratella 43° 26,3' N 009° 54,1' E weiße Metallsäule auf Sockel LFl.W.10s105m9M
1396	1992	Gorgona, Isola – Punta Cala Scirocco 43° 25,1' N 009° 54,1' E weiße Metallsäule auf Sockel Fl(2)W.10s45m9M
1400	1996	Capreia, Isola – Punta del Faraione 43° 03,0' N 009° 50,7' E 4-eckiger, weißer Turm mit Gebäude LFl.W.6s30m15M
1404	2004	Capreia, Isola – Punta del Trattoio 43° 01,3' N 009° 47,5' E weiße Hütte Fl.W.8s150m9M
1408	2064	Elba, Isola d' – Marcina Marina – Molenkopf 42° 48,5' N 010° 12,0' E grüner Metallpfeiler Fl.G.4s11m8M
1410		Elba, Isola d' – Lo Scoglietto – Felsinsel 42° 49,7' N 010° 19,9' E Turm auf Hütte Fl(2)W.6s24m5M
1412	2072	Elba, Isola d' – Portoferraio – Forte Stella 42° 48,9' N 010° 20,1' E runder, weißer Turm Fl(3)W.14s63m16M
1432	2040	Elba, Isola d' – Porto Azzurro – Capo Focardo 42° 45,2' N 010° 24,6' E roter Turm auf Burgwall Fl(3)W.15s32m16M
1438	2055	Elba, Isola d' – Porto Azzurro – Monte Poro 42° 43,6' N 010° 14,3' E ws Gittermast Fl.W.5s160m16M
1444	2060	Elba, Isola d' – Punta Polveraia 42° 47,6' N 010° 06,6' E 8-eckiger, ws Turm LFl(3).W.15s52m16M
1439	2056	Elba, Isola d' – Marina di Campo 42° 44,4' N 010° 14,3' E ws Dreieck auf gelbem Gebäude Fl.W.3s34m10M
1444	2060	Elba, Isola d' – Punta Polveraia 42° 47,6' N 010° 06,6' E ws 8-eckiger Turm LFl(3)W.15s52m16M
1446		Palmaiola, Isolotto 42° 51,9' N 010° 28,5' E viereckiger Turm auf ws Gebäude Fl.W.5s105m17M
1446		Palmaiola, Isolotto 42° 51,9' N 010°28,5' E 4-eckiger Turm auf ws Gebäude Fl.W.5s105m17M
1448	2088	Pianosa, Isola – Pianosa 42° 35,1' N 010° 06,0' E runder, ws Turm auf 2-stöck., ws Gebäude Fl(2)W.10s42m18M

1454 | 2096 | Scoglio Africa –
Formiche di Montecristo
42° 21,4' N 010° 03,9' E
runder Steinturm
Fl.W.5s19m12M

1455 | 2020 | Piombino – Porto di, La Rochetta
42° 55,2' N 010° 31,5' E
viereckiger Turm
Fl(3)W.15s18m11M

1456 | 2100 | Piombino – Porto di, Molo Batteria,
Kopf
42° 55,8' N 010° 33,2' E
rote Säule auf Sockel
Fl.R.5s10m8M

1468 | 2132 | Castiglione della Pescaia,
Nuovo Mole Cini
42° 45.6' N 010° 52.6' E
weißschwarzer Turm
Fl.G.3s8m8M

1474 | 2136 | Formiche di Grossetto
42° 34,6' N 010° 53,0' E
runder, weißer, gemauerter Turm
auf Haus
Fl.W.6s23m11M

1476 | 2140 | Talamone
42° 33,1' N 011° 08,0' E
weißer, viereckiger Turm
auf Burgwall
Fl(2)W.10s30m15M

1480 | | Punta Lividonia
42° 26,7' N 011° 06,3' E
runder, weißer Turm und
2-gesch. Gebäude
Fl.W.5s47m15M 035°-vis-228°
(193°)

1486 | 2156 | Giglio, Isola del – Punta del Fenaio
42° 23,2' N 010° 52,9' E
8-eck., w-s-roter Turm, rw Gebäude
Fl(3)W.15s39m16M 026°-vis-249°
(223°)

1492 | 2168 | Giglio, Isola del –
Punta del Capel Rosso
42° 19,2' N 010° 55,3' E
weißroter Turm
Fl(4)W.30s90m23M 232°-vis-134°
(262°)

1496 | 2184 | Giannutri, Isola di –
Punta del Capel Rosso
42° 14,3' N 011° 06,6' E
runder, weißroter 8-eck. Turm,
rotweißer Bau
Fl.W.5s61m13M 195°-vis-106°
(271°)

1500 | 2172 | Porto Ercole – Forte La Rocca
42° 24,3' N 011° 14,0' E
runder, weißer Turm an SE-Ecke
vom Fort
LFl.WR.7s91m16/13M
177°-R-010°-W-285° (108°, 085°)

1502 | 2173 | Porto Ercole – Molo Santa Barbara,
Kopf
42° 23,6' N 011° 12,7' E
rote Säule
Fl.R.3s9m8M

1504 | 2180 | Cala Galera – Außenmolenkopf
42° 24,2' N 011° 12,8' E
weißrote Metallsäule
Iso.WR.2s10m10/7M
197°-W-017°-R-010° (180°, 180°)

Schutzgebiete

Die Eckpunkt-Koordinaten der poligonalen Schutzgebiete des Parco Nationale dell'Arcipelago Toscano

Im Folgenden sind die Koordinaten der Eckpunkte der **„Zone 1"** für die einzelnen Inseln aufgelistet.
In diesen Bereichen ist die Durchfahrt, der Aufenthalt und das Ankern streng verboten.

Isola di Capraia:

Punkt A	43° 01' 18" N - 09° 46' 48" E
Punkt B	43° 03' 18" N - 09° 47' 18" E
Punkt C	43° 03' 24" N - 09° 47' 48" E

Isola di Montecristo:

Punkt A	42° 21' 30" N - 10° 19' 00" E
Punkt B	42° 20' 54" N - 10° 20' 12" E
Punkt C	42° 19' 12" N - 10° 20' 36" E
Punkt D	42° 18' 12" N - 10° 19' 12" E
Punkt E	42° 18' 24" N - 10° 17' 24" E
Punkt F	42° 20' 06" N - 10° 16' 36" E
Punkt G	42° 21' 24" N - 10° 17' 36" E

Isola di Gorgona:

Punkt A	43° 25' 04" N - 09° 55' 02" E
Punkt B	43° 24' 42" N - 09° 54' 30" E
Punkt C	43° 24' 39" N - 09° 53' 36" E
Punkt D	43° 25' 00" N - 09° 52' 48" E
Punkt E	43° 25' 24" N - 09° 52' 36" E
Punkt F	43° 26' 18" N - 09° 52' 48" E
Punkt G	43° 26' 54" N - 09° 54' 06" E

Isola di Giannutri:

Punkt A	42° 16' 15" N - 11° 06' 30" E
Punkt B	42° 15' 42" N - 11° 07' 36" E
Punkt C	42° 15' 12" N - 11° 07' 48" E
Punkt D	42° 14' 36" N - 11° 07' 24" E
Punkt E	42° 14' 15" N - 11° 07' 24" E
Punkt F	42° 13' 42" N - 11° 06' 36" E
Punkt G	42° 13' 51" N - 11° 05' 45" E
Punkt H	42° 14' 15" N - 11° 05' 12" E
Punkt I	42° 14' 36" N - 11° 05' 00" E
Punkt L	42° 15' 42" N - 11° 05' 06" E
Punkt M	42° 16' 03" N - 11° 05' 45" E

Im Folgenden sind die Koordinaten der Eckpunkte des **Gesamtgebietes** für die einzelnen Inseln aufgelistet.
In diesen Bereichen gelten Befahrens- und Nutzungsbeschränkungen.

Isola di Capraia:

Punkt D	43° 02' 54" N - 09° 55' 06" E
Punkt E	43° 00' 18" N - 09° 54' 18" E
Punkt F	42° 57' 00" N - 09° 48' 42" E
Punkt G	42° 58' 24" N - 09° 45' 00" E
Punkt H	43° 01' 18" N - 09° 43' 18" E
Punkt I	43° 04' 00" N - 09° 44' 00" E
Punkt L	43° 05' 24" N - 09° 45' 18" E
Punkt M	43° 07' 18" N - 09° 49' 54" E
Punkt N	43° 05' 30" N - 09° 53' 30" E

Isola di Montecristo:

Punkt H	42° 23' 54" N - 10° 19' 24" E
Punkt I	42° 22' 30" N - 10° 22' 42" E
Punkt L	42° 18' 12" N - 10° 23' 36" E
Punkt M	42° 15' 48" N - 10° 20' 06" E
Punkt N	42° 16' 18" N - 10° 15' 36" E
Punkt 0	42° 20' 30" N - 10° 13' 18" E
Punkt P	42° 23' 42" N - 10° 16' 18" E

Isola di Gorgona:

Punkt H	43° 25' 04" N - 09° 59' 24" E
Punkt I	43° 23' 06" N - 09° 58' 12" E
Punkt L	43° 22' 06" N - 09° 56' 42" E
Punkt M	43° 21' 45" N - 09° 52' 24" E
Punkt N	43° 22' 51" N - 09° 49' 54" E
Punkt 0	43° 25' 24" N - 09° 48' 24" E
Punkt P	43° 27' 21" N - 09° 49' 00" E
Punkt Q	43° 29' 51" N - 09° 54' 06" E
Punkt R	43° 27' 48" N - 09° 58' 12" E
Punkt S	43° 26' 18" N - 09° 58' 48" E

Isola di Giannutri:

Punkt N	42° 18' 45" N - 11° 06' 22" E
Punkt 0	42° 17' 06" N - 11° 10' 21" E
Punkt P	42° 15' 36" N - 11° 11' 00" E
Punkt Q	42° 14' 36" N - 11° 10' 42" E
Punkt R	42° 13' 36" N - 11° 10' 39" E
Punkt S	42° 11' 12" N - 11° 06' 36" E
Punkt T	42° 11' 54" N - 11° 03' 42" E
Punkt U	42° 13' 03" N - 11° 02' 18" E
Punkt V	42° 14' 15" N - 11° 01' 45" E
Punkt X	42° 17' 00" N - 11° 02' 15" E
Punkt Y	42° 18' 24" N - 11° 04' 45" E
Punkt Z	42° 15' 10" N - 11° 01' 27" E

Ortsregister

Mola	Cala di	Ankerbucht	280
Molo Vecchio	Genova, Marina	Yachthafen	100
Moneglia	Baia di	Ankerbucht	144
Montecristo	Formiche di	Riff, Parco Nationale	316
Montecristo	Isola di	Parco Nationale	316
Monterosso – Levante	Porticciolo di	Fährhafen, Ankerplatz	149
Monterosso – Ponente	Porticciolo di	kleiner Fischer- u. Sportboothafen	149
Moreto	Cala di	Ankerbucht	267
Mortola	Cala della	Ankerbucht	264
Nazario Sauro	Livorno, Darsena	kleiner Sportboothafen	200
Nervi	Genova, Porticciolo di	kleiner Hafen	113
Nisportino	Cala	Ankerplatz	305
Nisporto	Cala	Ankerplatz	305
Noli	Anse di	Ankerplatz	76
Oneglia	Imperia, Porto	Fischer- u. Fachthafen	53
Ortano	Seno d'	Ankerbucht	276
Ospedaletti	Rada di	Ankerplatz	34
Paradiso	Grotte del	Marke	302
Pegli	Genova, Porto	Handels- u. Yachthafen	92
Peschiera	Canale della	Marke, Kanal	247
Pianosa	Isola	Parco Nationale	315
Pietra Ligure	Pietra Ligure	Marke, Ortschaft	73
Piombino	Porto di	Fischer-, Fähr- und Frachthafen	226
Pisa	Ridosso di Marina di	winziger Sportboothafen	194
Polveraia	Punta	Marke, Leuchtturm	288
Porcili	Cala dei	Ankerbucht	267
Porto Antico	Genova, Marina	Yachthafen	97
Porto Vecchio	Genova, Bacino	Fracht-, Fähr- und Sportboothafen	95
Portoferraio	Golfo di	Golf	294
Portoferraio	Darsena Vecchio (Mediceo) di	Yachthafen	295
Portofino	Punta di	Marke, Leuchtfeuer	123
Portofino	Porticciolo di	kleiner Fischer., Fähr- u. Yachthafen	123
Portosole	San Remo		39
Portovenere	Porto di	Fähr-, Fischer- u. Sportboothafen	158
Procchio	Golfo di	Ankerplatz	292
Punta Ala	Marina di	Marina	231
Punta Secca	Spaggia di	Marke	313
Quercianella	Porticciolo di	kleiner Sportboothafen	206
Rapallo	Porti di	Yachthafen	132
Recco	Banchina di	Ankerplatz (Santa Anna)	117
Rio Marina	Porticciolo di	Fähr-, Fischer- u. Yachthafen	273
Riva Ligure	Porticciolo di	kleiner Hafen	43
Riva Trigoso	Baia di	Ankerbucht	143
Rogo	Cala del	Parco Nationale	268
Rossa	Cala	Ankerbucht	267

Verzeichnis nach Gebieten

Impressum

Ulrich Schultz
ITALIEN – Küsten Liguriens und der Toskana
Buchten · Ankerplätze · Häfen · Landgänge
ISBN 3-88412-365-3
1. Auflage 2002
© 2002 by DSV-Verlag GmbH

DSV-Verlag GmbH
Gründgensstraße 18
22309 Hamburg
Tel. 040/63 20 09 18
Fax 040/63 20 09 25
E-Mail shop@dsv-verlag.org

Herausgeber: Peter Krampe

Layout/Bearbeitung: machart, Jochen meyer
Scans: Reproform, Hamburg
Druck: Merkur-Druck GmbH, Norderstedt

Printed in Germany

Fotonachweis:
Luftaufnahmen: Bernd Euler, Hamburg
Alle anderen Fotos: Marie-Luise Schultz